여러분은 5성급 호텔 뷔페에 와 있습니다.

근사한 요리, 다양하게 차려놓은 샐러드 바,
맛있는 디저트에 음료까지, 원하는 것은 뭐든 먹을 수 있어요.
난생처음 보는 요리도 많지만 하나같이 먹음직스러워 보여요.

여기가 천국이 아닐까요?

그런데 갑자기 지배인이 나타나
이렇게 말하죠.

"뷔페 음식을 다 먹어야 해요!"

"음식을 남기면 절대 안 됩니다.
이를 어기면 벌점을 매기고 쫓아낼 거예요!"

"자, 이제부터 시작입니다. 시간은 한 시간입니다.
이미 성공한 사람들이 있으니 불가능하단 말은 꺼내지도 마세요."

지배인이 시계를 꺼내 들고
여러분의 일거수일투족을 지켜봅니다.

자, 이제 여긴
지옥이 아닐까요?

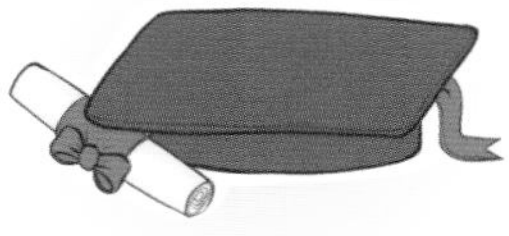

여러분은 이 상황을 겪어봤습니다.
세계 산업국가의 국민들은
적어도 10년 동안 불가피하게 겪습니다.

이 상황의 다른 이름은 '교육'입니다.

제 이야기는 여기서 시작됩니다.
교육 지옥에서 교육 천국으로 넘어갈 수는 없을까요?

지옥이라는 표현은 과장이 아닙니다.
저는 정말로 위압적이고 절박한,
세계의 고통을 말하는 겁니다.

지난 10년간 27만 5000명이 넘는 일본인들이 스스로 목숨을 끊었습니다.

같은 기간 동안 중국에서도 280만 명이 자살을 택했습니다.
파리 인구 전체와 맞먹는 수치죠.

이게 다 교육 때문이라고 말하진 않겠습니다.
하지만 자살주식회사가 증권가에 상장되어 있다면
교육은 그 회사의 대주주이자 이사일걸요.

이제, 그 지옥을 분석해볼까요?

교육은 우리를 사회에 내보낼 준비를 시킵니다.
교육이 괴롭고 폭력적이고 좌절감을 줄수록 사회도 그렇게 됩니다.

사회도, 교육도
우리가 만드는 것입니다.
그런데 우리는
우리가 잘 쓰려고 만든 것을
되레 떠받들고 섬기는 경우가 많죠.

이게 중요한 포인트입니다.

교육을 왜 할까요? GNH(국민총행복)를 위해서일까요?
GDP(국내총생산)를 위해서일까요?

자아실현은 이미 교육의 목표가 아닙니다.
자아실현에 성적이 무슨 필요가 있습니까?
성적은 외부에서 판단하려고 있는 거예요.
자아실현에는 아무도 점수를 매길 수 없습니다.

실제로 레오나르도 다빈치, 플라톤,
부처, 소크라테스는
점수 따위 아랑곳하지 않았죠.

하지만 우리는 점수 매기기, 줄 세우기,
라벨 붙이기 문화의 함정에 빠져 있어요.

탄산음료에 '보르도산 와인'이라고
라벨을 붙여도, 그 라벨만 믿고
덥석 사는 사람도 있을 겁니다.

우리는 물건 자체가 아니라 라벨을 보고 반응하게끔 길들여졌죠.
점수는 현실의 왜곡된 그림자일 뿐입니다.

현실을 거세하는 틀을 치워버리면
세상이 있는 그대로 보입니다.
온갖 미묘한 차이들이
그 자체로 아름답게 보이죠.
이것은 경이로운 해방의 경험입니다.

이 경험은
교육 지옥에서 교육 천국으로 가는 방식,
동굴을 벗어나는 방식과 결코 무관하지 않습니다.

현실을 시스템과 틀에 끼워 맞추지 마세요.
오히려, 우리의 틀을 끊임없이 키우고
현실에서 영감을 받아
시스템을 만들어가야 하는 겁니다.

그런데 교육은 '왜' 할까요?
산업과 경제를 돌아가게 하려고 하죠.

교육을 '어떻게' 하나요?
산업적인 방식으로 하고 있죠.

우리의 교육 방식은
거위 사육과 똑같습니다.
학생의 식욕은 중요치 않아요.
무조건 프로그램을 따라가야 하고,
못 따라가면 벌을 줍니다.

엄청난 양의 음식을 잘 씹지도 않고 마구 삼키면
자기에게 못 할 짓을 하는 기분이 들죠.
실제로 우리의 영리한 소화계는
이런 경우 신호를 보냅니다.
영어에도 'gut feeling'* 이라는 표현이 있잖아요.

* '직감', 직역해서 풀이하자면 내장에서부터 올라오는 느낌.

솔직히, 학교가 단 하루라도 아이들의 배를
억지로 꾸역꾸역 채운다면 부모들이 가만히 있을까요?

그러면서 진짜 뇌에
적어도 1800일간
지식을 꾸역꾸역 억지로 처넣는 꼴은
왜 보고만 있는 걸까요?
대다수가 결국
공부에 넌더리를 내는 것도
당연하지 않나요?

수학처럼 지적 성격이 두드러진 과목을
많은 이들이 포기해버리는 것도 당연하지 않나요?

수학은 매우 강렬하고도 섬세한 학문이에요.
어떤 사람들은 곧바로 좋아하게 되지만
대부분은 천천히 재미를 들여야 하지요……
먹기 싫은 음식을 억지로 먹게 해서는 안 됩니다.

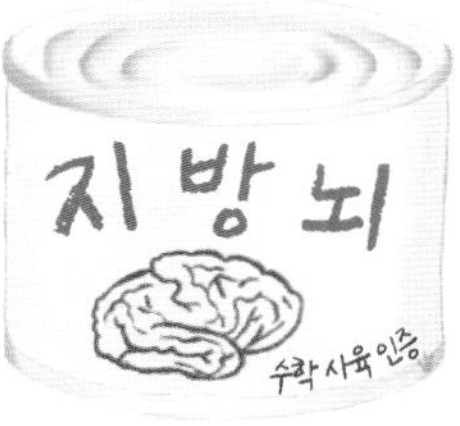

거위 사육은 왜 할까요?
푸아그라, 즉 기름진 간을 얻으려고 합니다.
뇌에 지식을 꾸역꾸역 처넣으면 어떻게 될까요?
지방 뇌가 되겠죠.

이 때문에 전 세계가 고통받고 있습니다.
고통에 길들여진 지방 뇌를 대량생산하는 사회는
결코 건강할 수 없습니다.

우리의 학교는 아이들의 뇌에
어떤 씨를 뿌리고 있나요?
조건화, 고통, 좌절……
어떤 씨는 뇌 자체를 죽입니다.

가장 비대한 뇌가 리더가 됩니다.
지적 사육을 가장 심하게 당한 자들이
의사 결정권자가 되다니, 이건 심각한 문제입니다.

자, 지옥을 웬만큼 둘러봤습니다.

배나 뇌를 억지로 채우면 탈이 난다는 사실은
굳이 신경과학자가 아니더라도 알 수 있습니다.

'전통'을 표방하는 지금의 교육은 전혀 전통적이지 않아요.
그저 산업적인 교육일 뿐이죠. 전통을 따지자면요,
소크라테스는 결코 이런 식으로 교육을 하지 않았다고요.

오늘날 교육의 가장 나쁜 점은
인간의 뇌와 맞지 않는다는 겁니다.
교육이 상자라면 우리 뇌를 담기엔 너무 작고
네모진 상자일 겁니다.
여기에 우리 뇌를 억지로 쑤셔 넣는 격이죠.
게다가 교육은 이 상자를 벗어나면
아무것도 없다는 거짓 믿음을 심어줍니다.

신경과학자는 뇌를 상자에 쑤셔 넣기보다는 이해하려고 노력합니다.
자신도 뇌를 잘 모르지만 어쨌든 뇌가 경이롭고 근사한 줄은 알죠.
뇌는 우리의 딱딱하고 야만적인 교육 체계보다 훨씬 섬세하고 복잡다단합니다.

잘 쓰려고 만든 시스템을 되레 떠받들고 섬기는 일이야말로
인간의 나쁜 버릇이에요.
인간은 자기를 위해 국가를 만들었지만
국가에 목숨을 바치게 됐습니다.
자기 좋자고 산업을 만들었지만 산업의 희생양이 되고,
자기가 만든 교육과 경제 때문에 죽어납니다.

유럽 역사에서 이러한 현상을
예민하게 의식했던 시기가 있었습니다.
바로 르네상스 시대입니다.

르네상스 시대에 비로소
다음과 같은 생각이 등장했죠.

'사람 몸은 경이롭고 신성한 거야.
인체를 우리 방법대로 재려고 하지 말자.
우리 방법을 인체에 맞춰보자.'

르네상스 시대에 레오나르도 다빈치 같은 사람은
이렇게 생각했습니다.

"자연에게 관념과 닮으라고 강요할 것이 아니라
우리 관념이 자연을 닮아야 한다."

교육 지옥에서 교육 천국으로 가는
아주 간단한 마법의 주문이 있습니다.

"인간의 뇌에게 학교를 닮으라고 강요하지 말고
학교가 인간의 뇌를 닮게 하라."

이 주문을 외우면 어둠이 물러나고
여러분은 지금껏 생각했던 것보다 더 광활하고 놀라운 세계,
더 다채롭고 풍요로운 세계로 나아가게 됩니다.

동굴을 벗어나 햇살을 온몸으로 받을 거예요.

우리는 주위의 모든 것을 산업 비슷하게 만들어왔습니다.
자연에게도, 교육에게도, 다 산업을 닮으라고 윽박질렀죠.

최근 들어 조금씩 관념이 자연을 닮아야 한다는 것을 깨닫는 중입니다.

그러면 어떻게 해야 새로운 시대가 열릴까요?
우리에겐 이미 영웅들이 있습니다.
그들을 '판타스틱 파이브'라고 불러볼게요.

첫 번째 영웅은 켄 로빈슨입니다.
그는 지금의 학교가 산업일 뿐이라고
딱 부러지게 지적해주었죠.

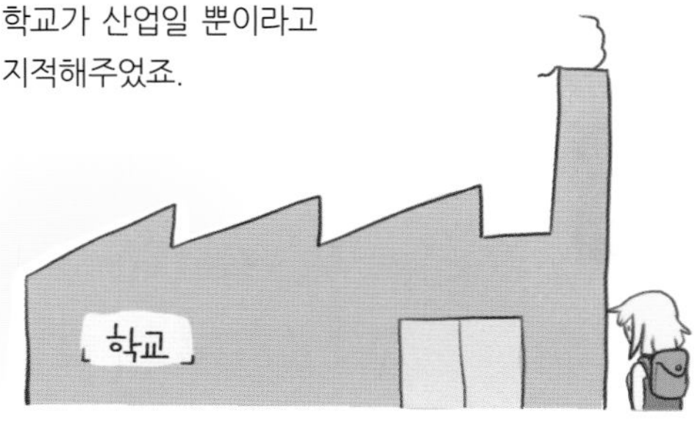

매슈 피터슨은 비디오게임으로 수학을 가르치기 시작했습니다.
제인 맥고니걸도 게임으로 학습하기를 적극 추천합니다.

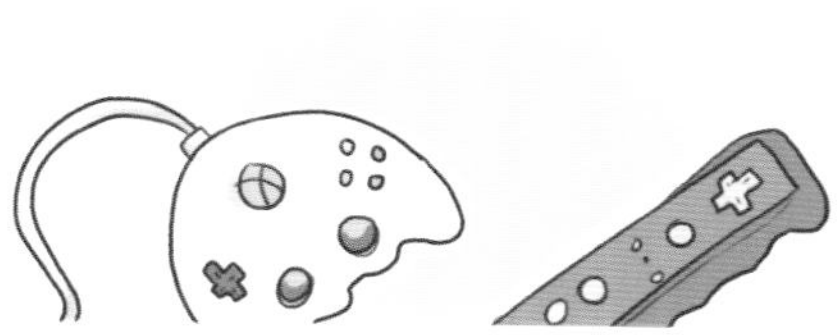

사이먼 사이넥은 '무엇'이 아니라 '왜'가 더 중요하다는 것을 일깨워주었죠.
교육의 문제에서 '왜'를 생각하면 '어떻게'도 바로 설명이 됩니다.

마지막으로 군터 파울리는
자연이 경제를 닮아야 하는 게 아니라
경제가 자연을 닮아야 한다는 것을
명쾌하게 가르쳐주었습니다.

판타스틱 파이브 외에도
전 세계 수천 명이 새로운 르네상스를 열고 있습니다.
자, 마법의 주문을 다들 기억하고 있나요?

인간의 뇌에게 학교를 닮으라고 강요하지 말고
학교가 인간의 뇌를 닮게 하라.

교육 지옥에서 교육 천국으로 가는 방법,
이건 결국 신경인간공학입니다.

우리의 학교는 전혀 인간공학적이지 않아요.
그래서 우리 뇌가 뒤틀리고 괴로워하는 거죠.

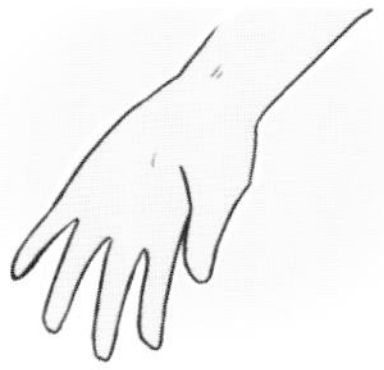

제가 던지는 메시지는 이렇습니다.
이 손이 우리 뇌라면요.

학교는 새끼손가락만
훈련시킵니다.

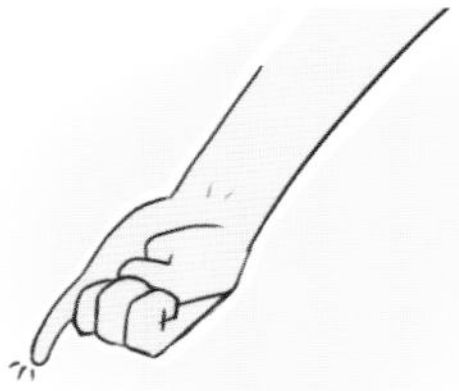

하지만 신경인간공학의 시대는
학교 혁명을 일으킬 거예요.

우리 아이들의 뇌를 잘못 설계된
딱딱한 상자에 억지로 쑤셔 넣지 않을 거예요.
자기 뇌에 맞는 교육을 받게 할 거예요.

저는 그게 진정한 '뉴로네상스'*라고 생각해요.

* neuro(신경, 뇌)와 renaissance(르네상스)를 결합시킨 신조어.

뇌를 해방하라

지적인 삶을 살기 위한 최고의 방법

뇌를 해방하라

이드리스 아베르칸 지음
이세진 옮김

해나무

"참다운 지식은 자기 자신을 아는 무지다."

—몽테뉴, 『수상록Essais』, 제2권, XII.

더 잘 배우고 더 풍부해질 수 있다

이 책 『뇌를 해방하라』는 전적으로 지식경제의 연장선상에 있습니다.

대한민국은 재정 및 산업 부처와 별개로 지식경제를 관할하는 부처가 있는 국가 중 하나입니다.

오늘날 대한민국의 연간 수출액은 러시아 연방에 비해 20퍼센트, 다시 말해 1000조나 더 많습니다. 러시아 연방에 비해 인구는 3분의 1밖에 안 되고 영토는 171분의 1밖에 안 되는데 말입니다. 러시아는 원자재도 풍부합니다. 대한민국은 광물 자원이 빈약하고 어로 자원이 풍부하지 않는데도 우리에게 LCD 모니터, 태블릿 컴퓨터, 삼성 스마트폰, 자동차, 선박 엔진이나 선박 완성체를 팝니다. 대한민국의 GNP는 1957년에 소말리아와 비슷한 수준이었지만 지금은 프랑스보다 높은 수준입니다. 지식경제에 힘입어 한국인들의 생활수준은 프랑스인들의 생활수준을 뛰어넘었습니다.

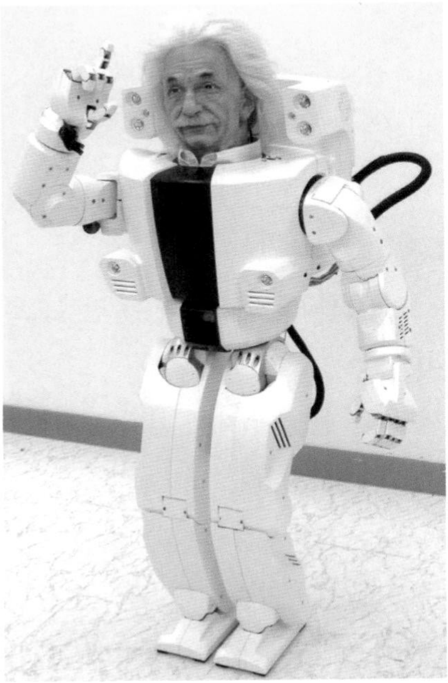

© David Hanson

로봇랜드의 마스코트 앨버트 휴보

한국인들은 로봇공학을 국가적 주력 사업으로 삼기 원할 때 새로운 교육 프로그램을 만들기보다 로봇랜드라는 놀이공원을 만들었습니다. 그 로봇랜드의 마스코트가 바로 아인슈타인의 얼굴을 한 로봇, "겁내지 마!"라고 말하는 앨버트 휴보입니다!

이러한 아이디어는 참 멋집니다. 로봇랜드를 찾는 부모들은 이게 미래 산업이구나 생각할 것이고 아이들은 재미있는 놀잇감이라고 생각할 테니까요. 기술을 국가적 대의로 삼으려면 무엇보다 그 기술을 재미있게 공부할 수 있도록 해야 합니다.

저는 바로 그런 것을 다양한 사례로, 뇌를 끌어올리는 여러 가지 활동과 함께 보여주고 싶었습니다. 더 잘 배우고 더 풍부해질 수 있는 이 뇌를 온갖 족쇄로부터 풀어주세요.

차례

Libérez votre cerveau!

1부

뇌를 해방하라

NEW MECHANICS
PEACE
CAL I
KASPER-13
FUTUR
GENERATION SOON. ON.
TRACK-.95
CAT

1

신경인간공학의 세계로

신경인간공학은 인간 뇌의 특성에 맞게 도구·기계·시스템 등을 설계하는 응용 학문이다.

삶을 점수 매겨지는 삶으로 한정한다면
그건 삶을 잃는 것과 똑같다.
목마를 사려고 살아 숨 쉬는 진짜 말을 파는 셈이다.
그 목마를 자식들에게까지
넘겨줄 거라고 생각하면 더 끔찍하다.

우리는 우리 뇌를 제대로 사용하지 못한다. 학교에서, 직장에서, 정치에 있어서 우리는 뇌를 신경인간공학적으로 쓰지 않는다. 이 잘못된 사용의 결과는 여러 가지가 있는데, 그 공통점으로는 불만, 경직된 사고, 비효율성을 들 수 있다. 특히 경제 분야에서 이 양상은 뚜렷하게 사실로 드러난다. 개인의 뇌가 틀을 깨지 못하니 인류의 집단적 뇌도 틀에 단단히 박혀 있다. 무엇이 뇌를 이렇게 가둬놓을까? 어떻게 해야 이 상태를 벗어날 수 있을까?

신경인간공학 기술은 뇌를 잘 사용하는 기술이다. 등받이와 팔걸이가 없는 간이의자보다 사용자의 몸무게를 잘 분배해주는 의자가 더 인간공학적이듯, 우리 뇌가 받는 정보, 경험, 지식의 무게 역시 지금까지와는 다른 방식으로 더 효율적으로 분배할 수 있다. 그리고 우리가 이렇게만 한다면, 본질적이면서도 눈부신 결과가 있을 것이다.

인류가 지레, 도르래, 증기기관을 발견했을 때 세계는 이 발견들에 힘입어 변화했다. 문자, 인쇄술, 인터넷이 인류에게 왔을 때도 마찬가지였다…… 물리적 삶에 지렛대를 쓰면 세상이 변한다. 정신적 삶에 지렛대를 쓰면 세상은 더 많이 변한다. 도구가 아니라 사용자가 변하기 때문이다. 그들의 정신은 더욱 자유로워지고 따라서 그들의 관점, 세계관, 자신과 타자에 대한 이해, 행동하는 이유도 변한다. 신경인간공학을 한다는 것은 한 사람 한 사람의 뇌를 거쳐 세상을 바꾸는 것이요, 인류의 운명을 바꾸는 것이다. 신경인간공학은 인류의 정신적 삶을 해방시킨다.

우리는 더 잘 배우고, 더 잘 만들어내고, 더 잘 투표할 수 있다. 더 잘 생각하고, 더 잘 소통하고, 더 잘 이해할 수 있다. 그러면서도 더 성취감을 느끼고, 더 행복하며, 더 생산적이고, 더 명석할 것이다. 자, 그렇다면 뇌를 억류 상태에서 끌어낸다는 것은 정확히 어떤 뜻인가?

이를테면 이것은 정신 활동의 잠금장치를 푸는 일이다. 암산으로 소수를 소수점 60자리까지 나누는 뤼디거 감Rüdiger Gamm, 1971~은 이미 그렇게 잠금장치를 풀었다. 샤쿤탈라 데비Shakuntala Devi, 1929~2013는 1977년에 188138517의 세제곱근을 컴퓨터보다 더 빨리 구했다. 데비는 201자릿수의 23제곱근을 구하는 데 1분이 채 걸리지 않았으며, 13자리끼리의 곱셈도 28초 만에 암산으로 해결했다.

프리얀시 소마니Priyanshi Somani, 1998~는 6자릿수의 제곱근 10개를 소수점 이하 8자리까지 정확하게 푸는 데 3분이 채 걸리지 않았다.

알베르토 코토Alberto Coto, 1970~는 100자릿수 덧셈에서 17초라는 세계기록을 보유하고 있다(1초당 최소 6회의 암산을 한다고 보면 된다). 1976년에 빔 클라인Wim Klein, 1912~1986은 500자릿수의 73제곱근을 43초 만에 계산해냈다.

샤쿤탈라 데비나 뤼디거 감이라고 해서 우리보다 뉴런이 더 많은 것은 아니다. 우리보다 뇌가 크거나 뇌 영역이 더 있는 것도 아니다. 반면, 역도 선수는 보통 사람보다 근육량이 많다. 현재 역도 인상 종목 세계기록은 조지아의 라쇼 탈라카제가 보유한 215킬로그램이다…… 키 1미터 97센티미터에 몸무게는 157킬로그램이니 이 책을 읽는 보통 사람들보다 훨씬 근육질인 셈이다. 몸을 쓰는 선수가 훈련을 하면 근육이 는다. 근육은 뼈에 갇혀 있지 않기 때문이다. 그러나 뇌는 두개골 안에 있기 때문에 두뇌를 쓰는 선수가 훈련을 한다고 해서 뇌가 더 커지지는 않는다. 뇌의 부피는 기본적으로 정해져 있다. 질량, 물질, 부피, 뉴런의 수로 따져본다면 뤼디거 감 같은 암산 선수의 뇌도 보통 사람들과 똑같다. 하드웨어는 동일한데 운영체제가 다른 것이다. 달리 말해, 그 하드웨어는 윈도 체제를 쓰지 않는다고 할 수 있다. 뇌의 성능이 남다르다면 거기에는 마땅히 이유가 있을 터요, 그 이유가 뇌의 크기나 세포 수에 있지 않다면 **용법**에 있을 것이다. 뉴런, 뇌 영역, 시냅스 전달 속도…… 이런 것은 보통 사람들과 똑같은데 뉴런들의 연결 자체가 다르다.

2001년에 프랑스 연구진은 PET(양전자 방출 단층촬영) 기법으로 뤼디거 감의 뇌 활동이 보통 사람들이 암산을 할 때와 어떻게 다른

지 연구했다.[1] 그 결과 PET 영상에서 뇌 영역이 주어진 과제(이 경우에는 암산)를 수행할 때 포도당을 더 많이 소비한다는 점이 드러났다. 연구 팀은 감이 '일반' 암산자들과 똑같은 뇌 영역을 쓰되 다른 사람들은 쓰지 않는 영역들도 함께 쓴다는 사실을 알아냈다. 대뇌 피질이나 소뇌의 그 영역들은 남들도 다 가지고 있지만 대개 계산을 할 때는 쓰지 않았다. 반면 감의 경우에는 내후각피질, 해마, 소뇌가 활성화되는 현상을 볼 수 있었다.

소뇌는 계산에 뛰어나다. 물리적으로 명실상부한 데이터 센터처럼 조직되어 있기 때문이다. 소뇌 안에 배열된 뉴런(푸르키네 세포)들은 우리의 의식과 무관하게 우리의 운동, 균형 감각, 팔다리가 움직이는 속도, 자세에 작용한다. 소뇌의 자율적 기능은 해부학적 위치와 관련이 있다. 뇌의 나머지 부분보다 뒤쪽에 위치하며 그래픽 카드에 해당하는 기능을 하는 것이다. 우리가 소뇌의 계산 자율성을 활용하는 법을 안다면 이 기관은 우리 뇌 활동에 지렛대 역할을 할 수 있을 것이다. 요컨대, 소뇌는 신체 활동의 협응에 꼭 필요한 기관이지만 두뇌 활동에서도 그런 역할을 할 수 있고, 암산 천재들이 바로 그 사실을 입증하는 증거라고 하겠다.

감이나 클라인 같은 사람들은 뭘 어떻게 하는 걸까? 큼지막한 유리 물병을 상상해보라. 이 물병이 수학 문제라고 치자(500자릿수의 73제곱근 암산하기). 물병은 웬만큼 무게가 나간다. 이 무게는 문제의 '인지 부하charge cognitive'에 해당한다. 이제 펼쳐져 있는 한 손을 상상하자. 이 손이 여러분의 뇌 혹은 두뇌 활동이다. 문제 해결, 즉 물병을 들기 위해서는 새끼손가락만 움직여야 한다. 이렇게 되면 물병 들기는 힘들다 못해 불가능한 일이 될 것이다. 그런데 감이나 클라인은 손 전체를 쓴다. 그렇기 때문에 물병을 쉽게 들어 올리고, 들어 올린 채 오래 있을 수도 있다.

이 비유에서 새끼손가락은 우리의 작업 기억, 혹은 '시공간 메모장calepin visuo-spatial'이다. 작업 기억은 우리가 일상적으로 사용하는 것이자 머리를 써야 하는 문제를 풀 때면 습관적으로 가장 먼저 의지하는 제한적 두뇌 활동 모듈이다. 일례로, 작업 기억은 15초면 포화 상태가 되어버린다…… 여러분은 15초 전에 한 번 본 문장을 그대로 기억해낼 수 있는가?

손이 두뇌 활동이라면 나머지 손가락들은 공간 기억, 일화 기억, (소뇌와 운동피질이 관여하는) 절차 기억에 해당한다. 이 모듈들은 훨씬 더 강력하기 때문에 작업 기억 혹은 시공간 메모장(전화번호를 어딘가에 기록하기 위해 잠시만 필요로 하는 기억)보다 인지 부하를 더 빠르고 손쉽게 해결할 수 있다. 빔 클라인이나 뤼디거 감처럼 우리도 일화 기억, 절차 기억, 공간 기억 능력이 있고, 어쩌면 그들 못지않게 이러한 기억력이 발달했는지도 모른다. 단지 암산에 이 능력을 써먹지 않을 뿐이다. 우리는 주로 자기가 나고 자란 곳(일화와 생애에 대한 기억[2]), 넥타이 매는 법(절차 기억), 차를 세워둔 곳(일화 기억과 공간 기억)을 기억할 때에만 이 능력을 동원한다.

클라인이나 감 같은 천재들은 뇌를 양적으로 더 쓰지는 않지만 인간공학적으로 쓴다는 점이 다르다. 그들의 성과는 순전히 신경인간공학적 사례들이다. 나는 5만 시간의 훈련으로(어쨌든, 그렇게 해서라도!) 누구나 그러한 성과에 도달할 수 있다고 확신한다. 다만 모두가 역도 선수, 기억력이나 암산 선수가 되고 싶어 하지는 않을 뿐이다. 뇌 인간공학 분야에서의 이러한 정확성들은 선천적이라기보다는 대개 후천적인 것이므로, 열의를 가지고 끈질기게 연습하면 습득할 수 있는 경우가 많다.

우리 뇌에는 분절들이 있어서 가능한 활동과 가능하지 않은 활동이 있다. 뇌에는 명확한 한계가, 그 나름의 뼘empan이 있다. 한 뼘은 손을 펼쳤을 때 엄지손가락 끝에서 새끼손가락 끝까지의 길이에 해당한다. 각 사람의 한 뼘은 그가 무엇을 잡을 수 있고 잡을 수 없는지를 조건 짓는다. 하지만 우리 손보다 훨씬 큰 물건이더라도 손잡이가 있으면 잡을 수 있다. 두뇌 활동의 대상도 마찬가지다. 뇌는 의식의 뼘보다 더 넓은 생각도 번쩍 들어 올릴 수 있지만 그러기 위해선 손잡이가 필요하다. 어떤 물리적 대상에서 우리 손이 가장 자연스럽게 가는 부분을 심리학에서는 '행동 유도성affordance'[3]이 있다고 말한다. 이를테면 냄비 손잡이는 행동 유도성이 있다. 아이디어에도 마찬가지로 행동 유도성이 있고, 좋은 선생은 추상적 개념에 지성이 쓰기 쉬운 손잡이를 달아준다.

우리는 우리 뇌의 10퍼센트밖에 쓰지 못한다는 말이 심심찮게 들린다. 그런 말은 신화에 불과할 뿐 아니라 진화적 난센스다. 그 '10퍼센트'는 무엇을 의미하는가? 질량의 10퍼센트? 뇌가 소모하는 에너지의 10퍼센트? 세포 수의 10퍼센트? 우리 뇌는 진화를 거치며 최적화되었다. 인류와 영장류가 수없이 나고 죽는 동안 우리 뇌는 잘 벼려졌다. 뇌는 놀라우리만치 유연하고 융통성이 있으며 적응력이 뛰어나서 그 안에 더 집어넣어야 할 것은 없다. '10퍼센트'는 완전히 틀린 말은 아니지만 의미 없는 얘기다. "우리는 우리 손을 10퍼센트밖에 쓰지 않고 있다"라는 문장은 무슨 뜻으로 읽어야 하나? "너는 이 펜을 10퍼센트밖에 사용하지 않았어" 같은 문장은? '뇌의 10퍼센트'라는 표현이 관심을 끄는 이유는 우리가 숫자, 점수, 백분율 따위에 반응하게끔 조건화되어 있기 때문이다…… 이것이 르네 게농René Guénon이 말하는 '양量의 지배'다. 우리는 실제로 질을 평가할 수 없기 때문에 설혹 그것이 잘못되었거나 주제와 관련이 없어도 양이나 점수에만 목을 매는 데 익숙하다.

그렇지만 우리가 뇌의 잠재성을 다 활용하지 않고 있는 것은 사실이다. 손이 잠재적으로 할 수 있는 일은 아주 많지만 우리는 그 일을 다 하지 않는다. 교향곡을 지휘하거나, 걸작을 그리거나, 바이올린을 제작하거나, 이음돌을 쪼개거나…… 이 모든 일이 가능하지만 실제로 이 중 하나라도 살면서 실현하는 사람은 전 세계를 통틀어 10만 명 중 한 명꼴이다. 그와 마찬가지로, 뇌의 잠재성도 빈약한 일부밖에 활용되지 않는다. MIT는 '정신과 손'이라는 모토를 내걸었다. 어떤 면에서는 이 모토도 우리가 정신을 제대로 쓰고 있지 않다는 의미를 담고 있다. 주먹도끼 사용에서 피아노 연주에 이르기까지 인간의 손이 거쳐온 과정을 살펴본다면 우리 움직임의 섬세한 지배와 제어에 숨겨져 있는 생각지도 못했던 지평들을—소위 '신체 활동권kinésphére'[4]을—상상할 수 있다. 그러한 사정은 두뇌 활동에 있어서도 마찬가지다.

미래의 도구들은 아마도 신체 활동과 두뇌 활동의 잠재성들을 교묘하게 협력시킬 것이다. 사용이라는 면에서도 그렇지만 그 두

뇌에는 명확한 한계가, 그 나름의 뼘empan이 있다.
한 뼘은 손을 펼쳤을 때 엄지손가락 끝에서 새끼손가락 끝까지의 길이에 해당한다.
각 사람의 한 뼘은 그가 무엇을 잡을 수 있고 잡을 수 없는지를 조건 짓는다.
하지만 우리 손보다 훨씬 큰 물건이더라도 손잡이가 있으면 잡을 수 있다.
두뇌 활동의 대상도 마찬가지다. 뇌는 의식의 뼘보다 더 넓은 생각도
번쩍 들어 올릴 수 있지만 그러기 위해선 손잡이가 필요하다.

활동은 함께 진화해오면서 얽히고설켰기 때문이다. 실제로 뉴런은 신체 활동의 운용을 제어하는 진화 과정에서 나타났다. 뉴런이 정신 활동 운용을 제어하게 된 것은 훨씬 더 나중의 일이다. 존 콜트레인의 〈자이언트 스텝스〉나 틴토레토의 회화 〈천국〉에서 엿볼 수 있는 섬세한 손놀림, 이러한 손의 잠재적 정확도가 장차 우주선을 조종하거나 외과 수술을 집도하기 위해 피아노보다 더 정교한 동작을 필요로 하는 기구를 좌우할 것이다. 악기든 다른 도구든, 신체 활동과 두뇌 활동의 성스러운 지협地峽에는 그런 것이 있다. 그리고 이 지협을 탐사하는 기술에 있어서, 우리는 아직도 갈 길이 멀다.

누구나 천재?

나는 우리 모두 '천재'가 될 수 있다고 생각하는 사람 중 하나다. 문제는 우리의 능력이 아니라 '천재'라는 단어의 정의에 있다. 사실, 이 정의는 심히 유치하다. 지능지수IQ를 예로 들어보자. 지능지수는 르네 게농이 진단한 '양의 지배'를 전형적으로 보여주는 것으로, 원래 영국 심리학자 찰스 스피어먼이 개발한 'G 요인general-factor'에 해당한다. 스피어먼은 1904년에 과목별 학업성적의 흥미로운 상관관계를 발견했다. 예를 들어 영어를 잘하는 학생은 수학도 잘할 확률이 높고 모든 과목에서 '우등생'인 경우가 많다는 것이다. 스피어먼은 이러한 현상을 확인하고, 학업 우수성의 공통분모, 그가 말하는 'G 요인'을 찾고자 노력했다. 지능지수 개념이 여기서 처음 싹을 틔웠다.

이 일반 경향에 대한 스피어먼의 발견을 우생학이나 당시 잘나가던 '인종 위생racial hygiene'과 따로 떼어 생각할 수는 없다. 실제로 지능 측정을 대중화한 사람은 우생학자 프랜시스 골턴이었는데, 그는 사이비 과학으로 다양한 민족들의 지적 능력을 등급화하고 식민화를 정당화했다. 사실 스피어먼이 발견한 것은 학교에서 치르는 각종 시험의 지적 성격이 매우 비슷하다는 사실뿐, 그 이상은 아니다. 말하자면 영어 시험을 잘 보기 위해 동원해야 하는 역량과 수학 시험을 잘 보기 위해 동원해야 하는 역량이 크게 다르지 않다는 것. 어떤 경우에도 학교가 인생 전부를 품지는 못한다. 학교는 인생의 일부일 뿐, 그 역은 아니지 않은가. 마찬가지 맥락에서, 학교는 인류 역시 다 품지 못하며 G 요인은 더더욱 인간 지성을 설명하지 못한다. G 요인이 지성의 옹색하고 반복 가능한 면을 강조하기는 하지만, 이 요인이 인지적 탁월성을 담아낸다는 주장은 사이비 과학이다. 지성과 G 요인의 관계는 사람의 머리와 그것이 드리운 그림자의 관계와 비슷하다. G 요인이 지식, 특히 '복제 가능한' 정보의 특징을 품기는 하지만 어디까지나 그 닮음은 미미하다. 또한 지성이라는 다차원적 현상을 지능지수와 동일시하려면 어지간히 무식하든가 아니면 오만하든가 둘 중 하나일 것이다. 오직 삶만이 지성을 판단할 수 있다. 두뇌 활동에서 G 요인을 기준 삼아 사람을 뽑는다면 키 하나만 보고 몸 쓰는 일 하는 사람을 뽑는 거나 마찬가지다. 그러니까 몇 가지 시험에 대한 감각만으로 말이다…… 하지만 키 작은 사람이라고 무조건 농구를 못 하지는 않는다. 몸무게가 많이 나간다고 승마를 할 수 없는 것도 아니다.

내가 즐겨 떠올리는 일화가 있다. 일명 '친Chin(턱)'으로 통했던 마피아 두목 빈센트 지강트는 명석하고 존경받는 최고의 정신과 전문의들에게 10년이 넘도록 지능 박약으로 보이는 데 성공했지만, 실제로는 1980년대 뉴욕에서 가장 강력한 힘을 행사한 대부였다.

G 요인이라는 종교는 양量이라는 거대 종교에 속하는 하나의 숭배 의식일 뿐이다. 게다가 이 거대 종교는 이단들에게 인정사정없다. 만일 우수한 학업성적에 어떤 신체적 공통분모가 있다면, 예컨데 키나 눈동자 색깔이 학업 성취도와 관련이 있다면 어떨까? 이를 근거로 학교가 신체적 다양성을 존중하지 않는 경우, 학교를 비난하지 않는 사람은 없을 것이다. 신체적 다양성은 자연이 기나긴 선택을 거쳐 낳은 결과이므로 그 자체로 좋은 것이니까. 신체적 삶에는 상식을 적용하면서 왜 정신생활에는 상식을 적용하지 않는가? 신체 활동을 평가할 때 으레 우선시되는 상식이 정신 활동에 있어서는 아직 수립조차 되지 않았다. 우리의 손과 움직임은 눈에 잘 보이는 반면, 우리의 뇌와 정신이 어떻게 기능하는지는 지켜볼 수 없기 때문이다.

G 요인만으로 학업 성취도를 모든 면에서 충분히 예측할 수 있다면 누메트리크[5] 검사만으로 학교 전체를 평가할 수 있을 것이다…… 이건 우리 정신보다 오히려 학교 입장에서 나쁜 소식이다. 학업 성취도를 키나 눈동자 색깔과 관련지어 검은 눈을 지녔거나 키가 작은 사람들은 문제가 있다고 보는 것과 똑같이, 학생을 이해하노라 주장하고 점수를 매기는 학교도 단순 검사로 평가받게 될

테니까.

하나의 몸이 드리우는 그림자가 그렇듯, G 요인은 복제 가능하다. 또한 개인의 삶에서 이 요인은 늘 큰 비중을 차지하며, 어느 정도는 유전되기도 한다. 그렇지만 이 요인 하나로 지능을 이해할 수는 없다. 성년기에 접어든 새의 날개 너비는 일정하고 그 크기도 웬만큼 유전되지만 그렇다고 해서 날개 너비 하나로 모든 새의 비행을 이해할 수는 없는 법이다. 게다가 자연이 모든 종의 날개 너비를 선택한 것도 아니다. 인간 지성이라는 현상은 1차원적 측정보다 훨씬 더 복잡하고 미묘하고 다각적이다. 그러나 우리는 측정을 현실에 걸맞게 확대하기보다는 측정에 현실을 끼워 맞추기 좋아한다. G 요인이 점수, 학업 성과, 연봉과 쉽게 관련되는 현상은 사회적 동어반복의 결과일 뿐이다.[6] 학교, 그리고 학업을 기반으로 삼는 사회 일부 계층은 이를 기준으로 인재를 선발한다. 그렇지만 G 요인이 부족한 사람들도 20만 년 동안 생존에 큰 문제가 없었다. 이 단순한 사실만 봐도 G 요인이 자연선택의 기준이 아님은 분명해진다. 지적으로 맹하고 정치적 편견이 가득한 우리의 불완전한 선택 방식에 비해, 자연은 훨씬 더 정밀하다.

자, 그렇다면 천재란 뭘까? G 요인이 평균보다 높지 않아도 천재가 될 수 있다. 이건 확실하다. 심지어 귀가 거의 들리지 않아도 위대한 작곡가가 될 수 있고(베토벤의 경우), 군사학교에서 그저 그런 성적을 받은 데다 심각한 난독증까지 있어도 온 시대를 통틀어 손꼽히는 명장이 될 수 있다(패튼 장군의 경우). 베트남전 당시 세계에서 가장 철저히 훈련된 군대와 최고의 전술가들을 격퇴한 지압 장군은 정식으로 군사학교에서 교육을 받은 적이 없었다. 현실은 이런 거다. 우리 편견에 어쩌다 들어맞을 수도 있고 영 어긋날 수도 있다.

버나드 로 몽고메리는 평범한 학생이었지만 저 불행한 모리스 가믈랭은 1893년에 생시르 군사학교를 수석 졸업했다(버나드 로 몽고메리는 '몬티'라는 별명으로 통했던 영국의 제2차 세계대전 영웅이자 참모총장이며, 모리스 가믈랭은 프랑스의 장군이다. 가믈랭의 방어 전략은 1940년에 프랑스가 일찌감치 독일에 패하게 된 주요 원인으로 꼽힌다.—옮긴이). 상황이 영웅을 만들 뿐, 어떤 양성 과정을 거쳤는가는 결정적 요소가 아니다. 나는 어느 경찰 출신 외교관에게서 이러한 가르침을 얻었다. 이 원리가 사실로 검증된다면, 결국 우리의 인재 선발 기법은 실생활에서 더 진가를 발휘하는 기법들의 희미한 모방에 지나지 않는다는 뜻이 될 것이다. 진짜 삶은 (학교생활을 비롯한) 점수 매겨지는 삶보다 더 오래되었고 더 광범위하며 더 다채롭다.

점수 매겨지는 삶과 진정한 삶의 관계는 목마와 진짜 살아 숨 쉬는 말의 관계와 같다. 목마로 연습할 때 아무리 많이 실패했어도 진짜 말을 타서는 연습 때 잘했던 애들을 제치면 된다. 그런데 우리가 만든 사회는 목마로 연습하지 않고 곧장 실전에서 기량을 뽐내는 사람을 사기꾼이나 기회주의자 취급한다. 인간은 원래 그렇게 생겨먹었건만, 덜떨어진 자들은 빼어난 신참을 골탕먹이는 식으로 반응한다. 삶 전체가 목마 타기에 달려 있는 자로서는 차라리 "진짜 말은 존재하지 않는다, 전설에 불과하다"라고 주장하는 편이 더 쉬우니까.

점수 매겨지는 삶 없이는 진짜 삶(직업 활동, 연구 활동 등)도 존재할 수 없다는 믿음이 팽배해 있다. 그렇기 때문에 학자는 논문 인용 실적을 챙기면서 살아야 한다. 그 실적 없이는 학자도 존재하지 않는다. 일찌감치 두뇌 활동을 점수 매겨지는 삶에서 해방시키고 싶었던 나는 중요한 지혜를 터득했다. 진짜 삶은 평가받는 삶을 포함할 수 있지만 평가받는 삶이 진짜 삶을 포함할 수는 없다. 진짜 삶은 보다 유서 깊고 존엄하며, 보다 참되고 고귀하다. 그런데 평가받는 삶이 진짜 삶에 쿠데타를 일으켰다. 이 쿠데타를 비판하는 사람은 누구든 무서운 처벌을 받는다. 평가받는 삶이 진짜 삶의 목을 베고 왕위를 찬탈하여 만들어진 체제에는 어떤 가학적 종교의 속성들, 그 종교 특유의 사제와 종교재판과 속죄 의식이 있기 때문이다.

프랑스 제3공화국에서 공립학교는 교실에서 아이들을 긴 의자에 눕힌 채 수영을 가르쳤다. 학습을 위해 기기나 장비를 사용하긴 했지만 실제로 아이들을 물에 데려가진 않았다. 수영 자격증을 필기시험과 기기를 이용한 실기시험만으로 따야 한다고 상상해보자. 이 시험 감독관이 몸으로 수영을 배운 카리브 해나 아마존 일대의 아이를 만나면 어떻게 반응할까? 그는 자기 삶을 떠받치는 사유 체계를 어떻게든 유지하기 위해 인지 부조화[7]의 모든 단계를 거쳐가면서 억지 설명을 찾아내고 말 것이다. 그가 찾은 설명은 "이 아이는 특수한 경우야", "이 아이도 교실에서 수영을 배웠으면서 우리에게 그 사실을 숨기고 있어", "이런 아이는 있을 수 없어!" 중 어디쯤에 있을 것이다. 학자들은 이 같은 직업적 왜곡에 매우 익숙하다. 내가 모르는 것은 존재하지도 않는 것이요, 존재하지 않는 것은 존재 가능성도 없는 것이다.

여러분이 삶을 점수 매겨지는 삶으로 한정한다면 그건 삶을 잃는 것과 똑같다. 목마를 사려고 살아 숨 쉬는 진짜 말을 파는 셈이다. 그 목마를 자식들에게까지 넘겨주리라고 생각하면 더 끔찍하다. 평가 대상으로서의 인간은 인간Homme보다 열등하다. 우생학적 사고의 유산일까, 우리는 니체의 '초인Übermenche'이 평가 대상으로서의 인간 안에 있다고 믿었다. 그러나 초인은 오히려 평가받는 삶에서 해방된 인간 안에 있다. 호모사피엔스사피엔스가 호모에스티마투스*Homo œstimatus*(평가받는 인간)보다 훨씬 낫다. 평가받는다는 것은 결국 잘 보여야 한다는 의미이고, 우리는 이것이 바로 소외aliénation라는 사실을 잊었다. 평가받는 자는 노예이니, 원래 사거나 팔기 전에 이런 감정을 거치는 법이다.

현자 피에르 라비Pierre Rabhi는 그 점을 통찰하고 당대의 매뉴얼을 몽땅 깨버렸다. 그는 매뉴얼이 인간에게 도움이 되어야지, 인간이 매뉴얼에 종속되어서는 안 된다고 보았다. 2011년 TEDxParis 강연에서 그는 이런 물음을 던졌다. "죽음 이전에 삶이 있습니까?" 이런 투명한 언어는 진짜 삶의 시험을 거친 사람만 구사할 수 있다.

> 현대성이 강력히 요구되었던 이유는 진보가 어떤 면에서 인간을 해방시킬 거라는 기대 때문이었죠. 그러나 나는 현대를 살아가는 한 인간으로서 감금의 연속을 발견했습니다. 마땅한 이유가 있든, 부당한 것이든, 감금은 감금이죠. 유치원에서 대학까지, 모두

가 갇혀 삽니다. 학교를 가리키는 은어는 '궤짝bahut'이고 회사는 '상자boîte'라고 하죠. 작은 상자(중소기업), 큰 상자(대기업), 기타 등등…… 심지어 신나게 놀러 갈 때도 상자(클럽)에 가요. 물론 자동차라는 상자caisse도 빼놓을 수 없죠…… 그다음에는 마지막 상자를 기다리는 늙은이들을 꾸역꾸역 집어넣는 또다른 상자(요양 시설)가 있어요. 마지막 상자가 뭔지는 여러분 짐작에 맡기겠습니다. 자, 그래서 나는 이런 의문이 들었습니다. 죽음 **이전에** 삶이 과연 있기는 한가?

과거에는 사람들이 그 사람의 기능으로서가 아니라 그 사람 자체로서 살았다. 그러나 도시화가 일어나 부족을 뛰어넘는 크고 강력한 구조들이 나오면서 기능이 존재를 압도했다. 셰익스피어가 "하느냐, 마느냐, 그것이 문제로다"라고 말할 일은 없었으리라. 피에르 라비가 옳다. 우리는 정신적, 문화적, 물리적 상자들을 아주 다양하게 만들어놓고 철저히 그 안에 갇혀 사는 습관을 들였다. 이 감금이 우리 삶의 조건이고, 우리는 너무 자주 우리 자신을 우리가 속한 상자로만 정의하려 든다.

실제로 우리 뇌는 감금의 연속 상태에 놓여 있고, 결국 그 상태는 우리의 사고방식으로 통합되어버린다. 어떤 도식 안에서 생각하는 것이 장기적으로는 그 밖에서 생각하는 것보다 빠르기 때문에 도식과 사유의 관계가 산업과 농업의 관계 비슷해지는 것이다. 도식은 도구이자 제한이다. 표준화, 조건화, 취향과 다양성의 빈곤, 나아가 적응력의 빈곤이기도 하다.

19세기 중반에 대기근이 아일랜드를 덮쳤다. 이 나라의 감자 농사는 거의 완전히 단일 품종 재배였다. 그래서 노균병이 발생하자 유전자적으로 동일했던 온 나라의 감자가 싹 다 죽었고 아일랜드는 현대사의 가장 참담한 위기까지 내몰렸다. 생물 다양성의 빈곤이 잠깐 사이에 이러한 비극을 불러올 수 있듯이, 우리의 교육이 부추기는 정신 다양성noodiversité의 빈곤도 결국 마찬가지다. 현재 교육은 산업화된 농업이 플랜테이션에 끼치는 것과 비슷한 악영향을 우리 뇌에 끼치고 있다. 생물 다양성 빈곤은 우리를 망친다. '정신 다양성' 빈곤은 더 심하게 우리를 망친다.

빌 게이츠조차 점수 매겨지는 삶을 피하지 못했다. 우리 사회에서 재산은 가장 확실히 인정받는 점수다. 그는 이렇게 고백한 적이 있다. "나는 시험 성적이 좋지 않았죠. 반면에 내 친구 하나는 하버드에서 시험을 치를 때마다 우수한 성적을 거두었어요. 그 친구는 마이크로소프트에서 엔지니어로 일합니다. 나는 마이크로소프트 창업자고요." 교훈? 실패도 일종의 학위다. 그리고 실패라는 학위를 소지하지 않은 사람들에게는 인생이 보여주지 않는 커다란 세상이 있다. 창업도 그 세상에 속한다. 이제 의식구조가 변하고 있다. 프린스턴 대학의 저명한 교수 요하네스 하우스호퍼는 최근 『실패 이력서*CV of Failures*』[8]라는 책을 썼다.

리처드 프랜시스 버턴은 "인생은 네가 무시하는 위대한 가르침이니 네가 아는 모든 것은 아무것도 아님을 알라"고 했다. 19세기를 살았던 버턴은 29개 언어와 방언을 유창하게 구사했다. 특히 아랍어는 흠잡을 데 없이 완벽해서 변장을 하고 메카 순례를 다녀올 정도였다. 생각하고, 꿈꾸고, 혼잣말로 중얼대는 것까지 아랍어로 했다고 한다. 그는 젊은 날 자신의 눈부신 개성대로 살기 위해 옥스퍼드를 그만둠으로써 일찌감치 스스로 출세 가도에서 벗어났다. 그 덕분에, 고위 관료가 된 그의 수많은 동기들은 우리 기억에서 지워진 반면 그는 오늘날까지도 기억되고 있다.

나는 학술적 관점으로나 개인적으로나, 천재에 관심이 많았다. 그리고 그들에게서 배운 점이 하나 있으니, 그들은 모두 실무에 대한 열정과 자기 자리에 안주하지 않으려는 경향을 겸비했다는 사실이다. 그런데 학교는 제자리에 머무는 기술, 바로 거기서부터 시작한다. 천재들이 학교에 실망하는 것도 당연하고, 학교가 자기네 구속을 견디는 자들만 간택하는 것도 당연하다. 하지만 우수해지고자 하는 사람에게 나는 이렇게 조언한다. 지적으로나 경제적으로나, '절대' 한자리에 머물러서는 안 된다. 이 조언을 검증해보면, 국민을 제자리에 묶어놓으려는 문화에서 인재 발전이 더딘 이유가 이해될 것이다.

또 하나 내가 관찰한 현상이 있다. 얌전하게 제자리를 지키는 사람일수록 그러지 않는 사람들을 아주 밉상으로 본다. 그들을 탓할 수는 없다. 매버릭 같은 사람과 부딪치면 자기들이 내렸던 결정을 돌아보게 되므로 심리적으로 견디기 힘들 수밖에 없다(텍사스 출신 변호사 새뮤얼 매버릭은 자기 소유 가축에 낙인을 찍지 않음으로써 낙인이 없는 가축은 모두 자기 것이라고 주장할 수 있었다. 이때부터 매버릭이라는 이름은 '이단아, 골칫덩이'의 대명사로 통하게 되었다.—옮긴이). 낙인 찍힌 인간들의 무리를 떠날 수도 있었는데, 혹은 떠났어야 했는데.

이러한 후회에 불에 달군 쇠로 낙인 찍히던 고통까지 더해지니, 그들이 자기와 다른 부류를 왜 그토록 그악스럽게 미워하는지도 이해할 만하다. 나는 이러한 관찰을 통해 매버릭 같은 이단아, 잠시도 안주하지 않고 계속 도망치는 '탈주 노예' 부류에 크나큰 존경심을 갖게 됐다. 위기에 빠진 우리의 포스트모던 사회에는 그런 사람들이 필요하다.

천재들에게서 두드러진 경향으로, 심리학자 K. 앤더스 에릭슨도 지적한 바 있는 요소는 바로 의도적 실행(연습)이다. 천재들은 누가 시켜서 하는 게 아니라 자기가 좋아서 한다. 레오나르도 다빈치는 사랑이 모든 인식의 원천이라고 말했다. 실제로 천재는 애정으로 일한다. 점수를 따거나 상을 타거나 동료에게 인정받기 위해서가 아니라 자기 자신을 위해서, 자기가 하지 않고는 견딜 수 없어서 한다.[9] 레오나르도 다빈치, 폴 코언 같은 사람들이 그렇다. 폴 코언은 궁극의 문제였던 연속체 가설이 ZFC 집합론 안에서 증명될 수 없음을 보여주었다. 그는 작업에 들어가기 전에 이 문제에 대한 기존 연구들을 참조하기를 거부했다. 푸앵카레 추측을 증명한 천재 그리고리 페렐만도 자기 연구를 편협한 수학계 학술지에 게재하기를 거부했고 필즈상과 클레이 연구소가 내건 100만 달러 상금도 고사했다. 니콜라 테슬라, 이 20세기의 다빈치는 업계 사람들보다 수십 년을 앞서 내다보았고 그들과는 다르게 생각하고 일했다. 또 에밀리 디킨슨과 그 외 여러 사람들도……

우리는 이 의도적 실행 개념을 다시 살펴볼 것이다. 이 개념이 전문성, 나아가 천재성을 이해하는 데도 매우 중요하기 때문이다.

현재 가장 놀라운 기억력 챔피언 중 한 사람인 넬슨 델리스의 경우를 보자. 델리스는 특별히 우수한 기억력을 타고난 사람이 아니다. 그는 할머니가 치매로 고생하면서 인지 능력이 떨어지는 모습을 지켜보며 '기억술'에 흥미를 갖게 되었다고 한다. 1984년에 태어난 델리스는 2009년에 처음 대회에 출전했고 그 후 어릴 때부터 기억력 신동으로 이름을 날리던 선수들을 차례로 제압했다. 의도적 실행은 비교적 늦게 시작하더라도 '재능'을 이길 수 있다. 그것이 델리스가 주는 교훈이다.

우수한 학업 혹은 지능지수

'G 요인' 혹은 '지능지수'가 때로는 유용한 인지 검사가 되기도 한다. 이를테면 어떤 사람의 지적 능력에 트라우마나 약물 오용이 끼친 폐해를 파악할 때가 그렇다. 그러나 이 검사를 확대 적용해서는 안 된다. 이 주제를 다룬 수백 편의 학술 문헌을 분석한 결과, 이 신경 상관물들을 일부나마 알아낼 수 있었다.[10]

뇌를 세 각도에서 바라본 그림에 각각의 활동에 해당하는 일반적인 뉴런 활동을 표시해보았다.

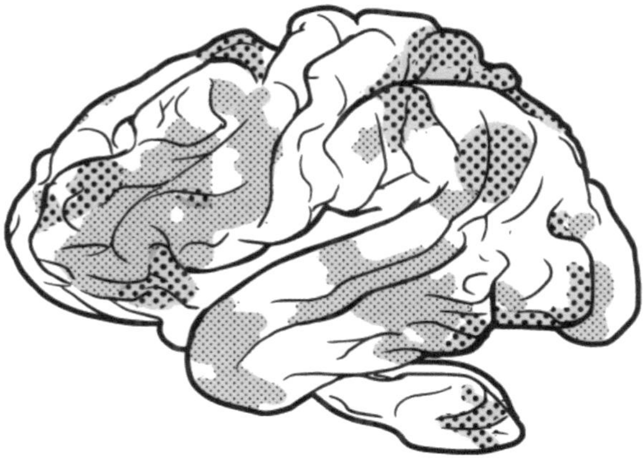

큰 점으로 표시된 활동은 주로 수학적인 것이다.

- 암산
- 사칙연산
- 머릿속에서의 도형 회전
- (암산이나 종이에 직접 하는) 계산

작은 점으로 표시된 활동은 주로 언어적인 것이다.[11]

- 단어의 의미적 인지와 시각적 인지를 포함하는 읽기

이러한 두뇌 기능과 관련한 뉴런 활동은 200편 이상의 학술 논문을 참조하여 밝혀낸 것이다. 인지신경과학에서는 심각한 통계적 어림 추정이 빈번하게 일어난다. 즉 상관관계를 인과관계로 착각하는 경우가 꽤

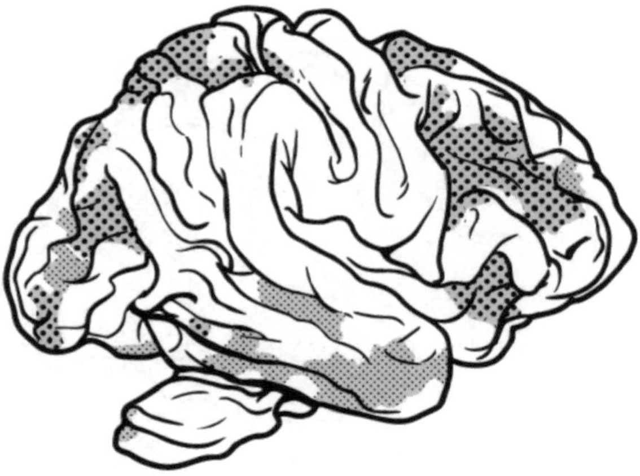

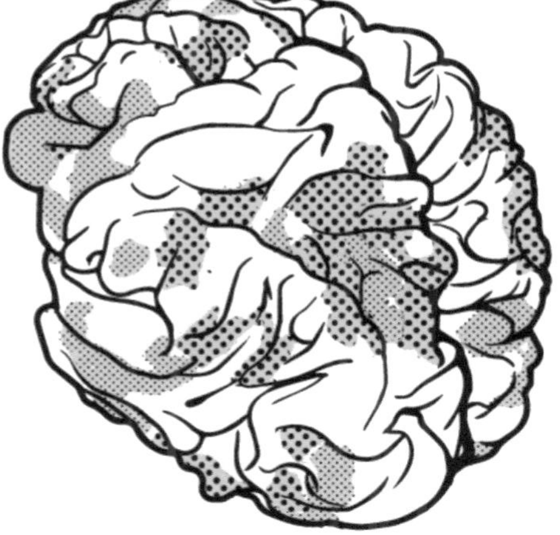

있다. 여기서 우리는 읽기와 암산에 '상관관계가 있는' 활동만을 보겠다. 다시 말해, 이 활동들만이 읽기와 암산을 전적으로 책임지는 것은 아니라는 뜻이다.

첫 번째 그림은 우반구, 두 번째 그림은 좌반구, 세 번째 그림은 좌측 두정간구(그림 한가운데 굵은 점과 작은 점이 함께 찍혀 있는 부분)를 중심으로 보여준다. 드앤과 버터워스가 붙인 '수학 혹'이라는 명칭으로 널리 알려진 두정간구에는 정확한 연산을 담당하는 뉴런들이 주로 포진해 있다. 이 뉴런은 뇌의 좌우 반구에 분포하며, 굵은 점으로 표시된 활동(수학적 활동)은 좌우 반구에 거의 대칭적으로 드러난다. 반면, 언어적 활동은 그렇지 않다. 일반적으로 언어의 신경 상관물은 좌반구 측면에 쏠려 있다. 간단히 말해, 좌우 두정간구는 계산 능력에 이바지하고 필기시험이나 구두시험을 통해 학습 과제를 재구성할 때는 좌측 두정간구가 더 집중적으로 관여한다고 하겠다.

학교에서 가장 방점이 찍히는 부분은 단연 학생의 언어 능력이다. 특히 수학 과목에서도, 학생이 정답을 찾아도 그 과정을 언어로 증명하지 못하면 점수는 없다. 우리 뇌는 설명은 못하지만 할 줄 아는 것들이 분명히 있다(심지어 뇌가 할 수 있는 일의 대다수가 그렇다). 따라서 언어화되는 영역만 우수성을 인정하는 것 자체가 일종의 제한이다. 그렇지 않아도 교육에서 간과되고 있는 의욕과 동기 부여를 배제한 채, 오로지 지적 능력에만 집중한다면 '좋은 성적'이라는 현상(여전히 복잡한 현상이기는 하지만)의 중심에는 좌측 두정간구가 있다. 이 현상은 우리가 생각한 것 이상으로, 두뇌 활동 안에서조차, 대단히 폐쇄적이다.

또다른 문제도 있다. 바로 일반 지능의 퇴행 가능성이라는 문제다. 2013년에 우들리, 테 니젠하우스, 머피는 '일반 지능 감퇴'가 나타났음을 주장했다.[12] 이들 연구의 중심에는 빅토리아 시대부터 알려져 있던 매우 단순한 검사가 있다. 화면에 점을 띄워 보여주면서 피험자에게 그 점이 오른쪽에 있는지 왼쪽에 있는지 최대한 빨리 답하게 하는 것이다. 최근 들어 이 검사에 대한 평균 반응시간이 길게 나오는데, 몇몇 사람들은 그러한 결과를 지능 감퇴의 신호로 본다.

나는 이 연구가 일반 지능 개념을 아우를 수 없는 지엽적 실험을 과하게 해석했다고 본다. '방황하는' 정신의 소유자일수록, 즉 자발적 정신 활동이 활발할수록 이런 류의 기본적인 '지각 판단' 과제에는 적합지 않기 때문이다. 과연 그런 사람을 지능이 떨어진다고 말할 수 있을까? 우들리 연구 팀의 관찰은 달리 설명될 수 있다. '더 많이 생각하는 사람들'이 있다. 그들의 뇌는 자발적 활동, 성찰, 기억 작용의 측면에서 어제보다 오늘

더 활발하게 작동하지만, 케케묵은 검사에서 좋은 결과를 내는 데는 그 활발함이 방해가 된다.

네안데르탈인에서 '호모사피엔스'에 이르기까지 뇌의 크기는 계속 줄어들었다. 그렇다고 해서 네안데르탈인에서 '호모사피엔스'까지 오는 동안 영장류의 인지 능력마저 줄어들었을까? 나는 그렇게 보지 않는다.

TECHnOLOG
ON
IN
ROBOTS
FREE
TECHO
OF
120V
VINI
VIDI
VICI
ALITY
MARK
PIVER

2

학교가
완전히 바뀌어야 한다

그 누구에게도 내가 누구인가를 정의하게 내버려두어서는 안 된다.
자기 자신을 아는 것은 인생의 가장 절대적인 의무다.
이 의무를 무시하는 한, 여러분은 자유롭지 못하다.
남들이 나를 정의하게 내버려두면 나는 자유롭지 않다.

지능지수가 과대평가되는 이유는 지능지수 검사가 양의 지배를 특징으로 하는 더 큰 문화 혹은 신드롬, 즉 우리가 우리 아이들에게 눈썹 하나 까딱 않고 전달하는 수많은 거짓말로부터 나왔기 때문이다. 유치한 거짓말 중에는 별문제가 되지 않는 것도 있고(가령 산타클로스라든가) 인류 전체의 문젯거리도 있다. 이

	평가받는 삶	진짜 삶
틀에 맞춰 살기	유일한 길	나쁜 길
제자리에 머물기	유일한 길	종속의 길
권위에 반박하기	금지	필요
자유로운 자기표현	권장되지 않음	필수
자율성	권장되지 않음	필수
질문/대답	문제에 가장 적합한 답 찾기	대답을 타당하게 하는 가장 좋은 질문 찾기
팀 작업	아주 중요하지 않은 작업에 한함. 그 외 경우는 부정행위로 간주.	필수

시원적 거짓말 몇 가지를 이해하기 위해 진짜 삶과 평가받는 삶, 진짜 말과 목마를 비교해보자.

표에서 보듯이, 평가받는 삶은 이처럼 적어도 실존의 중요한 일곱 가지 측면에서 우리를 속인다. 특히 여섯 번째 지적(질문/대답)은 나심 니콜라스 탈레브로부터 영감을 얻었다. "진짜 삶의 시험에서는 누군가가 여러분에게 답을 주고 여러분은 최고의 질문을 찾아야 한다." 스티브 잡스도 비슷한 생각을 제시한다.

> 사람은 성장하는 동안 세상을 있는 그대로 받아들이며 '나도 저런 모습으로 살겠구나' 생각합니다. 벽 속에 처박혀서는 안 됩니다. 화목한 가정을 꾸려서도 안 되고, 저축을 해서도 안 됩니다…… 그런 건 굉장히 제한된 삶이죠. 아주 단순한 사실을 발견하면 인생이 훨씬 넓어집니다. 여러분을 둘러싼 모든 것, 생활이라고 부르는 것은 결코 여러분보다 똑똑하지 않은 사람들이 만든 겁니다. 여러분은 그 삶을 바꿀 수 있고, 영향력을 끼칠 수 있습니다. 여러분은 여러분의 독자적인 목표를, 훗날 다른 사람들이 사용하게 될 것을 건설할 수 있습니다. 일단 이 사실을 배우고 나면 여러분의 삶은 결코 전과 같지 않을 겁니다.

학교가 나에게 끈질기게 전달하려 했으나 결국 그럴 수 없었던 메시지가 있다. 학교라는 형식은 완벽하며 어찌 됐건 학교의 사용자인 나는 그 형식을 절대 바꿀 수 없다는 메시지, 나를 둘러싼 세상은 사용자 대부분을 뛰어넘는 최고로 똑똑한 사람들이 만든 것이라는 메시지. 그 세상의 사용자는 귀찮은 골칫거리일 뿐, 그가 나서서 세상에 수정을 가해선 안 된다. 세상의 모습을 바꾸는 것은 엘리트의 소관이요, 이 엘리트의 정당성은 이전 세대 엘리트가 수립하는 것이니까…… 영향력을 행사할 특권, 나아가 세상을 변화시킬 특권은 학교가 정해놓은 **장점**을 지닌 자들에게만 있다. 학교 자체가 그 장점을 독식한다. 따라서 있는 그대로의 현실을 문제 삼으려면, 문제들 자체를 문제 삼으려면 위에서 내려오는 줄이 있어야 한다.

학교는 두 가지 악을 두 가지 덕으로 둔갑시킨다. 다섯 가지 덕(스스로 자리 정하기, 권위를 맹목적으로 받아들이지 않기, 자유로운 자기표현, 자율성, 팀 작업)은 다섯 가지 악으로 치부한다. 천재였던 리처드 프랜시스 버턴은 현대성이 싹트던 그 시대에 이 메커니즘을 완벽하게 꿰뚫어보았다. 그는,

– 겉으로만 틀에 몸담을 뿐, 결코 거기 갇혀 살지 않았다.
– 자기 자리에 안주하지 않았다.
– 매우 어릴 때부터 자율적으로 살았다.
– 언제, 어떻게 집단으로 일해야 하는가를 일찌감치 배웠다.

버턴은 『하지 압두 엘-예즈디의 카시다*The Kasidah of Haji Abdu El-Yezdi*』에서 이렇게 노래한다.

시간의 흐름 안에서

각각의 악은 덕의 왕관을 썼고,

각각의 덕은 악이나 죄로 내몰렸다네.

일례로 이기심, 무관심, 지구에 대한 학대는 오늘날 포스트모던 사회의 3대 덕이라 해도 과언이 아니지만, 토착 사회의 관점에서는 3대 악이다. 자기가 태어나 얻었던 땅보다 훨씬 더 망가진 땅을 자식들에게 남기는 것이 선이 아니라 악인 줄은 누구라도 안다.

학교는 우리에게 말 잘 듣는 게 최고라고 가르치고, 이 가르침은 평생을 간다. 특히 대학 사회에서는 순응이 가장 신성한 덕목이다. 논문에서 연구비 지원을 거쳐 경력 쌓기에 이르기까지 겹겹이 쌓인 위임장, 평가서, 인쇄 허가서는 다 얼마나 고분고분한가를 감시하기 위해 존재한다. 진짜 삶에서는 심오한 지혜의 말씀대로 "틀 안에 들어가려고 애쓸수록 파이 비슷한 꼬락서니가 될 것이다." 인생의 성공이란 삶을 주도하고 자기 정체성을 확실히 하는 것이다. 자기 특성을 옥죄기보다는 돋보이게 하고, 사람을 뽑는 구멍이 네모일 때에도 둥글둥글한 자신을 부정하지 않는 것이다. 자연선택은 우리의 차이를 가치 있는 것으로 인정했다. 자연에 반하는 선발은 우생학과 다를 바 없다.

성공한 인생은 절대로 항복하지 않고, 틀과 타협하지 않는다. 반박할 수 없는 창업 천재 스티브 잡스는 그 점을 자명한 이치로 여겼다. 그가 2006년에 프린스턴 대학에서 했던 명연설의 제목은 '죽기 전에 어떻게 살 것인가'였다. 그는 죽음 이전은 삶이라는 사실이 더 이상 당연하지 않다고 가정했다.

여러분의 시간은 한정되어 있습니다. 그러니 다른 사람 삶을 사느라 그 시간을 낭비하지 마십시오. 도그마라는 함정에 빠지지 마십시오. 그랬다가는 다른 사람들이 생각한 결과에 맞춰 사는 셈이니까요. 다른 사람들의 견해가 여러분 내면의 목소리를 가리는 소음이 되게 해서는 안 됩니다. 그리고 가장 중요한 것은, 당신의 마음과 직관을 따라가는 용기를 가지라는 것입니다. 마음과 직관은 당신이 진정으로 되고자 하는 것이 무엇인지 이미 알고 있습니다. 다른 것들은 모두 부차적입니다.

얼마나 통쾌한가! 잡스는 대학 측 인사들에게 그들이 매일 하는 일의 정반대를 이야기했다. 동료들의 인정? 그딴 건 잊어라! 남들이 하는 말이 여러분 내면의 목소리를 어지럽혀선 안 된다! 용감하게 마음과 직관을 따라가라.

지금은 학교가 마음과 직관을 대신해 우리의 운명과 정체성을 결정한다. 그런데 우리는 이 교환에서 득을 본 게 없다. 인간을 정의하는 이 신성한 특권은 인간의 내면에서만 나올 수 있는데 우리는 그것을 외적인 그 무엇에 넘겨주었다. 외적인 것이 인간을 규정한다면 그것은 완만하고도 아주 몹쓸 소외, 수상쩍은 노예제도다. 노예들은 결국 그 제도와 타협하고 만다. 이것이 내가 현장에서 배운 신경인간공학적 지혜다. 그 누구에게도 내가 누구인가를 정의하게 내버려두어서는 안 된다. 자기 자신을 아는 것은 인생의 가장 절대적인 의무다. 이 의무를 무시하는 한, 여러분은 자유롭지 못하다. 남들이 나를 정의하게 내버려두면 나는 자유롭지 않다.

평가받는 삶에서는 나를 틀에 맞춰야 한다. 진짜 삶에서 틀에 맞춰 살다가는 내가 죽는다(피에르 라비가 말한 의미에서). 여러분은 요람에서 무덤까지, 아기울타리에서 관까지, 온갖 상자를 전전하며 살아간다. 아기울타리 그 자체는 좋은 것도 아니고 나쁜 것도 아니지만 우리가 이 울타리를 떠나기는커녕 지적 울타리, 정치적 울타리를 자꾸 더 만들고 우리의 자유를 양도하니 문제다. 우리는 현대성이라는 이 꼬리에 꼬리를 문 감금의 사슬에 길들어 어느 정치가가 "안전이 자유의 으뜸입니다"라고 뻔뻔하게 주장해도 고개를 끄덕끄덕한다.

하긴, 이미 속으로 그렇게 생각하는데 왜 반박을 하겠는가? 하지만 호모사피엔스사피엔스의 입장에 대해 말하자면, 그들은 15만 년 넘게 살아오면서 본디 안전보다 자유를 더 중시하는 입장을 취해왔다. 인간이 만들어낸 모든 것의 어머니는 자유다. 안전도 그중 하나요, 그 역은 성립하지 않는다. 얘기 끝났다.

평가받는 삶에서는 꼭 제자리를 지켜야 한다. '주목받기' 위해서라도, '평가받기' 위해서라도 그래야 한다. 진짜 삶에서 그래왔다면 여러분은 계속 갇혀 지냈던 셈이고 결국 삶을 망친 것이다. 예전에 쉰 살이 됐는데도 모 브랜드 시계가 없으면 실패한 인생이라고 하는 광고가 있었다. 만화가 불레는 이렇게 받아쳤다. 쉰 살에도 그 시계를 가지고 싶어 안달한다면 실패한 인생이 맞다고.

여러분이 평생 제자리를 지킨다면 살아도 사는 게 아니다. 여러분의 삶은 점령당했다. 어떤 나라가 강제 점령당하는 바로 그 의미에서 말이다. 점령자는 여러분에게 남들 사는 대로 살라고 공포정치를 펼친다. 인간에게 제자리를 잃는다는 것이 가장 극심한 공포 중 하나라는 사실은 신경심리학 실험들로 여러 차례 증명되었다. 이 공포가 발전되면 어떤 대가를 치르고라도, 특히 양심에 찔리는 일을 불사하고서라도 내 자리는 지켜야 한다고 생각할 수도 있다. 전쟁과 그에 수반하는 학살은 이 원리의 실제 사례를 충분히 제공했다.

평가받는 삶 속에서는 자율성도 권할 만하지 않다. 프랑스 공립학교에서 자기가 원하는 수업만 골라 들을 수는 없다. 국가가 짜놓은 학습 계획과 진도를 무조건 따라야 한다. '과외의' 것들은 단지 너무 일찍 건드리면 안 되는 몇 가지 개념 때문에 존재할 뿐이다. 반면, 진짜 삶에서 자율성은 자유로 나아가는 유일한 길이다. 어떤 권력이 부조리한 말을 하거나 부당한 짓을 하더라도, 스스로 생각하고 비판해야만 한다.

하지만 평가받는 삶이 전달하는 최악의 거짓말은 아무래도 이거다. 중요한 일의 성공과 실패는 개인의 문제라고 한다. 대수롭지 않은 일들만 성공과 실패가 집단의 문제가 된다. 완전히 거짓부렁이다. 매머드 사냥, 피라미드 건설, 노르망디 상륙, 그 밖에도 세계를 변화시킨 사건은 모두 집단의 성공 혹은 실패였다. 하지만 세계를 변화시키지 않는 사소한 성공과 실패는 늘 개인 소관이다. 진실은 그렇다.

독자 가운데 학창 시절의 작문 과제를 지금까지 가지고 있는 사람이 있는가? 어떤 낭만주의자라 해도 그 글이 조금도 세상을 바꾸지는 못했다고 인정할 것이다. 그런데 작문은 개별 평가 대상이다. 이 개인 점수는 성적에서 중요한 계수다. 반면에 집단으로 평가받는 TPE는 절대 결정적 계수가 되지 못한다(TPE는 travail personnel encadré의 약자다. '지도 감독하에 이루어지는 개인 연구 과제'라는 뜻으로 프랑스 고등학교에서 보통 3~4명이 한 조를 이루어 수행한다.—옮긴이). 진짜 삶에서 집단으로 일한다는 것은 서로 협력한다는 의미다. 하지만 학교에서는 부정행위로 치부될 뿐이다. 실생활에서는 매우 중요한 사안을 두고 팀 작업을 한다. 학교에서 팀 과제는 (개인 과제에 비해) 중요하지 않다. 이런 원칙들로 양육받은 인간이 지구 보존을 위해서나 인류 존속을 위해서나 세계 차원에서 협력을 못 하는 것은 당연하지 않나? 오늘날의 학교가 효용보다 폐해가 더 큰데 어떻게 그럴 수 있겠는가? 자기 개인의 가치를 자부하는 자들, 공부깨나 했다는 자들이 짐승만도 못한 짓을 군소리 없이 수행한 예를 보라. 우수한 학업 성적이 인간성이나 선의를 선별하지는 못한다는 증거 아닌가.

진짜 삶 속에서 인간은 아주 다양한 생각, 실행, 방법, 정신을 낳는다. 평가받는 삶에서는 학교가 "내 기준에서 벗어나면 끝장이야"라고 엄포를 놓는다. 그렇지만 학교조차 적어도 학생의 사회화만큼은 성적보다 우선이라고 인정한다. 그런데 개인적으로 공부하는 것만 주구장창 가르치면서 어떻게 사회화를 장려한단 말인가? 나는 학교에서의 사회화는 우발적으로, 교실보다는 주로 쉬는 시간 운동장에서 일어난다고 믿는다. 학생들이 운동장에서만 지낸다면 그들의 사회성이 어떻게 변할지 궁금하다. 지금까지 사회성이라는 측면에서 교실이 운동장보다 낫다고 입증한 연구는 없었다.

전통 사회나 토착 사회에서는 삶이 곧 한 자리를 뜻했고 제자리를 잃는 것은 생각만 해도 끔찍한 일이었기에 아등바등 자리 보존에 매달렸다. 그러나 포스트모던 사회에서는 자리 자체가 당연하지 않다. 그래서 더 정주定住하려는 문화가 나오고, 이는 곧 순응의 문화이자 배척의 문화다.[13] 우리 사회는 일종의 기계이기 때문이다. 여기서 한 자리를 차지하려면 그 기계에 딱 맞고 웬만큼 품질이 좋은 부품이 되어야만 한다. 학교가 우리를 바로 이런 부품으로 만든다. 개방적이고 창의적이고 제멋대로이지만 친구라면 사족을 못 쓰는 아이들이 학교에 들어가 개별 부품이 되어 나온다. 명문 에콜 폴리테크니크를 나왔다고? 그렇다면 당신 연봉은 투르 대학 졸업생보다 높을 것이다. 폴리테크니크에서 만든 부품은 공장에서 더 비싸게 쳐주니까.

학교는 층이 나뉘는 침전沈澱 기둥이다. 바로 그렇기 때문에 학교는 모두를 만족시킬 수 없다. 사양 명세서에 이미 사용자를 실망시킬 수밖에 없다고 나와 있고, 원칙적으로 최종 고객인 공장보다는 인간이 실망하게 마련이다. 시스템이 아니라 인간이 고객이라는 생각만으로도 학교가 충분히 변화할 것이다. 넬슨 만델라의 말에 무릎을 탁 치게 된다. "세상을 바꾸고 싶다면 교육을 바꾸십시오!" 그런데 교육의 변화는 개인 차원에서 일어날 수 없다.

핵스쿨링Hackschooling : 새로운 형태의 땡땡이치기?

인간은 순응적으로 태어나지만 이건 어디까지나 인간성에 대한 순응이다. 그런데 교육, 경제, 정치에서의 순응성과 달리, 인간성은 인간이 만들어낸 것이 아니다. 인간이 만들지 않은 것을 인간이 만든 불완전한 것을 다루듯 규격대로 제어하려 한다면 그 자체가 승산 없는 짓이다. 지난 세기에 보았듯이, 우리는 자연에게 공장처럼 생산을 하라고 요구했지만 실은 공장이 자연을 닮은 생산을 해야 한다.

인간의 순응성, 나아가 강요된 복종을 생각하면 노파와 독수리에 대한 수피교 우화가 떠오른다. 독수리 한 마리가 지쳐서 노파의 발치에 떨어졌다. 평생 새라고는 비둘기밖에 본 적 없던 노파는 비둘기 생김새에만 익숙했다. 노파는 가엾은 마음에 독수리를 거둬들이고는 이렇게 말했다. "넌 새처럼 생기지 않았구나." 노파는 독수리의 부리를 일부 잘라내고 발톱을 깎고 날개를 둥그렇게 다듬은 다음에 날려 보냈다. 그러고는 독수리가 비틀비틀 날아가는 모습을 바라보면서 이렇게 말했다. "잘 가라, 이제 제법 새처럼 보이는구나."

좋은 의도만으로 뇌를 다듬을 수는 없다. 중요한 것은 지혜다. 우화 속의 가짜 비둘기는 이제 독수리답게 살 수 없고, 그렇게 욕을 봤지만 결코 비둘기로 살 수도 없다. 우리의 교육제도는 이 비슷한 결과를 너무 자주 내놓는다.

인간성이 순응성보다 위에 있다. 순응성은 인간이 만들지 않은 다른 것들에만 적용 가능하고 인간 자체에는 적용할 수 없다. 해방된 인간은 우화 속의 독수리다. 독수리는 비둘기를 닮지 않은 새는 다 무시당하는 고장에서, 비둘기들 틈바구니에서 자랐을지언정 자기가 독수리라는 것을 잊지 않았다. 가장 고분고분한 비둘기를 뽑는 시험들에서 독수리는 연거푸 고배를 마실 것이다. 하지만 이게 독수리가 자책해야 할 일인가?

내가 만났던 '비범한 사람들'은 모두 순응주의의 압박을 받았다. 그들은 틀에 들어가려 하지 않았고 자기 자신이 틀이었다. 자연의 순리와 인간다움이라는 틀 말이다. 우리는 남의 발자국에 내 발을 끼워 맞추기 위해서가 아니라 우리 발자국을 남기려고 태어났다. 스스로 만들어낸 자리가 아닌 이상, 일정 기간에 한해서라면 모를까, 한 자리에 안주한 사람은 그중에 아무도 없었다. 그들은 모두 자율적으로 배움에 대한 갈증을 채워왔다. 내가 다녔던 학교들 대부분에 대해 가장 통렬하게 비판하는 점은, 경이로움을 느끼는 감각을 순응과 주저 없이 맞바꿨다는 것이다. 그렇기 때문에 경이감을 으뜸가는 목표로 삼는 과학 대중화가 프랑스에서는 여전히 보수적인 사람들에게 천대받는다.

경이감을 내어주고 순응을 얻다니. 완전히 밑지는 장사다. 경이감은 학습과 발견의 원동력이다. 이걸 시험 나부랭이와 바꾸다니, 엔진을 주고 차 껍데기만 받는 격이다. 파올로 루가리가 이 문제를 한마디로 요약했다(파올로 루가리는 콜롬비아 가비오타스 공동체의 창시자다.—옮긴이). 심드렁한 노벨상 수상자보다 열의 넘치는 초심자가 낫다고 말이다. 아는 건 없지만 의욕 충만했던 학생들이 전문 지식만 약간 생기고 의욕은 전혀 없는 상태로 졸업하는 경우가 얼마나 많은가. 하지만 열의가 지식과 기량을 끌고 오는 것이지, 그 반대가 아니다.

전문가, '비범한 사람'은 늘 자기 분야에서만큼 거침없이 일을 밀고 나간다. 학교에서와는 전혀 다른 추진력으로, 혼자 일을 벌인다. 테일러 윌슨Taylor Wilson, 1994~도 그랬다. 그는 열네 살 때 부모님 차고에서 자기가 직접 만든 판스워스 퓨저로 중수소끼리의 충돌 반응 핵융합을 구현했다. 버락 오바마는 윌슨이 열여덟 살이 되자 네바다 연구소에 출입하며 연구를 할 수 있게 해주었다(프랑스에선 어림없는 일이다). 윌슨은 그해에 티엘 장학금도 받았다. 티엘 장학금은 특히 학교를 떠나 창업에 도전하는 젊은이들을 지원하기 위해 마련되었다. 학교에 남는 학생이 아니라 학교를 떠날 학생을 위한 장학금은 아마 최초일 것이다.

잭 안드라카1997~는 췌장암을 빠르게 진단하는 새로운 방법을 개발했다. 에스터 오케이드2005~는 열 살에 영국 개방대학 수학과에 들어갔다. 그레이스 부시는 열여섯 살에 고등학교를 졸업함과 동시에 법학 전공, 스페인어 부전공으로 학사 학위를 받았다(사우스캐롤라이나 대학). 프랑스의 경우 아르튀르 라미앙드리소아1978~가 최연소 대입 기록을 가지고 있다. 그는 11세 10개월에 대학수학능력시험에 합격했는데 이전에 정규 교육은 전혀 받지 않았다. 그래서 그의 자서전 제목이 『나의 학교 땡땡이치기*Mon École buissonnière*』다. 프랑스는 라미앙드리소아의 경험을 참고해 학교 개혁에 반영했을까? 물론 아니다. 그런 일은 프랑스와 거리가 멀다.

로건 라플랜트의 예를 보라. 그의 TEDx 강연 '나는 핵스쿨링이 좋아요Hackschooling makes me happy' 동영상은 이미 전 세계에 퍼졌다. '핵스쿨링'이란 신기술과 네트워킹을 포함하는 '학교 땡땡이 2.0.'

이다. 라플랜트가 열세 살 때 했던 이 강연은 이미 조회수 900만을 달성했다. 라미앙드리소아처럼, 라플랜트도 학교에 잘 맞지 않는 소년이었다. TEDx 강연은 지금도 케이트 시먼즈나 토머스 수아레즈처럼 비슷한 기질의 신동들에게 그들의 경험을 공유할 기회를 준다. 그들을 보면 우리 모두가 잠재적 천재라는 생각이 든다. 누구나 어떤 지식이나 활동에 푹 빠져 주도적으로, 끈질기게 일을 추진하기만 한다면 그 역량을 발휘할 수 있다. 그 이유는 사랑 없이는 탁월성도 없기 때문이다. 그리고 탁월성은 학교가 독점하지 않는다(그랬던 적도 없다).

체계적인 홈스쿨링은 아직 고안되지 않았다. 라플랜트는 홈스쿨링 개념을 설명하면서 제안한다. 홈스쿨링에는 점수 매기기가 없다. 사실, 어떤 부모가 아이들을 점수 매길까? (점수는 자기가 자녀 교육을 직접 맡지 않으니까 확인할 필요가 있을 뿐이다). 학습 프로그램도 없다. 자기 마음 가는 대로, 욕구를 짓누르기보다는 늘 부채질하면서 지식을 탐구하면 된다. 왜냐하면 "아이는 채워야 할 단지가 아니라 피워야 하는 불"[14]이기 때문이다. 지금의 학교는 이 지혜를 까맣게 잊었다. 이제 교육은 비축이 아니라 흐름 중심으로 가야 한다. 지식의 축적보다는 학습 역학에 관심을 기울여야 한다. 아이들이 앎에 입맛을 들이게 하자. 마침 잘됐다. 아이들은 사실 그런 입맛을 타고났다.

세계 차원에서 핵스쿨링을 실현하는 데 시행착오보다 더 좋은 방법이 있다고는 생각지 않는다. 새로운 교육법을 두루 시험해보아야 한다. 특히 심리학자 스타니슬라스 드앤이 말하는 "학습의 4

대 기둥"[15]을 중심으로 해서 말이다.

-관심
-적극적 참여
-정보 회신
-강화

앞으로 보겠지만 이러한 측면에서 비디오게임은 가공할 만한 신경인간공학 기술에 해당한다.

-비디오게임은 사용자의 관심을 끌어당기고 일정 방향으로 유도한다.
-적극적 참여, 의도적 실행을 끌어낸다.
-승점과 벌점으로 시행착오를 장려한다. 비디오게임은 학교보다 더 점수 위주로 이루어지지만 사용자에게 두려움이나 모욕감을 주지는 않는다.
-게임 능력이 향상됨으로써 일단 습득된 노하우는 더욱 강화된다.

비디오게임을 가르치기엔 너무 콧대 높은 학교는 지식 흐름이 급증하는 세상에서 쇠퇴하고 찌그러질 수밖에 없다. **핵스쿨링**이라는 생각은 학교와 실리콘밸리 차고 문화, 제작 실험실fab lab[16] 문화와의 대화다. 다국적기업은 구매 행동과 제품 판매 방식을 연구하기 위해 창고 하나를 대형 마트로 둔갑시킬 수 있다. 애플이나 스타벅스는 거대한 창고 안에 파일럿 매장을 만들어놓고 사용 혁신을 연구한다. 우리가 너무 독단적이어서 더 좋은 실무 방법이 있는데도 취하지 않는다면 학교의 발전은 결코 없을 것이다.

미래의 **제작 학교**fab school는 새로운 교육 실무 방법을 교사의 전적인 재량으로 시험해보는 파일럿 학교 노릇을 해야 할 것이다. 교사들이 가장 효과적인 방법을 찾을 때까지 서로 노하우를 공유할 수 있게끔, 전 과정에 위키가 함께해야 할 것이다. 이게 '증거에 기반한 교육', 직접 실험하고 배우는 교육이다. 주술 외우듯 p-값[17]을 중얼대는 불모의 교육과는 정반대다. 수평적이고 절충적이며 계속 변해가는 네트워크 세상에서 우리의 교육만은 여전히 위계적이고 수직적이며 교조적이고 딱딱하다. 그래서 교육은 점점 적응을 못 하고 있다. 위험을 무릅쓰지 않는 것보다 더 위험한 것이 없건만, 교육은 그걸 아직도 모른다.

나심 니콜라스 탈레브는 "관료제의 역할은 위험을 무릅쓰는 자와 그 결과를 떠안는 자 사이의 거리를 최대한 넓히는 것"이라고 했다. 공교육의 조직이 딱 그 짝이다. 학교 교육이 실패하면 누구 책임인가? 장관? 지역 내 국립대학들의 운영을 총괄하는 대학국장? 교육 프로그램? 교육감? 학교장? 교사? 학생이 책임을 떠안을 수밖에 없다. 자기 결정에 따르는 결과들과 바로바로 부딪혀야 발전이 빠른 법이다. 그런데 교육부는 거꾸로 가고 있다. 교사가 학생과 직접 부딪히는 사람이기 때문에 교사의 권한을 인정해주어야 한다. 교사는 교수법을 시험해보고 개선할 수 있어야 한다. 우리는 오로지 교사에게만 실험에 기초한 교육법 혁신을 맡길 수 있다.

'비범한 사람들' 학교

나는 학교를 정말 많이 다녔다. 학교 평판이 좋고 나쁘고를 떠나, 다소 예상치 않게도 여러 곳을 전전했다.[18] 그중 하나가 미디어라는 학교다. 미디어 노출을 멸시하는 프랑스 엘리트의 전통 안에서 교육받은 탓인지, 나도 처음에는 미디어를 색안경을 끼고 보았다. 여느 사람들과 마찬가지로 나는 내가 속한 집단을 특권시했고 잘 생각해보지도 않고 내 집단을 무조건 편드는 경향이 있었다…… 지금은 어떤 특권 집단에도 연대감을 느끼지 않는다. 나의 태도는 콜레주 드 프랑스 전임강사인 고생물학자 파스칼 피크를 만나고나서 바뀌었다. 그는 미디어 노출이 너무 잦다고 비난받았지만 그건 어디까지나 과학을 대중의 눈높이에서 설명하는 그의 탁월한 재능 덕분이었다. 나는 금세 그에게 친근함을 느꼈다. 안타깝게도 프랑스에서는 'populariser(대중화하다)'가 아니라 'vulgariser(통속화하다)'라는 표현을 쓴다. 이 표현에서 모든 것이 비롯된다. 대중의 눈높이에 맞춘다는 것은 저속해지는 것, 위험한 것이다.

놀라운 얘기가 될 수도 있겠지만 나는 진중하고 논리적이라고 자부하는 사람들이 정체 모를 미신과 신념을 바탕으로 일하는 경우를 참 많이 봤다. 가령 계량서지학bibliometrics과 학술지가 당연히 과학을 발전시킨다는 생각은 한 번도 과학적 수단으로 증명된 적

없는 미신에 불과하다. 이건 반박의 여지없는 사이비 과학이지만 대학에 몸담은 연구자들은 맹목적으로 계량서지학을 추종하고 이력서에 논문 건수, 피인용 건수 등을 열심히 집어넣는다(계량서지학은 출판물, 특히 학술 문헌에 대한 통계적 분석. 이러한 분석은 어떤 학자나 논문의 학문적 영향력을 객관적으로 파악하는 데 도움이 될 수도 있지만 저자는 학술 출판이 동료 심사에 종속되어 있기 때문에 이러한 계량이 과학적이라고 볼 수는 없다고 주장한다.—옮긴이).

사실, 우리의 과학은 한 뼘이 아주 작다. 이건 비판이 아니라 관찰이다. 인간이 만들어 지구 밖으로 가장 멀리 보낸 것들이라고 해봤자 태양계를 겨우 벗어났다. 인간의 과학적 능력으로—빛 신호로라도—우주에 구체적인 영향을 끼칠 수 있는 범위는 기껏해야 반경 20만 광년[19](실제로는 200광년 남짓)이다. 관측 가능한 우주 자체도 반경 470억 광년이라고 한다. 거칠게 말해, 최초의 인간이 하늘에 신호를 보냈다고 가정한다면, 관찰 가능한 우주에서 우리가 영향을 미칠 수 있는 범위는 기껏해야 우주 용적의 0.000000000000077퍼센트 정도이다(소수점 이하 0이 14개다). 물론, 평행우주는 존재하지 않는다고 가정하면 말이다…… 이런 점을 생각할 때, 과학을 발전시키려는 인류의 노력은 아무리 사소한 것이어도 장려되어야 하고 그 어떤 과학이나 기술도 교만해서는 안 된다. 나는 기초과학 연구자나 과학의 대중화에 힘쓰는 학자 중에서 누가 더 과학에 이로운 일을 하는 건지 잘 모르겠다. 그들이 주고받는 상호 영향이나 어느 한쪽의 우위성에 대한 과학적 증명을 본 적이 없으니까. 수백만 영혼과 장차 성장할 세대의 마음에 과학적 경이감의 씨를 뿌리는 자는 어마어마한 일을 하는 것이다. 인정하든 인정하지 않든 사실이 그렇다. 참다운 과학은 사람들의 에고ego, 즉각적인 반응, 유사 종교, 사람들의 멸시를 아랑곳하지 않는다. 그 과학은 인류 안에 뿌리내리려면 아직 갈 길이 멀기 때문에 피상적이고 치기 어린 변덕도, 대중화 멸시도 감히 스스로에게 허용치 않는다.

나는 2014년에 모 회사가 제작하는 예능 프로그램에 과학 전문가 자격으로 출연 의뢰를 받았다. 어떤 동료들은 이름만 듣고도 학을 뗐던 엔데몰Endemol 사 프로그램으로, 제목은 〈비범한 사람들〉이었다(엔데몰 사는 네덜란드에 소재한 세계에서 가장 큰 예능 독립 제작사 겸 포맷 개발사이며, 대히트작 〈빅브라더Big Brother〉를 만든 업체로 잘 알려져 있다.—옮긴이). 미국, 이탈리아, 중국에서 히트를 쳤던 〈더 브레인〉의 글로벌프랜차이즈 프로그램으로 크리스토프 드샤반과 마린 로르펠랭이 제작을 맡았다. 이 네 나라에서 출연 의뢰를 받은 전문가들은 방송 출연을 위협적인 일로 여기지 않았다. 하지만 나는 〈허핑턴포스트〉 웹사이트에 나의 선택을 해명하는 글을 올려야 했다. 심지어 TV 출연이야말로 '일화 기억', '내후각피질', '두정간구', '해마' 따위의 용어를 400만 명에게 가르칠 기회라고 정당화하는 글을 쓰면서 나는 몸소 경험할 수 있었다. 프랑스 대학 사회의 일부에게 대중화는 위협적인 일이지만 지지층까지 생기면 아예 수치스러운 일이 된다는 것을. 이것이 내가 '비범한 사람들'이라는 학교에서 얻은 교훈 중 하나다.

또 하나 배운 게 있다. 이건 경영 쪽 얘기다. 나도 경영을 가르

하지만 나는 연구를 하면 할수록
그들이 재능을 타고났다기보다는 자기 능력을 계발하려는 욕망으로
성장해왔다는 설명에 마음이 기운다. 그들은 대부분 그러한 능력 계발에
집착했고 아주 재미있는 것, 만족감을 주는 것으로 여긴다.
또한 그들에게는 오랜 시간 흥미를 계속 유지하게끔 받쳐주는 연료가 있었다.
어떤 주제든 5만 시간 동안 거침없이 파고들면 전문가가 되고,
나아가 인류의 보물이 될 수 있다.

쳐봤기 때문에 회사를 돌아가게 한다는 게 쉬운 일이 아닌 줄은 안다. 그때 나는 엔데몰 프랑스가 어떻게 돌아가는지 내부에서 지켜볼 수 있었다. 독일계 터키인 기업가 알프 알툰이 나에게 이런 말을 해줬다. "기업 가치를 파괴하는 걸로는 에고가 으뜸이지요." 실제로 나는 SNS에서 수십만 팔로어를 거느린 유명인들이 스튜디오와 사무실에서는 얼마나 에고를 차분하게 잘 가라앉히고 일하는지 관찰할 수 있었다. 밖에서 보면 이 사람들이 마호가니 가구로 근사하게 꾸며놓은 사무실에서, 스타들의 변덕과도 같은 반짝이에 휩싸여 지낼 것 같다. 하지만 정작 그들이 일하는 오베르빌리에의 평범한 사무실은 실습연수생들도 드나드는 오픈스페이스에 위치해 있다.

'비범한 사람들'이라는 학교에서 배운 것이 또 있다. 클리셰를 부수고 현실이 들어오게 하라. 현실을 부숴서 당신의 클리셰에 집어넣으면 안 된다.

천재와 기억술 선수를 연구하는 신경과학자는 연구 대상 자체가 희귀하기 때문에 피험자를 모으는 데만도 시간이 엄청 걸린다. 최고의 연구소들조차 이 분야 피험자는 1년에 2~5명 수준이다. 그런데 나는 이 방송 섭외가 결정타가 되어 한 해에만 25명 이상의 피험자를 구했다. 나는 전문가들을 연구하면서 그들의 경험의 폭을 실무 시간으로 분류하곤 한다. 예를 들어, 저 정도 수준에 도달하려면 5시간, 50시간, 500시간, 5000시간, 5만 시간의 실무가 필요하다는 식으로 분류하는 것이다. 이 분류는 전문 영역에서의 행동 반경과 과제 난이도를 파악하는 데 꽤 도움이 된다. '비범한 사람들'을 선발할 당시, 50시간 수준 이하는 아예 없었다. 그렇지만 대단히 인상적이었던 몇몇 피험자는 비교적 적은 노력으로도 괄목할 만한 성과를 거두었다.

이 방송이 내건 구호는 "평범한 프랑스인들이 비범한 능력자가 되다"였고, 실제로 그렇게 되었다. 우리는 '비범한 사람들'에 대해 곧잘 그릇된 상상을 한다. 그들이 특별한 재능을 타고났다고 으레 생각하는 것이다. 하지만 나는 연구를 하면 할수록 그들이 재능을 타고났다기보다는 자기 능력을 계발하려는 욕망으로 성장해왔다는 설명에 마음이 기운다. 그들은 대부분 그러한 능력 계발에 집착했고 아주 재미있는 것, 만족감을 주는 것으로 여긴다. 또한 그들에게는 오랜 시간 흥미를 계속 유지하게끔 받쳐주는 연료가 있었다. 어떤 주제든 5만 시간 동안 거침없이 파고들면 전문가가 되고, 나아가 인류의 보물이 될 수 있다.

이런 사람들의 매스미디어 노출도 잘 다듬어지고 벼려진 뇌의 잠재력을 보여준다는 점에서 흥미롭다. 애초에 불가능할 거라고 생각하는 것이 뇌를 단련할 때의 장벽 중 하나다. 뇌는 잘 깎아야만 하는 다이아몬드 원석 같다. 누구나 할 수 있다. 우리 모두 '비범한 사람들'이 될 수도 있다. '비범'과 '평범'을 가르는 것은 의도적 실행이다. 그리고 이 실행의 가장 강력한 원동력은 당연히 애정이다. 자기가 하는 일을 좋아해야만 2015년 시즌 출연자 발랑탱처럼 할 수가 있다. 발랑탱은 프랑스 도시들의 250개 위성사진을 허구한 날 들여다봤다. 그 결과, 0.5제곱킬로미터 면적의 항공사진 한 장만 잠깐 보고도 그 도시가 어디인지 알아맞힐 수 있었다. 우리 뇌는 형태 인지 능력이 비상하다. 발랑탱도 이 형태 기억을 활용하여 테스트를 통과했지만 그는 한 걸음 더 나아가 이미지 하나하나에 어떤 의미를, 때로는 서사를 부여함으로써 더 쉽게 기억할 수 있었다.

서사 부여는 기억술 선수들이 많이 쓰는 방법이다. 기억술사 조슈아 포어는 『1년 만에 기억력 천재가 된 남자*Moonwalking with Einstein: the Art and Science of Remembering Everything*』라는 책에서 기억력을 비범하게 계발하는 법을 잘 가르쳐주었다. 장 이브 퐁스의 책 제목 『나폴레옹은 버스에서 백파이프를 분다*Napoléon joue de la cornemuse dans un bus*』도 일련의 숫자들을 기억하기 위해 지어낸 문장이다. 외워야 하는 암호를 언어화하는 방법은 두뇌의 다른 기능들까지 수월하게 동원함으로써 우리의 기억, 특히 장기 기억을 돕는다.

'PAOPersonne사람–Action행위–Objet대상' 기억법도 이 원리에서 나왔다. 예를 들어 24B1551A1375라는 암호를 외워야 한다고 치자. "잭 바우어는 마르세유에서 파리 사람과 파스티스를 큰 병으로 마신다Jack Bauer boit une grande bouteille de Pastis à Marseille avec un Parisien"라는 문장 하나만 기억하면 끝이다. 뇌에 걸리는 하중을 잘 분배하기 때문에 이 편이 훨씬 인간공학적이다.

–잭 바우어는 〈24〉 시리즈의 주인공이다. 따라서 24는 자동으로 튀어나온다.

–'마시다boire'에서 문자 B를 연상한다.

–술병 하나의 용량이 보통 1.5리터다.

–파스티스 하면 '파스티스 51'이다.

–전치사 à에서 문자 A를 연상한다.

–마르세유 지역 우편번호가 13이다.

–파리 지역 우편번호는 75다.

이런 식으로 24B1551A1375를 연상해낼 수 있다.

암호나 번호가 외우기 힘든 이유는 '사물화되지' 않았기 때문이다. 다시 말해 그런 것들은 '구체화되지' 않았다. A13은 그 자체로 아무 의미도 없는 문자와 숫자 조합이지만 프랑스 국도 중에는 A13 도로가 있다. 그 국도를 자주 이용한 사람이라면 이 추상적인 조합과 좀더 쉽게 연결할 수 있을 것이다. 심리적 대상에 손잡이를 달아서 우리 정신 활동에 더 편하게 쓴다는 게 이런 거다. 기억술 선수들은 체계적 연상법을 굉장히 많이 훈련하기 때문에 그들에게는 모든 암호가 의미를 띠는 것으로 보일 정도다. 장 이브 퐁스처럼 고도의 경지에 이르면 그런 습관이 제2의 천성처럼 자연스럽다. 퐁스는 흥미를 유지한 상태에서의 의도적 실행이 5000시간 수준을 넘었고, 사실상 5만 시간 수준에 육박했다. 하지만 50시간 실행도 결과가 가시적으로 나타난다. PAO 기억법을 습관 들인다는 것은 새로운 언어, 쓰이는 어휘가 많지 않고 우리가 문법을 만들어도 되는 쉬운 외국어를 배우는 것과 비슷하기 때문이다.

또 다른 날 방송에서는 한 여성 지원자가 검은 옷 남성들의 무리와 흰 옷 여성들의 무리 가운데 누구누구가 '부부'인지 기억해서 짝을 찾아주었다. 이 지원자는 그 사람들 얼굴을 기억할 필요가 없었다. 요컨대, 0 혹은 1이라는 정보과학적 '비트'만 기억하면 되는 문제였다. 이걸 3개씩 묶는다고 생각하면 쉽다. 연속된 3개의 이진비트는 8가지로 나올 수 있는데 그 8가지를 ABCDEFGH라고 하자. 50명에 대해 성별(남자/여자) 한 가지만 기억한다고 치면 8자짜리 코드 2개(48명이 해결된다)를 외우고 2자만 더 외우면 충분하다. 이 정도는 누구라도 50시간 실행으로 해낼 수 있다. 검은 옷과 흰 옷 무리를 기억보조기법 문장으로 변환하는 것도 얼마든지 가능하다.

로트피, 장 이브, 쥘리는 좀더 어려운 테스트에 도전했다. 로트피는 100여 명의 얼굴과 생일을 2시간 이내에 외웠다. 그도 PAO 기억법을 풍부하게 활용했다.

예를 들어 1988은 그에게 섹스토이를 연상시킬 것이다. 왜 하필 그런 물건이냐고? 폭력적, 성적 사물은 늘 기억에 더 생생하게 남기 때문이다. 어떤 숫자나 암호가 자연스럽게 뭔가 연상시킨다면 모를까(A13=국도의 경우처럼), 그렇지 않은 경우는 어마어마하고, 핏빛 선연하고, 별난 것과 연결 지을수록 기억하기가 쉽다. 패튼 장군도 이런 말을 했다. "부하들이 내 명령을 명심하기 바랄 때, 꼭 기억해야 할 명령을 내릴 때는 일부러 더 추접스럽게 말합니다. 외설 없이 군대를 이끌 수는 없습니다. 다만, 표현력 넘치는 외설이라야 합니다." 로트피는 사각턱이 두드러지고 성姓이 탕Tang 씨인 사람을 '탱크tank'로 기억했다. 탱크는 그 사람의 턱처럼 다부지고 센 느낌을 준다. 그의 생일이 1988년 4월 20일이라면 로트피는 그 사람이 한 손에는 화이트와인소스(20)를 곁들인 생선(4)을, 다른 손에는 섹스토이(1988)를 들고 탱크를 조종한다고 상상한다(와인을 뜻하는 단어 vin과 숫자 20vingt은 발음이 같다. 또한 만우절을 poisson d'avril이라고 하기 때문에 생선poisson 하면 바로 4월이 떠오르는 것이다). 이러한 기법은 아주 오래전부터 있었다. 청력이 떨어지는 사람들과 인디언들은 외모나 성격의 특징 하나를 이름으로 삼곤 했다.

핵심은 사물을 더 잘 포착하기 위해 입체감을 부여하는 것이다(결국, 손잡이 달기와 마찬가지다). 로트피는 '파쿠르' 수련을 하고 있었기 때문에 이 방법이 더욱 흥미로웠다(파쿠르는 도시와 자연환경 속의 다양한 장애물을 활용하여 효율적으로 이동하는 개인 훈련이다. 우리나라에서는 '야마카시'로 통용되기도 하지만 정식 명칭이 아니다.—옮긴이). 파쿠르는 합법적으로 이용 가능한 도시 내 사물을 지지대나 발판으로 삼아 빠르게 이동하는 기술이다. 파쿠르를 하는 사람들은 보통 사람들은 엄두도 못 낼 미끄러운 표면을 발판으로 삼곤 한다. 기억술도 마찬가지다. 보통 사람들에게는 정신적으로 미끄러워 도저히 안 되겠다 싶은 요소들이지만, 조금만 경험을 쌓으면 쓰기 편한 발판이 보인다. 사진의 특징, 코의 방향, 눈썹 모양 따위가 기억에 남는 이야기를 엮기 좋게 만든다.

연상 기억은 우리에게 뇌가 A만 기억할 때보다 A와 B를 함께 기억할 때 더 수월해한다는 것을 알려준다. 〈모나리자〉에서 취한 40개 요소를 따로따로 떨어진 퍼즐 조각처럼 개별적으로 기억하려면 얼마나 골치 아플까. 전체 그림은 훨씬 더 기억에 잘 남는다. 마찬가지로, 의미가 통하는 문장은 단어들의 의미 없는 조합보다 기억에 잘 남는다. 그렇기 때문에 선율이라는 기억 가능한 구조가 떠받치는 노랫말은 선율이 없는 경우보다 더 기억하기 쉽다. 뇌는 손잡이를 달아주면 좋아한다. 이건 신경인간공학의 기본에 속한다.

그래서 장 이브 퐁스는 50개의 지문과 그 지문 임자의 성, 이름, 생년월일을 외울 수 있었다(사실, 50개 이상도 충분히 가능했다). 줠리는 각기 다른 달마시안의 점박이 무늬 클로즈업 사진 31장을 기억한 다음, 어느 사진이 어느 개의 것인가를 정확히 맞혔다. 줠리가 한국어를 할 줄 안다는 점이 흥미로웠다. 한국어를 모르는 사람에게는 한글이 서로 구별하기 힘든 문자들처럼 보인다. 중국어는 그보다 더하다. 성년에 도달한 중국인은 한자를 5만 자 이상 아는데, 유럽인 입장에서는 결코 그 5만 자 구별이 달마시안 무늬 구별보다 쉽게 느껴지지 않는다. 점박이 무늬를 문자기호처럼 지각할 수만 있다면 이 31마리 달마시안 테스트는 물론 어려울 게 없다.

각 무늬를 어떤 문자, 단어, 또는 서체로 삼아 자기만의 유사언어를 만드는 것이 핵심이다. 그다음엔 백넘버 달듯 개가 옷에 그 언어를 달고 있다고 생각한다.

기억을 잘하는 방법으로는 인문주의자 조르다노 브루노도 효과적으로 즐겨 사용했다는 '여러 가지 기억술'만 한 것이 없다. 그 기저에 깔린 방법 중 하나가 콘텐츠의 공간화다. 책을 통째로 외울 수 있는 이 기법은 주로 연극배우들이 대사를 외울 때 정서 기억과 낭독법을 결부시켜 활용한다. 키케로도 변론술을 배울 때 이 방법을 써먹었으며, 고대 수도자들도 이 방법으로 토라, 성경, 코란을 달달 외웠다. '기억의 궁전'으로 통하는 이 방법은 지금도 기억술 선수라면 누구나 쓴다. 흔히 연설을 할 때 '첫째(en premier lieu, 첫째 장소에는)…… 둘째(en deuxième lieu, 둘째 장소에는)'라는 표현을 쓰는 이유도 연설문의 요소들을 기억의 궁전에 배치하던 습속에서 유래했을 것이다. 인류사에서 기억 전달은 구전으로 이루어진 때가 대부분이므로 고대인들은 기억에 대한 신경인간공학적 지식을 웬만큼 지니고 있었을 것이다.

넬슨 델리스[20]는 프랑스 방송에서 알파벳 문자와 숫자가 뒤섞인 코드(앞에서 보았던 24B1551A1375 같은 유형) 10개를 외워야 했다. 그는 방송에서 사소한 오류를 몇 가지 범했는데, 이 오류는 쉽게 설명이 된다. 방송에서는 초대 손님들이 직접 코드를 만들어 제시했다. 그들은 처음에 너무 쉬운 코드, 이를테면 자기 전화번호 따위를 제시했다. 델리스는 프로답게 일단 그런 코드도 기억의 궁전에 배치했는데 제작진은 더 어려운 코드로 테스트를 진행해달라고 주문했다. 그런데 새 코드가 주어졌을 때 델리스의 머릿속 기억의 궁전은 아직 처음 받은 코드가 치워지지 않은 상태였다. 그런 까닭에 델리스는 자기 기량을 최대치로 보여줄 수 없었던 것이다.

프랑스 시청자들은 이 테스트보다는 쉽지만 그래도 흥미로운 마방진魔方陣 테스트에 깊은 인상을 받았다. 참가자에게 3자릿수가 주어지면 그는 이 수를 분해해서 체스판처럼 생긴 표의 가로와 세로를 모두 채운다(이 방송에서 사용된 것은 8×8 마방진이고, 대각선 방향 합은 따지지 않았다.—옮긴이). 이때 표를 채우는 수들의 가로 방향 합, 세로 방향 합이 모두 원래의 수와 일치해야 한다. 테스트를 더 흥미진진하게 하려면 무작위로 선택한 어느 한 칸에서부터 체스의 나이트 이동 규칙을 따른다. 물론 참가자는 뒤돌아서서 머릿속의 체스판으로 테스트를 진행한다.

이렇게 해서 참가자는 다음과 같은 지시를 내린다. “B3에 71”, “C5에 61”, “D7에 45.” 방송에서 과제로 주어진 3자릿수는 547이었다.

사실, 이 테스트는 보기보다 쉽다. 일단, 나이트는 제자리로 돌아오게 마련이라는 사실을 기억해야 한다. 이 방송에 출연했던 라파엘은 운 좋게도 이미 독일 방송에 나왔던 마방진을 기억하고 있었다.

그다음에는 다른 숫자(예: 300)로 만든 마방진을 통째로 외우기만 하면 된다. 7보다 큰 모든 수는 0 없이 마방진을 만들 수 있다는 점을 알아두자. 테스트에서 제시된 수가 308이라고 치자. 기존에 외워둔 300 마방진에서 모든 칸에 1을 더하면 끝이다. 380이 주어지면 모든 칸에 10을 더하면 된다. 외워놓은 숫자에서 8 미만을 더한 수가 주어진다면 대각선에 해당하는 칸에만 8 미만의 그 수를 더해준다(예를 들어 307이라면 대각선 한 방향에 해당하는 칸에만 7을 더한다).

결국, 어떤 3자릿수가 주어지든 지원자는 자기가 이미 외우고 있는 마방진에서 얼마를 더하거나 빼는 방법으로 해결을 할 수 있다.[21] 라파엘도 이 방법을 썼다.

신경인간공학 차원에서 이 일화는 라파엘의 신속한 수행 능력이 ‘N-시그마’[22] 유형 훈련을 보여준다는 점에서 흥미롭다. 라파엘이 구구단 외우듯 마방진을 잘 외우고 그렇게 빨리 문제를 풀 수 있었던 것은 끈질기고 부단한 실행 훈련 덕이다. 비록 “B3에 71” 같은 문장을 64개 외우는 것은 구구단 외우기와 별로 다르지 않고 암산 능력보다는 음악성을 이용한 암기력 문제이지만 말이다. 라파엘의 경우는 열심히 하면 도전 천 번당 결함 횟수(최고의 기업들은 제품 백만 개당 결함 수를 따지지만)를 줄일 수 있다는 단순한 규칙을 잘 보여준다. 그리고 에어버스나 테슬라 같은 회사는 이러한 자세를 '탁월성'이라고 부른다.

라파엘의 테스트는 방송 출연의 압박감을 감안하더라도 실수 없이 진행될 확률이 높았다. 내가 연구한 바로는, 대부분의 사람들이 믹매스Micmaths에서 5시간 이상 훈련을 하면(5~50시간 수준) 마방진 테스트를 통과할 수 있었다.

첫 방송에서 실뱅이 통과한 테스트의 경우, 나는 방송에서 과제 수행에 성공할 만한 전문성 수준을 500~5000시간으로 잡았다. 내가 인터뷰한 바에 따르면, 실뱅은 정력적으로 일하는 조경사로 입체시 그림dessin stéréoscopique 분야에서 2만 5000~5만 시간[23] 실무 경험을 쌓았다. 빨간색 그림과 파란색 그림을 약간 떨어뜨려놓고 3D 안경을 끼고 보면 입체감을 느낄 수 있는데 이게 바로 입체시 그림이다.

실뱅 앞에는 2개의 벽이 설치되었다. 벽 하나당 아무렇게나 돌려놓은 루빅스큐브들이 가로 40개, 세로 40개를 차지했다. 이 1600개 큐브 중에 하나를 골라 한 칸의 색깔을 바꾼다. 큐브 한 면은 9칸이니까 벽 하나당 1만 4400개 색깔 칸이 있다. 실뱅은 벽을 보면서 어느 칸 색깔이 바뀌었는지 알아맞혔다.

그는 약간 비스듬한 각도에서 두 이미지를 겹쳐 보면서 화소 하나까지 잡아내는 방법을 썼다. 그렇게 하면 일치하지 않는 점이 확 튀어나오듯 분명하게 보인다고 했다(이것만은 분명히 말할 수 있겠다).

실뱅이 사용한 기법을 심리학에서는 '의도적 부각'이라고 한다. 우리 뇌가 어떤 것을 부각시키는 능력이 있다는 얘기다.[24] 다른 말로는 '칵테일파티 효과'라고도 한다. 왁자지껄한 칵테일파티에서도 우리 뇌는 어느 한 대화만 집중할 수 있다. 심지어 그 대화가 꼭 바로 옆에서 일어나지 않더라도 말이다. 1만 4400화소 중에서 딱 하나 바뀐 것을 집어내는 방법도 대략 비슷하다.

나는 운 좋게도 스키 챔피언 에드가 그로스피롱과 함께 연단에 설 기회가 있었다. 그는 자신의 전문성도 똑같이 분석해 보였다. 운동선수는 (많아봤자 1년에 6회뿐인) 경기 몇 분을 뛰기 위해 매년 수백 시간 훈련을 한다(회전만 해도 평생 100만 번 이상 했다나!). 디데이에 경기를 잘해야 할 뿐만 아니라 1000회 혹은 백만 회당 결함 지수가 매우 낮아야 한다. 그러기 위해 학습 성취도를 높이기로 작정한다. 나의 경쟁 상대가 기술적으로 앞서 있는데 우리는 매년 동일한 수의 회전을 연습한다. 그렇다면 상대가 100회 회전마다 발전을 볼 때 나는 60회 회전마다 발전이 있어야만 그를 이길 수 있다.

그는 실제로 그런 식으로 훈련해서 1992년 알베르빌 동계올림픽 모굴스키 종목 금메달리스트가 되었다고 한다.

요약해보자면 우리는 모두 비범해질 수 있다. 그러나 탁월성은—한순간의 기록으로든, 경쟁에 요구되는 확고한 숙련도로든—열심히 해야만 얻을 수 있다. 다른 사람은 하기 싫어하는 신체 활동이나 두뇌 활동을 백 번, 천 번 반복하며 수천 시간 연습하게 하는 원동력은 역시 애정이다. 나는 자기가 별로 좋아하지도 않는 분야에서 탁월하다고 할 만한 경지에 도달한 사람을 본 적이 없다.

나는 앨런 스나이더[25]와 마찬가지로 우리 모두에게 '서번트' 자질이 잠재한다고 생각하는 사람 중 하나다. 모차르트나 니콜라 테슬라 같은 재능이 누구에게나 숨어 있다. 경험은 뛰어난 능력을 습득하게 해준다기보다는 뇌에 억제되어 있던 능력을 풀어주는 역할을 한다. 직관적으로는 어긋나 보일지 모르지만, 드물게 나타나는 후천적 서번트 증후군을 그 증거로 볼 수 있다. 후천적 서번트 증후군이란 뇌 손상을 입은 사람이 예전에 다뤄본 적도 없는 악기를 기막히게 다루거나 복잡한 수학적 곡선을 바로 그리는 등, 경이로운 신체 혹은 두뇌 능력을 발휘하는 경우다. 이러한 현상은 마치 뇌 안에 비범한 능력을 옥죄고 있던 빗장이 탁 풀린 것처럼 전격적으로 일어난다. 실제로, 우리는 뇌를 충분히 잘 쓰지 못하고 있다.

후천적 서번트 증후군의 예를 몇 가지 들어보자. 정형외과 의사 앤서니 시코리아는 1994년에 공중전화박스에서 벼락을 맞았다. 다행히 박스 밖에서 자기 차례를 기다리던 간호사가 빠르게 심폐소생술을 실시해서 목숨은 건졌다. 그는 이 사고 이후 갑자기 피아노에 끌려 연주를 독학했고 뇌리에서 떠나지 않는 멜로디들을 〈번개 소나타〉로 옮겨냈다. 토미 맥휴는 동맥류 파열을 두 번 겪고 나서 문득 그림을 그리고 시를 쓰고 싶은 충동에 휩싸였다. 잠자는 시간만 빼고 하루 18시간씩 그 일에 매달릴 정도였다. 올랜도 서렐은 야구 경기를 하다가 머리 왼쪽에 부상을 입었다. 이 부상의 후유증은 며칠 극심한 두통을 느끼는 정도에 그쳤지만 그는 갑자기 지난 100년 중 아무 날짜나 짚어도 그날이 무슨 요일인지 맞힐 수 있게 되었다. 그는 이 능력을 설명하면서 "답이 그냥 자동으로 눈앞에 떠올라요"라고 했다. 신경학자 브루스 밀러는 나이가 웬만큼 있는 전두측두엽 치매 환자들이 갑자기 뚜렷한 예술적 소양을 보이는 유사 사례들을 연구했다.[26]

스나이더의 후천적 서번트 이론은 대단히 명쾌하다.

> 나는 '서번트'가 덜 변성된 낮은 수준의 정보, 즉 전체론적 개념이나 의미작용(기호를 만들기 위해 기표와 기의를 결합시키는 작용을 의미작용 또는 의미화라고 한다.—옮긴이)을 하는 라벨[27]로 변환되기 이전의 정보에 접근할 수 있는 사람이라고 가정합니다. 모든 뇌에 이 정보가 있지만 보통은 의식적으로만 실제로 구현할 수 있는데 서번트는 억제inhibition의 갈라진 틈으로 거기에 접근하는 거죠. 보통 사람이 갑자기 서번트가 될 수도 있는 이유가 여기서 엿보입니다. 낮은 주파수의 경두개자기자극TMS을 인위적으로 가하여 그러한 능력을 끌어낼 수도 있으리라고 보는 이유도 다르지 않고요.

스나이더는 우리가 서번트 증후군을 '끌어낼' 수 있고 장차 그러한 신경기술의 도입이 인류를 변화시키리라 전망한다. 지능 계발에는 억제와 자극이라는 커다란 두 힘이 존재한다. 올리비에 우데Olivier Houdé 같은 연구자들이 "자기 계발은 억제를 배우는 것"이라고 생각하는 데도 일리가 있다. "다 큰 젖소는 뭘 마실까?"라는 물음이 떨어졌을 때 우리 뇌는 '젖소' 하면 바로 '우유'를 연상하지만 "우유"라는 답을 억제해야 한다. 아동의 지능 발달이 특히 이러한 메커니즘으로 이루어지는 듯 보인다. 하지만 후천적 서번트 현상은 반대로 탈억제désinhibition에 가깝다.

결국 우리 뇌 속에서 뉴런들의 흥분과 억제 사이의 타협이 끊임없이 이루어지고 있다는 얘기다. 뇌는 좋은 답을 내놓는 네트워크는 확장시키고 그렇지 않은 네트워크는 억누르려 한다. 학습은 이 두 가지 네트워크를 구별하는 것이다. 우리가 애초에 어느 네트워크가 맞고 어느 네트워크가 틀렸는지 안다면 경두개자기자극으로 전자는 확장하고 후자는 억제함으로써 학습을 촉진하거나 천재성을 '유발'할 수도 있을 것이다.

다른 사람의 피아노 연주를 들을 때 우리 뇌의 860억 뉴런 중 한 집단은 방금 들은 연주를 똑같이 연주할 수 있을 것이다. 모차르트 같은 천재의 실행, 즉 그가 피아노 앞에서 보낸 수천 시간은 피아노 연주에 필요한 뉴런을 양성한다기보다는 이미 존재하는 그 뉴런 집단의 말문을 열어주는 역할을 하는지도 모른다. 수학적으로 따져 우리 뇌에는 2의 860억 제곱 개 뉴런 집단이 존재할 수 있다. 물론 이 집단들 모두가 백질[28] 다발과 연결되기에는 두개골의 용적이 턱없이 부족하다. 그러나 언젠가 '무선' 뉴런 연결이 가능하리라 꿈을 꿀 수도……

어쨌거나, 현재 여러 연구자들은 뇌의 양자컴퓨팅(반도체가 아닌 원자를 기억소자로 활용해 슈퍼컴퓨터의 한계를 뛰어넘는 첨단 미래형 컴퓨터를 개발하고 사용하는 활동.—옮긴이) 가능성에 진지하게 매달리고 있다. 1980년대 말에 로저 펜로즈가 이 가능성을 옹호했을 때만 해도 허튼소리 취급을 받았는데 말이다. 나만 해도『르 푸앵』사설에서 이 가능성이 연구되고 있다고 보고했다가 일부 꽉 막힌 과학자들에게 호되게 두들겨 맞았다. 하지만 내가 인용한 연구들은 이미 다른 곳에 다 발표된 것들이다.[29] 다시 한 번 되새겨야 하는 바, 모든 혁명적 변화는 사회에서 세 단계를 거친다. 처음에는 우스갯소리로 치부되고, 그다음에는 위험한 것으로 경계되다가, 결국은 자명한 것으로 인정받는다. 뇌는 자기가 안정감을 느끼는 부분이 방해받으면 질색을 한다.

후천적 서번트의 경우, 전두피질이 본래 억제하던 뉴런들을 갑자기 풀어주는 것으로 보인다. LSD 같은 특정 약물도 이러한 효과를 낼 수가 있다. LSD 환각 상태에서는 평소 전두피질의 통제를 받던 감각 영역들의 자발적 활성화가 의식에까지 미친다. 만약 우리가 특정 과제 수행과 관련된 뉴런 집단의 말문을 틔워준다면 언젠가 3D 프린팅하듯 뇌에 지식을 '프린팅'할 수 있을지도 모른다.

'말문 틔워주기'는 스나이더가 서번트 증후군을 재현하는 방법으로 생각하는 경두개자극으로 가능하다. 경두개자극에는 직류(6볼트 전지와 연결된 패치)나 자기를 이용한다. 이 목표가 성공하려면 억제를 억제하고 적합한 뉴런들에게 자리를 내주어야 한다. 우리는 이 방법으로 학습의 신기원을 이룩하고 과거 문자나 인쇄술의 시대가 그랬듯 놀라운 시대를 열 수 있을 것이다.

현대 신경인간공학의 아버지 라자 파라수라만Raja Parasuraman은 경두개직류자극으로 학습을 촉진할 수 있다는 것을 증명해 보였다. 그 이후로도 이 결과는 계속 확증되고 확대되는 추세다.

요컨대 자기 능력을 계발하려면 억제를 배워야 하는 것도 맞지만 탈억제도 배워야 한다. 이 두 경향이 뇌에서 균형을 이루는데 그 균형이 무너지면 미치광이가 될 수도 있고 천재가 될 수도 있다. 게다가 그런 이유에서 천재와 광인은 종이 한 장 차이일 때가 꽤 있다.

어쩌면 미래에는 인간이 정신적 분야든 신체적 분야든 지금까지 그 분야에서 알려진 바와 차원이 다른 탁월성을 보일지도 모른다. 자기 경험의 전부 혹은 일부가 타인의 두뇌 활동으로 옮겨질 수 있다면, 일부 개척자들의 경험이 인류 전체에게로 확산될 것이다. 그러한 발상이 겁나고 경악스러울 수도 있지만, 이러한 지식 분배 기술이 잘만 쓰인다면 인류는—그 기술에 의미를 부여하는 한에서—형제애와 효율성이 공존하는 놀라운 시대에 접어들 것이다. 한 사람 한 사람이 남들은 대개 가늠할 수 없는 경험을 하건만, 타인의 경험을 이전하는 우리의 수단은 아직 매우 초보적이다. 글쓰기도 그런 수단의 하나이지만 이제 우리는 그 정도에 만족할 수 없다. 경험과 감정을 직접 전달하는 '뉴런 글쓰기'는 훨씬 더 풍부한 매체일 것이다. 우리는 인류가 서로 대적하면서 습득한 경험과 지식도 만인에게 이로울 수 있다는 것을 아직 이해하지 못했다. 전선의 양쪽 진영에서 다른 관점들이, 각자 노력으로 얻은 것들이 돌고 돌게 할 수도 있을 텐데……

어쩌면 나는 한때 기술 만능주의 세대를 사로잡았던 행복한 낙관주의의 새로운 희생양일지도 모른다. 그 세대는 수중총이나 무선기가 전쟁을 종식시키리라 믿었다. 그래도 나는 전문 능력과 감정의 공유가 인류를 더욱 돈독하게 해주리라 생각하고 싶다.

학습 확장 실험

전기 자극으로 신경 인지 능력을 확대한다는 발상은 비교적 오래전부터 있었다. 실제로 전기가 흐르는 물고기를 간질 환자의 이마에 올려놓고 치료했다는 고대 기록도 있다.[30] 파라수라만은 신경 자극의 효용을 입증하기 위해 여러 가지 실험을 했다. 가령, 어떤 과제를 수행하다가 중단했을 때 피험자에게 경두개직류자극tDCS이 지속되면 그 일에 다시 착수하는 데 걸리는 시간이 단축된다.[31] 파라수라만과 그 동료들의 다양한 tDCS 연구들은 이 방법이 주의력, 단기 기억, 수면 후 기억 강화[32], 멀티태스킹[33], 지각감수성[34], 나아가 학습 능력과 조심성[35]을 개선한다고 입증했다.

인간이 자기 뇌의 많고 많은 뉴런 중에서 전문가 뉴런을 찾을 수 있다는 생각도 크게 다르지 않다. 인체 증강 기술에 비유하면 이해가 될 것이다. 개미는 자기 몸에 비해 매우 무거운 물체를 지고 먼 거리까지 이동하듯이, 외골격 장비를 착용한 사람은 올림픽 기록도 저리 가랄 만큼 무거운 물체를 들어 올릴 수 있다. 그런 외골격 장비가 인체에 하는 역할을 경두개자극법이 두뇌에 해줄 수 있을 것이다. 이 기법의 잠재적 효과는 어마어마하다. 우리는 특정 지식에 대한 학습과 점유를 확대하고 진정한 '지식의 고속도로'를 건설할 수 있을 것이다.[36]

2011년에 카즈히사 시바타와 보스턴 대학 연구진[37]은 피험자들의 일차시각피질을 자극하는 방법으로 단순 학습을 촉진해 보였다. 이 실험은 주목할 만하다. 피험자들에게 모니터를 보고 퍼즐을 맞추는 과제를 주고 그들의 뇌 활동을 기능성자기공명영상fMRI으로 관찰했다. 그 후, 이 퍼즐을 이전에 본 적 없는 새로운 피험자 집단에게 MRI로 대뇌피질 자극을 가했다. 그 결과, 사전에 자극을 받은 피험자들이 퍼즐 푸는 법을 더 빨리 습득했다. 요컨대, 학습을 촉진할 수 있었던 것이다. 뇌에 대한 지식 '프린팅'의 결정적 한 발짝에 해당하는 이 기법은 현재 디코디드뉴로피드백DecNef이라는 명칭으로 통용된다. 말리부에 소재한 사설 연구소 HRL은 얼마 전에 미국 내 여러 대학과 록히드 마틴 사와 손잡고 파라수라만의 조종술 학습 연구들을 심화 연구했다.[38] 매슈 필립스 연구 팀은 경두개직류자극이 시뮬레이터상에서의 착륙 학습에 효과가 있는지 확인하고자 했다. 연구자들은 오른손잡이 수습 조종사 32명을 세 집단으로 나누었다. 한 집단은 정확히 배외측전전두피질(계획 세우기에 중요한 영역)에 전기 자극을 받았고, 또 한 집단은 왼쪽 운동피질(오른손의 활동을 관장하는 영역)에 자극을 받았으며, 마지막 집단은 전자헬멧을 쓰기는 했지만 아무 자극도 받지 않았다. 세 집단이 나흘간 조종술 교육을 받은 결과, 매슈 필립스의 연구 팀은 파라수라만의 연구 결과를 재확인했다.

요컨대, MRI에 비해 그리 비싸지 않은 장비와 6볼트 전지로 뇌를 자극함으로써 조종술 훈련에 좋은 효과를 볼 수 있다는 얘기다. 그렇다면 피아노, 외국어, 수학 학습에서도 마찬가지 효과를 볼 수 있지 않을까. 앞으로 검증해보면 알 것이다.

REC
ABCDE ← EN
BALL
BEAUTY
CONTROL
QUALITY
RESPECT
SHOOL BUS
BLACK
STONE ALMAZ
MISSISIPPI 96.
MISSISSIPPI 24.
WWW.COM.01
MISSISIPPI 96.
MISSISSIPPI 24.
WWW.COM.0
MIS SISIPI
AFRICAN
HOLLYWOO
MUSIC RING 201
BOOTS
MISSISIPPI 96.
MISSISSIPPI
WWW.COM.01

3

지폐 아닌 백지로 물건 사기

우리가 아는 것은 우리가 안다고 생각하는 것보다 '많고'
우리가 할 줄 아는 것은 우리가 할 줄 안다고 생각하는 것보다 '많다.'
게다가 뇌는 자기가 생각하는 자기 수준에 맞추려는 경향이 있다.
따라서 우리가 어떤 일을 할 수 없다고 생각하면
그 일에 실패할 확률이 그만큼 더 크다.
자기실현적 예언의 전형이라고나 할까.

데런 브라운은 영국의 저명한 방송인으로 '멘탈리즘'이라는 분야의 전문가다. 멘탈리즘은 신경인간공학, '작업 중인' 뇌에 대한 식견, 우리 뇌의 자유도와 맹점과 편향을 십분 활용한다. 브라운이 구사하는 기술은 누구에게나 신경인간공학의 주요 쟁점들을 단박에 이해시킨다는 점에서 흥미롭다. 그의 기술은 상인에게 물건을 구입할 때 지폐 대신 백지를 내밀면서 상인이 눈치채지 못하게 하는 것이다.

뇌를 혼잡하게 할 수 있다

브라운의 시연을 살펴보자. 그는 뉴욕의 어느 보석상에 들어가 다이아몬드가 박힌 백금반지를 보여달라고 했다.

“얼마입니까?”

“5000달러입니다.”

“알았습니다, 살게요. 현금으로 계산할게요.”

보석상 입장에서는 완전히 통제 가능한 상황이다. 브라운은 제 발로 그의 가게에 들어왔고, 바로 구매 의사를 밝혔다. 보석상은 이제 됐다고, 손님이 마음이 약하거나 만만한 사람이라고, 늘 그랬듯이 예상대로 거래가 끝났다고 생각하고 방심한다. 보석상이 반지를 포장하고 영수증을 준비하는 동안 브라운은 정신 사납게 이런 저런 질문을 던진다.

“어느 쪽으로 가야 여기서 제일 가까운 지하철 역이 나옵니까?”

“왼쪽으로 돌아서 세 번째 길입니다.”

“이쪽이 동쪽인가요?”

“아뇨, 동쪽은 저쪽이죠.”

“알았습니다. 제가 길을 잘못 생각했군요.[39] 그래서 제대로 못 알아들었는데요. 여기가 첫 번째 길이고, 왼쪽으로 틀어서……”

브라운은 ‘의식 능력’을 크게 잡아먹는 공간적 과제로 보석상을 정신없게 만든다. 그래도 괜찮다. 보석상은 노련한 사람이기 때문에 이런 대화를 나누면서도 얼마든지 손으로는 반지를 포장할 수 있고, 그의 행동은 지극히 정상적이다. 그러나 이 순간, 즉 보석상의 의식적 정신이 포화 상태일 때를 놓치지 않고 브라운은 암시를 던진다. “나는 이곳 지하철이 좀 무서웠는데 어떤 친구가 그러더라고요. ‘지하철 타Take it, 좋아, 좋아, 좋아.’ 난 겁이 났습니다만 아무 일 없이 잘 지나갔죠.” 물건 값으로 받는 지폐에 보석상의 생각이 미칠 즈음, 그러니까 그의 뇌가 돈을 금고에 챙겨야 한다는 비판적 정신의 확인을 기다리는 바로 그 순간, "이거 받아요Take it, 좋아, 좋아, 좋아"라는 대사를 듣게 되는 것이다. 이 명령은 콘텍스트에 들어옴으로써 진행 중인 작업—종이 다발을 받고, 다루고, 금고에 넣기—에 울림을 낳고 보석상의 행동에 영향을 미친다. 우리 의식은 동시에 두 가지 일을 할 수 없기 때문이다.

모든 인간을 죽이는 바이러스는 존재하지 않듯이, 모든 사람에게 통하는 심리 트릭도 없다. 따라서 브라운의 기술도 매번 성공하는 것은 아니다.

브라운은 노점상에게 핫도그를 사고 백지로 지불하려다가 실패했다. 노점상에게 쓴 기술은 다음과 같다.

먼저, 브라운이 접근했다. "안녕하세요, 핫도그 하나 주실래요?"

노점상이 핫도그를 하나 내밀었다.

"여기서 제일 가까운 약국이 어딘지 아세요?"

"네, 저쪽입니다."

"저 모퉁이요?"

"네, 콜럼버스 서클 역이죠."

"알았습니다. 바로 저기네요…… 있잖아요, 제가 머리가 되게 아픈데요. '당신에게 뭐가 좋은지, (백지를 내밀면서) 뭘 먹으면 기분이 좀 나아지는지' 아십니까?"[40]

"이거 뭡니까?"

이때 브라운은 노점상의 주의를 흐트러뜨리려 했다.

"저기요, 우리 아버지가 쉰네 살인데요."

"이거 뭐냐고요."

"네, 잔돈은 가지세요."

"아니, 뭐하는 거야? 그냥 종이잖아!"

"죄송합니다."

노점상이 기가 막혀 웃자 브라운이 돈을 건넨다.

"받으세요, 난 아까 당신이 그 종이를 받을 줄 알았어요."

"미친놈!"

"자, 고마웠습니다, 안녕히 계세요."

여기서 브라운의 실패는 여러 가지 이유로 설명이 된다. 그 이유들을 실험적으로 검증해볼 수 있다.

- 이번 기술은 보석상에게 썼던 것만큼 정교하지가 않았다. 공간 탐색 과제가 너무 쉬웠다. 그 지점에서 더 가기 힘든 약국 위치를 물어봤어야 했다.
- 보석상에게 써먹었던 "제가 길을 잘못 생각했군요"라는 암시를 이번에는 쓰지 않았다.
- 고작 몇 달러짜리 핫도그 장사일지라도 점포상인보다는 노점상이 더 조심을 하는 법이다. 길거리 장사는 악조건이기 때문에 경계 수준이 높다. 보석상과 달리, 이 핫도그 장수는 브라운에 대해 완전히 마음을 놓지 않았다.
- 브라운이 상대를 설득할 때 쓴 말 "당신에게 뭐가 좋은지, 뭘 먹으면 기분이 좀 나아지는지 아십니까?"도 강렬함이나 집요함이라는 면에서 "이거 받아요, 좋아, 좋아, 좋아"보다 약하다.
- "제가 머리가 되게 아픈데요"도 마찬가지로 "제가 길을 잘못

생각했군요"만큼 효과적이지 않다.

브라운은 자기가 구사하는 또 다른 기술이 있는데 3번 중 2번은 성공한다고 했다.[41] 길 한복판에서 모르는 사람에게 접근해 지갑을 빼앗는 기술이었다.

다리를 건너가는 남자에게 접근해 슬그머니 어깨에 손을 얹고 땅바닥만 보면서 이렇게 말한다. "실례합니다…… 실례지만…… 거기…… 플레저 비치가 어디인지 아십니까?"

"플레저 비치요?"

남자가 손을 내밀어 어느 한 방향을 가리킨다.

"저기가 플레저 비치입니까?" 브라운이 다시 묻는다.

"아뇨, 더 가야죠. 저 길을 따라 쭉 가요, 모퉁이 지나서요."

"알았습니다. 제가 길 물어봤다고 싫어하시진 않겠죠?" 브라운이 웃는다.

"아뇨, 전혀요!"

남자가 미소를 짓는다.

"좋습니다, 좋아요! 저, 그런데 시간 좀 있으신지요?"

"아, 없습니다."

"이것 좀 받아주실래요?" (브라운이 손에 들고 있던 물병을 건넨다.) "저에게 잠깐 지갑을 주시겠습니까?"

남자가 손을 내밀어 물병을 받고 자기 주머니에서 지갑을 꺼내 브라운에게 준다.

"좋습니다, 이제 물병 주셔도 됩니다."

브라운은 물병을 도로 받지만 지갑은 그대로 가지고 있다. 그러다 남자가 이게 무슨 일인가 생각할 즈음, 재빨리 물병 뚜껑을 따면서 말을 건넨다. "날이 참 덥네요. 그건 그렇고 이 길로 쭉 내려가면 되는 거죠?"

"네, 맞아요."

남자는 자기가 뭔가 잊은 것 같다는 느낌이 드는 모양이다.

"좋아요. 고맙습니다. 안녕히 가세요."

"안녕히 가세요."

여기서도 신경과학자들이 의식의 '전체 작업 공간espace de travail global'이라고 부르는 것, 즉 뇌의 '중앙 게시판'을 포화시킴으로써 비판 정신을 동원하지 못한 채 기계적으로 다른 작업(지갑 건네주기)을 수행하게 만드는 기술이 쓰였다. 브라운은 상대의 의식을 포화시키기 위해 어떻게 공략을 했나? 백지로 계산하기에서와 마찬가지로, 그는 상대에게 공간적 과제를 내어주고 정신을 산만하게 만들었다. 그리고 여기서는 물병을 건넴으로써 상대의 경계심을 해제시키고 정확히 그와 동시에 지갑을 요구했다. "지갑을 주시겠습니까"는 "이것 좀 받아주실래요" 바로 다음에 나온다. 이 정확한 타이밍, 반응시간에 대한 완벽한 숙지, 브라운이 뛰어난 멘탈리스트인 이유가 여기에 있다. 적당한 재료만 있으면 장치의 허점을 공략해 자물쇠를 딸 수 있듯이, 브라운은 상대의 비판 정신을 '따버릴' 수 있다.

"이것 좀 받아주실래요"라면서 물병을 건네면, 특히 상대는 물병에 시선을 두고 그것을 받는다면, 브라운은 상대의 비판 정신이 그 행위에 동원되었음을 확인할 수 있다. 브라운은 지금 막 상대가 '전

행성antérograde' 비판 정신을 잠시 발휘할 수 없는 틈을 만든 셈이다. 다시 말해, 상대는 당장의 행동을 비판적으로 수행할 수 없는데 바로 그 틈에 "지갑을 주시겠습니까"라는 요청이 들어오니까 그냥 시키는 대로 한다. 하지만 아직 '역행성rétrograde' 비판 정신이 발동할 가능성, 즉 행위 이후에 정신을 차릴 가능성이 남았다. 그래서 브라운은 재빨리 "날이 참 덥네요"라면서 상대의 주의를 딴 데로 돌린 것이다.

남자는 그 자리를 뜨지만 금방 브라운에게 돌아올 것이다. 남자의 비판 정신은 '분석이라는 빚'을 지고 있기 때문에 오래지 않아 뭔가 잘못됐다는 것을 깨닫는다.

브라운은 좀더 빠르고 정확하게 기술을 시전해 손목시계, 휴대전화, 열쇠 등을 상대에게서 받아내기도 했다. 이때에도 상대는 자기 물건을 넘겨주긴 했지만 금세 뭔가 잘못됐다는 것을 깨달았다. 그 사람들은 그렇게까지 멍청하거나 순진해서 그랬을까? 절대 그렇지 않다. 그들은 단지 대화 상대를 위협적인 인물로 간주하지 않고 순순히 믿었을 뿐이다. 그렇지만 기술이 먹히려면 혼잡한 거리, 시끄럽고 정신없는 곳을 택하고 상대에게 비교적 복잡한 공간적 과제를 주면서 그 사람 손에 뭔가를 쥐여주는 게 좋다.

손을 불편하게 하기, 뇌를 불편하게 하기, 이게 바로 브라운의 수법이다. 그는 상대의 손에 물병을 쥐여주고 상대의 뇌에는 공간적 과제를 부여했다. 뇌를 손과 비슷하게 생각할수록 뇌의 '뼘'을 잘 파악하게 될 것이다. 뇌가 동시에 할 수 있는 일과 할 수 없는 일, 뇌의 자유도, 뇌의 사각지대를 잘 알게 된다는 얘기다. 팔을 죄어 동작을 봉쇄하는 암 록arm lock 기술을 쓰듯이 일종의 '브레인 록'도 걸 수 있다.

만약 여러분이 양손에 이미 뭔가 들고 있다면 길에서 누가 물병을 받아달라고 해도 받지 않을 것이다. 아니, 상대가 시도조차 하지 않을 것이다. 여러분은 자기 두 팔이 자유롭지 않다는 것을 알고 상대도 여러분을 딱 보면 알 수 있을 테니까. 그런데 뇌가 여력이 있고 없고는 눈에 보이지 않는다. 우리 뇌가 자기 기능을 의식하지 못한다는 생각, 두뇌 활동은 자기 기술적autodescriptive이지 않다는 생각은 '메타인지 ⊂ 인지'라는 공식으로 표현될 수 있다. 이 공식은 '메타인지는 인지에 완전히 포함된다'라고 읽으면 된다.

메타인지는 인지에 대한 인지, 이를테면 의식에 대한 의식이다. 그런데 메타인지는 인지에 포함된다(그렇지 않다면 메타인지가 어디에 위치하겠는가?). 가령, 모든 자의식은 어쨌든 의식이다. 메타인지는 인지보다 필연적으로 작지만 우리에겐 개인적 한계를 극복하는 훌륭한 수단이 있다. 타인이 바로 그 수단이다. 남들은 우리가 이해하지 못하는 관점에서 우리를 보고 우리 행동에 대한 정보를 줄 수 있다. 그러한 메타인지 과정이 궁극적으로는 우리 자신의 앎을 넘어서는 데 도움이 될 것이다. 거칠게 말해 '메타인지'라는 용어 대신 "너 자신을 알라"라는 말을 넣는다면 우리는 신경인간공학의 휴머니즘적인 잠재력을 가늠할 수 있을 것이다. 지금으로서는 우리의 인지가 얼마나 많은 정형화된 행동, 추정, 조건화, 쓸데없는 생각 나부랭이로 혼잡해져 있는지 실감하지 못할 것이다. 인지적 혼잡을 이해하는 사람은 신경인간공학을 이해하는 사람이다.

인간의 뇌는 포화되기 쉽다

데런 브라운의 기술 중에는 자발적으로 환기되는 활동 개념을 잘 보여주는 기술이 하나 있다. 뇌는 심장과 마찬가지로 사람이 죽어야 멈춘다. 뇌의 기능 체제와 에너지 소비량은 수행해야 하는 과제에 따라 변하지만 우리가 살아 있는 한, 우리가 잠을 자든 깨어 있든, 결코 활동을 멈추지는 않는다. 우리의 두뇌 활동은 기본적으로 자발적이다. 수백 년 동안, 주로 경험론 철학의 영향하에 우리는 신경계 기능이 기본적으로 환기되는 활동, 다시 말해 (정보) 입력에 근거한다고 생각해왔다. 로봇의 경우를 보자. 오늘날의 로봇이 학습, 적응, 형태 인지 면에서 인간에게 훨씬 미치지 못하는 이유 중 하나가 바로 자발적 활동의 부재다.

망막과 뇌를 잇는 연결 10개 중 9개는 하강 연결, 다시 말해 뇌에서 망막으로 향하는 연결이다.[42] 그런데 로봇에 장착된 카메라의 경우, 이러한 비율이 적용되지 않는다. 물론, 우리의 신경계는 한 가지 방식의 연결만 사용하는 경우가 거의 없다. 예를 들어 뉴런의 입구가 아닌 출구에 해당하는 축삭을 따라 이루어지는 신호의 전행성 전파를 볼 수 있다. 그렇다고는 해도 뇌와 망막의 연결 10개 중 9개가 뇌의 정보를 망막에 전달한다는 사실은 정신 본래의 활동이 외부 세계의 지각에 반드시 필요하다는 증거다. 신경계의 자발적 활동은 '근본적이다.' 이 활동은 배아에게서부터 시작되고 건강한 뇌의 태내 발달에 결정적 역할을 한다.

자발적 활동이 어떤 신호가 의식에 도달하는 것을 방해할 수도 있다. 바로 이 현상이 우리 감정의 포화에 일조한다. 반응, 기억, 주의력, 그 무엇이든 우리 뇌에서는 포화될 수 있건만 우리는 이 사실을 너무 쉽게 잊는다.

전기계통을 예로 들자. 전기계통의 손상을 막기 위해 퓨즈를 단다. 과부하가 걸리는 경우, 퓨즈만 나가고 전기계통은 무사하다. 우리 뇌도 포화 가능성에 바탕을 둔다는 점에서 비슷하게 작용한다. 자극에 대한 뇌의 반응은 선형적이지 않고 로그함수적이다. 더 간단하게 말하자면 점근적이다(반응이 어느 한계값에 접근하되 그 값을 결코 넘지 않는다.).

자극에 대한 로그함수적 반응의 한 예가 심리음향, 다시 말해 우리가 소리를 지각하는 방식이다. 소리의 크기는 데시벨로 측정하는데, 이 데시벨도 로그함수로 표현된다. 100데시벨의 소리는 90데시벨의 소리보다 10배 크다. 하지만 우리 뇌는 그 두 소리의 차이를 10배로 지각하지 않는다.

우리가 섭취하는 음식물 속의 당이나 프로톤[43] 농도도 마찬가지다. pH 7의 물은 pH 6인 물에 비해 프로톤 농도가 10분의 1이다. 물맛의 차이를 느낄 만큼 혀를 단련시키기는 어렵지 않지만 어쨌든 대부분의 사람들은 차이를 모른다. 10배 희석한 차는 투명한 잔에 담아 비교하면 10배 더 맑게 보인다. 그렇지만 레몬즙(pH 2.2)은 식초(pH 2.8)에 비해 산도가 6분의 1 수준인데도 우리 혀는 둘 다 무척 시다고 느낄 뿐 큰 차이를 모른다.

미각을 살펴보면 우리의 신경계가 얼마나 자연을 활용하고 생존하는 데 도움이 되는 방향으로 적응해왔는지 알 수 있다. 또한, 감각이 조직되는 원리 중 일부가 두뇌 활동의 조직에 그대로 관여한다는 것도 알 수 있다.

기억이나 지각이 어떤 관점에서 이루어지든, 우리 뇌는 긍정적인 신호보다 부정적인 신호를 더 강조한다. 뇌는 보상보다 처벌을 눈에 띄게 한다. 자연 속에서 처벌은 목숨이 왔다 갔다 하는 사안이지만 보상은 기껏해야 배부르게 잘 먹을 기회이기 때문이다. "왜 토끼는 여우보다 빨리 뛰는가? 여우는 한 끼 잘 먹으려고 뛰지만 토끼는 저 살겠다고 뛴다." 이 말마따나 두 상황은 생존에 미치는 여파가 천지차이다. 그렇다고 해서 여우가 거의 늘 토끼를 따라잡지 못한다면 결국 굶어죽고 말 것이다. 그러나 여우가 먹잇감을 잡을 확률보다는 먹잇감이 무사히 도망칠 확률이 높게 유지된다. 이것이 **사느냐 먹히느냐 원리**life-dinner principle이다.

미각에도 동일한 원리가 작용한다. 우리는 단맛은 그리 섬세하게 느끼지 못하는데 쓴맛에는 대단히 민감해서—심지어 **가장** 민감하다—아주 약간의 쓴맛도 귀신같이 알아차린다. 왜 그럴까? 쓴맛은 우리 신경계에 영향을 미치는 성분, 카페인이나 코닌 따위와 결부되어 있기 때문이다. 진화라는 측면에서 포유류에게 카페인은 독이다. 코닌은 사약의 주성분 중 하나인 독이다. 앞으로 보겠지만 우리 뇌가 임박한 죽음의 후각적·미각적 신호를 강조하는 방식은 사망 위험을 알리는 소식을 처리하는 방식에 비교할 수 있다. 그래서 우리는 과격한 감정, 특히 폭력과 공포에 충격을 받는다. 이러한 충격은 중독성을 띨 수 있다.

우리의 신경계는 다양한 방식으로 사망 가능성에 대한 경각심을 일깨운다. 혀의 면적은 같아도 수용체를 더 많이 배치하든가, 아니면 더 강력한 수용체를 배치한다. 혹은, 위험 신호를 강조하는 방향으로 자발적 두뇌 활동을 조절한다. 이 현상은 우리가 흔히 말하는 주의력과 조심성에 해당한다.

그렇지만 일단 뇌의 포화 가능성으로 돌아가보자. 망막의 기능작용은 뇌의 포화 가능성을 잘 보여준다. 여러분은 망막이 자기가 받는 빛에 비례하여 신호를 뇌에 전달한다고 생각할지도 모르겠다. 그런데 실제로는 그 반대다. 망막이 뇌에 보내는 신호는 주위가 컴컴할 때 최대화되고 눈부시게 밝을 때에는 제로에 가깝다. 어째서 진화적으로 이러한 '선택'이 이루어졌을까? 어둠에는 한계가 있지만 눈부신 빛에는 어떤 제한선이 없기 때문이다. 따라서 망막계는 자극 최대치를 알지 못하는 환경에 대해서도 반응 최대치를 정해놓아야 한다. 물론, 물리적으로 망막은 태양에 직접 노출되면 손상된다. 그러나 빛의 강도로 볼 때에는, 망막 신호가 빛에 의해 꺼지는 것이다.

제한된 반응과 제한되지 않은 반응의 비유를 군중심리와 지정학에까지 확대하면 충격과 공포shock and awe 독트린이 새로운 시각에서 읽힌다. 미국은 저 안타까운 이라크 침략과 점령 사태 내내 이 독트린을 적용했다. 1996년에 웨이드와 울먼이 미 국방대학에서 발표하고 개발한 이 독트린은 명석한 인간이 비인간적일 수 있음을 보여주는 증거요, 학문에 지혜가 더해지지 않으면 인간다움을 잃을 수 있다는 증거가 되고 있다. '충격을 주고 압도할 것', 이 얘기는 적에게 가공할 파괴력을 대규모로 신속하게 과시함으로써 원칙적으로 사기를 꺾어버려야 한다는 뜻이다. 전방위 지배full spectrum dominance라고도 부르는 이 독트린은 자국 안보에 집착하는 일부 미국인들의 냉전 이후 의식 상태를 반영한다. 충격과 공포는 전략적으로 순전히 허상에 불과하나 히브리스hybris(오만)의 만연을 진단하는 근거로는 완벽하다. 국가도 인간과 마찬가지로 나름의 정신 활동, 심리, 영혼의 병이 있다.

나는 문제를 아예 뒤집어보았다. 나의 인지신경과학 연구에 근거하여, 정반대의 전략적 독트린을 만들어낸 것이다. 나는 '건설'의 무기를 희망과 '함께 함'의 논리에 입각해 대대적으로 보여준다면 충격과 공포보다 훨씬 더 전략적으로 확실한 효과가 있으리라 가정한다. 이 지정학적 독트린은 더 큰 틀에 입각해 있다. 대규모 파괴 무기보다 '대규모 건설' 무기가 장기적으로나 단기적으로나 비용이 덜 들면서 효과는 더 크고, 무엇보다 세상이 그쪽을 더 필요로 한다. 파괴에 충격 받은 국민은 절망에 빠진다. 절망은 위험하다(목숨 내놓고 설치는 무법자들을 괜히 데스페라도스desperados라고 하겠는가). 반면에 평화는 한계가 없다. 한 나라 국민과 그들의 두뇌 활동을 공포심으로 복종시킨다면 그 과정의 끝에는 자살의 벽만이 있을 것이다. 2003년에 이라크에서 시작된 전쟁은 수많은 이들을 절망에 몰아넣었다. 지금 우리는 그 데스페라도들이 표면으로 부상하는 모습을 보고 있다.

그러나 두뇌 활동으로 돌아가 데런 브라운의 또 다른 기술을 분석해보자. 그는 술을 한 방울도 마시지 않은 사람도 취한 기분이 들게 할 수 있다. 취했을 때의 징후는 전전두피질 억제와 관련이 있다. 전전두피질 자체는 우리의 본능적 행동 일부를 억제한다. 간단히 말해, 전전두피질이 억제되면 우리의 어떤 행동들이 탈억제되는데 그게 바로 술주정이다. 탈억제는 자신감을 북돋아주고 어떤 과제를 계획할 때 두려움을 낮춰주기 때문에 어떤 영역의 문제해결이나 글쓰기에서는 효율을 높여주고 창의성을 자극할 수 있다(그러나 행동 영역에서는 그러한 효과가 없을 것이다[44]). 1987년에 연구자들은 소량의 순수 알코올을 음용한 피험자들이 속도와 정확성을 요하는 운동 과제에서 더 좋은 성과를 보여주는 현상을 관찰했다. 실험에 사용된 양은 처음에는 체중 1킬로그램당 알코올 0.33밀리리터, 두 번째는 1밀리리터로 체중 90킬로그램인 사람이 6도짜리 맥주를 1파인트에서 3파인트 마시는 수준이었다. 첫째 양(1파인트) 실험에서 정확도는 확실히 향상되었지만 속도는 빨라지지 않았다. 두 번째 양(3파인트) 실험 결과, 어떤 과제에서는 속도가 떨어지고 또 어떤 과제에서는 정확도가 떨어졌다.[45] 결론적으로, 억제가 어떤 과제의 능률을 제한한다면 '억제를 억제하기에' 적합한 성분을 정확히 필요한 양만큼 투여함으로써 능률을 다시 향상시킬 수도 있다. 어떤 일을 앞두고 극도로 긴장할 때 (소량의) 술이 도움이 된다는 오랜 속설이 실험적으로 입증된 셈이다.

화학적 탈억제는 자기 능력을 의심하는 경향을 다스려주기 때문에 성과를 향상시킬 수 있다. 그런데 우리 뇌는 자신이 할 수 있는 것은 좀 알아도 자신에 대해서는 그보다 훨씬 더 모르기 때문에(메타인지 ⊂ 인지) 자기에 대한 의심이 실제로 자기 역량에 비추어 늘 타당하지만은 않다. 우리 안에는 인지적 측면에서나 신체적 측면에서나 '갇혀 있는' 기량이 있다. 우리는 이 기량을 특정 조건에서, 예를 들면 아드레날린이 치솟을 때, 풀어줄 수 있다. 그러나 자연이 그 기량들을 선택하지 않았다면 그럴 만한 이유가 있으리라는 생각도 해야 한다. 우리는 우리가 헤아리지 못하는 이유 앞에서 늘 겸손해야 할 것이다.

어쨌든 그렇게 갇혀 있는 기량들이 있기 때문에 우리는 뇌를 자동 활동과 공포에서 '해방'시킬 수 있다. 우리가 아는 것은 우리가 안다고 생각하는 것보다 '많고' 우리가 할 줄 아는 것은 우리가 할 줄 안다고 생각하는 것보다 '많다'. 게다가 뇌는 자기가 생각하는 자기 수준에 맞추려는 경향이 있다. 따라서 우리가 어떤 일을 할 수 없다고 생각하면 그 일에 실패할 확률이 그만큼 더 크다. 자기 실현적 예언의 전형이라고나 할까.

최면 상태에서 우리의 기량이 더 향상될 수도 있을까? 최면은 (비판 정신과 의심을 키우는) 전전두피질의 억제에 부분적으로 관여하므로 충분히 그럴 수 있다. 데런 브라운의 가짜 주정뱅이 실험은 두뇌의 자발적 활동이 유발된 활동을 가려버릴 수 있다는 점을 보여주기 때문에 흥미롭다. 브라운은 암시 수법으로 피험자를 취하게 만들기 위해 술을 많이 마시고 취했던 때를 정확히 떠올려보라고 요구한다. 정확한 기억을 요구하는 것이 중요하다. 만취와 관련된 허다한 기억을 소환함으로써 뇌가 그 상태를 좀더 명백하게, 가급적 잘 떠올리게 되기 때문이다.

최면이 지닌 힘 중 하나는 일상적인 두뇌 활동 상태보다 더 편안한 상태를 조성한다는 데서 나온다. 최면 대상은 편안함의 차이를

우리 뇌는 자신이 할 수 있는 것은 좀 알아도
자신에 대해서는 그보다 훨씬 더 모르기 때문에
자기에 대한 의심이 실제로 자기 역량에 비추어 늘 타당하지만은 않다.
우리 안에는 인지적 측면에서나 신체적 측면에서나
'갇혀 있는' 기량이 있다. 우리는 이 기량을 특정 조건에서,
예를 들면 아드레날린이 치솟을 때, 풀어줄 수 있다.

크게 느낄수록 최면에 반응을 잘한다. 최면이 억제와 긴장을 풀어주고 의심과 불안을 지워줌으로써 최면 상태는 달아나고 싶지 않은 상태가 되기 때문이다. 〈대부〉의 돈 코를레오네 말마따나, 최면은 우리의 정신생활에 "거부할 수 없는 제안"이다. 그래서 무대 위에서의 최면은 참으로 극적이다. 우리는 최면 대상이 본인 의지와 상관없이 최면에 걸리는 것처럼 생각하지만 사실 그 사람은 최면당하기를 원하고 그러한 자기 욕망에 자기가 놀라는 것이다(특히 한 번도 최면을 당해본 적이 없는 사람이라면 더욱더 그렇다).

데런 브라운은 피험자에게 맥주를 한 모금 넘길 때의 감각, 그 맛이나 체온 변화 등을 설명해보라고 한다. 입 안에서 느끼는 맛, 목 넘김, 머리에 미치는 효과를 느껴보라고 요구하고 이 요구를 반복함으로써 머릿속으로 맥주를 연거푸 몇 파인트 들이켜는 상황을 조장한다. 자발적 활동이 충분히 확고해지면 그 활동과 관련된 기억들, 취했을 때의 생리학적 반응들이 유발된다. 피험자가 취하고 싶어 하기 때문에 이 환기는 더욱 강력하다. 취기는 기분 좋은 감각, 뇌가 거부하고 싶지 않은 선택지이기 때문이다.

우리가 어떤 감각을 기억할 때 뇌는 그 감각을—외부 세계에서 감각이 유발되는 경우와 거의 똑같은 방식으로—재현한 것이다. 이러한 신경인간공학적 사태 때문에 철학자들은 인간이 어떤 면에서는 '통 속의 뇌'라고 생각할 것이다('통 속의 뇌'는 생각 실험에 사용되는 구성 요소 중 하나로, 어떤 과학자가 사람의 뇌를 몸에서 분리한 후 뇌 기능을 유지시킬 수 있는 통에 넣고 뉴런들을 슈퍼컴퓨터에 연결한다면 어떻게 될 것인가라는 생각에서 나왔다. '통 속의 뇌' 가설은 슈퍼컴퓨터가 뇌에 현실과 동일한 신호들을 보내면 몸은 없고 뇌만 남은 사람이 어떤 물체나 사건과 실제로 접촉하지 않고도 자기가 접촉하는 것처럼 느끼게 될 것이라고 본다. 따라서 통 속의 뇌는 자신이 진짜 사람인지 통에 담긴 뇌인지 알 수 없고, 자신이 외부 세계에 대해 믿는 바가 거짓인지 아닌지도 알 수 없다. 이 가설은 데카르트의 '악마의 가설'에서 유래했고 철학자 힐러리 퍼트넘의 반박으로 널리 알려졌다.—옮긴이). 우리가 느끼는 모든 것이 두뇌 활동에 해당하기 때문에, 자발적 두뇌 활동이 어떤 감각을 외부 자극으로 유발된 것처럼 믿게 만들 수도 있기 때문에 말이다. 고대의 철학적 전통에서 플라톤은 이 개념을 동굴의 비유로 다루었고 장자는 나비의 꿈을 이야기했다. 좀더 최근에는 워쇼스키 형제의 〈매트릭스〉시리즈가 여기서 영감을 얻었다.

부주의로 인한 맹시, 변화로 인한 맹시

뇌에는 자유도가 있고 실행 불가능한 운동이 있다. 진화는 놀라운 적응 체계들을 만들었다는 점에서 실로 위대한 설계자이지만 자기 설계의 불완전성을 포식자나 먹잇감은 물론, 자기 자신에게도 감춘다. 일례로, 우리의 시각계에는 본래부터 내재하는 불완전성이 있다. 망막에는 시각세포가 없기 때문에 시각이 제 기능을 못하는 점이 있는데 이것을 마리오트의 맹점이라고 부른다. 맹점은 시각로視覺路가 시작되는 지점과 일치한다. 맹점은 우리 시야에 나타나지 않기 때문에 우리가 보는 이미지 속의 어느 한 점으로 딱

집어낼 수 없다. 그래도 맹점은 엄연히 존재한다.

뇌는 우리 능력을 의심하게 만들기도 하고 우리가 모르는 것, 보지 못했던 것을 은폐하기도 한다. 그러므로 우리는 뇌의 허를 찌를 수 있고, 마치 컴퓨터 다루듯 뇌를 '해킹'할 수도 있다. 특히 최면은 비판 정신을 따돌리고 '뇌에 대한 관리자 권한을 가로채는' 기술에 해당한다.

뇌는 컴퓨터가 아니지만 굳이 비유를 한다면 일단 그 부팅 속도가 끝내준다. 그 이유는 뇌가 기계와 달리 언제나 활동 상태에 있기 때문이다. 자전거가 굴러갈 때 넘어지지 않게 지탱해주는 각角운동량이 존재하듯, 뇌에는 일종의 '인지 운동량'이 있다. 활동 중에 있는 뇌는 외부 자극에 더 민감해질 수 있다. 이게 바로 경계심이라는 현상이다. 뇌가 자기에게 들어오는 정보에 더 민감해진다면 인지 공명resonance cognitive 현상이 일어난다. 인지 공명은 우리가 방금 배운 것이 우리 사유의 도식에 완벽하게 맞아 들어갈 때 발생한다. 반대로 우리가 알게 된 것이 우리 사유의 도식에 어긋난다면 인지 부조화dissonance cognitive가 발생한다. 인지 부조화는 학습을 저해한다. 마지막으로 감각 자극의 경우에는 부주의 맹시inattentional blindness가 있다.

부주의 맹시를 아주 잘 보여주는 유튜브 동영상들이 있다. 이 동영상들은 이미 전 세계적으로 알려져 있다. 동영상 속에서 회색 옷 팀과 흰색 옷 팀은 농구장에서 패스를 하고 있다. 피험자는 동영상을 보면서 흰색 옷 팀이 패스를 몇 번이나 하는지 세어야 한다. 동영상이 끝나고 피험자가 정답을 말하면 실험자는 동영상에서 뭔가 이상한 것을 보지 못했는지 묻는다. 실제로 동영상 중간에 고릴라 탈을 쓴 사람이 뛰어들어 가슴을 두들기다가 지나가는 장면이 있었다. 또 어떤 동영상에서는 갈색 곰 탈을 쓴 사람이 문워크로 지나가는 장면이 있기도 했다. 그러나 피험자들은 대부분 패스 횟수를 세는 데만 골몰하느라 고릴라나 갈색 곰이 등장했었다는 것도 몰랐다. 뇌는 분명히 뭔가를 봤지만 수행 중인 작업 때문에 이 정보를 의식에 전달하지 못했던 것이다. 의식은 제한된 공간이요, 어떤 과제를 처리하려면 집중을 필요로 한다. 앙리 베르그송이 옳았다. "눈은 정신이 이해할 준비가 된 것만 본다."

스타니슬라스 드앤과 장 피에르 샹죄 같은 연구자들은 20년 이상 이 메커니즘을 이해시키는 정보처리 모델을 구상했고, 그 덕분에 타이밍이나 반복 가능성을 비교적 정확하게 예측할 수 있었다.

진행 중인 두뇌 활동은 의식에 대한 접근을 통제할 수 있다. 숙련된 간호사들은 이러한 현상에 익숙하다. 요추천자검사처럼 환자에게 고통이 심한 검사를 실시할 때 간호사들은 뭔가 질문을 던짐으로써 환자의 주의를 딴 데로 돌리곤 한다. 몽골의 수도가 어디인지 아세요? 13 곱하기 11은 얼마죠? 피에몬테산 와인을 두 가지만 말해보실래요? 환자가 질문에 대한 답을 찾으려고 머리를 쓰느라 0.5초 정도 통증을 의식하지 못하는 순간이 있다. 피부의 통각수용기는 통증 정보를 분명히 포착했지만 그 정보가 의식에 다다르지 못한 것이다. 의식의 제한된 주의력을 인지적 과제가 이미 차지해버렸으니까. 의식은 한 가지씩만 게시할 수 있는 '작업 공간'처럼 보인다. 정신생활의 많고 많은 대상들이(에드문트 후설의 표현을 빌리자면 '노에마'들이) 여기에 들어오겠다고 서로 끊임없이 부대끼고 싸운다. 그리고 이 투쟁의 역학은 **승자 독식**winner takes all이다. 승리한 노에마만이 우리 의식에 진입하는 것으로 보인다. 그런데 '승리하는' 대상이 외부 세계의 자극이나 우리의 주의력 덕을 톡톡히 보았을 수도 있다. 원칙적으로, 뇌가 외부 자극을 완전히 차단하려고 작정하면 그럴 수 있을 것이다. 마취 상태의 뇌가 실제로 그렇다. 그러나 최면 기법으로는, 혹은 고도의 명상 훈련으로는 그 같은 결과를 결코 얻을 수 없다. 특히 명상은 신경과학적 관점에서 볼 때 자발적 두뇌 활동 통제에 지나지 않는다.

누구든 자기 뇌의 활동을 관찰하려고 시도한 사람은—자기 성찰 수준에 지나지 않는다 해도—이미 신경인간공학을 연구한 셈이다. 고대의 철학자, 샤먼, 불교 승려, 수피교 수도승, 그 외에도 많은 이들이 정신의 활동을 관찰했다. 그들이 남긴 글에 자주 나오는 비유가 있다. 정신은 물 같아서 잔잔하기도 하고 요동치기도 한다. 단순하고 아름다운 이 비유가 자발적 두뇌 활동과 유발된 두뇌 활동 개념을 파악하는 데 도움이 된다. 정신이 바다라면 메시지는 파도다. 풍랑이 심한 바다에는 파도의 흔적이 보이지 않는다. 그러나 완전히 잔잔한 바다에서는 파도가 완벽하게 전해진다. 수피교에는 또 이런 생각이 짙게 배어 있다. 노에마들의 연쇄, '의식의 흐름' 속에서 통일된 정신이란 널리 퍼져 있는 망상에 불과하다. 오히려 정신은 의식에 다다르고자 서로 경쟁하는 상반된 힘들의 결과다.

정신에 대한 앎을 진척시키기에 자기 성찰만 한 것은 없지만 우리의 정신생활이 당연히 의식적이지는 않다. 오히려 무의식적인 것이 대부분을 차지한다. 두뇌 활동에서 의식은 에너지를 매우 많이 잡아먹기 때문이다. 우리의 행동과 결정은 대부분 무의식적이고 자동적이며 뉴런 활동은 최소한으로 요구해야 한다. 뇌 촬영 영상으로도 확인된다. 자동차 운전자의 신경혈관 반응은—즉, 작업이 요하는 산소 소비량은—숙련된 운전자보다 초보 운전자가 훨씬 많다. 똑같은 일을 하더라도 초보자의 뇌는 전문가의 뇌보다 에너지를 많이 쓴다. 우리가 우리의 정신생활을 완전히 의식한다면 각자 자기 뇌가 어떻게 기능하는지 설명할 수 있을 텐데 신경과학이 왜 필요하겠는가. 나는 그런 쾌거가 불가능하다고 보진 않지만 우리의 실험과학이 아직 미력하기 때문에 차라리 믿음에 가깝다고 하겠다.

전문가의 뇌는 별 생각 없이도 익숙한 과제를 수행할 수 있다. 노련한 보석상은 데런 브라운에게 돈 대신 백지를 받았지만 장사 경험이 보석상보다 훨씬 짧은 핫도그 장수는 그 수법에 넘어가지 않았던 것도 그리 놀라운 일은 아니다. 무술의 대가들은 전문가의 증표가 주의를 기울이지 않고도 동작을 수행하고 굳이 애쓰지 않고도 자세를 조정할 수 있는 능력에 있다는 것을 잘 안다. 운동, 무용, 그 어떤 분야든, 대가라는 사람들은 자기가 몸으로 할 수 있는 것을 언어화하는 능력까지 겸비한다. 신체와 정신의 운동은 대부분 우리의 언어로 당연하게 접근 가능하지 않다. 넥타이를 매거나 자전거를 탈 줄 안다고 해도, 그러한 노하우를 반드시 누군가에게 글로 전달할 수 있으리라는 법은 없다.

뇌가 의식 결여를 은폐하는 방식을 보여주는 또 다른 예들이 있다. 이를테면 '변화 맹시'는 부주의 맹시와 매우 흡사하다. 하버드 대학 소속 심리학자 댄 시먼스의 시범 자료에 입각한 동영상을 역시 쉽게 찾아볼 수 있기에 '변화 맹시'는 재미있는 이야깃거리가 되곤 한다. 장치는 다음과 같다. 피험자는 어느 학생이 서 있는 데스크로 간다. 학생은 피험자에게 서류를 한 장 건네고 그 자리에서 양식을 작성해달라고 요청한다. 그러고는 볼펜이 떨어졌다는 핑계로 데스크 아래로 잠시 쪼그려 앉는다. 그러면 미리 데스크 아래 숨어 있던 다른 학생이 그 학생 대신 일어난다. 두 학생의 체형이나 체취가 아예 딴판이 아닌 한, 피험자들의 3분의 1은 데스크 담당이 중간에 바뀌었다는 사실을 알아차리지 못했다.

또 다른 실험에서는 학생이 거리에서 피험자에게 다가가 자기가 포즈를 취할 테니 사진을 찍어달라고 부탁했다. 그런데 학생이 포즈를 잡는 동안 어떤 남자 두 명이 커다란 나무 판자를 운반하느라 피험자 앞으로 지나간다. 판자가 피험자의 시야를 가로막는 동안, 첫 번째 학생은 숨고 다른 학생이 똑같은 포즈를 취한다. 이번에도 두 학생이 전체적으로 외모가 판이하게 다르지 않은 한, 피험자들의 3분의 1은 카메라를 들고 구도 잡기에 골몰하느라 모델이 바뀐 것도 몰랐다.

우리의 인지는 불완전하다. 그 점은 파노라마나 예술 작품을 감상할 때도 확인된다. 그렇잖아도 시각도視角度와 중심와中心窩 때문에 우리 시각의 뼘은 (우리 시야로 미루어 짐작하는 것 이상으로 더욱) 제한되어 있는데, 여기에 우리 정신의 뼘까지 고려해야 한다. 다음 장에서 보게 되겠지만 우리는 로마를 바라보면서 각 건축물의 내부를 시각화할 수 없다. 예술 작품이나 사람에 대해서도 마찬가지다. 모든 작품, 모든 인간이 의식에 온전히 담기기에는 너무 큰 대상이다.

일단 뇌에도 손처럼 일종의 관절, 지렛대 효과, 구부러뜨릴 수 없는 방향이 있다는 것을 기억하자. 손이 실제로 구현하는 동작과 운동이 원칙적으로 가능한 모든 동작과 운동에 비해 턱없이 모자라듯, 우리가 살면서 구현하는 두뇌 활동은 우리가 작정하면 할 수도 있을 모든 두뇌 활동에 비해 훨씬 제한되어 있다. 단지 이런 면만 봐도 우리가 뇌의 '10퍼센트'밖에 쓰지 않는다는 말은 일리가 있다.

사실, (역시 아주 거칠게나마) 뇌 기능을 모방하는 컴퓨터의 에너지 소비량은 실제로 뇌가 사용하는 에너지 소비량보다 훨씬 많을 것이다. 그렇다고 해도 뇌는 우리 신체에서 1그램당 에너지 소비가 가장 많은 기관이다. 뇌는 체중의 2퍼센트밖에 차지하지 않지만 우리가 소비하는 에너지의 20퍼센트를 독차지한다. 스탠퍼드 대학의 신경과학자 스티븐 스미스의 말대로다. "한 사람의 대뇌피질에는 적어도 125조 개의 시냅스가 있습니다. 이건 대략 1500개 은하에 존재하는 별들의 수와 비슷합니다." 어느 한 시냅스의 기능을 완벽하게 파악하지도 못했는데 단백질 접힘(아미노산의 결합으로 이루어진 단백질은 3차원 구조로 변해야 제 기능을 할 수 있는데, 이렇게 저마다 고유한 입체 구조를 갖는 과정을 단백질 접힘이라고 한다.—옮긴이)을 컴퓨터상으로 시뮬레이션하기란 어렵다. 시냅스를 하나의 트랜지스터와 동일시하더라도, 125조 개 트랜지스터는 2012년에 가동된 크레이 사의 타이탄 같은 슈퍼컴퓨터(1770조 개 트랜지스터)에나 해당할 것이다. 그런데 시냅스가 트랜지스터보다 훨씬 성능이 뛰어난데도, 타이탄의 에너지 소비는 우리 뇌의 에너지 소비를 훨씬 웃돈다. 인간의 뇌를 시뮬레이션한다는 최초의 시도 휴먼브레인프로젝트(EPFL, 하이델베르크, 로잔 대학 등)도 매년 최소 12억 유로와 7150명 이상의 인력을 필요로 할 것이다. 그래서 1.2킬로그램 남짓한 우리의 뇌, 신경의학자 브뤼노 뒤부아가 "커다란 해파리"라고 불렀던 뇌에 대해 알면 알수록 우리에게 이익이 된다.

Libérez votre cerveau!

2부

너 자신을 알라

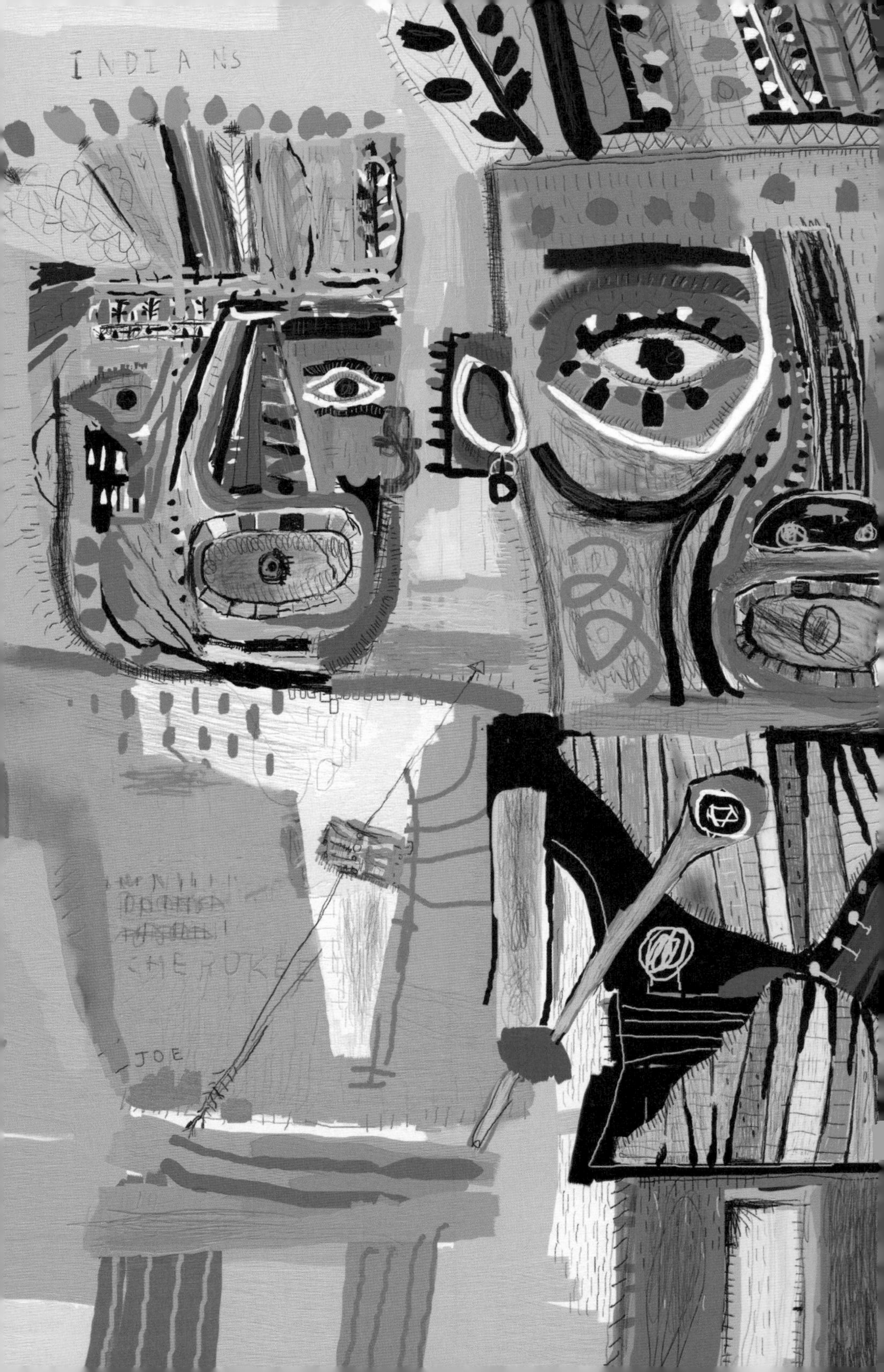
INDIANS
CHEROKEE
JOE

4

당신의 뇌는 누구인가?

인간은 어떤 정신적 탐색을 스스로 삼가고
동류 집단과 비슷해져야 한다는 압력 때문에 스스로를 가둔다.
그러나 우리가 우리 정신 활동권 안에서 가능한 모든 상태,
모든 운동을 자유로이 탐색한다면 엄청난 가능성,
뇌의 새로운 물길, 새로운 정신의 움직임이 열릴 것이다.

"아, 필멸할 인간의 불멸할 정신이여!"
광신자가 목이 쉬도록 외치는 소리 들리니
그의 정신은 그의 사유들의 합.
원자적인 '나'의 본질일 뿐이다.

사유는 뇌와 신경의 일,
사유는 우물 안 개구리에게서는 빈곤하고 조악하며,
병들면 함께 병들고, 잠들면 함께 잠들고,
죽음의 휘장이 드리우면 함께 죽는다.

자히드[1]가 말했다. "입 다물라!
인간을 자동인형으로,
정신을 체액으로, 영혼을 언어로 여기는

저 가증스러운 유파의 가르침은 익히 안다.

너희 유물론자들은 득달같이도
이 젤리 알갱이들의 발달을
인간이 된 원숭이를
분자와 원형질로 논하는구나."

-리처드 프랜시스 버턴, 『하지 압두 엘-예즈디의 카시다』, VII.

주관성, 꿈, 사유, 정신처럼 물리적으로 접촉할 수 없는 것들에 접촉 가능한 상관물이 있다는 생각은 오늘날에도 여전히 '문제'로 통한다. 이른바 '심신 문제mind-body problem'가 그것이다. 이 문제를 달리 말하자면 다음과 같다. 신체와 정신이 어떻게 상호 영향을 미치는가? (유물론자의 경우) 어떻게 신체가 정신을 만들어내는가? 신체는 일종의 정신 상태요, 정신은 일종의 신체 상태인가?

실존이 본질에 선행한다는 사르트르의 말은 정신이 일종의 신체 상태라는 원리에서 나왔다. 이 원리는 성숙한 주체성의 '직접적으로 주어진 조건'이다. 물론, 주체성의 직접적 조건들이 진리로 간주될 수는 없다. 그러나 우리가 그 조건들을 의식한다는 것만은 분명하다. 우리가 느끼는 바를 아는 것이 그 자체로 이미 진리에 다가가는 수단이다.

반대로, 불교도와 수피교도 들은 신체가 일종의 정신 상태라고, 필멸의 육신을 초월하여 여러모로 영향력을 행사하는 영원하고 파괴되지 않는 부분이 우리 안에 있다고 생각한다.

신경과학에서는 '의식의 신경 상관물'을 이야기하지, 의식의 '신경 기층' 혹은 '신경 기반'을 말하지 않는다. 따라서 우리의 현 지식으로는 정신 활동을 완전히 신경으로 환원해 설명할 수 없다. 이 공리는 검증되지 않았고 검증될 수도 없는(지금의 과학은 형이상학의 문제들까지 다루지 못하기 때문에) 실용적 가설에 불과하지만 리처드 버턴이 노래했듯이 우리 주체성의 생리학적인 상관물들에 의해 더욱더 힘을 얻고 있다. 우리가 잠들었을 때는 무의식이 주가 된다. 우리가 병들면 우리 생각도 어떤 면에서 병이 든다. 뇌 손상을 입으면 사유도 손상을 입고, 그 외에도 수많은 상관관계가 관찰된다. 따라서 글쓰기와 읽기의 생리학이 있듯이, 사유의 생리학도 있다. 이러한 생리학들은 결함이 있기 때문에 더욱 매혹적이다. 실제로 이 생리학들에는 관리하고 돌볼 만한 여지가 있고, 자기 정신의 생리를 스스로 돌보려는 자세는 정신의 기능을 의식하고 있다는 전제에서 가능한 분별 있는 탐색이다.

인간의 신경은 컴퓨터인가?

뇌의 멤브레인 회로

우리의 신경은 바닷물에서 '진화한' 물질의 가닥들이다. 생명체는 길잡이 있는 시행착오 방법으로 자기가 활용 가능한 소금물로 뉴런 속에 함유된 이 액체를 만들어냈다. 바닷물의 염분 농도가 보통 10g/l이다. 뇌 체액은 3.3g/l이니 염도가 3분의 1 수준이다. 뉴런 내부, 가령 활동전위를 전달하는 축삭 내부는 염도가 그보다 더 낮다. 그렇지만 쉽게 이해를 돕기 위해 인간의 신경생리를 '소금물(이온을 함유한 물이라는 의미에서)' 가닥들로 이루어진 뭉치라고 말해 볼 수 있겠다.

지구 생명체가 정보기술을 발전시키기 위해 찾아낸 방법은 우리 인간의 방법보다 한결 우월하다. 일단, 우리는 실리콘칩을 쓰지만 그 생명체는 '진성' 반도체(열려 있든가 닫혀 있는)를 쓰지 않고 신호 타입의 변화가 매우 다양하게 연속되는 '비고유' 반도체에 바탕을 두었다. 인간의 정보공학은 0 아니면 1로 표시되는 전류 전달 혹은 비전달을 근거로 한다. 이것이 트랜지스터의 원리다. 실리콘에 불순물을 첨가한 나노트랜지스터는 전류를 조건적으로 전달하기 때문에 반도체다. 실온 상태의 구리선은 그렇지 않다. 하지만 실리콘 반도체에서는 '예스' 아니면 '노', 0 아니면 1이 있을 뿐, 다양한 변화를 볼 수 없다.

지구 생명체는 다른 방법을 택했다. 이 생명체가 교환하는 신호들은 이른바 '퍼지 논리(모호한 상태를 다양한 스펙트럼으로 표현하는 논리 개념.—옮긴이)'에 해당한다. 다시 말해, 0과 1 사이 연속체가 존재하므로 지금의 정보공학보다 훨씬 더 다양한 코딩이 가능하다는 얘기다. 사실, 지구 생명체에게 '전류가 통과하는가?'라는 물음은 시작에 지나지 않지만 정보공학에서는 그걸로 끝이다. 뉴런에게 이 물음은 또 다른 다양한 물음들을 열어준다. 어떻게 통과하는가? 어떤 비율로? 얼마만큼의 시간 동안? 다른 어느 신호 다음에?

컴퓨터로 이 물음들을 시뮬레이션할 수 있지만 이 물음들 자체가 실리콘칩 혹은 실리콘회로에 내재하지는 않는다(시냅스와 다소 비슷한 회로장치인 멤리스터memristor를 제외하면). 그러나 뉴런들의 멤브레인 회로에는 이 물음들이 애초에 있다.[2]

'멤브레인'이라고 부를 수 있는 나노회로들은 다른 신호 체계들, 가령 호르몬이나 면역계와 상호 운용된다는 멋진 특성이 있다.

현재 우리의 컴퓨터에는 없는 이 상호 운용성은 기술적 차원에서 잘 파악되지 못하고 있다. 멤브레인 기술은 뉴런이 반도체 성능을 풍부하게 발현하도록 돕고, 한 차원 더 나아가 '자기 유지의 가능성'을 열어준다. 지금의 실리콘 회로는 자기 유지가 불가능하다.

따라서 멤브레인 회로는 신체 항상성과 비슷한 특질을 지닐 수 있다. 그게 멤브레인 회로의 목적이기도 하다. 신경 분포는 자기 몸 상태를 알려주는 감각을 만들어내는 데 쓰이기 때문이다.

반대로, 컴퓨터는 자체 보수가 안 된다. 실리콘칩의 상태로 컴퓨터의 상태가 완전한지를 알 수는 없다.

따라서 신경 기능이 전자공학을 바탕으로 한다는 말은 어불성설이다. 어쩌면 코딩이라는 면에서는 전자공학보다 훨씬 더 강력한 '이온' 기술을 말할 수 있을지도 모르겠다. 신경이 분포된 몸이 정말로 쇳덩이가 아닌 이상, 그 몸에서 교환되는 것은 전자가 아니라 이온이다. 그런데 전자들끼리는 구별이 불가능한 반면, 나트륨 이온과 칼슘 이온은 전혀 다르다. 뉴런에 나트륨 이온이 들어와서 일어나는 결과와 칼슘 이온이 들어와서 일어나는 결과도 결코 같지 않다. 생명은 바로 이 다양성을 개발함으로써 더 광범위한 코딩을 하기 때문이다. 이런 까닭에 신경이 분포된 신체는 이진법에 따라 작용하는 반도체보다 훨씬 다양하고 '모호한fuzzy' 신호들을 사용할 뿐 아니라, 인쇄회로와 달리, 전하를 띠는 것(나트륨, 칼륨, 칼슘, 마그네슘 등)의 성질 그 자체를 이용하여 신호를 코딩한다. 대단하면서도 당연한 일이다. 생명체는 우리가 활용할 수 있는 실체들 가운데 기술적으로 가장 빼어난 것이므로.[3]

뇌의 진화: 생존이라는 절대명령

우리가 비록 우리 자신의 창조물 속에 갇혀 지내기 좋아한다 해도 우리의 신경을 컴퓨터 성능과 비교하는 건 우스운 짓이다. 뇌가 500자릿수의 73제곱근을 쉽게 구하지 못하는 이유는 그럴 능력이 없어서가 아니라 진화론적으로 그 능력은 생존이라는 절대명령에 근거해 있지 않기 때문이다. 신경이 근본적으로 추구하는 것은 생존이다. 그래서 신경은 본질에 집중하고 곁다리는 집어치우는 방향으로 수억 년 동안 발달해왔다. 우리 오만한 인간들은 1만 1000여 년 전에 신석기 시대에 이르렀다. 신경 발달의 역사[4]로 비추어 보자면 그리 오래전도 아니다. 우리는 이 특수 고안된 체계를 쓸데없다 못해 유해한 것들로 거추장스럽게 만들었다. 도그마, 굳어진 습속, 정신의 경직…… 그래서 1초에 수십억 개 계산을 해치우는 컴퓨터가 우리 인간의 신경보다 '앞서 있다는' 어리석은 믿음을 갖기에 이른 것이다.

우리의 신경계는 머리부터 발바닥까지, 창자에서 피부까지 온몸에 득실득실한 세포군이다. 이 세포군이 우리의 감성, 지각, 행위와 교묘하게 상호 관계를 맺고 있는 만큼, 우리의 토목공학이나 로봇공학에도 상당한 영감을 불어넣어준다. 예를 들어 말초신경은 혈관과 함께 위치한다. 혈관이라는 물렁한 조직에 좀더 단단한 조직을 길잡이 삼아주고, 내친 김에 통증과 출혈을 연결 지어 출혈의 위험성을 알려주려고 진화가 찾아낸 단순하면서도 효과적인 방법이랄까. 반면, 기계에서 기름 유출이 반드시 위험 신호와 연결되어 있으리란 법은 없다. 로봇의 경우도 마찬가지다. 로봇에게 닥칠 수 있는 위험이 꼭 신호와 상관관계가 있으리란 법은 없고, 바로 이러한 이유에서 로봇은 자율적이지 않다. 예기치 못한 사건에도 버틸 수 있는 구조물을 설계해야 할 때(이를테면 우주정거장이라든가) 이러한 상관관계의 부재는 문제가 된다. 우리는 어떤 구조를 만들고 나서 거기에 집적장치를 단다. 인체는 반대로 집적장치들로 구조화되어 있고, 그 장치들이 척추까지 뻗어 있다. 신체 말단에서 집적장치들은 혈관(신체에 가장 골고루 퍼져 있는 조직)과 함께 움직여 일하고, 골격근 발달에 부분적으로 관여한다. 배아 발달 단계에서 신경세포는 외배엽[5]에서 분화되지만 신체를 넘나들며 피부는 물론 내장기관까지 고루 신경을 분포시킨다. 식물에게는 이러한 시스템이 없다. 식물 세포는 빳빳한 펙토셀룰로오스 벽에 갇혀 있기 때문에 이동을 하지 않는다.

신경계가 이렇게 전체로서 구성되어 있기 때문에, 서로 떨어져 있는 부분들이 영향을 주고받기 때문에, 우리는 마사지를 받으면 기분이 좋아진다. 손 마사지나 발 마사지는 우리의 신경 말단, 특히 통각수용기를 짓누르는 효과가 있는데 이때 우리가 느끼는 감각은 주관적이고도 흥미롭다. 우리의 감각계에 다수의 기능 체제가 있지만 코딩 시스템은 동일하다는 것을 알 수 있기 때문이다. 누르는 힘의 차이에 달렸을 뿐, 통증이나 쾌감이나 경로는 동일하다. 이러한 중복설계(redundancy, 리던던시. 어떤 기능적 요소를 여러 장치에 두거나 다른 기능을 하는 장치에 여분으로 부가해서 일부 장치에 이상이 생기더라도 전체로서의 기능은 이상이 없는 체계.—옮긴이) 원리를 뇌의 변연계에서도 찾아볼 수 있다. 변연계는 여러 가지 역할을 하지만 특히 공포의 경로로 알려져 있다. 우리에게 위험 신호를 보내는 과격한 감정들 중에서 어떤 것은 중독성이 심하다. 공포영화 시장이 죽지 않는 이유도 여기에 있다.

그런데 '인공 신경계'에는 그런 중복설계가 없다. 여러분이 어떤 건물의 화재경보기를 취급한다 치자. 화재경보기에서 원래 용도 외의 다른 용도를 찾아낼 확률은 거의 없을 것이다.

자기 생산 체계

생물학자 움베르토 마투라나와 프란시스코 바렐라는 자율과 생존이 인지과학의 기반이라고 본다. 지능이 생명과 공존하는 이상, 인공지능은 인공생명일 것이다. 생명을 풍부하게 정의하는 과학적 개념 '자기 생산autopoiesis(오토포이에시스)'은 이러한 생각을 잘 보여준다. 오토포이에시스는 스스로 정한 한계 안에서 스스로 조직되는 시스템이다. 살아 있는 세포들을 예로 들자. 세포막은 세포가 제대로 기능하는 데 필요한 농도 조건을 지켜주는 동시에 물질대사를 가능케 하고, 물질대사는 물질대사대로 세포막의 모든 구성 요소를 만든다. 별들도 오토포이에시스가 있다. 별들의 핵물질대사가 존재하기 위한 조건은 핵물질대사를 제한하는 조건과 다르지 않기 때문이다. 별에도 재생산 체계가 있다. 별들의 재생산은 자연선택과는 무관해 보이지만 나름대로 풍부한 체계다. 초신성이 폭발하면 주위 성운 속에 어마어마한 압축파가 발생하기 때문에 새로운 별들이 탄생할 확률이 높아진다. 또한 초신성이 폭발하면서 무거운 핵들이 방출되는데, 이 핵들이 꼭 초신성이 사멸하기 전에 지니고 있었던 것들만은 아니다. 그런 면에서 우리는 장차 별들을 생명체로서 고려할 수도 있을 것이다.

하지만 아직은 그렇게 말하기 이르다. 우리의 현 지식으로는 별들도 인지적 활동을 한다고 주장할 수 없기 때문이다. 만약 별들도 어떤 인지적 활동을 한다면, 그래서 별들이 환경에 기막히게 적응하는 거라면 그 인지적 활동의 시간성이 우리를 초월하기 때문에 인류가 살아온 시간(약 20만 년)으로는 관찰이 불가하다. 어쩌면 별들도 인지와 소통이 가능하나 그 현상을 측정하기에는 우리 과학의 깜냥이 모자라는 것인지도 모른다. 어떤 과학자들은 인간다운 시각에서 현 과학의 깜냥을 거스르는 모든 지적 시도를 삼가는 경향이 있다. 그러나 과학의 깜냥이 인간 정신을 따라가려고 노력해야 하는 것이지, 그 역은 아니다.

볼쇼이 실험

우리의 과학으로 (부분적으로나마) 파악 가능하면서도 우주라는 복잡한 유기체의 구조를 엿보게 해주는 천문학 현상이 있다. 어떤 사물을 손으로 쥘 수 있다고 그 사물을 다 아는 건 아니다. 마찬가지로 어떤 대상을 과학이 수용했다 해서 그 대상을 다 아는 것은 아니다. 볼쇼이 실험은 NASA의 슈퍼컴퓨터 플레이아데스로 우주의 암흑물질과 암흑에너지 분포를 시뮬레이션한 것이다.

이 시뮬레이션은 우주를 대단히 정교한 구조로서 고찰했다는 점에서 매력적이다. 흔히 우주는, 특히 은하들의 분포는 임의적으로 이루어진 부분이 많은 것처럼 생각들을 한다. 생태계가 그렇듯이 관측 가능한 우주도 단순한 별에서부터 라니아케아 초은하단[6]에 이르기까지 다양한 수준의 복잡성이 뒤얽혀 이루어진 듯하다. 언젠가 우주가 우리 뇌의 뉴런들보다 더 많이 품고 있는 이 별들의 교묘한 관계를 발견할 수 있을지도 모른다.[7]

"별들도 인지적 활동을 하는가?"라는 질문은 인지의 원리 그 자체를 묻는 것이기도 하다. 그런데 이 주제는 너무 광범위하고 우리가 다루기 힘들어서 현재 실험실에서 인지를 완벽하게 재현하기란 불가능하다. 당연한 일이다. 인지 현상은 부분적으로 예측 불가능성에 바탕을 두기 때문이다. 날아가는 돌에 뭐라고 소리를 지른다 해서 그 돌이 그리는 궤적이 변하지는 않는다. 그러나 자기 발로 뛰어가는 사람에게 소리를 지른다면 그의 행동에 변화가 일어날 수도 있다. 이 변화가 바로 인지의 결과다.

우리가 특히 인간의 인지를 논하는 이유는, 우리의 인지는 컴퓨터의 기능과 근본적으로 다르기 때문이다. 어느 한 세대의 연구자와 철학자 들은 인지를 언어에 국한시키려 했다. 그러나 정신이 언어를 포함하는 것이지, 언어가 정신을 포함하는 게 아니다. 우리는 늘 똑같은 비극적 오류를 범한다. 미지의 것을 이미 아는 바에 국한시키고, 통제되지 않는 것을 통제된 것으로 잡아두려 하며, 창조자를 창조된 것에 가두려 한다. 이 오류는 일부 철학 유파들과 인지과학 유파들에서 오랫동안 지속되어왔다. 그 결과 (버트런드 러셀이 말하는 의미에서) 논리적으로 엄밀하게 유형화되지 않는 작업은 철학적이지 않다는 믿음까지 나왔다.[8]

이러한 논쟁이 계속되는 이유는 사유의 자연스러운 작동이 기계의 작동을 따르지 않기 때문이다. 공학자와 기술자 들의 문명에서는 기계어 명령에 자기 정신을 잘 맞추는 사람이 그러지 못하는 사람보다 당연히 잘나간다. 인간 정신은 기계어 명령처럼 이루어져 있지 않으니 거기에 맞추려면 상당한 노력이 필요한 건 사실이다. 그렇지만 자연 속에서 생존 가능한 기계어 명령은 지금껏 존재하지 않았다. 우리 정신이 컴퓨터처럼 작동하지 않는다면 거기엔 그럴 만한 이유가 있는 거다.

더욱이 우리 정신은 자기가 조작하는 변항을 유형화하지 않는다. 버트런드 러셀은 그의 이름을 달게 된 유명한 역설을 해결하기 위해 변항들의 유형을 구분했다. '자기 자신에게 속하지 않는 집합들의 집합은 자기 자신에게 속하는가?' 프레게도 한때 이 역설을 두고 고민했다. 러셀은 이 역설을 해결하기 위해 대상들(담기는 것)과 그 대상들을 포함하는 집합(담는 것)을 하나의 논리 형식 안에 뒤섞어서는 안 된다는 원칙을 세웠다. 그렇지만 우리 정신은 늘 그렇게 섞어가며 일한다. 우리가 쓰는 문장들은 당연히 균질적이지 않다. '우리'와 '우리 같은 모든 사람들'을 한 문장 안에서 동일선상에

놓고 쓰는 일도 얼마든지 가능하다. 우리 뇌는 그런 식으로 작동한다. 컴퓨터는 그렇지 않지만.

인지적 구두쇠

이러한 사실은 우리 인지의 뼘, 그 깜냥을 고려할 때 각별히 흥미롭다. 앞에서 누차 말했듯이, 손잡이가 있는 물건은 손으로 더 쉽게 들어 올릴 수 있는 것과 마찬가지다. 우리 뇌는 다소 거추장스러운 개념들도 인간공학적으로 주어지면 훨씬 쉽게 이해한다. 개념에 손잡이를 다는 기술이—혹은 교수법이—아직도 간과되고 있으니 참 안타까운 일이다. 이 기술을 잘만 구사한다면 교육과 연구, 특히 수학 분야에서 혁명적인 변화가 일어날 것이다.

실제로 수학자의 작업에서는 그의 정신의 뼘이 유일한 한계다. 인간의 정신은 너무 많은 것을 미리 생각해놓거나, 한꺼번에 암산 변환을 하거나, 일정 수 이상의 개념들을 결합시킬 수 없다. 우리가 정신 활동의 뼘을 인공적으로 증강할 수 있다면 정신 활동권(noosphere, 누스페어. 사이버 공간에서 만들어가는 집단지성의 세계.—옮긴이) 내에서 더 빨리, 더 능률적으로, 더 시너지 효과를 내면서, 쉽게 말해 더 잘 이동할 수 있을 것이다. 정신 활동의 뼘은 아직 너무 협소하기 때문에 우리 정신이 더 많은 손잡이를 구한다면 얼마나 획기적으로 변할지 감히 상상이 가지 않는다.

우리 정신은 이런저런 뼘을 가볍게 가지고 논다. 실제로 기억술 선수와 천재 들은 의식적으로 그렇게 하고 있다. '로마'를 우리 정신의 대상으로 삼는다 치자. 로마는 우리 의식에 담기에 너무 크다. 우리에게 익숙한 물리적 대상은 포착하기 쉬운 반면, 정신적 대상은 우리가 잡고 들어 올릴 수 있을 만큼 단단하지가 않다. 물병을 들어 올리는 사람은 그 물병 무게를 감당할 수 있어야 한다. 이건 '로마'라는 단어를 말하는 것과는 별개다. 속으로 말을 한다 치면 '로마'보다는 '콜로세움'이라는 단어가 시간이 더 걸릴 것이다. 그렇지만 '로마'와 '콜로세움'을 정보 파일로 친다면 전자가 후자보다 훨씬 무겁다. 우리가 로마를 '완전히' 사유하기란 불가능하기에 주관적이고 피상적인 단편들, 라벨들을 소환할 뿐이고 바로 이러한 메커니즘이 클리셰들을 낳는다. 있는 그대로의 로마, 로마의 역사와 거리와 전망과 인구 전부가 우리 정신에 들어올 수는 없다. 정신 활동이 자주 다루는 대상, 예를 들어 '나', '그', '어머니', '앞집 사람', '내 아이' 등이 다 마찬가지다.

클리셰가 존재하는 이유는 뇌의 게으름, 즉 가급적 일을 덜 하려는 경향 때문이다. 수전 피스크와 셸리 테일러는 이 경향을 **인지적 구두쇠**cognitive miser라고 표현했다.

뇌는 지름길을, 자동적 사고를 좋아한다. 그래서 편의와 진리 중 하나를 골라야만 할 때는 그냥 전자를 선택해버릴 때가 참 많다. 정신적 대상을 온전히 이해한다는 것은 불가능하다. 한 도시를 그 전체로서 사유하는 노고도 우리로서는 실현 불가능하다. 그렇지만 어떤 예술가들은 감히 그렇게 해보려 했다. 생 종 페르스Saint-John Perse의 「원정Anabase」 같은 시는 왜 그토록 읽기가 어려울까. 시인은 이 작품에서 한 도시의 설립을 온전히 포착하면서 이 작업이 요구하는 정신적 도량을 잃지 않으려 노력했다. 생 종 페르스 시대에 유행했던 이 '의식의 흐름' 기법은 그 도시를 환기하는 이미지들을 연속적으로 끌어왔고, 그래서 독자는 어지간히 집중하지 않고는 이 시를 읽기가 힘들다.

뇌는 일은 덜 할수록 좋은 것이라는 신념을 지지한다. 그래서 우리들 대부분은 인지적 자원을 활용하는 데 인색하다. 인간의 한없는 불행들이 그런 이유로 빚어지기도 한다. 생 종 페르스의 시가 읽기 힘든 이유도 여기에 있다.

모든 논쟁, 모든 의사 결정, 모든 정치의 핵심은 정신적 도량, 의식의 크기다. 지금 어느 정치가를 보더라도 정체 모를 정신의 옹색함을 확인할 수 있다. 정치인들은 사안의 경중과 독특한 차별성을 충분히 사유하지 못하고 있다. 그들은 '프랑스', '프랑스 국민', '미래', '경제', '고용' 운운하며 떠들지만 마음속에 이 단어들에 대한 명확한 심상이 없다. 나가사키와 히로시마에 원자폭탄을 투하하라고 명령하고 실행한 자들은 그 도시 주민들이 어떻게 생활하는지 단지 며칠만이라도 머릿속에 그려볼 만한 정신적 도량이 없었다. 그들은 의식이 결여되었기 때문에 그 두 도시의 가정, 역사, 육신과 감정을 완전히 말살했던 것이다.

포화 가능한 뇌, 적응 가능한 뇌

그러나 우리의 뇌는 쉽게 꽉 채워진다. 이 포화성에는 적응성이라는 엄청난 장점이 따라온다. 그래서 철저히 폐허가 된 도시에서 우리 의식은 접근 가능한 것을 통로로 삼아 접근 불가능한 것에 이른다.
이것은 교수법, 나아가 신경인간공학의 원리이기도 하다.

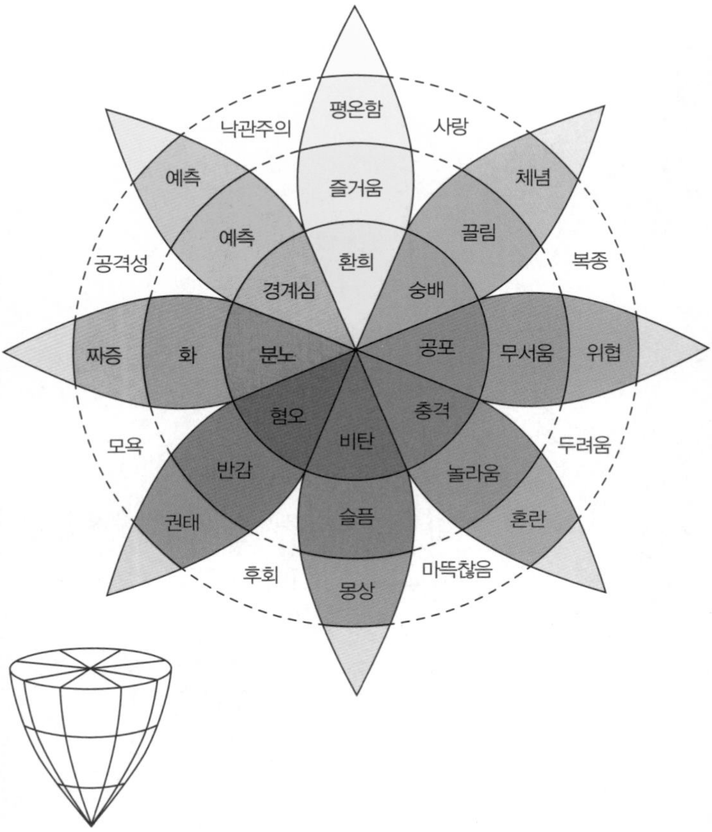

평온함
낙관주의
사랑
예측
즐거움
체념
예측
끌림
환희
공격성
경계심
숭배
복종
짜증
화
분노
공포
무서움
위협
혐오
충격
모욕
비탄
두려움
반감
놀라움
슬픔
권태
혼란
후회
몽상
마뜩찮음

도 우리는 교통사고를 툭툭 털고 일어날 때와 비슷한 마음가짐으로 다시 일어설 수 있다. 객관적으로는 한 도시의 몰락이 개인의 교통사고보다 더 큰 비극이지만 후자나 전자나 우리의 격렬한 감정을 다 차지해버리기는 마찬가지이기 때문이다. 우리 뇌는 어느 선을 넘어가면 더 못 기다리고 자기 발로 뛰쳐나간다. 진화는 이러한 포화성을 어쩌다 우연히 선택한 게 아니다.

1980년대에 심리학자 로버트 플러칙Robert Plutchik은 인간이 느끼는 감정의 다양성을 파악하기 위해 '정서바퀴' 혹은 '정서원뿔' 이론을 내놓았다. 이 장미꽃 모양의 도식은 색깔처럼 서로 대비되지만 배합도 가능한 8개 요소로 이루어져 있다.

인간의 뇌는 현실 세계에 이러한 감정들로 꼬리표를 다는 것 같다. 뇌의 꼬리표 달기는 그때그때 현황에 맞게 수시로 일어난다. 그래서 감정적 대응이란 늘 상대적이다. 부유한 나라 아이들이 우는 이유는 가난한 나라 아이들이 우는 이유와 다를 수 있다. 예를 들어 어떤 아이는 자기가 원하는 선물을 받지 못했다고 운다. 그러나 어떤 아이는 지뢰가 폭발해서 친구가 죽었기 때문에 운다…… 뇌는 자기 주위에서 일어나는 사건들을 토대로 반응 수준을 정한다. 우리를 반응하게 만드는 것의 힘은 우리네 삶의 공통분모에 달렸다. 따라서 중세에 살았던 우리 조상들은 지금과 같은 물질적, 정신적 안락을 누리지 못했을지언정 우리와 똑같이 울고 웃었을 것이다.

플러칙의 정서바퀴는 배우들의 연기 연습에도 유용하게 쓰인다. 특히 감정 기억에 바탕을 두는 액터스 스튜디오의 '메소드' 연기가 그렇다. 인성의 크기는 의식의 크기에 달렸다는 점을 절대로 잊지 말자. 우리는 쉴 새 없이 결정을 내리고, 우리에게 너무 벅찬 정신 활동의 대상들을 끊임없이 다룬다. 바로 그렇기 때문에 우리는 자연스레 무책임해지지만 그만큼 탄력성이 생긴다.

감각에 가까운 것은 감각을 초월하는 것보다 마음속에 떠올리기가 쉽다. 생 종 페르스의 박력 있는 시구가 그 점을 새삼 일깨워준다. "이 세상은 붉게 칠한 양가죽보다 아름답구나." 무두장이가 널어놓은 붉은 양가죽은 나의 감각에 직접 와 닿는다. 나는 양가죽의 촉감을 알 수 있고 거기에 매료될 수 있다. 그러나 무두장이에게는 다른 가죽도 많다. 그 도시에는 다른 가게도 많다. 그 나라에는 다른 도시도 많다. 그 대륙에는 다른 나라도 많다. 세상에는 내가 상상도 못 하는 대륙이 많다…… 그렇다, 나의 의식은 비록 붉게 물들인 양가죽을 통해 세상에 이르렀지만 그 가죽보다는 세상이 더 아름답다.

우리 의식은 접근 가능한 것을 통로로 삼아 접근 불가능한 것에 이른다. 이것은 교수법, 나아가 신경인간공학의 원리이기도 하다.

뇌는 하나의 세계

두뇌경제학

뇌를 이해하는 가장 좋은 방법은 뇌가 하나의 세계라고, 사람들로 북적대는 행성이라고 생각하는 것이다. 하나의 뇌 영역은 도시와 비슷하고, 각 사람은 뉴런에 해당한다. 도시 사람들과 달리, 어른의 뇌에서 뉴런은 이동을 하지 않지만 자기가 만들어낸 것을 다른 뉴런들과 교환한다. 따라서 인간의 경제 활동은 두뇌 활동의 그럴싸한 메타포가 될 수 있겠다. 한 인구 집단은 재화와 서비스를 생산해서 다른 인구 집단에게 전달한다. 재화와 서비스는 새롭게 변화되거나 조합되거나 개선된다. 일례로 '말' 혹은 '문자'의 제조는 세계 경제 안에서의 컴퓨터 제조에 비견될 수 있다. 어떤 부품은 태국에서 생산되고, 또 어떤 부품은 한국이나 미국 캘리포니아에서 온다. 뇌의 활동은 선택적 교환을 바탕으로 하는 뉴런들의 서비스 시장이다. 선택적 교환은 일부분 종이 진화한 결과요, 태내 신경발달의 결과다. 신경생물학자 장 피에르 샹죄는 출생 이전과 이후의 뉴런 네트워크 형성을 설명하기 위해 '시냅틱 다윈주의'라는 표현을 쓰기도 했다. 뇌는 그렇게 뉴런의 '파도타기'를 거치며 발달했을 것이다. 그중 어떤 두뇌 활동들은 마치 생태계 진화의 메커니즘에 비견될 만한 시행착오를 거쳐 기능 본위 네트워크들을 정할 것이다. 이 메커니즘은 육지에 강이 생기는 과정과 닮았다.

다국적 물류 기업에서처럼 우리 뇌도 가치사슬을 만든다. 우리의 두뇌 활동이 '공들여 만든' 기능들은 모두 세계 경제가 만들어낸 상품과 서비스 못지않게 복잡다단하다. 디자인과 소프트웨어는 캘리포니아에서 완성했지만 부품은 태국산, 한국산, 일본산이고 조립은 중국 공장에서 했다면 그 컴퓨터가 어디 거라고 말하기 곤란하듯이, 우리는 읽기가 어디서 나왔는지 말할 수 없다. 반면, 뇌 속에 있는 주요한 조립 공장들의 위치는 알 수 있다.

각각의 뇌 영역은 세계 경제 네트워크의 거점이 그렇듯 어떤 서비스를 책임진다. 그리고 역시 경제에서처럼, 어느 한 영역이 만들어낸 것이 여러 가지 다른 목적으로 이용될 수 있다. 네트워크상의 어느 한 공장이 다른 공장들에 판로를 열어줄 수 있다. 우리 뇌에서 소뇌는 정교한 계산 서비스를 수출한다. 이 서비스는 주로 운동의 협응에 쓰이지만 암산에도 동원될 수 있다. 천재 암산가 뤼디거 감의 경우 소수를 소수점 60번째자리까지 암산으로 나눌 때 소뇌를 주로 쓴다.

우리 뇌는 거대한 서비스 경제를 이루고 있고 각 영역은 어떤 서비스를 수출하기도 하고 수입하기도 한다. 우리의 인지 능력은 서비스라는 레고 블록들의 조합이다. 그리고 이 거대한 서비스 레고에 있어서 우리의 뉴런 조각들이 제공하는 가능성을 다 탐색하려면 아직 멀었다. 호모사피엔스가 지구 상에 처음 출현했을 때에는 불가능했던 읽기와 쓰기도 우리 뉴런의 여러 가지 서비스를 이리저리 끼워 맞추다가 얻어낸 새로운 조합의 예들이다. 이 끼워 맞추기는 분명히 아직 끝나지 않았다. 우리는 뉴런의 서비스를 조작함으로써 혁신하고, 예상치 못했던 새로운 가치들을 얻어낼 수 있다. 문자의 발명이 세상을 바꾸었듯이, 그 가치들도 세상을 변화시킬 것이다. 나는 이 새로운 조합 중 하나를 '하이퍼글쓰기hyperécriture'라고 명명했다.

신경 기반 생산과 신경 최종 생산

뇌의 기간산업은 진화를 통해 정해진 것이므로 우리가 바꿀 수

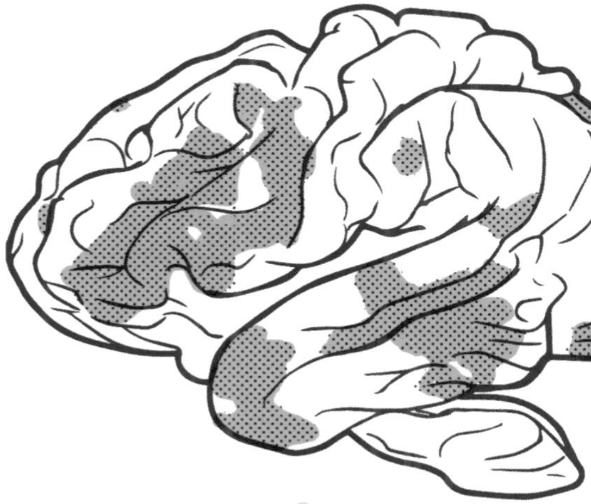

뇌를 왼쪽 측면에서 본 이 그림은 읽기 구성에(단어의 모양과 의미 인지에서부터 한 문장 전체의 이해까지) 관여하는 것으로 알려져 있는 영역들을 보여준다.[9] 내가 '신경 기반 생산'이라고 부른 것은 어느 한 영역이 제공하는 서비스다. 예를 들어 단어의 모양을 눈으로 보고 인지하는 서비스는 후두엽과 측두엽 사이에 전략적으로 위치한 복측 후두-측두 피질이 담당한다. 그러나 '신경 최종 생산'은 결국 글을 읽는 능력이다.

없다. 소뇌의 푸르키네 세포가 제공하는 기본 서비스는 정해져 있다. 해마의 장소세포들, 내후각피질의 격자세포들의 기본 서비스는 정해져 있다. 전운동피질의 거울세포도 그렇고, 두정간구도 뉴런들을 숫자에 민감하게 한다든가 하는 본연의 서비스가 있다. 그러나 우리의 의식적인 두뇌 활동이 생산하는 것, 다시 말해 사유, 계획, 노래, 글쓰기, 놀이 등은 모두 다 그러한 서비스들이 복잡다단하게 조합된 결과다. 컴퓨터 한 대가 수많은 부품들의 조합인 것과 마찬가지다. 우리가 이 사실을 좀더 명심한다면 '제작 실험실' 원칙에 따라 새로운 인지회로를 잔뜩 만들어볼 수도 있을 것이다. 두뇌 활동의 발현, 즉 뉴런 서비스의 최종 산물을 좀더, 아니 끝없이 개선할 수 있다는 얘기다. 뉴런 서비스 조합은 이제 막 시작되었다. 매체들을 개발하려면 갈 길이 멀고, 정신 활동의 수많은 형식들도 사정은 마찬가지다. 문자는 인류의 역사를 남김으로써 인류에게 커다란 혁신의 계기가 되었다. 그러나 아직 우리가 이르지 못한 혁신들에 비하면 문자는 아무것도 아니다.

미시경제(소비자 혹은 가계의 행동 방식), 기업경제, 거시경제(국가 혹은 세계의 행동 방식)가 구별될 수 있듯이 뉴런도 하나 혹은 여러 개의 활동, 어느 한 영역의 활동, 뇌 전체 혹은 의식의 활동으로 나누어 볼 수 있다. 국내총생산GDP 같은 경제지표가 있듯이 두뇌 활동에도 뉴런 생산의 인지지표들이 있다.[10]

계속 경제에 비유해 말해보자면 뇌 영역에 원래 정해져 있는 서비스를 '신경 기반 생산'으로, 글쓰기나 의식처럼 조합된 서비스를 '신경 최종 생산'으로 명명할 수 있다.

뇌의 도시계획

파리 같은 대도시의 해부 구조를 이해한다면 대뇌피질의 해부학도 이해할 수 있다. 우리가 사는 파리는 오스만의 도시계획에 따라 6층 남짓한 건물들을 나란히 세운 중요한 축들을 두고 있다. 이 비유는 아주 잘 맞아떨어진다. 우리 뇌의 신피질도 여섯 층으로 이루어져 있기 때문이다. 우리는 오랫동안 이 조직이 단독으로 고도의 인지 기능을 담당한다고 생각해왔지만 조류의 지능에 대한 최근 연구 결과에 따르면—조류의 뇌에는 신피질이 없고 담창구라는 전혀 다른 구조가 있다—도시들이 서로 달리 조직될 수 있듯이 뇌도 동일한 인지를 서로 다른 신경도시계획에 따라 수행할 수 있는 것으로 보인다.

오스만이 개조한 파리의 어느 사무용 건물을 예로 들어보자. 한 층에는 변호사 사무실이 있고 다른 층에는 병원이 있다. 또 한 층에는 광고 대행사가 있고 다른 층에는 창업 센터가 있다. 층마다 별개의 사무실에서 다양한 사람들이 일한다. 거기서 일하는 한 사람 한 사람이 뉴런에 해당한다. 그들은 주위 사람들과 일하면서 자극을 받기도 하고 억제를 당하기도 한다. 그러나 때로는 한 층에서 일하는 동료가 아니라 멀리 사는 외국 사람과도 소통을 하고 협업을 한다. 심지어 한두 층 위에서 전혀 다른 분야에 종사하는 사람들보다 세계 반대편에 사는 사람들과 더 많이 협업을 하기도 한다. 가까운 뉴런이 함께 일하기 더 쉽다는 차이가 있을 뿐, 우리 뇌도 동일한 설계 원리에 입각해 돌아간다. 인간이 만들어내는 서비스처럼 뉴런의 서비스도 자기 지역에서 교환되기도 하고(사무실 동료들끼리의 협업) 아주 먼 곳에서도(이메일을 통한 협업) 교환될 수 있다. 파리는 오랫동안 건물의 각 층에 특정 사회 계층을 거주시켰다. 예를 들어 로비에서 두 번째 층은 고상한 부자들이 사는 층이었고 지붕 바로 아래 꼭대기 층은 하녀 방으로 이용되곤 했다. 세르주 수도플라토프가 지적했듯이 엘리베이터가 등장하면서 이러한 수직적 사회학은 수평적 사회학으로 대체되었다. 빈곤 가정은 차츰 파리 외곽으로 밀려났고, 도로에서 멀기 때문에 조용하고 볕이 잘 드는 꼭대기 층은 톱 구매자들의 사랑을 받게 되었다. 신피질도 층위 구조를 이루고 있고 때때로 층별로 다른 역할을 수행한다. 그리고 이 층위 구조 역시 진화 혁명의 결과물이다.

영국의 케임브리지 같은 작은 도시가 세계 경제에서 어떤 역할을 하는지 콕 집어 말하기는 어려울 것이다. 생산물도 다양하거니와 각 생산물의 수신인도 각기 다양하기 때문이다. 케임브리지는 그리 큰 도시가 아니지만 서비스 생산이라는 면에서 세계적으로 커다란 영향력을 미친다. 우리 뇌의 일부 영역도 비슷한 위치에 있다. 가령 송과선은 고작 쌀알만 한 크기지만 예로부터 불교에서는 **차크라**chakra, 수피교에서는 **라타이프**lataif라고 불렀을 만큼 중요시되었다. 송과선이 없으면 잠을 잘 수도 없고, 꿈을 꿀 수도 없고, 아예 살 수가 없다. 그렇지만 우리는 아직 송과선의 기능을 온전히 다 알아내지 못한 상태다.

대뇌피질의 구획들

코르비니안 브로드만은 아닐린처럼 푸른 염료에 대한 조직 반응을 기본으로 뇌 영역을 구분하는 단순한 방법을 마련했다. 브로드만 방법은 좌반구, 우반구를 각기 52개 구획으로 나누어준다. 이를테면 7번 영역은 두정엽에 위치하며 '나에 대한 대상들의 위치'라는 특정 인지 서비스를 담당하는 뉴런들을 보유한다. 그렇기 때문에 이 영역은 시각 영역과 운동 영역 사이라는 전략적 위치를 차지한다. 메스무디와 그 연구진에 따르면 이 영역은 뇌의 실크로드라고까지 할 수 있는 광대한 VSA–PTF(시각–공간–청각과 두정–측두–전두) 네트워크에서도 중심을 차지한다.[11] 이 모델은 뇌 경제에서 교역의 주요한 두 축을 보여주기 때문에 더욱 흥미롭다. 한 축은 다중 모드 뉴런들[12]을 동원함으로써 뇌에 도달하는 정보를 의미적으로 통합하는 듯 보인다. 그리고 또 다른 축은 정보를 기억 및 마음속 계획과 대조하는 듯 보인다.

VSA 환環은 입력되는 정보를 통합하는 기능을 하고 PTF 환은 정보를 경험 및 마음속 계획과 대조하는 기능을 한다. 뇌량(좌반구와 우반구를 연결하는 신경다발)과 더불어 VSA 환과 PTF 환은 뉴런의 서비스 교환이라는 측면에서 가장 큰 교역로에 해당한다.

브로드만 영역으로 뇌의 지리를 탐구한다면 마크 도Mark Dow가 공유한 다음과 같은 지도가 나온다. 이 그림은 일견 복잡해 보이지만 브로드만 영역이 한 반구당 52개라면—이 지도는 좌우 대칭이다—지구 상의 국가 수보다 훨씬 적다. 유라시아 대륙 하나에 있는 국가 수만 해도 브로드만 영역 개수의 2배가 넘는다! 뇌 경제를 대략적으로 살펴본다는 것은 결국 이 52개국의 수출과 수입 사정을 알아두는 것이다. 다섯 시간이면 충분한, 비교적 쉬운 작업이다.

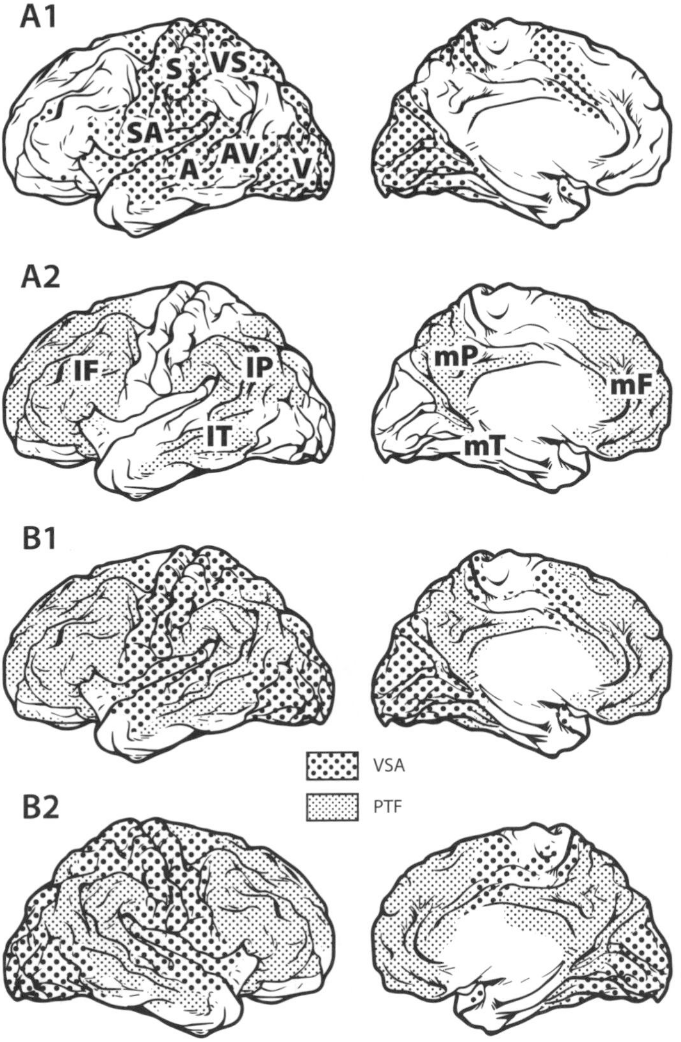

이것이 메스무디 연구진의 VSA-PTF 모델이다.
여기서 인간의 뇌는 두 개의 고리가 얽혀 있는 구조다.
굵은 점으로 표시된 것이 VSA(시각-공간-청각) 환이다.
자잘한 점으로 표시된 것이 PTF(두정-측두-전두) 환이다.

북극에서 출발해 전두엽과 두정엽을 나누는 고랑을 따라간다. 이 고랑을 중심으로 신체감각 영역과 신체운동 영역이 조직된다. 북극에서 남극으로 내려가면서 나라 이름을 하나하나 주워섬기듯 각 영역에 번호를 매긴다.

2016년에도 뇌 지도 분야에서 획기적 발견이 일어나 대뇌피질 영역에 대한 우리의 이해가 크게 개선되었다. 사람 210명의 이미지를 하나로 겹쳐서 본다면 이제 사람의 인체 비율을 좀더 분명히 알 수 있을 것이다. 다국적 연구진이 뇌의 소통경로(백질) 설계 구조를 연구하면서 210개의 뇌 사진을 중첩해봄으로써 그에 비견할 성과를 냈다. 이 중대한 연구는 각 영역의 차별성에 따라서 180개 영역이 구분되는 정교한 뇌 지도를 만들어냈다.[13] 이 연구의 제1저자 매슈 글래서가 요약적으로 말하듯이 "각 영역은 그 자체 내에서는 균질적이고 다른 영역들과는 다르다".[14] 여기서 말하는 '다름'은 해부학, 기능, 연결성, 형태가 다르다는 의미로 받아들여야 한다. 도시 내 공업지대가 주거지대와 설계도 다르고, 기능도 다르고, 도로망도 다르게 짜이는 것과 마찬가지다.

연구자 그레그 파버는 이 발견의 중요성을 잘 표현해주었다. "1500년도 지도와 1950년도 지도의 유사성이 어느 정도인지 아는가? 그렇다, 해상도나 질적 차원에서 기존 뇌 지도가 1500년도 지도였다면 이제 1950년도 지도를 얻게 되었다!"[15] 지도라는 메타포는 참으로 적절하다. 대뇌피질은 심하게 구겨진 종이와 흡사하기 때문이다(이러한 구김이야말로 부피를 적게 차지하면서 표면적은 늘리는 최고의 수학적 방법이다). 피자 한 판 크기로 펼칠 수 있는 이 구겨진

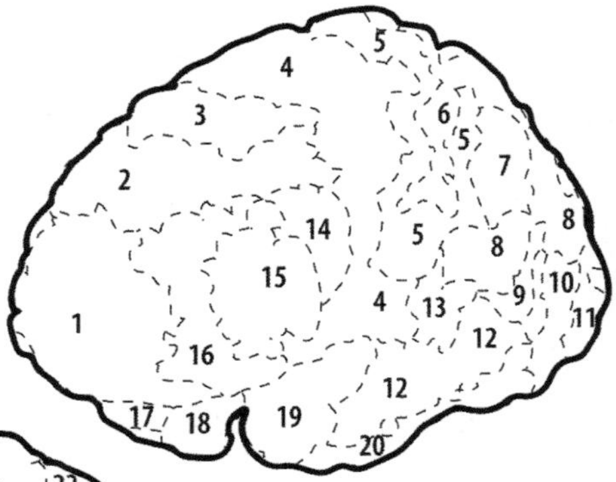

5
4
3
6
5
7
2
8
14
5
8
15
10
9
4
13
1
11
12
16
12
17
18
19
20

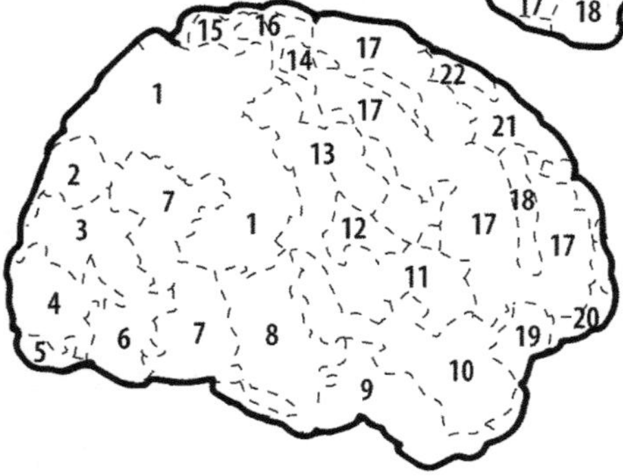

15
16
14
17
22
1
17
21
13
2
7
18
3
1
12
17
17
11
4
20
19
5
6
7
8
10
9

지도에 180개 국가가 존재한다고 이제 알려졌다. 뇌는 하나의 세계다. 언젠가 우리가 사는 세계도 뇌만큼 손발을 딱딱 맞추며 돌아가게 될 날이 올지 모르겠다.

뇌의 물길들

신경그물설

뇌에 있는 교역로들은 각기 전략적으로 위치를 점하고 있다. 단어의 형태를 시각적으로 인지하는 영역은 시각 영역과 청각 영역의 교차로에 있다. 베르니케 영역은 측두피질과 두정피질 사이에 위치하며 전두엽으로 나아가는 길목에 해당한다(스위스 끝자락에 있으면서 프랑스와 독일 사이에 위치하는 도시 바젤과 비슷하다고 할까).

그런데 뇌가 하나의 세계라면 뉴런들을 연결하는 백질 다발은 커다란 수로와 하천, 즉 중요한 물길에 해당한다. 더욱이 이 물길을 추적할 수 있는 뇌 영상 촬영 기법도 이미 존재한다. 파면해석破面解析 영상, 일명 트랙토그래피tractography는 염도가 있는 물이 뇌에서 흐르는 양상을 보여준다. 뉴런들은 이 물길 덕분에 서로 연결될 수 있다. 마치 뇌에서 매사는 하천을 따라 이루어지는 것 같다. 이 하천들은 대부분 우리의 출생 직후에 고정되지만 하천 흐름이 재조정되어 지도 모양이 달라지는 경우도 충분히 있을 수 있다.

현대 신경과학의 두 아버지 산티아고 라몬 이 카할과 카밀로 골지는 신경조직학에 대한 연구로 1906년도 노벨생리학상을 공동 수

상했다. 그렇지만 두 학자는 신경 구조에 대해 서로 정반대 주장을 펼쳤다. 라몬 이 카할은 뇌가 독립적인 세포(우리가 말하는 '뉴런')와 신경교세포 들로 구성되어 있다는 이른바 '신경세포설'을 주장했다. 이 세포들은 우리가 '시냅스'라고 부르는 접합 부위에서 화학적 혹은 전기적 접속으로 소통을 한다. 한편 골지는 뇌가 막으로 분리되지 않은 액체 상태의 연속체, 이른바 '융합체syncytium' 조직이라고 보는 '신경그물설'을 주장했다. 우리의 골격근섬유가 이미 이런 구조로 되어 있기 때문에 이 주장은 한결 더 그럴듯하게 보였다.

오늘날 골지의 이론이 틀렸다고 판명 났음에도 신경그물설은 여전히 뇌를 이해하는 데 중요한 이미지가 된다. 실제로, 뇌는 물길로 뒤덮인 세상이다. 피아노 연주, 모굴스키 활강, 운전, 노래, 편미분방정식 풀이, 중국어, 그림 그리기 등 재현 가능한 능력 하나하나가 우리 두뇌의 한 줄기 강에 해당하는데, 많은 사람이 동일한 강을 가지고 있는 경우도 꽤 있다. 이를테면 읽기의 물길은 측두엽과 두정엽 공유면의 베르니케 영역과 전전두엽의 브로카 영역을 연결하는 궁형다발arcuate fasciculus이라는 지류에 해당한다.

'가장 덜 무리하게 나는' 길

어떤 능력을 갈고닦을수록 그 능력에 결부된 물길은 확고해진다. 읽기를 학습하면 궁형다발이 눈에 띄게 강화된다. 그렇지만 사람들의 읽기 능력은 대개 비슷비슷한 반면, 어떤 능력들은 개인에 따라 대단히 다른 뇌의 물길을 형성하기도 한다. 신경인간공학의 다양한 응용 방향 중 하나가 여기에 있다.

예를 들어 사람은 높이 뛰어오르려 할 때 적어도 두 자세 중 하나를 취한다. 가위뛰기를 하든가 배면뛰기를 하든가 둘 중 하나인데, 두 자세는 매우 상이하며 후자가 좀더 효과적이라고 알려져 있다. 1968년 올림픽에서 딕 포스베리는 처음으로 배면뛰기를 시도함으로써 그가 도입한 자세가 다른 모든 선수들의 자세보다 더 경쟁력이 있음을 화려하게 보여주었다. 마찬가지로 우리 능력을 떠받치는 하천들이 현재 최적화되어 있다는 보장은 없다. 뤼디거 감은 암산 능력으로써, 넬슨 델리스는 기억력으로써 그 점을 입증해 보였다.

우리가 인간이 지닌 능력 각각의 최적 경로를 찾아낸다면 우리 '뇌의 물길'은 엄청나게 개선될 것이다. 일단 찾은 그 새로운 경로를 다양한 방식으로 강화할 수 있으며(예를 들자면 경두개직류자극으로) 온 인류에게로 확산시킬 수 있을 것이다.

복잡계 과학(한두 가지 요소에만 관계하는 단순계 법칙이 아니라 수많은 요소들의 네트워크 및 비선형 상호작용을 연구하는 과학.—옮긴이)에서 뇌의 물길은 '스티그머지stigmergie', 다시 말해 '절로 생겨나는' 효율적 경로다. 이 단어는 생물학자 피에르 폴 그라세가 '시너지synergie'와 '스티그마stigma(표징)'를 합쳐서 만들었다(스티그머지는 주변 상황에 남겨진 정보로 협동을 끌어낼 수 있다는 개념이다. 간접 협동, 즉 이전의 자취를 통한 간접적인 정보 전달과 교환을 언급할 때 사용된다.—옮긴이). 스티그머지의 전형적인 예는 개미 무리가 개미굴을 만들면서 작업에 효율적인 경로를 자동으로 계산하는 방식에서 볼 수 있다. 개미들은 가장 냄새가 뚜렷한 경로를 따라가는 동시에 자기도 이동하면서 땅에 페로몬을 분비하게 되어 있다. 따라서 개미들이 가장 많이 취하는 경로는 확실히 구분이 되는데, 대개 그게 최단 경로다.

뇌의 물길도 우리네 강들이 그렇듯 '가장 덜 무리하게 나는' 길이라는 점에서 스티그머지라고 할 수 있다. 그렇지만 아주 작은 지형적 변화가 한 하천의 역학을 완전히 뒤엎을 수 있듯이 작은 변화들로도 뇌의 물길은 달라질 수 있다.

우리는 피가 온몸에 물질적으로 고루 퍼지듯이 신경 분포가 정보라는 비물질을 온몸에 돌게 한다는 것을 보았다. 이 신호의 강들도 신체를 관통하며 흐르지만 이것들의 상호작용은 아직 다 알려지지 않았고 지도화되지도 않았다. 5년 전만 해도 뇌에 림프계가 있다고 주장하면 야유를 당했지만 이는 최근에 사실로 밝혀졌다.[16] 또한 파킨슨병 발병에 미주신경이 결정적 역할을 한다는 것도 밝혀졌다. 미주신경절제술을 받은 사람은 파킨슨병이 발병할 확률이 없거나 극히 낮다는 사실은 매우 놀랍다.[17]

뇌는 행동을 하기 위해 마련된 기관이다

뉴런과 운동

뉴런에 대해 우리가 알아내야 할 것은 아직도 많다. 진화라는 관점에서 오랫동안 뉴런은 독자적 기원에서 유래했을 것으로 생각되어왔지만 세포로서의 뉴런은 다양한 기원이 있을 수도 있다. 그러나 현재 기본적으로 우리는 뉴런이 무엇보다 우리의 '움직임'에 쓰이는 것으로 보고 있다. 사실, 신경계 자체가 움직이는 다세포동물에게 유용한 것이다. 해파리처럼 단순해 빠진 동물도 제 움직임을 조절하려면 신경계가 필요하다.

인간의 중추신경계는 거대한 척수요, 이 척수의 윗부분이 진화하여 뇌를 형성했다고 보면 된다. 사실, 기본적인 움직임 조절이 선험적으로 대뇌피질을 필요로 하는 것은 아니므로 어찌 보면 중복설계라고 하겠다. 뇌와 척수는 운동계에 내재하는 것이요, 앙리 베르그송이 사색한 바와 같이 사유도 운동의 한 형태다. 앞에서 보았듯이 소뇌 뉴런의 서비스가 대다수 경우와 달리 암산에 쓰일 수도 있었다. 그런데 이 원리는 일반 적용이 가능하다. 추상적 사유는 원래 운동을 중심으로 기능하는 신경세포들로부터 비롯된다. 우리 뇌는 행동하기 위해 존재한다.

식물은 뇌가 없지만 인지 기능이 아예 없다고 말할 수 없다. 살아 있는 모든 것은 인지 기능이 있다. 미국의 심리학자 윌리엄 제임스William James는 이렇게 썼다. "지적 수준이 낮은 생물도 사물을 이해할 수 있을 것이다. 그러한 생물이 경험의 동일성을 인지할 수 있다면 이해는 그것으로 족하다. 일개 폴립조차 '어, 안녕, 너는 전에 본 적이 있어'라는 인식이 있다면 사유를 한다고 말할 수 있을 것이다." 제임스가 말하는 의미에서라면 우리의 면역계도 이미 접했던 병원균은 알아볼 수 있으니 사유를 한다고 볼 수 있다. 만약 우리가 면역계에게 인지 패러다임 변화를 훈련시켜 감기든 에이즈든—이런 병들은 면역계가 이해하기에는 너무 빨리 변화하지만—결국은 다 병원균이라고 인식하게 한다면, 그런 병에 감염되는 것도 막을 수 있겠다. 그러나 면역계 학습이 아직 갈 길이 먼 것과 마찬가지로, 인지인간공학도 이제 겨우 첫발을 뗀 분야다.

식물의 인지 기능은 우리가 (인간다운 교만에 찌들어) 생각하는 것보다 훨씬 발달해 있다. 하지만 식물에게는 뉴런이 없다.[18] 반면, 우리는 적극적으로 먹이를 찾아야 하고 우리를 잡아먹으려고 적극적으로 돌아다니는 포식자들을 피해야 하기 때문에 전신에 신경이 분포해 있다. 생각은 운동에서 온다. 생각도 일종의 운동이다. 우리의 뉴런은 일단 신체 활동권(가능한 운동의 총체), 그리고 정신 활동권(가능한 사유의 총체)을 규정하는 데 쓰인다. 그리고 이 정신 활동권은 우리에게 아직 알려진 바가 별로 없다.

신체 활동권과 정신 활동권

잠재력의 탐색과 해방이라는 면에서 동물들은 우리에게 교훈을 준다. 동물들은 우리가 그들에게 가능하리라고 생각지도 않았던 신체적, 정신적 활동을 시행착오를 통해 수행해내기도 한다. 베트남에 서식하는 뱀, 크리소펠레아 오르나타Chrysopelea ornata는 이 나무에서 저 나무로 몸을 날려 최대 100미터 거리를 날 수 있다![19] 검은 맘바는 키 큰 풀을 타고 홱홱 몸을 날려 시속 30킬로미터까지 속도를 낼 수 있으며 물에서 헤엄도 친다. 뱀들은 시행착오를 통해 그들의 신체 활동권에서 가능한 이 자세들, 이 상태들을 찾아냈다. 인간의 조직과 확연히 구분되는 이러한 자연 특유의 자세가 자연의 항구성을 설명해준다. 미래를 두려워하지 않고 과거를 후회하지도 않는 자세 말이다. 인간은 어떤 정신적 탐색을 스스로 삼가고 동류 집단과 비슷해져야 한다는 압력 때문에 스스로를 가둔다. 그러나 우리가 우리 정신 활동권 안에서 가능한 모든 상태, 모든 운동을 자유로이 탐색한다면 엄청난 가능성, 뇌의 새로운 물길, 새로운 정신의 움직임이 열릴 것이다.

뱀이 날 수 있다. 개가 뒷발로 일어나 앞발로 문을 열거나 텔레비전 리모컨을 조작할 수 있다. 새가 수를 셀 수 있다. 낙지가 자기가 아는 바를 개선하고 다른 개체에게 전달할 수 있다…… 우리 뇌는 무엇을 할 수 있을까?

"뇌를 가지고 살기 힘들지, 응?"

–장 얀

"인간으로서 사는 것이 가장 어렵다."

–리처드 프랜시스 버턴

1961
SIC
HOLLYWOOD
AFRICANS
FREE. GRAFFITI
VERY CAREFULLY
МИР
СССР
КОСМИ

5

지식경제에 대하여

허기를 느끼게 해야 한다. 경탄하기를 부끄러워하지 마라.
그 분야에서 더 이상 놀랄 일이 없어야 전문가라는 생각은
절대로 하지 마라.

앨 고어는 빌 클린턴 대통령의 대선 운동 및 재임 기간에 '정보 고속도로Informaion Highway'를 추진하여 명성을 얻었다. 이 표현은 전에 없던 유형의 하부구조에 어떤 쟁점이 있는지를 신속히 전해주었다. 그 후에는 버락 오바마 대통령이 브레인 계획BRAIN Initiative을 발족하고 "그 누구보다 먼저 최고의 아이디어에 투자하고" 싶다는 바람을 피력했다. 미국은 정보 고속도로를 이 시대 어느 국가보다 일관되고 성실하게 다루었다. 그 덕분에 미국은 (탈중앙적 정보 하부구조를 거의 전투적으로 연구한 덕분에) 그들이 확실히 공헌한 기술 개발 분야에서 우위를 점하게 되었다. 하지만 유럽도 CERNCentre européen de recherche nucléaire(유럽원자핵공동연구소)을 필두로 그 우수성을 과시하려면 할 수도 있었을 것이다.

전 지구적인 뇌를 위하여

정보 하부구조에 해당하는 것으로는 해저케이블, 위성, 광섬유, 양자컴퓨터 등이 있다. 03b 네트워크 프로젝트[20]의 사례가 보여주듯 이러한 하부구조는 앞으로 밀도, 분포, 성능의 발전이 필요하긴 하지만 어쨌든 우리가 이미 누리고 있는 구조다. 비교적 중앙집권적인 이 프로젝트들이 제대로 굴러갈 것인지, 아니면 시민사회에서부터 위로 치고 올라오는 시도들이 이 프로젝트들을 대신할 것인지는 장차 역사가 말해주리라.

사실, 그중 어떤 프로젝트도 이해관계를 완전히 벗어나 있지는 않다. 그러니 인도가 인터넷닷오그Internet.org를 거부한 것도 놀랍지는 않다. 페이스북이 이끄는 이 프로젝트를 인도의 모디 총리 정부는 일종의 침입으로 간주했다. 하와이는 태평양에서 해저케이블들의 가장 큰 신경얼기로 꼽힌다. NSA(미 국가안보부)는 하와이에서 이 케이블들의 전자신호를 가로채는 수법으로 국제법을 무시하고 정보 감시와 유출을 일삼고 있다.

우리에게 정보 전달의 하부구조는 있지만 지식의 하부구조는 없다. 니콜라 테슬라가 예견한 대로, 그리고 좀더 나중에 로런스 데이비스와 네드 블록 같은 철학자들이 논한 대로, 인류는 거대한 집단적 뇌를 건설하는 과정에 있다. 이 건설이 끝나려면 아직 한참 멀었다. 인류의 다세포적인 삶은 신석기에 시작되었지만 분리되지 않는, 한 인류라는 관념은 여전히 현실이 되지 못하고 있다. 수천 년 동안 허다한 현자들이 그러한 관념을 옹호해왔더라도, 국제

연합 본부에 그러한 생각이 새겨져 있다 해도, 위대한 사디 드 시라즈의 시에서 그러한 생각을 읽을 수 있다 해도 말이다. 인류는 여러 진영으로 나뉘어 여전히 반목 중이고 순수하게 어느 한 진영에만 몸담은 사람은 드물다. 현재의 인류가 하나의 뇌라면 이 뇌는 아직은 태내 상태에 불과하다. 이 뇌에서 한 영역은 다른 영역을 공격하고, 또 어떤 영역은 다른 영역을 지배하려고 호시탐탐 벼르고 있다. 하지만 아직 형성 단계에 있는 전 지구적인 뇌에서 인류는 저마다 제 역할을 하면서 자아를 실현할 수도 있을 것이다.

뉴런과 신경계 진화에서 보았듯이 신경세포가 신경교세포보다 먼저 출현했다.[21] 신경교세포는 집단 효율과 개체 효율을 모두 크게 높였다. 이렇게 볼 때 인류의 정보 시스템은 어떤 면에서 전 지구적인 뇌 최초의 뉴런들에 비유될 수 있다. 그렇지만 교세포는 다른 차원, 즉 지식의 하부구조에 해당한다. 정보 비트가 아니라 지식을 전달할 수 있는 하부구조 말이다. 이 세계의 교세포, 그게 바로 신경인간공학일 것이다. 지식을 잘 받아들이고 소화할 수 있게끔, 쉽게 말해 효과적으로 전달하는 방식 말이다.

정보 전달과 지식 창조

정보와 지식은 다르다. 정보는 일시적이지만 지식은 복제 가능하다. 어떤 사람이 어느 시점에서 숲을 몇 킬로미터 지나가면 도시가 나온다는 정보를 쥐고 있다 치자. 그 시점을 지나면 그 정보가 검증되리라는 보장이 없다. 하지만 불을 피우는 법을 아는 사람은 언제라도 불을 피울 수 있다.

정보와 지식의 경계가 늘 뚜렷하지는 않다. 알레시아 공방전을 예로 들어보겠다. 카이사르의 포위망에 알레시아 농성군이 빠져나갈 수도 있는 빈틈이 있음을 아는 것은 정보에 해당한다. 로마인들이 일반적으로 어떻게 성채를 쌓는지 아는 것은 지식에 해당한다. 그러나 이 지식은 세월에 버텨내지 못했다. 어차피 지금은 로마군이 존재하지도 않는 시대니까.

따라서 지식과 정보의 근본적인 차이는 시간적 지속성보다 지식의 복제 가능성에 있다. 첩보 활동은 대개 지식보다 정보에 주목한다. 온 시대를 통틀어 가장 위대한 군사 스파이로 꼽히기에 부족함 없는 리하르트 조르게Richard Sorge는 스탈린에게 모스크바가 무너지지 않는 한 일본은 소비에트 연방과 전쟁을 할 생각이 없음을 알렸다. 이때 그는 복제 가능하지 않은 앎, 즉 정보를 전달한 것이다. 지식은 일반적인 의미에서의 실험expérimentation에 해당한다. 지식은 행동을 부른다. 이 행동은 수학자들의 경우처럼 순전히 지적인 것일 수도 있고 여타 분야에서처럼 신체적인 것일 수도 있다. 마지막으로, 지식은 인지의 사안이다. 지식은 인지적인 것, 요컨대 살아 있는 것에 해당하며 컴퓨터 따위에는 댈 것이 아니다.[22]

정보의 하부구조는 컴퓨터 대 컴퓨터의 소통에 해당한다. 이를테면 광섬유를 생각할 수 있다. 지식의 하부구조는 인간 두뇌의 소관이다. 아예 근본적으로 다르다는 얘기다. 새로운 스마트워치 모델이 초당 몇 가지 요소를 더 많이 다운로드할 수 있다 치자. 이건 정보 하부구조의 사안이다. 그러나 정보 가치사슬에서 최종 구간은 기계와 인간의 뇌 사이를 관통한다. 바로 이 구간이 신경인간공학의 소관이다. 지식의 하부구조는 신경인간공학의 소관이다. 그러므로 매체-뇌의 어울림을 근본적으로 알지 못하는 우리가 지식의 하부구조를 지금까지 잘 개발하지 못한 것도 당연하다 할 수 있다.

정보 고속도로 다음으로 개발해야 할 것은 지식 고속도로다. 아직은 뇌에 지식을 '프린트'할 수 없기 때문에—머지않아 그렇게 될 수 있을지라도—우리는 진화가 실용적 지혜를 담아 개발해놓은 우리의 감각적 습득 경로를 이용할 수밖에 없다. 지식을 우리 감각에 제시하는 방법에 따라 우리가 지식을 받아들이고 이해하고 보유하는 양상은 근본부터 달라질 수 있다. 그런데 우리에게 필요한 것이 바로 이것, 다시 말해 지식을 더 잘 전달하는 방법들이다.

사실, 지금 우리는 전달할 수 있는 것 이상으로 지식을 생산하고 있다. 이 문제는 국가들, 다국적기업, 중소기업, 학교와 가정에 분명히 영향을 미친다. 우리 아이나 부모 들의 앎을 파악한다는 것이 우리 두뇌 활동의 깜냥에는 너무 벅찬 일이다. 게다가 우리는 집단적 배움이 시급하다. 뇌가 앎을 어느 한 뉴런에게로 한정한다면 미친 짓일 것이다. 뉴런들의 조합이 전문적 두뇌 활동의 통일성을 이루어낸다. 사람들의 조합이 지식의 기능적 통일성을 책임지는 마당에 전 지구적인 뇌가 어느 한 인간에게로 지식을 한정한다면 그건 미친 짓이다. 우리의 학교는 아직도 이 현실을 못 보고 있다. 인류가 지닌 가장 빼어난 지성은 집단지성이다. 뇌에서도 중요한 사안은 반드시 뉴런들이 집단을 이루어 다룬다. 인류의 역사에서 중요한 모든 일은 늘 많은 사람들이 손을 잡고 이뤄낸 것이었다.

수도플라토프의 법칙

지식경제는 사실상 모든 경제 분야를 통틀어 가장 오래되었다. 인간은 도구, 식물, 재화를 교환하기 전부터, 농경이나 물물교환이나 화폐를 만들어내기 전부터 지식을 교환했다. 오늘날 세계에서 가장 돈 많은 기업 중 하나로 손꼽히는 애플 사는 주로 지식을 판다. 바그다드는 석유를 팔기 시작한 때보다 지식을 온 세상에 팔던 시대에 훨씬 더 번영을 누렸다. 마찬가지 맥락에서, 대한민국은 내다 팔 수 있는 천연자원이 거의 없지만 러시아 연방 국가 전체보다 수출 실적이 높다. 지식경제가 흥미로운 이유는 잠재적 지식이 비물질적인 이상 무한하기 때문이다. 유한한 물질 세계에서는 무한 성장을 기대할 수 없으나 비물질 세계에서는 사정이 다르다. 이것이 '비물질 재화의 비경쟁성' 원리요, 기업에서 흔히 말하는 '수도플라토프의 법칙'이다. 지도 제작 전문가로 출발해 기업가가 된 세르주 수도플라토프는 1984년에 IBM 사에서 이렇게 말했다. "물질적 자원을 공유할 때는 그 자원을 나눠야 하지만 비물질적인 자원을 공유할 때는 그 자원이 배가된다."[23] 책의 가치는 종이라는 재료에 있는 것이 아니라 거기 적힌 글에 있다.

나는 지식경제에 쉽게 접근하기 위한 몇 가지 기본 규칙, 특히 가장 근본적인 속성 두 가지를 이미 말한 바 있다.[24]

첫째, 지식은 왕성하게 번식한다. 토끼들처럼 새끼를 빨리 친다고 할까. 세계 차원에서 지식의 양은 약 7년마다 두 배가 된다. 그러나 질적으로도 꼭 그만큼 향상된다고 볼 수는 없다. 단지 모든 분야에서 해결된 문제들의 양만 따졌을 때 그렇다는 얘기다.

둘째, 지식은 집단 합의제에 입각해 있다. 진리는 산산이 박살난 거울이요, 저마다 거울 파편만 하나씩 들고 있다. 인간은 자아가 있는 동물인지라, 자기가 든 진리의 쪼가리가 진리 전체를 대표한다고 믿거나 적어도 자기 쪼가리가 남의 쪼가리보다 크다고 보는 경향이 있다. 혹은, 자기가 쥔 쪼가리를 내어주면 사회적 지위가 실추될 것처럼 생각한다.

지식의 교환에는 적어도 세 가지 규칙이 있다. 일단 지식의 합은 늘 플러스가 된다. 물질적 재화를 공유할 때에는 나눠 먹기를 해야 하지만 비물질적 재화는 공유할수록 배가되기 때문이다. 내가 여러분에게 20유로를 주어버리면 나에게 그 돈을 받을 수도 있었을 다른 사람은 못 받는다. 하지만 이 책에 담긴 지식은 누군가에게 주어도 또 다른 사람에게 얼마든지 줄 수 있다. 그다음으로, 지식의 교환에는 시간이 필요하다. 사유재의 이전은 즉각적이어서 오늘날 금융시장에서 초단타매매의 법적 제한은 나노세컨드 수준까지 내려갔다.[25] 그러나 여러분이 이 책을 1나노세컨드 만에 읽을 수는 없다…… 마지막으로, 지식들의 조합은 선형적이지 않다. 쌀 한 자루에 또 한 자루를 더하면 쌀 두 자루가 된다. 이 관계는 선형적이다. 그러나 하나의 앎에 또 하나의 앎을 더하면 제3의 앎이 이루어진다. 고대인들도 이 점을 잘 알고 있었다. 헤르모폴리스, 알렉산드리아, 페르가몬 등의 고대 도서관들도 그래서 나왔다.

지식경제에서는 모든 인간이 구매력을 가지고 태어난다

지식의 흐름을 파악하기 위해 간단한 방정식을 세워보자. 지식을 구매하려면 주의력을 쏟는 시간이 요구된다. 경제학적 관점에서 이를 공식화하면 다음과 같다.

$$\varphi(k) \propto At$$

이 공식은 '교환된 지식은 주의력 곱하기 시간에 비례한다'라고 읽으면 된다. 이 방정식은 한계가 있지만 그럼에도 설득력은 있다. 이 방정식 덕분에 우리는 지식경제에서의 구매력 이론을 수립할 수 있다. 미국의 경제학자 벡과 데이븐포트는 주의력 혹은 관심 attention의 경제학이 존재한다는 것을 통찰한 바 있다.[26] 오늘날 정보는 주체할 수 없을 만큼 넘쳐나지만 주의력은 되레 점점 제한되고 있다. 주의력을 끌면 쏠쏠하게 돈이 된다. 그렇기 때문에 지식을 사려는 사람은 주의력 곱하기 시간을 지불해야 한다. 영어에서 pay attention(관심을 갖다, 직역하면 '관심 혹은 주의력을 지불하다')이라는 표현이 그래서 나왔다. 지식경제에서 구매력의 단위는 시간이 아니라 *At*, 다시 말해 주의력이 최대화되는 시간이다. @에 바를 두 개 그어서 (€나 ¥처럼) 지식경제의 화폐 단위로 쓸 수도 있다.

$\varphi(k) \propto At$

교환된 지식은 주의력 곱하기 시간에 비례한다.

주의력의 최대화는 그렇게 이해하기 어려운 개념이 아니다. 어떤 책에 푹 빠져서 내려야 할 지하철역을 지나쳤다면 여러분의 주의력은 최대화되어 있다고 할 수 있다.

요컨대 *At*는 지식경제에서의 기본 구매 단위다. 어떤 지식을 뇌에 다운로드하려면 *At*를 써야 한다. 우리 뇌의 입장에서는 이렇게 쓰면 좀더 정확하겠다.

$$\varphi_i(k) \propto A(t)$$

이 공식은 이렇게 읽는다. '지식의 순간 거래량은 주의력에 비례하는데 주의력은 시간에 따라 달라진다.'

지식경제에서 구매력이 *At*로 정해져 있다는 이 발상은 놀라운 영향을 미친다. 일단, 이 생각대로라면 모든 인간이 구매력을 가지고 태어난다. 소말리아 청년은 1000달러를 기본으로 가지고 태어나진 못했지만—나아가 그가 지식시장에 접근할 수 있다는 보장이 아직 없을지라도—자기가 쓸 수 있는 주의력과 시간은 타고났다. 만약 '가용 *At*(개인적으로 소비 가능한 *At*)'로 월 소득을 따져본다면 실업자가 직장인보다 더 고소득자일 것이다.

게다가 일반적인 슈퍼마켓과 지식 슈퍼마켓을 비교해본다면 당장 근본적인 차이가 두 가지 보인다. 슈퍼마켓에 가서 아무것도 사지 않고 빈손으로 나오면 그 사람의 구매력은 변하지 않는다. 그러나 지식 슈퍼마켓에서 한 시간을 보내놓고 아무것도 사지 않는다면 나는 한 시간을, 혹은 *1At*를 잃어버린 셈이다. 지식경제에서 구매력은 저축할 수가 없다.

게다가 진짜 슈퍼마켓에서 구매욕을 최대화하는 것은 마케팅이다. 구매의 발목을 잡는 것은 돈이다. 지식 슈퍼마켓에서는 정반대다. *1At*를 기분 전환에 쓸 것인가, 학습에 쓸 것인가를 결정하는 것은 우리의 욕망이다. 이 말인즉슨, 공급이 수요를 상회할 때 마케팅에 더 공을 들여 지식 구매욕을 최대화해야 한다는 뜻이다.[27]

*At*를 잡아라

지식 마케팅은 대중화와 신경인간공학의 소관이다. 그런데 신경인간공학적 최대 효율은 우리가 뭔가를 재미있어할 때 나온다. 게임은 *At*를 잡아채는 위력이 어마어마하다. 텔레비전 방송사가 광고 유치를 위해 시청자의 주의력을 확 잡으려 할 때 어떤 프로그램을 내보내는가? 축구 중계라든가 게임 형식의 오락 프로그램이다. 그러나 실제로 *At* 총소비는 중독보다는 애정에 상응한다. 애정은 필연적으로 중독성을 띠지만 중독이 꼭 애정 어린 것은 아니다. 어떤 사람이 못 견디게 좋아지면 그에게 나의 모든 관심과 시간을 쏟고 싶다. 따라서 지식경제 내에서는 애정이 있을 때 구매력이 자연스레 상승한다. 어떤 주제에 대한 지식 거래량을 최대화하고 싶다면 그 주제를 진심으로 좋아해야 한다. 그래서 지식경제는 사랑과 쾌감의 경제다. 레오나르도 다빈치나 비토리노 다 펠트레Vittorino da Feltre, 1378~1446(이탈리아의 인문주의자이자 교육자. 학생의 흥미와 능력을 중시하는 교육을 실천했다는 점에서 최초의 근대적 교사로 평가되기도 한다.—옮긴이) 같은 이들은 이 점을 새삼 일깨워준다. 사랑 없이는 탁월함도 없다.

사랑이 없어도, 오로지 중독이라는 관점에서만 보더라도 게임은 *At*를 기막히게 잡아챘다. 슈퍼볼은 단 한 경기만으로 대학 생활 몇 년보다 더 많은 관심과 시간을 잡아먹을 수 있다. 그렇기 때문에 미식축구선수가 대학 학장보다 훨씬 더 많은 돈을 받는다. 남들의 주의력과 시간은 돈이 될 수 있기 때문이다. 비디오게임도 시간당 주의력 흐름을 아주 높게 붙잡아놓는다. 2004년부터 2014년까지 인류는 '월드 오브 워크래프트' 게임에 700만 년이 넘는 누적 시간을 쏟았다. 여기서 얻을 수 있는 교훈? 지식이 석유보다 가치가 있다면 비디오게임이 송유관 설비보다 가치 있다.

내가 제시한 방정식들로 발생 가능한 상황들을 모두 이해할 수 있는 것은 절대 아니다. 이 방정식들은 특정 학습들, 특히 지식의 수신자가 해당 분야에 대해 아무것도 모르는 단순한 경우들에만 들어맞는다. 셀프인테리어 문외한이 유튜브에서 튜토리얼을 본다든가, 위키피디아에서 새로운 페이지를 발견한다든가…… 그렇지 않은 경우들에서는 새로이 들어오는 지식이 기존 지식과 상호작용을 하고 **공명**을 한다. 이 공명은 전자의 경우(문외한의 학습)보다 훨씬 흥미진진하고 예측 불가능하다. 방정식을 좀더 정교하게 다듬어보자면 이렇게 쓸 수 있다.

$$\varphi_i(k) \propto A(t) + Syn(k,t)$$

여기서 $Syn(k,t)$는 학습자의 원래 지식과 새로 들어오는 지식이 시간의 흐름에 따라 일으키는 시너지를 의미한다. 이 시너지는 건설적일 수도 있고 파괴적일 수도 있다. 내가 이미 드릴 사용법을 안다면 유튜브에 올라온 셀프인테리어 튜토리얼을 더 쉽게 이해할 것이다. 그러나 내가 휘발유 엔진 전문가라면 전기자동차 관련 규칙들을 이해하기가 되레 더 힘들 수도 있다. 두 파장이 파괴적 간섭을 일으킬 수 있듯이 새로운 지식이 이전 지식과 갈등을 일으키고 한쪽이 다른 한쪽을 파괴할 수도 있다. 이것이 이른바 '인지 부조화'다. 여기에서 좀더 일반적이지만 우리가 인지 공명을 그리 연구하지 않기 때문에 오늘날 잘 이해되지 못하고 있는 또 하나의 방정식이 나온다.

$$\varphi_i(k) \propto A(t)\ (Res\ (Sp,\ Ev))$$

'지식의 순간 거래량은 뇌의 자발적 활동과 유발된 활동 사이의 공명($Res\ (Sp,\ Ev)$)과 주의력의 곱에 비례한다.'

$Res\ (Sp,\ Ev)$를 다르게 풀어 설명하자면 뇌에서 진행 중인 활동과 자극 입력 사이의 공명이다. 드앤을 위시한 여러 연구자가 이 공명이 의식에 대한 접근[28]을 조절한다는 사실을 입증해 보였다.

요약해보자면, 나의 지식경제 모델들은 실용적이지만 개선의 여지가 많은 초안에 지나지 않는다. 이 모델들은 복잡하고 까다로운 몇몇 경우들에는 맞지 않는다. 마치 유체역학이 그렇듯, 선형 모델과 난류 모델이 따로 있다고 할까. 하지만 이 단계에서 우리가 기억해야 할 것은 주의력 곱하기 시간이 지식 구매의 가장 기본적인 화폐라는 점, 배움의 대상을 정말로 사랑할 때 이 화폐를 쓰고자 하는 의지가 최대화된다는 점이다.

지식 소비를 촉진하라

지식을 사려는 사람은 가격 표시 없는 메뉴판을 받아든 식당 손님과 비슷하다. 그러한 상황에서는 아무래도 적극적으로 요리를 주문하게 되지 않는다. 가능한 모든 지식에 *At* 가격표를 단다면 어떨까? 사람들의 소비 실태를 바탕으로 경험적으로 계산된 가격을 지식에 책정한다면? 그러면 '피아노 연주' 앱, '그림 그리기' 앱, '일반 의학' 앱, '여객기 조종' 앱이 주르르 망라된 거대한 브레인 앱스토어를 개발하게 될지도 모른다. 그리고 이 앱들에 책정된 가격은 상품이나 서비스 가격 비슷하게 시간의 흐름에 따라 가변적일 것이다. 그렇게 되면 전 세계가 전달 방식을 바꿈으로써 지식의 구매가를 낮추기 위해 치열한 경쟁에 뛰어들 것이다.

인간의 *At*가 집중되면 기술적인 것이든 학문적인 것이든 어떤 문제도 버티지 못한다. 이건 놀라운 가르침이다. 고대 이집트 여사제들이 그랬듯 이 시대에는 근친으로 이루어진 특정 계급이 학문을 거의 독점하고 있다. 하지만 학습에서의 *At* 소비를 극대화하려면 시행착오를 두려워하지 말고 학문을 더 많은 사람들에게 개방해야 한다.

인간의 *At*가 집중되면 기술적인 것이든 학문적인 것이든
어떤 문제도 버티지 못한다. 이건 놀라운 가르침이다.
고대 이집트 여사제들이 그랬듯
이 시대에는 근친으로 이루어진 특정 계급이 학문을 거의 독점하고 있다.
하지만 학습에서의 *At* 소비를 극대화하려면
시행착오를 두려워하지 말고 학문을 더 많은 사람들에게 개방해야 한다.

열린 과학을 실천하는 자들은 이미 잘 알고 있다. 그들은 최고의 두뇌들이 각자 매달려 해결하지 못했던 난해한 문제들이 조금 덜 우수한 다수의 *At*를 동원함으로써 해결되는 사례를 많이 보았기 때문이다.

우리가 애트레이저(*At* 레이저)를 만들 수 있다면 엄청난 양의 주의력과 조직된 시간을 집중시켜 특정 문제에 적극적으로 쏠 수 있을지도 모른다. 그러한 애트레이저는 지식경제와 앎의 지정학의 기본 요소가 될 것이다. 입자가속기보다 돈은 적게 들지만 과학적으로 성능은 더 나은 애트레이저가 일시적으로든, 지속적으로든 다수의 주의력과 시간을 끌어 모아 어떤 문제를 공략하게 해준다면 그 경제적 가치는 오죽할까.

누구든 그러한 애트레이저의 프로토타입을 개발하는 사람이 세상을 바꿀 것이다.

1980년대 말에 팀 버너스 리Tim Berners-Lee가 CERN에서 개발한 단순한 하이퍼텍스트 전송 규약(저 유명한 http!)도 CERN 자체보다 전 세계 과학에 더 크게 이바지했다. 그래도 http 개발에는 훨씬 더 대대적인 공공 투자가 있었다. 반면, 지식경제에서 구매력의 기본 단위가 *At*라면 이 단위는 돈 자체보다 연구에 중요하기 때문에 투자가 아니라 지출이 관건이다. 어떤 경우에도 *At* 지출을 어느 한 엘리트층이 독식해서는 안 된다. 오히려 *At* 지출이 탈중앙적이면서도 과학적 목표들에게로 잘 집중된 공공 지출 비슷하게 이루어지도록 장려해야 한다.

경탄은 지식경제에서 매우 귀중한 원동력이다. 학습에서뿐만이 아니라 연구에서도 그렇다. 경탄의 싹수를 말리고 그걸 자랑인 줄 아는 몇몇 사람들, 이 특권 집단은 전문가가 더 이상 경탄할 게 없는 사람, 그 분야의 동료와 초심자에게 자기 지식을 냉소적으로 전달하는 사람이라고 착각한다. 다행히 그런 특권 집단은 망해가는 중이다. 놀라워하고 감탄하게 해야 한다. 현재 과학 분야에서 여기에 제일 투자를 많이 하는 나라는 미국이다. 프랑스는 과학적 경탄을 전문성이 결여되고 통속적인 것, 주제에서 벗어난 곁다리처럼 생각한다. 나 개인적으로는 **감탄의 효과**Wow effect를 장려하는 데 아무 거리낌도 없다. 나는 대중매체만큼이나 '대중적인/통속적인' 분야에서 이 효과를 배웠다.

나는 프레젠테이션 전문가 필 워크넬에게 좋은 강연은 세 단계로 이루어진다고 배웠다.

1. '젠장, 내가 그걸 몰랐네!'
2. '아, 이걸 알게 되어서 기쁘다.'
3. '이제 더 잘 알고 싶다.'

필 워크넬이 세 번째를 특히 강조했던 것이 기억난다. "이드리스, 마지막 단계는 절대 어그러지면 안 돼. 이 단계가 없으면 자네는 청중에게 해야 할 일을 제대로 못 한 거야. 그 주제에 대해 좀더 알고자 하는 청중의 욕구를 죽였다고 봐야지."

허기를 느끼게 해야 한다. 경탄하기를 부끄러워하지 마라. 그 분야에서 더 이상 놀랄 일이 없어야 전문가라는 생각은 절대로 하지 마라.

MISPRINTED
SPORT
CROWN
VICTORY
STRONGER
THAN THE
STRONG
SPACER
ADVENTURED
HOLLYWOOD
AFRICANS
SHOES
SPORT
SHOE
GAME 64 : 63
BROOKLYN 43

6

교육

아이들의 뇌는 자연스러운 호기심으로 가득하건만,
우리는 그 뇌에 어떤 씨를 뿌리는가?
좌절, 불안, 조건화, 복종, 고통, 감금에 익숙한 뇌다.
어떤 뇌들은 죽어버리고, 또 어떤 뇌들은 다른 뇌를 죽인다.
그리고 가장 기름진 뇌가 의사 결정권과 권력을 누리게 된다.

지식의 식도락을 향하여

뷔페 지옥도

상상해보라…… 여러분은 호화로운 특급호텔 뷔페를 마주하고 있다. 이런 산해진미는 난생 처음 본다. 석쇠에 구워낸 고기, 채식주의자용 메뉴, 샐러드 바, 철갑상어알, 굴과 갑각류, 초밥, 파스트라미, 잘 숙성된 치즈, 신선한 과일, 심지어 발 마사지 서비스까지 제공된다고 한다. 여러분이 태어나 생전 처음 보는 음식도 많지만 어떤 것은 꽤 먹음직스러워 보이고 또 어떤 것은 좀 이상하게 생겼지만 지배인이 요리 설명을 잘 해준다면 한번 먹어볼 마음은 있다. 게다가 마침 여러분은 배가 고프다. 배 속에 거지가 들어앉은 것처럼 식욕이 동한다. 이런 상황은 '천국'이라고 해도 과언이 아니다.

그런데 갑자기 호텔 지배인이 들입다 소리를 지르면서 등장한다. "넌 이걸 다 먹어야 해! 먹은 만큼 계산을 하는 게 아니라 먹지 않고 남긴 만큼 계산을 하게 될 거야. 여기 있는 걸 다 못 먹고 남기면 어마어마한 금액을 지불해야 할 뿐 아니라 우리 호텔에서 개망신 당하고 쫓겨날 거야! 모두 여기에 쭉 늘어서서 널 조롱할 거라고!" 그러고는 지배인은 시계를 꺼내 들고 엄숙하게 선언한다. "한 시간 주겠다! 너보다 먼저 여기 음식을 싹 비운 사람이 있거든? 그러니까 불가능한 일이라고 핑계 대지 마라." 자, 이제 이곳은 천국이 아니라 지옥이다.

뷔페는 그대로인데 게임의 법칙이 바뀐 것만으로 천국이 지옥으로 변했다. 누가 이 시험을 이미 거쳤을까? 원래 그런 사람은 아무도 없었다. 실제로 호텔 뷔페에 차려진 음식을 그렇게 빨리 다 먹어치운다면 여러분은 음식과 관련해 심각한 정신적 문제가 생겨 장기간의 심리치료로도 회복되기가 쉽지 않을 것이다. 하지만 나는 여러분 모두가 이러한 악몽의 경험자라고 확신한다. 그것도 어쩌다 하루가 아니라, 셀 수 없이 많은 날을 여러분은 그렇게 살았다. 이 상황의 이름은 '교육'이다.

우리가 '전통적'이라고 보는 학교는 실상 전혀 전통적이지 않다. 이 학교는 산업적일 뿐이다. 소크라테스, 플라톤, 공자, 다빈치, 비토리노 다 펠트레는 그런 식으로 가르치지 않았다. 하지만 우리의 세대간 기억은 매우 짧기 때문에—최대치가 여섯 세대 정도—우리는 쭉 늘어선 책걸상과 칠판이 있는 학교가 가장 전통적인 학교인 줄 안다. 하지만 그런 학교는 8000년 전부터 앎을 전달해왔던 인류의 역사에서 고작 열 세대 남짓을 길러왔을 뿐이다.

산업혁명에서 비롯된 우리의 학교는 공장의 사유를 중심으로 하고 순응을 최고의 미덕으로 삼는다. 창의성, 성격, 앎에 대한 사랑, 자아실현은 뒷전이다. 아무렴, 여기선 순응이 최고다.

자아실현 파산

우리는 왜 교육을 하는가? GNH(국민총행복)를 위해서인가, GDP(국내총생산)를 위해서인가? 모두 이 질문의 답을 안다. 마음이 원하는 학교는 나를 잘 실현할 수 있는 학교이지만 다녀야만 하는 학교는 경제적 효용이 있는 학교다. 그런데 자아실현이 경제적 효용보다 더 상위에 있다. 자기를 잘 실현하고 사는 사람은 당연히 경제적으로 쓸모가 있지만, 경제적으로 쓸모 있는 사람이 모두 다 자기를 잘 실현하고 사는 것은 아니다. 안타깝지만 우리 사회는 자아실현 파산 상태다. 애당초 자아실현이 이 사회의 목표가 아닌 탓에 더욱더 빤하고 진부한 일이 되어버렸다. 이 사회는 자아실현이나 의미라는 면에서 너무 큰 균열이 있으므로 인구 1만 명당 자살률이 웬만큼 나와도 피할 수 없는 일, 당연한 일, 심하게는 아주 정상적인 일이라고 생각한다. 일본에서는 10년 동안 27만 5000명 이상이 스스로 목숨을 끊었다. 스트라스부르 인구가 대충 그 정도다. 중국에서는 10년 동안 280만 명이 자살을 택했다. 파리 인구와 맞먹는 수치다. 나는 이러한 비극이 전부 다 교육 책임이라고 하진 않겠다. 하지만 자살주식회사가 분기 보고서를 제출하는 상장회사라면 교육이 그 회사의 대주주임에는 의심의 여지가 없다. 자살은 자기가 사회에 부적절하다고 생각할 때 내리는 극단적 결정이다. 고대 부족사회에서는 누구나 적합성을 따지기 이전에 집단 안에 당연히 있어야 하는 사람으로 여겨졌다. 그러나 현대 사회에서는 적합성을 그렇게 당연히 인정해주지 않는다. 학교에서 여러분이 시스템과 안 맞으면 시스템이 아니라 여러분이 문제라고 한다. 얼마나 부조리한가. 인간이 자기가 활용하려고 시스템을 만들었는데 결국은 시스템에 예속되고 말았다. 인류의 역사에서 이러한 상황은 참 끈덕지게 반복된다.

프랑스의 경우를 예로 들어보자. 처음에는 아이들이 아니라 부모들이 학교를 골치 아프게 여겼다! 사실, 아이들은 학교를 좋아했다. 고된 밭일을 거드는 것과 율리우스 카이사르 이야기를 듣는 것 중에서 뭐가 더 남는 장사인지는 계산하고 말고 할 필요도 없다. 오히려 부모가 아이들 교육을 시간 낭비라고 생각해서 적극 반대하곤 했다. 하지만 학교는 학생의 주의력을 자극하는 기술을 그리 잘 개발하지 못했다. 지금 학생들은 인터넷 같은 대중매체와 수업 중에서 선택을 한다. 물론, 아이들이 자발적으로 택하는 쪽은 수업이 아니다. 학교가 과거에는 부모들에게 인기가 없었지만, 지금은 아이들이 학교에 진저리를 친다.

학교가 사람에게 적응하는 게 아니라 사람이 학교에 적응하면서부터 열매에 벌레가 생겼다. 다시 한 번 뷔페의 예를 들겠다. 학교는 우리가 먹은 것이 아니라 우리가 먹지 않은 것을 기준으로 점수를 매긴다. 시험 답안을 돌려받아보면 안다. 우리가 잘 소화한 것이 아니라 우리에게 부족한 것이 빨간색으로 표시되어 있다. 우리는 이렇게 조건화 안에서 성장한다. 일단 우리에게 부족한 것부터 눈여겨보라고 배운다. 마침 사회도 그렇게 구성되어 있으니 얼마나 잘된 일인가. 이 사회의 구성 모델은 충만보다는 결여를, 단순한 만족보다는 항구적인 불만을, 긍정보다는 부정을 중심에 둔다.

프랑스에서 20점 만점이란 떡 벌어지게 차려놓은 뷔페를 다 먹어치우는 것이다. 그러나 아무도 평균 점수로 20점을 받지는 못한다. 음식을 너무 많이 남기면 우리는 평균 이하 점수를 받는다. 그러면 우수반에 못 들어가니까 창피를 당한다. 그런데 교육은 우리를 사회에 내보낼 채비를 해야 한다. 교육이 폭력적이고 스트레스, 고통, 좌절을 심어줄수록, 교육이 사람 사이의 우애를 방해할수록, 우리 사회에서도 폭력, 스트레스, 고통, 좌절, 개인주의가 노골화될 것이다. 10년마다 1000만 명이 스스로 목숨을 끊는데—서울 같은 대도시 인구가 1000만 명이다—그건 그들의 잘못이 아니라 그들이 사는 불완전한 사회의 잘못이다. 인간으로 존재함에 잘못이 있을 수는 없다. 그러나 사회가 당연히 인간적이지는 않다. 사회의 인간다움은 우리가 끊임없이 신경 쓰고 열정적으로 수립해야 하는 것이다.

셀프-엑스플로-데스

자살에 대해 한마디로 요약한 나만의 이론이 있다. '셀프-엑스플로-데스Self-Explo-Des', 붙여서 '셀프엑스플로드'라고 읽을 때에는 말 그대로 '자기 폭발'로 생각해도 좋고 '자아 폭발'로 생각해도 좋다.

'셀프'는 자기 이미지Self Image를 가리킨다. 좋은 자기 이미지를 가진 사람은 자살을 할 수가 없다. 그렇지만 현 교육은 언제나 자기에게 우리가 잘 맞추지 못하는 점을 지적하려 들기 때문에 긍정적인 자기 이미지보다는 부정적인 자기 이미지를 심어준다.

'엑스플로'는 '탐구Exploration'의 줄임말이다. 인지적 의미에서 아직 탐구욕이 남아 있는 사람, 다양한 경험을 하고 싶고 새로운 장소를 여행하고 싶은 사람은 자살하지 않는다. 그러나 탐구에는 근본적으로 상실에 대한 두려움, 위험에 대한 두려움이 따라와 발목을 잡는다. 교육이 혁신보다 안주를 설파하고 우리를 통제 가능한 상황하에 가둬두려고만 한다면 이러한 두려움을 더욱 조장하는 셈이다. 작금의 교육은 탐구를 장려하지 않는다. 탐구에는 자기가 점수를 매길 수 없기 때문이다. 교육은 결과의 논리가 아니라 수단의 논리에 갇혀 있다. 그래서 효율보다 수단이 우선시된다. 교육은 양적 점수라는 수단에 특혜를 몰아주지만 이 수단으로 창의성을 잡을 수 없다.

'데스'는 '고립화Désocialisation'를 의미한다. 학교의 가장 중요한 소임은 학생을 사회화하는 것이다. 지금 이 소임이 잘 이루어지고 있다는 증거는 없다. 하지만 이건 확실하다. 지식을 학교에서 나눠 가지면 부정행위라고 하고 사회에서 나눠 가지면 협업이라고 한다. 교육 전문가 켄 로빈슨Ken Robinson은 이 기본적인 악을 잘 진단해주었다. 교육은 우리에게 집단성 장님이 되라고 가르친다. 형제애는 어쩌다 우연히, 주로 쉬는 시간에, 그리고 주로 수준이 비슷한 학생들 사이에서 싹튼다. 교육은 우리에게 문제는 혼자 푸는 거라고, 중요한 사안은 집단에 맡기면 안 된다고 가르친다. 그래서 어떤 구세주가 나타나기를 기다리게끔 조건화되는 것이다.

교육이 의도적으로 '셀프-엑스플로-데스'를 훈련시키는 이유는 교육의 동기 부여와 관련이 있다. 뷔페의 비유에서 보았듯이 문제는 '무엇'이 아니라 '왜'와 '어떻게'다. 정부와 내각은 결과의 논리가 아니라 수단의 논리에 진즉에 매몰되었기 때문에 '무엇(프로그램)'에서 한 발짝도 더 나가지 못한다. 방법이 잘 준수되느냐만 따지지, 단 1초도 방법에서 문제가 비롯됐다는 생각은 하지 않는다. 사람의 뇌라는 미묘하고 섬세한 물건을 200년이나 낡아 빠진 투박한 작업—점수 매기기—에 끼워 맞추면서 아무 문제가 없다고 생각한다.

우리는 점수 매기기, 라벨 달기, 단면적 분류의 문화라는 함정에 빠져 있다. 우리가 얼마나 라벨에 반응하게끔 길들여졌는지 콜라 병에도 '보르도 고급 와인'이라는 라벨이 붙어 있으면 그런 줄 알고 사서 마시는 사람도 있을 것이다. 그런데 라벨은 현실의 비틀린 그림자일 뿐이다. 현실을 거세하는 틀을 일단 여러분의 뇌에서 치워 버리면 세상이 있는 그대로, 풍부하고 아름답고 미묘한 모습 그대로 보일 것이다. 이건 경이로운 해방의 경험이다!

이 경험은 교육 지옥을 교육 천국으로 바꿀 수 있는 방법과도 관련이 있다. 현실을 우리의 틀, 분류, 점수표에 맞출 게 아니라 그 반대가 되어야 한다. 그런데 교육을 왜 하나? 산업을 위해서, 경제를 위해서 시스템에 딱 들어맞는 편리한 부품, AAA(보안규격) 부품이 필요하니까. 근본적인 '왜?'를 생각하면 '어떻게?'는 바로 따라

나온다. 우리는 왜 교육을 하는가? 산업을 돌아가게 하려고 한다. 산업 안에서 각자의 자리는 한정되어 있다. 그럼, 어떻게 교육을 하는가? 당연히 산업적으로 한다.

학교에서의 사육: 의존적이고 순응적인 뇌 만들기

앞에서 말했듯이 우리의 교육 모델은 사육과 비슷하다. 꾸역꾸역 받아먹어야만 하는 프로그램이 있다. 심지어 교육 처방집이 예정해놓은 리듬대로 받아먹어야 한다. 이 시스템 속에서 학생의 식욕은 고려 대상이 아니다. 식욕은 교육 계획을 통해서가 아니라 우발적으로만 발생한다. 교육이 애당초 식욕을 자극하게끔 설계되지 않았기 때문이다. 프로그램이 표준화한 흡수 속도보다 떨어지면 분명히 벌을 받는다. 드물긴 하지만 어떤 학생들은 의욕이 충만해서 학교에 온다. 하지만 이 최초의 의욕은 쉬이 흐려지거나 단순한 점수 중독으로 대체된다. 우리는 점수 중독을 미덕처럼 생각하지만 사실은 악이다. 그리고 점수를 잘 받으려는 의욕조차 없는 학생들은 이 신명재판神明裁判이 더욱더 괴로울 것이다. 너무 많은 음식을 잘 씹지도 않고 삼켜버리면 탈이 난다. 우리의 똑똑한 소화신경계는 그런 식으로 신호를 보내는 것이다.[29] 자율신경계, 특히 소화신경계는 진짜 뇌 다음으로 신경세포가 많이 분포해 있기 때문에 '제2의 뇌'라고도 불린다. 학교가 단 하루라도 아이들의 두 번째 뇌를—위장을—억지로 꾸역꾸역 채운다면 여러분은 가만히 있지 않을 것이다. 그런데 왜 학교가 진짜 뇌를 꾸역꾸역 채우는 꼴은 가만히 보고만 있는가?

더욱이 소화계가 음식을 자연스럽게 흡수할 때는 쾌감이 있다. 음식 섭취는 괴롭고 싫은 일이 아니라 긍정적이고 기분 좋은 만족을 느끼는 순간이다. 배움을 자연스레 좋아하게 마련인 뇌도 마찬가지 아니겠는가? 많은 이들이 결국은 배움에 싫증을 내는 것도 당연하지 않은가? 이 조직화된 싫증을 이기고 살아남은 행복한 소수만 칭찬받고 장점을 인정받아야 할까?

수학처럼 지적으로 강렬하고 자극적인 과목에 전 세계 수많은 인구가 치를 떨게 된 이유가 뭘까? 어떤 이는 단박에 수학을 좋아하게 되지만 또 다른 이들은 조금씩 재미를 붙여야만 한다. 어쨌든 수학에 무조건 거부감을 느끼게 해서는 안 된다. 학생들을 배제하는 방식으로 지식을 전달한다는 것은 인간 의식에 대한 범죄요, 이 방식을 좋은 것처럼 취한다면 그것은 더욱더 큰 범죄다. 우리 의식의 뼘은 협소하기 때문에 최대한 많은 이들이 지식을 접하게 해야 한다. 지식을 엘리트 클럽의 전유물로 만드는 일은 유용하지도 않고 고결하지도 않다.

거위에게 꾸역꾸역 사료를 먹여 뭘 얻는가? 푸아그라, 말 그대로 지방간이다. 학생들에게 지식을 주입해서 뭘 얻겠는가? 지방 뇌밖에 얻을 게 없다. 조건화되고, 의존적이고, 순응하는 뇌 말이다. 고통과 좌절에 익숙한 지방 뇌를 대량생산하는 사회가 건강하기를 바랄 순 없다. 아이들의 뇌는 자연스러운 호기심으로 가득하건만, 우리는 그 뇌에 어떤 씨를 뿌리는가? 좌절, 불안, 조건화, 복종, 고통, 감금에 익숙한 뇌다. 어떤 뇌는 죽어버리고, 또 어떤 뇌는 다른 뇌를 죽인다. 그리고 가장 기름진 뇌가 의사 결정권과 권력을 누리게 된다.

'다중 채널' 교육

이제 지옥은 충분히 둘러봤다. 이제 여기서 어떻게 벗어나야 할지 궁리해볼까? 전통을 표방한다는 우리 교육의 가장 끔찍한 점은 우리 뇌와 잘 맞지 않는다는 것이다. 게다가 애초에 이러한 교육이 어떻게 우리 뇌에 맞을 수 있겠는가? 학교가 처음 수립될 때만 해도 뇌에 대한 지식은 거의 전무했다. 피에르 라비가 잘 지적했듯이 우리의 학교가 상자라면 그 상자는 뇌의 크기에 비해 터무니없이 작고 허술하며 네모진 상자다. 뇌를 잘 맞지도 않는 상자에 억지로 쑤셔 넣는 사람이 뇌 탓을 한다. 최악의 경우에는, 상자 바깥에는 아무것도 없다는 거짓 믿음까지 뇌에게 심어준다.

인간공학적 교육은 다중 모드 혹은 '다중 채널'을 지향한다. 사냥을 예로 들겠다. 빙하기의 사바나에서 사냥에 대한 학습은 후각, 청각, 시각, 운동, 계획, 정신적 · 신체적 노력을 종합하면서 끊임없이 발전해왔다. 학교 교육은 정반대다. 소위 고급 교육은 단일 채널을 지향하기 때문에 가장 덜 인간공학적이다.

신경과학자는 뇌를 경이롭도록 복잡하면서도 아직 충분히 탐구되지 않은 기관으로 생각한다. 이런 뇌를 협소하고 네모진 상자에 쑤셔 넣는다는 것은 고가의 망원렌즈를 채소탈수기에 집어넣고 막 돌리는 거나 마찬가지다. 여기에 비교될 만한 의식의 자각이 르네상스 시대에 있었다. 놀랍고도 신성한 인체를 표현하고 연구한다는 것은 인체를 우리 척도대로 재단하는 것과 다르다. 예를 들어

레오나르도 다빈치 같은 사람들은 자연에게 관념과 닮으라고 강요할 것이 아니라 우리 관념이 자연을 닮아야 한다고 생각했다.

우리의 교육이 원시적 수준이라는 사실을, 전혀 완벽하지도 않고 신성하지도 않은 주제에 우리 뇌에서 실제로 신성한 그 무엇을 건드린다는 사실을 겸허히 인정해야 한다. 도그마, 조건화를 모두 벗어던지고 정신을 차리면 이 신성한 주문이 불현듯 떠오른다. 나는 이 주문이야말로 교육 지옥을 교육 천국으로 바꾸는 열쇠라고 생각한다.

> 인간의 뇌에게 학교를 닮으라고 강요하지 말고 학교가 인간의 뇌를 닮게 하라.

수천 유로를 호가하는 망원렌즈와 마찬가지로, 상자를 그 안에 담길 귀중품에 맞춰야지 귀중품을 상자에 맞출 수는 없다. 또한 아무리 귀하고 훌륭하며 값을 높게 쳐주는 상자라고 해도 뇌가 그 안에 갇혀서는 안 될 것이다. 인간의 뇌는 하버드, 옥스퍼드, 파리 고등사범학교보다 더 유서 깊고 존귀하며 신성하고 정교하다. 명문대라는 덧없는 실체들이 인간의 뇌에서 가르침을 얻어야지, 인간의 뇌가 명문대라는 형식에 복속되어서는 안 된다. 대학은 지식을 맛보는 식당에 불과하다. 레오나르도 다빈치처럼 우리는 대학과 담쌓고 살아도 얼마든지 자기 진가를 발휘할 수 있다. 반면, 사랑이 없으면 결코 탁월함의 경지에 이르지 못한다. 그렇기 때문에 명문대 졸업생의 대다수는 사람들의 기억에서 사라졌다. 그들은 지적으로 순응했을 뿐, 더 이상 애정을 두뇌 활동의 원동력으로 삼지 않았기 때문이다. 그런데 애정을 순응과 맞바꾼 자는 밑지는 거래를 한 셈이다. 자, 교수법에서 반복이 중요한 만큼 한 번 더 되새겨 보자. 반복은 우리 뇌의 물길을 확고하게 한다.

> 인간의 뇌에게 학교를 닮으라고 강요하지 말고 학교가 인간의 뇌를 닮게 하라.

우리는 이 주문에 깊이 빠져들수록 조건화의 동굴에서 벗어난다. 지옥은 온데간데없이 사라지고 이전에 알았던 세계보다 훨씬 풍부한 신세계가 보인다. 만약 인류 전체가 한 인간이라면 그 인간은 한두 달 전부터 이상한 강박관념에 사로잡혀 있다고 하겠다. 그 강박관념의 이름은 산업이다. 우리는 강박에 빠져 우리 주위의 모든 것을 차츰 산업 비스무리하게 만들어버렸다. 학교, 사회, 도시, 자연, 우리의 모든 환경이 산업이라는 새로운 신을 닮아야만 했다. 이 신은 정체가 요상하나 가히 인신 공양까지 누린다.[30]

판타스틱 파이브

지금은 현실을 클리셰에 억지로 끼워 맞추기보다 우리의 지성을 현실로 확대하려는 자세가 다시 나타나고 있다. 교육 분야에서 이 새로운 르네상스에는 다섯 명의 영웅이 있다. 나 개인적으로는 그들을 '판타스틱 파이브'라고 부른다.

첫 번째 영웅으로는 이른바 '전통적인' 교육의 산업적 측면을 제

인간의 뇌에게 학교를 닮으라고 강요하지 말고
학교가 인간의 뇌를 닮게 하라.

대로 지적한 켄 로빈슨을 꼽겠다.

두 번째 영웅은 매슈 피터슨Matthew Peterson이다. 피터슨은 본인도 난독증이 있었지만 신경과학자가 된 인물로, 학생들에게 전혀 언어적 설명을 하지 않고 비디오게임만으로 수학을 가르치는 데 성공했다. 이 방법으로 수학을 공부한 학생들은 전국 규모 시험에서 우수한 성적을 기록했다. '게임으로 공부하기'는 뛰어난 심리학자이자 내가 꼽는 세 번째 영웅 제인 맥고니걸Jane McGonigal의 아이디어이기도 하다.

그러한 성공의 이유는 간단하다. 놀이는 원래부터 최고의 학습법이기 때문이다. 호락호락하지 않은 자연 속에서는 실수 하나하나가 치명적일 수 있다. **모든 포유류는 놀이를 통해 배움을 얻는다.** 포유류에게 놀이는 세상 둘도 없이 진중한 것, 생명과 직결된 것이다. 초식동물, 육식동물 가릴 것 없이 놀면서 중요한 것들을 배운다. 이러한 행동 양식이 포유류 전반에 나타나는 이유는 그것이 가장 효과적이라서 자연의 선택을 받았기 때문이다. 자연은 실용적 지혜를 통해 아주 오랜 세월에 걸쳐 시험을 해보고 그러한 태도를 선택했다. 자연의 시험에 비하면 우리네 학교의 시험은 가벼운 기지개에 지나지 않는다. 그러나 우리네 교육은 이처럼 놀면서 배우는 태도를 즉각 제거해버린다.

신경과학 차원에서 논쟁은 이미 오래전에 종결됐다. 뇌는 고통받을 때 마지못한 배움밖에 얻지 못하며 놀이는 가장 자연스러운 배움의 방법이다. 왜냐고? 놀이는 끈질기고 장기적인 연습을 가능케 하니까.

지식경제를 살펴보면서 이미 언급했듯이 애정에서 우러난 탁월성과 즐거움에서 우러난 탁월성에는 비교 상대가 없다. 자기 일을 어느새 스포츠로 둔갑시키는 자전거 배달원처럼, 자기 분야에서 스스로 목표를 수립하고 격파하는 사람들은 자연스럽게 탁월성의 경지에 이른다. 작금의 학교는 애정에서 우러난 탁월성도, 즐거움에서 우러난 탁월성도 가르치지 않는다. 그런 것들은 순전히 우발적으로만 나온다. 새끼 호랑이들이 놀 줄 모르면 장차 사냥도 못하고, 자기 영역도 못 지키고, 다음 세대를 낳지도 못한다. 그 호랑이들은 죽을 수밖에 없다. 놀이는 건강한 학습법, 어떤 작업을 완벽해질 때까지 반복해서 탁월한 기량을 얻는 방식이다. 항공기 조종사들이 시뮬레이션 게임으로 조종술을 익히는 이유도 다르지 않다. 마찬가지 이유에서 군 장교들은 전쟁게임wargame, kridgspielen으로 훈련을 하고, 사관학교 생도들은 미식축구를 이용해 전략전술을 배운다. 외과의도 액션비디오게임을 많이 해본 사람이 복강경 수술에 더 능하다고 한다.[31] 현재 전 세계 유수의 연구소들이 의료인 양성에 게임을 이용하는 방법을 연구 중이다. 이렇게 인명을 구하는 게임들도 있다.

일례로 파리 데카르트 대학 부설 일루멘스iLumens 연구소는 심폐소생술(심장 마사지와 마우스 투 마우스 인공호흡법)을 학습하는 모바일 게임을 개발했다. 게임 이름은 '스테잉 얼라이브Staying Alive'인데 비지스의 동명의 히트곡 템포가 심장 마사지에 안성맞춤이라는 이유로 이렇게 정해졌다고 한다. 이 게임을 하는 사람들은 심폐소생술을 더 잘 배울 뿐만 아니라 실제로 그 기술을 실행해야 하는 상황에서 스트레스도 덜 받는 것으로 밝혀졌다.

판타스틱 파이브 얘기로 돌아가자. 켄 로빈슨, 매슈 피터슨, 제인 맥고니걸 다음으로는 사이먼 사이넥Simon Sinek과 군터 파울리Gunter Pauli를 꼽겠다. 사이먼 사이넥은 마케팅 전문가로 군중의 생각은 이동하지 않았다는 것, '무엇'과 '어떻게'가 아니라 '왜'에 천착해야 한다는 것을 일깨워주었다.[32] 그는 오만하고 비루한 정치를 가차 없이 비판한다. "보십시오, 이 정치인들은 5대 핵심으로 구성된 계획들을 들고 나오지만 아무에게도 영감을 주지 못합니다!" 마틴 루서 킹도 "나는 꿈이 있습니다"라고 했지 "나는 계획이 있습니다"라고는 하지 않았다! 얘기 끝났다. 학교가 지지부진한 논쟁의 수렁에 빠져 있다면, 학교가 혁신 계획, 온갖 침전물과 미처 소화되지도 못한 '제안서' 더미에 깔려 있다면 그 이유는 정치 계급과 그 계급을 이끌어야 할 자들이 제대로 된 질문에 천착하지 않았기 때문이다. 우리는 '무엇(프로그램)'만 주구장창 따지고 어쩌다 가끔 '어떻게(점수 아니면 다른 방법?)'를 고민할 뿐, '왜'라는 질문을 던지지 않는다. 그러나 '왜'라는 질문이야말로 교육을 정당화한다. 자아실현을 교육의 소명으로 되돌려놓아야 한다. 점수를 매기고 말고는 상관없다. 진짜 문제는 우리가 교육을 하는 이유, 그리고 그에 따른 방법이다. 게임도 점수 따기와 밀접한 관계가 있다. 그런데도 게임이 우리를 자극하는 이유는 게임은 어쩔 수 없이 감당하는 일이 아니라 자기가 하고 싶어서 하는 일이기 때문이다. 게이머는 적극적으로 점수 획득을 원한다. 점수 체계가 있어서 게임이 더 재미있고 중독성을 띠는 것이다.

나의 다섯 번째 영웅은 군터 파울리다. 혹자는 그를 "지속 가능한 개발(미래 세대의 필요를 충족시킬 수 있는 가능성을 손상시키지 않은 범위에서 현재 세대의 필요를 충족시키는 개발.—옮긴이)의 스티브 잡스"라고도 한다. 군터 파울리는 작금의 르네상스에서 중요한 인물이다. 그는 『청색 경제*Blue Economy*』라는 저서에서 "자연이 우리네 공장처럼 생산을 할 것이 아니라 우리네 공장이 자연처럼 생산을 해야 한다"고 명쾌하게 주장했다. 학교가 교육 공장이라면 이 공장 또한 자연을 본받는 방향으로 혁신되어야 한다. 그런데 자연 속에서 지식의 흐름은 다중 채널로 이루어지며 인간공학적이다. 켄 로빈슨이 지적한 대로, 지구 상의 일부 국가에서는 교도소에 감금된 죄수보다 학교에 다니는 학생이 더 바깥공기를 쐬는 시간이 적다. 나 역시 과잉행동장애 아동이 폭발적으로 증가한 이유는 아이들이 병들어서가 아니라 학교와 사회가 병들어서라는 켄 로빈슨의 생각에 동의한다. 그러나 원래 반대파에게 낙인을 찍어 이상한 사람 만드는 것이 전체주의 체제들의 수법 아닌가.

규격화된 지식

나의 '판타스틱 파이브'는 외롭지 않다. 지구 상에서 새로운 교육르네상스를 열고 있는 사람들은 전 세계에 수만 명, 수백만 명이나 있다. 프랑스에는 프랑수아 타데이François Taddei와 셀린 알바레즈Céline Alvarez[33]가 있다. 타데이는 프랑스 대학에서 처음으로 학제간 통합 과정을 마련한 인물이다. 셀린 알바레즈는 젠빌리에의 한 유치원에서 교육부가 정해놓은 프로그램을 활용하지 않고 독자적인 교육 프로그램을 실시해 눈부신 성과를 거두었다. 그러나 이 노력의 보상이라고는 교육 당국의 지독한 괴롭힘뿐이었고 알바레즈는 결국 시달리다 못해 사표를 제출했다.

안타깝지만 공무원 무리는 국민들이 자기네 방법을 거부하고 성공하는 꼴을 보느니 차라리 자기네 방법으로 실패하기를 원한다. 칸 채우기와 서식 갖추기 종교에서 칸 빼먹기, 문서 절차 생략하기는 명실상부한 이단이다. 결과고 뭐고, 절차가 더 중요하다. 스위스에는 교육부 장관이 없지만 프랑스보다 교육 시스템은 훨씬 더 우수하다고 지적하고 싶다. 독일 학생이 프랑스 학생보다 주당 수학 수업 시간은 더 적지만 국제학업성취도평가PISA[34]에 따르면 실력은 더 뛰어나다. 1시간 = 1*At*가 아니다. 독일 학생들은 프랑스 학생들보다 수학에 *At*를 더 많이 쓰지만 물리적 시간은 덜 쓴다.

여러분도 이 두 번째 교육 르네상스에 가담하고 싶다면 늘 신경인간공학적인 지혜의 기본을 명심하기 바란다. 뇌가 학교를 섬기면 안 되고, 학교가 뇌를 섬겨야 한다. 이 메시지를 열정적으로, 지치지 말고 거듭 전하라. 당분간 학교는 계속해서 우리를 의존적이고 순종적이고 표준화된 개인주의자로, 양量 중독자로 길러낼 테니까.

그렇지만 모든 산업이 그렇듯 산업적 교육에도 어마어마한 장점 하나가 내재해 있다. 바로 대량화라는 장점이다. 요리를 철저히 표준화하면(식재료 양, 대량 조리법 등) 많은 사람들에게 음식을 제공할 때 규모의 경제가 실현 가능하듯 교육에서도 지식의 끼니를 철저히 표준화하는 것이 궁극의 모범으로 통한다. 그래야만 전 세계 수많은 이들에게 쉽게 내놓을 수가 있으니까. 이 부분에서만큼은 틀

림이 없다. 정렬된 책걸상, 언제나 동일한 포맷, 통제적인 실태를 보건대 작금의 교육은 지식의 끼니를 표준화하는 고도의 방식에 분명히 상응한다.

프랑스의 경우, 제3공화국의 교육 목표에는 의심의 여지가 없다. 카옌에서 비엔호아까지, 다카르에서 케르겔렌 제도까지, 프랑스 제국의 도처에 동일한 교육적 경험("우리의 조상 골족은……")을 전한다는 목표 말이다. 19세기의 공교육은 동일한 경험, 즉 똑같은 지식의 샌드위치를 전달하기 위해 스타벅스, 서브웨이, 맥도널드보다 한발 앞서 '프랜차이즈'를 도입했다. 그러한 지식의 샌드위치는 똑같은 검인과 똑같은 품질 인증 표시가 찍힌 포장지에 싸여 사방으로 전달되었다.

물론, 교육 표준화 공정은 목표를 달성하지 못했다. 스타벅스는 브롱크스에서나 강남에서나 커피 맛 차이가 크지 않지만 망트라졸리에 위치한 고등학교가 생트주느비에브 산에 위치한 명문고와 똑같은 교육 경험을 제공하진 않는다(망트라졸리는 파리 시 외곽 지역으로, 프랑스 수도권에서 무슬림 인구 비율이 높은 곳 중 하나다. 생트주느비에브 산은 파리 시내에서 대학교와 고등학교가 많이 몰려 있는 동네로, 팡테옹과 뤽상부르 공원이 가깝다.—옮긴이). 스타벅스나 프랑스 공교육이나 목표는 비슷하다. 전자는 규격화된 맛을 전하고 후자는 규격화된 지식을 전한다. 둘 다 경험의 표준화를 지향함에 한 치 부끄러움도 없다. 단지 전자는 성공했고 후자는 실패했다는 차이가 있을 뿐이다. 게다가 학교는 맛없는 지식을 배급하는 경우가 많다. 바로 여기에 비극이 있다. 지금 우리의 급선무는 공교육이 갇혀 있는 '패스트푸드' 모델에서 벗어나 지식의 식도락을 개발하는 것이다. 게다가 이 패스트푸드 체인은 고객의 피드백을 아랑곳 않고 자기네 메뉴를 무조건 떠안긴다.

최고의 학교는 인간공학적인 학교다. 이런 면에서 레오나르도 다빈치와 프랑수아 1세의 사례는 기억할 만하다. 여기서 제자는 무려 프랑스 왕이었다. 스승인 레오나르도 다빈치는 오만 가지 특권, 왕실 사냥, 전쟁, 궁정에서의 연애로 늘 정신이 산만한 왕에게 지식을 가르칠 방법이 필요했다. 여기서 흥미로운 요소는 제자의 '우위성'이다. 이 요소가 인간공학적으로 효과를 냈다. 의전에 따르면 제자가 스승보다 한참 위에 있으니 스승은 지식을 전달하기 위해 일반적으로 행사하는 권력을 자제할 수밖에 없었던 것이다.

그렇지만 이 우위성이 꼭 필요한 것은 아니다. 다빈치, 보티첼리, 미켈란젤로, 틴토레토는 모두 르네상스 시대의 보테가bottega, 즉 다학문적 성격이 강하고 수준도 각기 다른 장인들이 실무를 함께 연마하는 아틀리에에서 지식을 쌓았다(지금의 제작실험실은 그 시대 보테가의 유쾌한 재래再來일 것이다). 보테가에서 다양한 앎은 실용적인 의도에서 콘텍스트를 얻고 유포되었다. 보테가에서 스승은 제자보다 높은 지위에 있었다.

스승이 제자에게 권위를 행사하지 못하는 상황이 인간공학적으로는 대단히 좋은 반면, 범용성scalabilité을 따지자면 최악이다. 여기서 말하는 범용성은 한 번 해낸 것을 백만 번도 더 할 수 있는 능력이다. 그런데 오늘날의 학교는 반대로 인간공학적으로는 최악이고—표준화된 단일 채널 교육, 곧바로 현실에서 사용한다는 목표가 없으므로 동기 부여가 되지 않는 의무적 교육—범용성은 최대치에 이르러 있다. 21세기의 학교는 두 측면에서의 최선을 융합할 수 있어야 할 것이다. 요컨대, 인간공학적인 동시에 범용적인 교육을 실시할 수 있어야 한다는 얘기다. 실제로 듀오링고Duolingo 같은 앱은 '전통적인' 교육보다 어느 한 언어에 대한 지식을 더 효과적으로 전달한다는 점에서 대중적인 인간공학을 구현하고 있다.

쾌감, 즐거움을 다시 학교의 중심에 두어야 한다. 우리 뇌가 공연히 쾌감을 추구하고 쾌감으로 움직이는 게 아니다. 맛과 요리에 대한 식견을 발전시키듯 지식도 스스로 찾아다니며 맛보는 자세로 계발해야 한다. 지금의 학교 안에서는 아이들 못지않게 교사들도 괴롭다. 그런데 학교가 건강하면 교사도 지식을 요리하는 실력파 셰프로서 학교생활이 즐겁고 학생은 지식으로 배를 불리고 요리법도 배울 수 있으니 학교생활이 즐겁다.

아이들이 성공하려면 교사들이 먼저 성공해야 한다

러브 캔 두 모형

식도락의 비결은 절대로 식욕을 가시게 하지 말고 잘 돋우어주는 데 있다. 특별한 맛집은 손님들에게 다음 세 단계를 차례로 경험하게 한다.[35]

1. '젠장, 이런 맛은 처음이야!'
2. '아, 이걸 먹으니까 참 좋다.'

3. '다음에 또 와서 먹어야지.'

오늘날의 학교는 거꾸로 간다. 의무적이고 규격화된 지식을 떠안김으로써 지식욕을 확 떨어뜨리니까. 경탄이라고는 비집고 들어올 틈도 없다. 하지만 교사와 학생이 지식의 식도락가가 되기로 결심할 때, 그러한 소명으로 자아를 실현해야 한다고 주장할 때 이 상황은 달라질 수 있으리라.

나는 국립고등공예학교와 스탠퍼드에서 아주 단순한 모형을 개발했다. 거대 컨설팅 기업들에서 영감을 받은 이 매니지먼트 모형을 '러브 캔 두Love Can Do'라고 하겠다. 이 모형은 두 가지 질문을 던진다.

–당신이 하는 일을 사랑합니까? Love

–그 일을 잘할 수 있습니까? Can Do

캔 두는 x축에 위치한다. 미지의 것, 혹은 미지수를 뜻하는 x는 '사물, 어떤 것'을 가리키는 아랍어 chay'에서 왔다. ch를 x로 쓰는 스페인어를 거치다 보니 현재 x가 (우리가 찾는) '그 어떤 것'을 뜻하게 된 것이다.

러브는 y축에 위치한다. y는 영어에서 '와이why'로 읽는다. 여기서 y축은 '이유'를 가리킨다.

가장 좋은 이유는 하기 싫어도 해야만 하는 일, 의무가 아니라 사랑, 열정이다. 이 질문은 학생에게는 물론 교사에게도 분명히 중요하다. "왜 학교에 가요?"라는 질문에 학생이든 교사든 "안 가면 안 되니까요"라고 대답하는 사람은 원래 어떤 수준에서 출발했든 결국 그렇고 그런 수준으로 남을 것이다. 그러나 "학교가 좋으니까요"라고 대답하는 학생이나 교사는 우수한 실력을 갖게 될 것이다.

사랑 없이는 탁월성도 없다. 열정 없이는 빼어난 경지에 도달할 수 없다.

애석하게도 교육 관료제는 교사를 사명감이나 열정을 보고 뽑지 않는다. 교사의 그러한 자질은 어쩌다 얻어 걸릴 뿐이다. 교육 당국은 y축, 즉 이유를 전혀 보지 않고 x축, 즉 무엇에만 모든 에너지와 표준화 작업을 투입한다. 프랑스의 교사 자격 시험은 할 수 있다는 자세can-do attitude, 교수법은 고사하고 교육자로서의 자질을 전혀 검증하지 못한다. 이 나라의 교사를 선발하는 가장 중요한 시험조차 인간공학적인 두뇌 활동 기술을 완전히 무시하고 있으니까.

나는 2005년에 팡테옹 근처에 소재한 고등사범학교에서 수학했다. 역설적이지만 바로 그곳에서 우리 교육에 얼마나 인간공학적인 고려가 결여되어 있는가를 몸소 경험했다. 나는 수많은 다른 학생들과 마찬가지로 그 학교에서 전혀 행복하지 않았다. 행복과 자아실현이 우리 교육의 우선 과제가 아님을, 최고로 똑똑하다는 수재들조차 때로는 고통과 미덕을 구분하는 능력이 어린애만도 못하다는 것을 실감했다.

학생들은 대부분 학교를 어쩔 수 없이 다닌다. 그리고 교사들도 극소수만이 교육에 대한 애정으로 매일 아침 출근을 한다. 셀린 알바레즈나 장 이브 외르트비즈[36]처럼 가장 열의 넘치는 교사들은 되레 교육 당국에 가루가 되도록 까인다. 이 교사들의 혁신 정신보다 케케묵은 억견이 더 위에 있다고 보는데 교육 시스템이 적응할 생각이 있겠는가.

다행히 세상은 넓다. 세상은 학교를 아랑곳하지 않고 변한다.

그 이유는 학교가 학생들의 주의력 획득에 큰 위기를 겪고 있기 때문이다. 학교가 학생들의 시간은 잡을 수 있다. 학생은 의무적으로 학교에 가야만 하니까. 그러나 명령으로 주의력까지 잡는다는 보장은 없다. 이미 보았듯이 학교는 이 부분에서 자기 실패를 인정하지 못하고 주의력이 부족한 학생들이 문제라고 오명을 씌운다. 학교가 좋아서 가는 학생은 별로 없다. 대부분 선택의 여지가 없어서 간다. 바로 이게 문제다. 학교는 지식의 식당, 살기 위해 먹기도 하지만 먹기 위해 살고 싶다는 욕구를 북돋아주는 곳이라야 한다! 학교생활은 절대 괴로운 것이 되면 안 된다. 열심히 공부하지 말라는 얘기가 아니다. 열심히 노력하는 것과 괴로운 것은 엄연히 다르다.

노력 대 고통

그러므로 고통과 노력을 혼동하지 말아야 한다. 게임이나 시합에는 엄청난 노력이 투입되지만 이 노력은 의미가 있고 동기 부여가 확실하므로 본인의 의지로 연장된다. 앞에서 보았듯 의도적 노력은 탁월성의 기반이다. 이러한 노력을 최대한 끌어내려면 애정이 필요하다.

러브 캔 두 모형은 우리에게 직업인의 4대 유형을 구분할 수 있게 해준다.

- 그 일을 좋아하고 할 줄 알기 때문에 하는 사람은 '무리의 위

학교가 좋아서 가는 학생은 별로 없다.
대부분 선택의 여지가 없어서 간다. 바로 이게 문제다.
학교는 지식의 식당, 살기 위해 먹기도 하지만
먹기 위해 살고 싶다는 욕구를 북돋아주는 곳이라야 한다!
학교생활은 절대 괴로운 것이 되면 안 된다. 열심히 공부하지 말라는 얘기가
아니다. 열심히 노력하는 것과 괴로운 것은 엄연히 다르다.

에서' 노는 주동자다. 그는 자기 분야에서 딱히 비교 대상이 없을 만큼 뛰어나다. 지금의 기업으로 치면 애플, 테슬라, 에르메스 같은 곳들이다.

• 팔로어도 윗물에서 노는 주동자와 동일한 노하우를 갖고 있다. 하지만 그는 흥미와 열정으로 일한다기보다는 그쪽에 시장이 있으니까 일한다. 그가 전하는 재화와 서비스에서 그 점이 드러난다. 이 사람은 대개 자기가 생산하는 것의 소비자가 아니다.

실리콘밸리의 차고들은 여러 면에서 르네상스 시대의 보테가에 상응한다. 휴렛팩커드, 애플, 구글, 페어차일드 반도체, 아마존, 테슬라가 다 그렇게 탄생했다. 또한 이 기업들은 시장을 보고 나왔다기보다는 사랑으로 잉태되었다. 창업자들은 그 분야에 노하우가 있어서가 아니라(오히려 노하우는 경쟁자들이 더 뛰어난 경우도 많다) 그 일을 하고 싶어서 회사를 차렸다. 그들이 장차 획득한 지식들의 총체는 열정의 열매다. 스티브 잡스는 그 점을 다음과 같은 말로 설명해주었다.

> 다들 여러분이 하는 일에 열정이 필요하다고 말하는데, 그건 백번 옳은 말입니다. 일이 몹시 어려워서 열정이 없으면 제정신 박힌 사람은 누구나 때려치울 게 분명하니까요. 정말 가혹하게도 여러분은 그 일을 장기간 해야 할 겁니다. 여러분이 일을 좋아하지 않으면, 그 일에서 재미를 느끼지 못한다면, 정말로 일에 애정이 없다면 그만두게 될 겁니다. 사실 사람들은 대부분 그렇게 살고 있습

니다. 사회의 눈으로 봤을 때 '성공했다는' 사람들을 보면 대개 자기가 하는 일이 좋아서 정말 죽도록 일이 힘들어졌을 때도 버틸 수 있었던 사람들입니다. 다른 사람들은 그렇게까지 좋아하지 않았기 때문에 일을 버렸던 거고요…… 그게 정신적으로 건강한 겁니다! 좋아하지도 않는 걸 힘들게 계속하고 싶은 사람이 어디 있겠어요? 힘든 작업도 많고 불안할 일도 많기 때문에 진짜 좋아하지 않으면 실패할 거다, 이게 다예요. 그러니까 맞는 말입니다. 사랑이 필요하고, 열정이 필요합니다.

우리 사회의 관료주의는 열정보다 순응을 선호한다. 학교에서의 평가와 시험, 그리고 이후의 취업까지 이어지는 이 연속 공정은 사랑과 순응 사이에서 매번 어김없이 후자를 택한다. 그러니 이 공정이 불행과 고통을 대량생산해도 무에 그리 놀라울까. 순응은 그 자체가 목적이 아니다. 순응은 결코 한 인간의 삶을 온전히 채워줄 수 없다. 순응만 하고 살면서 아침마다 행복한 기분으로 잠에서 깨고 한층 더 성숙한 모습으로 잠을 청하기란 불가능하다…… 죽기 전에 "아, 평생 틀에 맞게 살았구나!"라고 말하고 싶은 사람이 있을까?

시장만 보고 생산한 재화와 서비스, 하기 싫은데 억지로 쥐어짜낸 재화와 서비스에는 이러한 고통과 권태가 담겨 있다. 동독의 트라반트 공장에서 일하는 사람에게 "왜 자동차 만드는 일을 하십니까?"라고 물었다. "당 중앙위원회에서 그렇게 하라고 했으니까 하는 것 아니겠소, 동무? 난 원래 수의사가 되고 싶었지만 당에서 자동차를 만들라고 하니까 자동차를 만들어야지요. 내가 똥줄 빠지

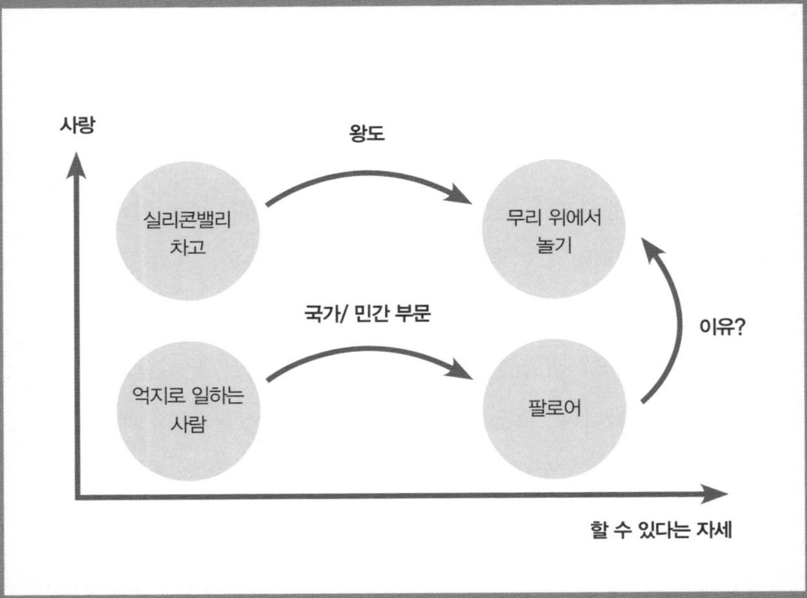
사랑
왕도
실리콘밸리
차고
무리 위에서
놀기
국가/ 민간 부문
이유?
억지로 일하는
사람
팔로어
할 수 있다는 자세

게 이 차를 만들었으니 당신이 똥줄 빠지게 몰아보시구려. 그럼 됐지, 뭐."

억지로 어떤 일이나 공부를 하게 된 사람의 상황이 딱 이렇다(모든 상황을 통틀어 최악이라 할 만하다). 우리 교육에서 학생과 교사 대다수가 이런 기분을 맛본다. 그들의 잘못이 아니라 우리가 만들어 놓은 구조가 이 극악의 상황을 조장했다. 이 구조는 열성과 열정을 프로페셔널하지 않은 것으로 보고 무감각해 빠졌지만 틀에 맞는 교사를 열정적으로 기존의 틀에 도전하는 교사보다 훨씬 더 좋게 본다.

그러므로 우리의 학교는 거대한 번뇌의 한 판 탱고와도 같다.

–교사 측: 내가 똥줄 빠지게 강의를 하니까 너도 똥줄 빠지게 배워. 그러면 되는 거야.

–학생 측: 내가 똥줄 빠지게 학교에 왔으니 당신도 똥줄 빠지게 강의를 해. 그러면 되는 거야.

내 표현이 천박하다고 뭐라고 하는 사람들에게는 이 따위 시스템이 백배는 더 천박하다고 말하겠다. 패튼 장군 말마따나 기억을 돕기 위해 "표현력 넘치는 외설"을 구사할 가치가 있다.

알다시피, 최고의 교사들은 가르치는 일을 재미있어한다. 강사가 죽어라 고생해가며 가르친다는 인상을 주어야만 그 강연이 성공할 거라는 생각은 버려라. 강연을 한다는 것, 가르친다는 것은 사랑을 나누는 행위와도 같다. 내가 섹스를 즐기지 못하면 내 파트

너도 즐거움을 얻기 힘들다. 상대의 만족에서 나의 만족을 구할 때 서로 더욱 큰 쾌감을 주고받을 수 있는 것이다. 최고의 교사들은 열정이 있는 교사들이요, 그들은 또한 최고의 멘토이기도 하다.

학교를 다녀본 사람이라면 거의 누구나 기억에 남는 선생님이 한두 명은 있다. 그런 교사는 표준화된 지식을 나눠주는 사람 그 이상의 존재였기 때문에 제자들의 기억에 남는다. 현재 우리의 교육에서 멘토링은 우발적으로나 발생한다. 르네상스 시대에는 '세 가지 3분의 1 법칙'[37]이 인문주의 교육을 지배했다. 이 법칙대로라면 깨어 있는 시간의 3분의 1은 자기 자신과 보내야 하고, 또 다른 3분의 1은 나에게 가르침을 주는 사람과 보내야 하고, 나머지 3분의 1은 내 쪽에서 가르칠 수 있는 사람과 보내야 한다. 시간의 3분의 1은 나 혼자 쓰고, 3분의 1은 멘토와 보내고, 마지막 3분의 1은 멘티와 보낼 것. 다빈치, 플라톤, 알렉산드리아의 헤론 같은 사람들은 이러한 균형을 경험적으로 파악하고 실천했다. 어쩌다 우리는 몰지각하게 이 균형에서 벗어나버렸을까?

강의는 타인에게 전달해보아야만 비로소 단단해진다. 나도 오르세 대학에 다닐 때 부분고사(중간 평가와 기말 평가를 제외한 별도의 시험들.—옮긴이)를 벼락치기로 공부하는 친구들보다 훨씬 적은 시간을 투자하고도 압도적으로 우수한 성적을 거두었던 기억이 있다. 그 이유는 내가 배운 내용으로 그때그때 다른 사람들에게 보충 강의를 했기 때문이다. 나는 그때부터 강의를 들을 때면 늘 며칠 뒤, 혹은 몇 시간 후에 내가 이 내용을 가르친다면 어떻게 할까 생각하는 습관을 들였다. 성실한 초등학생의 자세보다는 그러한 지적 자세가 지식을 깊이 있게 습득하는 데 도움이 된다. 그 자세가 더 성숙하고 효과적일 뿐 아니라 자아실현에도 가깝다.

가르쳐라, 실험하라

프랑스는 오랫동안 교원 양성 학교를 '에콜 노르말école normale(정상적인 학교)'이라고 불러왔다. 그리고 지금도 '정상성의 상급Supérieure', 즉 에콜 노르말 쉬페리외르(고등사범학교)가 존재한다. 곧 그 학교들을 '반反자아실현 학교'라고 부르게 될 수도…… 네트워크로 조직된 탈중앙집권적 세계에서 교사에게 어떤 자율성도 허락하지 않는 피라미드형 공교육은 과거에만 속해 있다. 이러한 공교육은 자기가 져야 할 책임을 구조적으로 분산시키기 때문에 피상적인 발전밖에 하지 못한다. 나심 니콜라스 탈레브가 파악했던 것처럼 관료제는 의사 결정자가 결정에 따르는 위험을 최대한 멀리하기에 적합한 발명품이다. 이게 마지노의 정신이다(앙드레 마지노André Maginot는 프랑스 동부 국경에 난공불락의 요새 마지노선을 건설하여 세계적인 화제가 되었다. 그러나 마지노선은 항공기의 발달과 독일군의 우회 작전으로 제2차 세계대전 중에 예상보다 맥없이 무너지고 말았다.—옮긴이). 제2차 세계대전 때 가믈랭 장군은 사령부에서 '보들레르'로 통했다. 실제로 그의 전술은 보들레르의 유명한 시 「아름다움la Beauté」의 한 구절로 요약될 만했다. "나는 선線을 벗어나는 움직임을 싫어한다." 우리의 교육 전체도 이 구절로 응축될 수 있을 것 같다.

교육이 진전을 보려면 교사가 완전히 자율적으로 자기 교수법을 실험할 수 있어야 한다. 혹자는 그런 건 너무 위험하다 하겠으나 아무 위험도 무릅쓰지 않는 것이야말로 최악의 위험, 마지노 정신의 재탕이다. 변화란 본질적으로 의사 결정자와 그 결과에 영향을 받은 자의 거리가 좁을 때 일어난다. 작금의 공교육 구조에서 변화가 이렇게나 느려 터진 이유는 의사 결정자가 그 결과를 뒤집어쓸 확률이 아주 낮기 때문이다. 따라서 모든 교사를 연결하는 탈중앙집권적 네트워크가 만들어져야 한다. 유치원에서 대학까지 모든 교원은 현장에서의 교수법을 개선할 사명이 있는 연구자 겸 교사여야 한다고 거리낌 없이 주장할 수 있어야 한다. 아무 흠도 없는 '공화국 학교' 신화를 이룩했던 철저한 교육 표준화는 으뜸가는 목표를 달성하는 데 이미 실패했으므로 교사들에게 자율성을 부여함은 더욱 타당하다. 그 목표가 뭐였느냐고? 팡테옹 근처 동네나 시외곽 방리외banlieue(변두리 지역)나 질적으로 동일한 교육을 받게 한다는 것이다.

현재 소셜 네트워크나 위키[38] 같은 웹 2.0. 기술은 더 나은 교육에 접근할 수 있는 방법을 다양하게 제시한다. 그러한 방법은 시행착오를 통해 검증되었고, 도그마와 상관없이 등장하고 공유된다. 쥐만 잘 잡으면 고양이 털 색깔은 중요하지 않다. 수단의 논리를 결과의 논리로 대체한다면 교사들은 현장에서 가장 좋은 결과를 내는 수단을 자유로이 개발할 것이다. 수단을 고정해놓고 결과를 잘 내라고만 해선 안 된다. 잭 안드라카, 에스터 오케이드, 그레이스 부시, 테일러 윌슨, 아르튀르 라미앙드리소아 같은 천재들은 모두 교과서에서 벗어나지만 백배 천배 더 효율적인 공부법을 개발했다.

재료라는 면에서 학교에는 비할 바 없이 다양한 콘텐츠가 있다.

지금의 비디오게임 콘텐츠는 댈 것도 아니다. 어쩌면 주의력을 붙잡는 쪽으로 학교가 비디오게임보다 더 경쟁력을 발휘할 날이 올지도 모른다. 하지만 그렇게 되려면 교사들이 지식을 요리하는 진짜 셰프가 될 수 있어야 한다. 그들이 새로운 레시피를 개발하고, 네트워크라는 거대하고 수평적인 책을 통해 공유하거나 업데이트할 수 있어야 한다. 좋은 요리사는 자기가 일상적으로 고르는 재료들이 감각에 어떤 영향을 미치는지 그 특성에 세심하게 신경을 쓴다. 마찬가지로, 교사는 레시피에 책임을 지고 자기 강의의 '뇌에 영향을 미치는mualoleptique'[39] 특성을 이해해야 한다. 두터운 인지과학적 소양이 그러한 이해에 도움이 될 것이다. 나는 유네스코 세계유산으로 등록된 '프랑스 요리'에 머지않아 '프랑스의 정신적 요리', 지식의 끼니를 잘 차려내는 기술이 추가되기를 바라 마지않는다.

세 가지 학습심리학 실험

1. 학습된 무기력

학습된 무기력이라는 심리 현상은 과거 여러 시대에 주로 고문관이나 사형집행인 들이 주목한 바 있다. 그러나 이 현상에 대한 과학적 지식은 냉전시대 동안 정체되어 있었다. 대놓고 고문 프로그램(아주 완곡하게 말하자면 미셸 오디아르가 "거짓말에 대한 치료"라고 부르게 될 '개량된 취조 방법') 연구를 하는 심리학자들이나 기밀 프로그램과 공개적인 학술 프로그램의 경계면에 위치한 수상쩍은 학자들만의 전유물이었다고 할까.[40]

학습된 무기력을 연구하는 목적은 동양에서든 서양에서든 죄수에게 '저항해봤자 소용없다'라는 무의식적인 메시지를 심어줌으로써 무조건적인 협조를 얻어내는 것이었다. 따라서 이 연구는 심리전[41]을 건드린다. 심리전 개념은 이런 것이다. 어떤 통제 불능 상황을 많이 경험할수록 그 상황과 비슷해 보이는 미래 상황, 나아가 모든 종류의 상황을 통제할 수 없게 되어버린다. 스티브 잡스가 묘사한 학습된 무기력도 결코 다르지 않다. "여러분보다 똑똑하지도 않은 사람들이 여러분을 둘러싼 세상을 만들었고 여러분은 얼마든지 그 세상을 바꿀 수 있다는 사실을 깨달을 때, 여러분의 삶은 결코 예전과 같지 않을 겁니다."

제도와 기관은 의도적이든 의도적이지 않든, 학습된 무기력을 부추길 수 있다. 학습된 무기력이란 결국 미국식 '할 수 있다는 자세'와 반대되는 '해도 안 될 거라는 자세'다. 게다가 우리의 또래 집단이나 동료들이 학습된 무기력에 무감각해져 있다면 이 심리 현상은 더욱 강화될 것이다. 동류 집단의 압력은 건설적일 수도 있고("나도 했는데 네가 왜 못 해?")

파괴적일 수도 있다("나도 못 했는데 네가 어떻게 한다는 거야?"). 지금 프랑스에서 동류 집단의 압력이 어떤 방향으로 작용하고 있는가에 대한 판단은 독자에게 맡기겠다.

마틴 셀리그먼을 비롯한 연구자들은 처음에 전기 자극에 대한 개의 반응 실험을 근거 삼아 학습된 무기력에 대한 연구들을 발표했다. 그렇지만 현장에서 일하는 교사들에게 가장 설득력 있게 다가오는 실험은 뭐니 뭐니 해도 샤리스 닉슨의 실험이다. 닉슨은 학교가 학습된 무기력을 불러일으키는 데 한 시간도 채 걸리지 않는다는 것을 보여주었다(그러니 학교생활을 몇 년 하고 나면 어떻게 될까 생각해보라……). 닉슨의 실험은 셀리그먼의 실험에 비해 좀 수공업적이지만 여전히 재현 가능하다.

닉슨[42]은 30여 명으로 이루어진 한 반을 택해 실험을 할 거라고 알렸다. 학생들은 단어가 쓰여 있는 종이를 받고 단어의 애너그램(단어나 문장을 구성하는 문자의 순서를 바꾸어 만든 새로운 단어나 문장.—옮긴이)을 찾아서 써내야 했다. 학생들은 BAT, LEMON, CINERAMA라는 3개의 단어가 적힌 시험지를 받았다. 정답은 TAB, MELON, AMERICAN으로, 단어가 제시되는 순서대로 난이도가 조금씩 높아졌다(이 점이 중요하다). 그렇지만 이 반에서 3명의 학생은 나머지 학생들과 다른 시험지를 받았다. 그들의 시험지에는 애너그램을 찾을 수 없는 단어 2개(WHIRL, SLAPSTICK)가 먼저 제시되었고 세 번째 단어만 다른 학생들이 받은 것(CINERAMA)과 동일했다. 실험 결과는 냉정했다. 이 학생들은 같은 반 학생들이 앞의 두 문제를 잘 푸는 것을 보고 나서는 그들 수준에서 충분히 풀 수 있는 세 번째 문제마저 놓쳤다. 자기는 이런 문제를 못 푼다는 생각에 사로잡혔던 것이다. 더욱이 집단 내에서의 열등감은 굉장히 고통스럽다.

심리학자 이드리스 샤Idries Shah는 다음과 같이 말했다. "내일이 두려운가? 그렇지만 어제가 더 위험하다." 우리 뇌는 과거의 실패로 미래의 시도를 억누른다. 그래서 쉬이 거둘 수 있는 소소한 성공의 연속은 큰 성공에 날개를 달아주지만 소소한 실패의 연속은 사기를 확 떨어뜨린다. 지정학에서 이 원칙은 이미 잘 알려져 있다. 비스마르크는 프랑스를 공략하기 전에 군대의 사기를 끌어올리기 위해 덴마크를 먼저 무너뜨렸다. 아프가니스탄 반군 지도자 마수드도 전사들을 양성하면서 먼저 쉽게 거둘 수 있는 작은 승리들부터 제시했다.

이 인류학적 원칙이 프랑스 교육에서는 전혀 지켜지지 않고 있다. 원칙의 결여가 실패와 고통으로 학습을 하는 문화를 낳았다. 나는 지금도 내 아버지의 조언을 잊을 수 없다. "대학에서 수학을 복습할 거면 절대로 프랑스 책을 쓰지 말고 러시아 책이나 미국 책을 봐라. 미국 수학책은 '1 더하기 1은?'부터 시작해서 차근차근 성공을 쌓아가며 그 어려운 리만 가설까지 데려가주지. 그런데 프랑스 수학책은 초장부터 함정을 들이민단 말이야. 문제마다 함정이나 까다롭게 신경 써야 하는 요소가 꼭 있어. 책이 '내가 너보다 똑똑하거든?'이라고 주장하는 것 같아서 어느 순간 확 덮어버리게 된단다."[43] 이러한 교육의 오만은 신화가 아니다. 1990년대 비디오게임 산업에서도 프랑스 회사들은(전설적인 게임회사 인포그램스를 위시하여) 미국 회사들에 비해 어렵고 처벌성 강한 게임을 만들기로 유명했다.

인지 모멘텀cognitive momentum, 즉 인지적으로 탄력이 붙으면서 이루어지는 도약은 절대로 무시하면 안 된다. 이 모멘텀을 깨뜨리는 것은 어떤 경우에도 잘하는 짓이 아니다. 오히려 학생에게 '할 수 있다는 자세'를 길러주고 잘해낼 수 있다는 확신을 주어야 한다. 학습된 무기력을 먹고 자란 국민보다는 학습된 잠재력을 먹고 자란 국민이 자기를 실현하면서 살게 될 공산이 크다. 그렇지만 전자가 후자보다 고분고분하기는 하다. 우리 사회가, 따라서 우리의 학교가 자아실현과 고분고분함 사이에서 어느 쪽을 택했는지는 말할 필요 없으리라.

2. 파란 눈과 갈색 눈 실험

마틴 루서 킹이 암살당했을 때 제인 엘리엇이라는 여교사는 아이들에게 인종주의를 체험할 기회를 주기로 결심했다. 엘리엇에게 그런 영감을 준 것은 수족 인디언들의 기도였다. "오, 위대한 영이시여, 내가 누군가를 판단하기 전에 그 사람의 모카신을 신고 다만 얼마라도 걸어보게 하옵소서." 엘리엇은 이렇게 덧붙였다. "백인들끼리 모여 인종주의를 논해봤자 무지를 공유하는 경험밖에 되지 않는다."

엘리엇은 자기가 맡고 있던 8세 전후 학생들의 동의를 얻어 학급을 '파란 눈' 조와 '갈색 눈' 조로 나누었다. 첫날은 파란 눈 조를 우수한 집단으로 지목했다. 엘리엇은 파란 눈 조에 쉬는 시간을 더 많이 주고 급식 시간에도 편의를 제공했으며 새로 생긴 운동실에도 갈 수 있게 해주었다. 그러면서 파란 눈 아이들이 인종적으로 더 우수하고 똑똑하기 때문에 특별 대우를 받는 거라고 명시적으로 설명했다. 엘리엇은 갈색 옷깃을 만들어 와서 파란 눈 아이들이 직접 갈색 눈 아이들에게 달아주게 했다. 따라서 갈색 눈 조는 한눈에 확 표가 났다. 엘리엇은 파란 눈 아이들을 앞줄에 앉히고 갈색 눈 아이들은 뒤에 앉혔다. 그리고 쉬는 시간에도 파란 눈은 파란 눈끼리만 놀라는 식으로 말했다.

처음에는 파란 눈 아이들도 자기네가 원래 더 우수하다는 생각에 저항했다. 그러나 엘리엇은 '눈 색깔이 옅을수록 지능이 높다는 사실은 과학적으로 증명되었다' 류의 가짜 실험 결과들로 그들을 설득했다. 이러한 가짜 근거는 파란 눈 아이들의 저항을 가라앉히는 데 효과가 있었다. 얼마 지나지 않아 갈색 눈 아이들의 성적이, 특히 수학 과목에서 눈에 띄게 떨어졌다. 아이들 개인의 행동 방식에도 변화가 나타났다. 파란 눈 아이들은 지배적이고 가학적이며 상대를 깔보는 태도가 두드러졌다. 갈색 눈 아이들은 비관적이 되었고 체념조로 복종하는 경향이 두드러졌다.

나중에 엘리엇은 두 집단의 역할을 바꾸었다. 이제 파란 눈 조가 하위 집단임을 표시하는 옷깃을 달고 다녔다. 그런데 앞서 차별 피해를 입었던 갈색 눈 조는 상황이 역전되었음에도 불구하고 그렇게까지 우월성을 과시하지 않았다. 파란 눈과 갈색 눈 실험은 실제로 인종주의를 제한하는 효과를 그리 인정받지 못했지만[44] 이 실험의 전제, 즉 '역지사지易地思之' 정신만은 또 다른 실험을 통해 과학적으로 검증되었다. 이 실험에서 연구자들은 피험자를 가상현실에서 '흑인으로서' 살아보게 했다.'[45]

3. 피그말리온 효과

이 효과는 이미 잘 알려져 있다. 선생이 학생에게 기대를 하면 학생은 실제로 잘해낸다. 그러나 선생이 학생을 형편없다고 생각하면 학생은 실제로도 형편없어진다. 마리아 몬테소리는 그 시대에 이미 이러한 이유에서 교사는 결코 특정 학생을 나쁘게 '생각해서는' 안 된다는 직업 윤리를 제창했던 것이다. 심리적 태도는 아무리 잘 위장해도 신체언어, 반응시간 등으로 표가 날 수 있기 때문에 애초에 그런 '생각' 자체를 말아야 한다. 몬테소리는 아동의 학습된 무기력에 교사의 이런 생각까지 가세하여 학업 전체를 망치는 부정적 가속도가 붙을까 봐 우려했다.

1960년대에 레노어 제이콥슨과 로버트 로젠탈이 실시했던 실험은 피그말리온 효과를 잘 보여준다. 그들은 캘리포니아의 한 초등학교에서 지능 검사를 실시했다. 이 지능지수 검사 결과는 교사들에게 전달되지 않았다. 연구자들은 무작위로 학생 중 20퍼센트를 뽑아서 그 명단을 교사들에게 넘겨주고 그 학생들이 지능지수가 가장 높게 나왔다고 알렸다. 그들은 여러 학급에서 이러한 실험을 실시함으로써 '가짜 똑똑이' 학생과 그렇지 않은 학생을 비교할 수 있었다. 1년 후 다시 지능 검사를 실시해보니, 학급 평균 지능지수가 더 높아졌고 특히 '가짜 똑똑이' 학생들은 눈에 띄는 향상을 보였다. 학생들에 대한 교사의 기대치가 학생들의 실력에 확실히 영향을 미친다는 증거다.

아이에게 버림받는 것보다 더 두려운 일은 없다. 청소년, 나아가 성인에게 가장 두려운 것은 집단에서 배척당하는 것이다(감옥에서 이 사실은 분명히 확인된다). 집단은 곧 생존을 의미한다. 이러한 현상은 진화의 유산이다. 아이들은, 그리고 물론 어른들도 남들이 생각하는 자기 이미지대로 살아야 한다는 생각을 자주 한다. 순응하지 못하는 잘난 놈보다 고분고분한 못난 놈이 낫다. 대학 사회는 완전히 순응을 중심으로 조직된 만큼, 이러한 관점에 충실할 수밖에 없다.

어떤 아버지는 아들에게 "넌 수학은 젬병이로구나. 하지만 말이야, 아빠도 그랬단다"라고 말하면서 그게 위안이 될 거라고 믿는다. 착각하는 거다. 그런 말을 하면 아들은 정말로 딜레마에 빠질 수도 있다. '아빠 아들답게 내가 수학을 계속 못해야 하는 걸까? 내가 수학을 잘하면 아빠가 날 별로 좋아하지 않을지도……'

SERMON
SERMON FOR ALL
REJOICE! PEACE
TRACTION
WAY OF
Committi
TO ALL
PUISE
OVER

7

놀이, 일, 삶

나는 자기가 왜 일을 하는지 모르는 사람들로 넘쳐나는
사무실, 학교, 동네를 많이도 보았다. 의미가 고갈된 사막은
심리적으로 더럽고 비위생적인 곳, 너절하고 불결한 곳이다.
의미가 흐르지 않는 곳에서 인간은 서서히 추접스럽게 썩어간다.
그러나 고인 물은 악취를 풍기는 반면, 우리는 의미 없는 장소들 때문에
도시 전체의 심리가 썩어 문드러질 수도 있다는 것을 모른다.

노동의 의미

학교는 학생을 사회에 내보낼 채비를 한다. 학교가 끌어안은 병폐들은 사회에서 더욱 확대된다. 개인주의, 순응주의, 단일 채널 학습…… 학교의 이 모든 병폐는 사회에도 있다. 그중에서도 가장 심각한 병폐는 즐거움, 쾌감이 프로답지 않다는 생각이다.

경제적 효용보다 자아실현을 우선시한다면 이 사회는 변화될 것이다. 라틴어권 국가에서 '노동, 일travail'이라는 단어는 트리팔리움tripalium에서 유래했다. 고대에 트리팔리움은 말 안 듣는 노예를 고문할 때, 혹은 성질 사나운 말을 묶어놓고 발굽에 편자를 박을 때 쓰는 도구였다. 따라서 우리의 집단무의식 속에서 노동은 요람에서 무덤까지 강요되는 순응성, 필연적으로 괴로울 수밖에 없는 것이다. 그런데 실은 그렇지가 않다. 아무리 힘든 일이라도 자기가 좋아서 하면 그건 열정이다. 하지만 안타깝게도 열정은 참 드물다. 우리 사회가 전기와 수도를 어려움 없이 쓸 수 있으니 문명사회라고 한다면, 우리네 도시와 직장에는 아직도 새로 가설되어야 할 공급 라인이 있다. 그건 바로 의미를 공급하는 라인이다. 나는 자기가 왜 일을 하는지 모르는 사람들로 넘쳐나는 사무실, 학교, 동네를 많이도 보았다. 의미가 고갈된 사막은 심리적으로 더럽고 비위생적인 곳, 너절하고 불결한 곳이다. 의미가 흐르지 않는 곳에서 인간은 서서히 추접스럽게 썩어간다. 그러나 고인 물은 악취를 풍기는 반면, 우리는 의미 없는 장소들 때문에 도시 전체의 심리가 썩어 문드러질 수도 있다는 것을 모른다.

라틴어 아니무스animus는 '의미'와 '영혼'을 모두 의미한다. 그런데 영혼이 깃들지 않은 노동의 장소들이 있다. 그런 곳은 생산성을 핑계 삼아 허구한 날 우울증을 유발하고, 때로는 자살까지 조장한다. 그러한 노동의 장소들은, 인간은 과실수의 열매 같아서 마지막 한 방울까지 즙을 짜낼 수도 있고 잘 심을 수도 있다는 것을 보여준다. 압착은 예측하고 관리할 수 있는 선형적 행위다. 그러나 지나치게 쥐어짜면 그 사람은 죽는다. 열매를 심는다는 것은 예측하고 관리하기 힘든 비선형적 행위다. 그러나 이것은 죽음으로 향하는 행위가 아니며 궁극적으로는 더 큰 이익이 된다. 관료제는 쉬운 길을 좋아하기 때문에 늘 사람들을 쥐어짠다. 과학 연구마저 그런 압박과 무관하지 않다. 과학 연구가 창의성이라는 면에서 길을 보여줘야 할 마당에, 최대한 틀에 잘 맞는 성과가 한 학기에 하나씩 나와줘야 한다는 목표를 중심으로 돌아간다.

프시카트리스의 교훈

물리학자 프리츠 츠비키Fritz Zwicky는 천재이자 좀 정신 나간 것 같은 사람이었고, 분명히 시대를 너무 앞서 등장한 학자였다. 그는 "구형으로 빌어먹을 놈Spherical bastard!"이라는 욕을 가장 즐겨 썼다. 구는 어느 각도에서 보아도 원으로 보인다는 점을 감안한다면 이 욕은 결국 '너는 어떤 면에서 봐도 빌어먹을 놈 맞아' 정도의 의미가 되겠다. 그런데 나는 기업들과 함께 일하면서, 구형으로 빌어먹을 놈이란 존재하지 않는다는 사실 하나만은 배웠다. 어딘가 단단히 망가져 재활용도 안 될 것 같은 인간 말종도 상처받기 쉬운 한 조각 감성이 보이는 각도가 있다.

그렇지만 기업은 존재보다 기능을 중시하기 때문에 사람들을 늘 같은 각도에서만 제시하고 그들의 사람됨에서 좋게 볼 만한 다른 면은 결코 보여주지 않는다. 설령 완전히 '구형으로 빌어먹을' 놈이라고 해도 그 사람과 친구가 될 수 있는 각도를 찾을 때까지 상당한 인내심을 가져야 한다. '구형으로 빌어먹을 놈 같은 건 없다'라는 강력한 사회적 공리에는 다음과 같은 메시지가 들어 있다. 여러분이 누군가와 갈등 관계에 있더라도 그 사람이 여러분 친구가 될 수 있을 만한 각도가 분명히 존재한다. 그러나 상대는 그런 면을 보여주려 노력하지 않을 테니 그 각도는 여러분 혼자 찾아야 한다.

인터넷과 소셜 네트워크에서는 어떤가? 여기서는 주의력을 끌어당길 뿐 아니라 중독성도 있는 트롤링trolling이 왕이다. 현실 세계에서라면 친구가 됐을 수도 있는 사람들이 애들처럼—나아가 누군가를 해하겠다는 어엿한 어른의 의지와 역량을 투입해가면서—진흙

탕에 뛰어들어 싸운다. 나는 인터넷에서 나를 공격했던 사람들과 친구가 된 적이 제법 많다. 때로는 그쪽에서 나를 알기 전부터 내가 좋게 봤던 사람이라 어떤 점에서 마음이 맞을 수 있을지 어렵잖게 알 수 있었다. 또 때로는 내가 전혀 모르는 사람이었지만 잠시 웹을 한 바퀴 돌아보고 나면 우리가 어떤 점에서 진심으로 합의를 볼 수 있을지 금방 실마리를 얻었다. 시간이 흐름에 따라 나는 이쪽에서 아무리 노력해도 대놓고 싸우자고 덤비는 사람들, 구형으로 썩어 빠진 면모만 보여주려고 기를 쓰는 사람들이 주로 아주 높은 자리를 차지한 부류임을 알았다. 그들에게 자기 잘못을 인정한다는 것은 선택지에 없다.

'구형으로 빌어먹을 놈' 이론에는 '프시카트리스psycatrice' 이론이라는 자매가 있다. 영어에서 'psychology'의 p는 묵음이다. 그래서 'psycatrice'를 영어식으로 읽으면 '시카트리스cicatrice(상처, 흉터)'와 똑같이 발음된다. 결국 이 이론이 주목하는 것은 영혼의 상처다. 사람이라면 누구나 마음에 상처가 있다. 어떤 상처는 잘 아물었고, 또 어떤 상처는 곪을 대로 곪았다. 수피교 현자 알리 은다우Aly N'Daw는 우리에게 이런 상처를 가장 많이 남기는 것이 '부모의 관계적 유산'이라고 보고 이 주제로 아주 단순하고도 빼어난 한 권의 책을 썼다.[46] 그러나 전쟁까지 불사할 만한 편견들이 가족 혹은 친족 내에서 단연 가장 많이 공급된다지만 그 범위의 바깥에도 우리에게 심리적으로 생채기를 내는 상황은 아주 많다.

따라서 상처는 받더라도 비교적 건강한 흉터를 안고 사느냐 마느냐는 각자 하기 나름이다. 완벽하게 치유된 상처는 우리를 더 강인하고 현명하게 만들어준다. 이런 의미에서 상처를 입어보는 것도 나쁘지 않다. 여기서 납을 금으로 바꾸는 현자의 돌이라는 주제가 나온다. 우리의 자아가 어떤 의미에서는 인류의 보물로 탈바꿈한다고 할까. 상처를 강점으로 바꾸다니, 납이 금으로 변한 격 아닌가. 그러나 잘 치유되지 않은 프시카트리스는 인간의 온갖 불행을 낳는다 해도 과언이 아니다. 어떤 사람이 사소한 좌절에 과하게 반응할 때 그런 상처들이 짐작된다. 일례로 프랑스인들은 2008년 국제농업박람회에서 니콜라 사르코지가 악수를 거절했다는 이유로 웬 행인에게 “꺼져, 바보 같은 새끼야”라고 폭언을 했던 사건을 보았다.

피상적으로 바라보면 이 일 하나로 규탄하고 말겠지만 좀더 깊이 분석해보면 ‘프시카트리스’를 발견할 수 있다. 그 상황이 고통스러운 과거를 건드렸기 때문에 자동으로 과민반응이 튀어나온 것이다. 니콜라 사르코지의 경우, 전형적으로, 그 과거는 그의 심리 프로필에서 과대하게 두드러지는 거부 공포다. 이 공포는 주로 아버지에게 버림받은 일, 여러 집단과 권위적 존재 들에게 거부당했던 일을 중심으로 구축되었을 것이다.

이 예가 프랑스에서 유명하긴 하지만 우리 모두 프시카트리스가 있다는 사실을 잊어선 안 된다. 안타깝게도 프시카트리스는 육체의 상처보다 더 음험하게 작용한다. 내 손바닥에 잘 아물지 않은 큰 흉터가 있다고 치자. 누가 이 손을 멋모르고 덥석 잡기만 해도 나는 아파서 비명을 지를 것이다. 이 경우, 나는 위험을 맨 먼저 파악한 사람으로서 상대에게 손을 꽉 잡으면 아프니까 조심해달라고 미리 양해를 구할 수 있다. 그러지 않으면 불의의 사고가 일어날 수 있다. 하지만 그 사고가 정말로 (미리 말하지 않은) 자기 책임이라고 생각하지는 않는 경향이 있다.

그런데 프시카트리스는 당사자가 자기에게 그런 게 있다는 사실을 제일 나중에 안다. 그가 충분히 성숙한 인간이라면 타자와의 상호작용을 통해 깨달을 것이다. 생각이 너무 많아 머리가 아픈 줄 알았는데 머리통에 화살이 꽂힌 채로 내처 살아왔구나, 라고 말이다.[47] 몸의 흉터는 눈으로 볼 수 있다. 그러나 프시카트리스는 손가락으로 꾹 눌러봐야 표가 나고, 그렇게 하면 과민반응이 튀어나온다. 조건화된 인간은 어떤 사람이 거리에서 폭력을 휘두를 때 상대방 안에 서서히 축적되어온 분노를 잘 알아보지 못한다. 그는 이 팽팽한 충동, 오랫동안 억눌려왔기 때문에 더욱더 민감해진 충동을 이해하지 못한다. 그래서 자기도 언어적으로든 신체적으로든 버럭 과민반응을 한다. 이런 식으로 우리는 사회 내에서 거대한 폭력과 좌절을 교환한다. 아주 오래전부터 부모와 자식 사이에, 동료들 사이에 이 교환이 이루어졌다. 사회가 좌절을 양산할수록 폭력의 상호 교환은 활발해진다.

옳으면 뭐할 거야, 일단 살아남고 보자

"아는 자는 판단하지 않고, 판단하는 자는 알지 못한다." 사람들의 상호작용이 자꾸만 늘어가는 사회에서 이러한 지혜는 여전히 유효하다. 모든 사람이 '프시카트리스' 개념을 제대로 배운다면 왜 자기 자신이나 다른 사람들이 때때로 악의적이고 유치하게 행동하는가를 이해할 수 있을 것이다. '프시카트리스'가 가장 풍부하게 솟

아나는 원천은 버림받을지 모른다는 공포다. 이 공포는 다시 집단의 거부에 대한 공포로 표현된다. 우리 뇌는 '집단을 떠나 진리를 수용하자'와 '진리를 거부하고서라도 집단에 남자' 사이에서 하나를 선택해야 할 때 대개 후자로 결정을 본다.

도대체 왜 그렇게 선택을 할까? 뇌가 진화의 산물이기 때문이다. 여러분이 빙하기에 이성을 좇아 집단을 떠날 것인가, 이성을 배반하더라도 집단에 남을 것인가 고민한다고 치자. 집단을 떠나면 분명히 생존에 위험이 있으므로 이 선택을 하는 사람은 후사를 남기지 못할 공산이 크다. 최초의 영장류가 살던 시대에 진리를 외면하더라도 집단에 남기로 결심한 자들의 후손이 지금의 산 자들, 바로 우리인 셈이다. 옳은 편이 되면 뭐할 건가, 일단은 살아야 한다.

따라서 동류 집단의 압력은 우리의 사유와 행동을 구조화하는 강력한 원동력이다. 인간은 대체로 건강하지만 잘 모르는 세계보다 좀 유해하더라도 자기가 잘 아는 세계를 선호한다. 이러한 메커니즘은 어떻게 사람들이 안락하지만 자기들에게 이롭지는 않은 불건전한 상황이나 집단에서 계속 떠나지 않고 살 수 있는지 설명해준다.

동류 집단의 압박이 늘 나쁜 것은 아니다. 실리콘밸리가 잘 돌아가는 상황에서 **동류 집단 압력**peer pressure은 대체로 건설적 효과를 냈다. "나도 해냈는데 너라고 왜 못 하겠어?" 그러나 다른 곳에서는, 특히 프랑스에서는 이 압박이 파괴적으로 작용할 때가 더 많다. "나도 실패한 일을 왜 너는 성공할 거라고 생각해? 이 잘난 척 대장아!" 알랭 페레피트[48], 그리고 얀 알강과 피에르 카위[49]는 이 현상을 잘 알고 있었다. 실리콘밸리가 부상하기 위해 필요한 것, 그건 바로 자기 자신과 타인들에 대한 믿음이다. 그런데 구성원들이 서로를 믿지 못하는 사회에서는 개인이 자기에 대한 믿음, 즉 자신감도 가질 수 없다.

신입생 신고식 문화도 그런 점을 의미심장하게 보여준다. 전통을 명목으로 괴롭힘 당한 사람은 나중에 그 전통을 빙자해 다른 사람을 괴롭힐 확률이 높다. 그래야만 자기가 당한 고통에 의미를 부여할 수 있기 때문이다. 정신적 도량이 큰 사람만이 고통을 혼자 짊어지겠다는 생각으로 이 악순환의 고리를 끊을 수 있으리라…… 그러나 그 정도 그릇이 되는 사람이 어디 흔한가. 간디가 말했듯이 "용서는 강자의 속성이다." 여러분이 직장인으로서 늘 고통의 문화에서 일했다면 직장에서의 행복을 옹호하는 사람을 비웃게 될 공산이 크다.

실리콘밸리의 기업들은 조직적으로 완벽하진 않지만 그나마 힘들게 쥐어짜야만 생산성이 높다는 생각을 거부하고 행복한 근무 개념을 고양하려 애쓰고 있다. 링크드인, 페이스북, 구글 같은 '실리콘밸리' 내부 설계를 한 개척자들은 직원이 푹신한 이불과 회사 중 하나를 선택해야 할 때 회사를 선택할 만큼 쾌적하고 즐거운 근무 환경을 만들어야 한다고 생각했다. 직원들에게 와이파이 설비를 갖춘 무료 셔틀 교통편을 제공한다는 아이디어도 같은 정신에서 나왔다.[50] 직원들이 회사에 기력과 의욕이 충만한 상태로 출근을 해야 하는데 교통 체증에 시달리거나 대중교통을 이용하느라 부대끼고 지쳐버리면 누구에게도 득이 안 된다. 캘리포니아에서 미혼 구글러들이 주말에도 개인 프로젝트를 가지고 회사로 나오는 경우는 드물지 않다. 일요일에 별다른 계획이 없다면 혼자 외출하는 셈치고 회사에 나와도 좋을 만큼 근무 환경이 매력적이기 때문이다. 프랑스에서 이런 사고방식은 아직 먼 얘기다.

노벨평화상 수상자이자 현대 소액 신용 대출의 창시자 무함마드 유누스는 동류 집단의 압력을 이용할 줄 알았다. 그는 빈곤층을 구제하려면 개인이 아니라 집단에 손을 써야 한다는 사실을 금세 깨닫고 긍정적 압력의 역학("내가 할 수 있으면 너도 할 수 있어")을 마련했다. 그는 또한 어떤 사람을 빈곤에서 벗어나게 한다는 것은 그 사람을 기존 집단에서 끄집어내는 것이라는 점도 간파했다. 집단을 벗어나면 심리적 장벽이 생기기 때문에 이 작업은 각별히 더 어렵다. 빈곤한 개인을 받아주는 새로운 집단이 있을 때, 함께 곤경을 극복할 준비가 되어 있는 다른 사람들이 있을 때 빈곤 극복 프로젝트는 더 잘 풀린다. 신념의 크기가 당연히 모두 같을 순 없어도 집단 수준에서 웬만큼 일정할 때 어려움은 좀더 쉽게 극복되었다. 예를 들어 장기 복역을 마친 죄수가 사회로 돌아가기란 무척 힘들다. 사회가 그에게 줄 수 있는 것은 많지만 감옥에서처럼 한계가 분명하면서 인지적으로 편안한 자리는 줄 수 없다. 극도의 빈곤도 비슷한 효과를 일으키기 때문에 집단 차원에 주목하지 않고는 빈곤과 싸울 수 없다. 나 자신도 세네갈에서 제로 금리 소액 대출 연구와 사업에 참여했기 때문에 이 원칙을 몸소 체험할 수 있었다.

유누스가 간파한 또 한 가지 중요한 요소가 있다. 여성 집단이 남성 집단보다 좋은 결과를 내는 경향이 있다는 것이다. 남성적 지배 구조는 그 수립 과정에서나, 수립된 구조를 재고하는 과정에서

나 상당한 에너지가 분산된다. 반면에 여성들은—다른 모든 조건이 남성들과 동일하다면—소액 대출 농업에서 훨씬 더 작업의 시너지를 빨리 끌어낸다.

기업가 알프 알툰의 말을 다시 생각해보자. 그는 어떤 기업에서든 에고가 기업의 가치를 가장 파괴한다고 보았다. 개인 차원에서도 동일한 지배의 원리를 발견할 수 있다. 실제로 기업가에는 두 부류가 있다. 기업에다가 자기를 갈아 넣는 부류—미켈란젤로, 코코 샤넬, 스티브 잡스, 일론 머스크 등—가 있는가 하면 자기를 위해 기업을 이용하는 부류가 있다(예의상 기업명은 여기서 열거하지 않겠다. 그러나 줄줄이 도산한 프랑스 공기업들을 떠올려보건대 명민한 독자들은 이미 다 알 거라 믿는다). 어떤 프로젝트에서나 여러분은 이 두 유형의 행위 주체를 볼 수 있다. 그들의 자격, 학력, 경력이 어떻든 간에 프로젝트보다 자기를 더 위에 두는 사람들은 그 자리에서 바로 마음속에서 아웃시켜야 한다.

나폴레옹은 그 극명한 사례다. 프랑스의 나폴레옹 숭배는 재고해보아야 할 소지가 많다. 나폴레옹은 처음 권력을 잡기 시작할 때만 해도 자기를 프로젝트에 바쳤다. 그가 자기를 위해 프로젝트를 이용하면서부터 유럽과 프랑스는 힘을 잃었다. 그래서 프랑스를 다시금 구하기 위해서는 자기를 나라에 바칠 수 있는 탈레랑 Talleyrand(프랑스의 정치가 탈레랑은 성직자 출신으로, 나폴레옹 몰락 이후 유럽의 전후 처리를 위해 열린 빈 회의에 참석했으며, 정통주의를 내세워 프랑스의 이익을 옹호했다.—옮긴이)이라는 새로운 인물이 등장해야만 했다.

기업과 사회 내 인간을 다룬 다섯 가지 실험

1. 솔로몬 애시의 순응성 실험

인간은 진실보다 순응을 더 좋아한다. 애시의 실험(1951)[51]은 이러한 경향에서 흥미로운 한 부분을 따로 떼어 보여주었다. 피험자들은 3개의 선이 그려진 카드를 보았다. 실험자는 네 번째 선을 보여주고 그 선이 먼저 보았던 3개의 선과 길이가 같은지 물었다. 유치원생도 금방 답할 수 있을 만큼 쉬운 테스트였다. 단, 피험자 중에는 8명의 바람잡이(가짜 피험자)가 끼여 있었다. 바람잡이들은 처음에는 정답을 말하다가 나중에는 일부러 12번 연속으로 오답을 말했다. 애시의 실험 목표는 집단에 보조를 맞추기 위해 진실을 거부하는 사람들도 있다는 사실을 확인하는 것이었다. 그런데 그 비율이 얼마나 될까? 실험 결과, 피험자의 3분의 1 이상이 12번 연속 오답을 제시하는 집단의 압력에 12번 모두 순응했다. 12번 중 1번 이상 넘어간 피험자 비율은 4분의 3이 넘었다. 실험 후 인터뷰에서 몇몇 피험자들은 자기들이 합리적인 선택을 했을 뿐이라고 말했다. 선이 좀 길든 짧든 다른 사람들과 굳이 갈등을 일으키면서까지 지켜야 할 진실이 아니라는 얘기다.[52] 게다가 실험의 성격 자체가 피험자들에게 여러 개의 선을 비교하는 능력이 아니라 집단을 대하는 태도가 중요하다는 암시를 주었을 수 있다. 피험자들은 12번 중 1번이라도 집단에 맞춰줘야 한다는 생각에 일부러 순응하지 않았을까? 그렇지만 애시의 실험 결과는 나무가 숲을 가리는 현상을 제대로 보여주었다. 집단에 순응하려는 경향은 3개의 선 중 하나를 고르는 단순한 수준에 그치지 않으며, 특히 폭력 성향과 결탁될 경우 고약한 양상을 띤다.

2. 밀그램의 실험[53]

1961년에 실시된 이 섬뜩한 실험은 우리가 어떤 식으로 양심보다 권위를 따르게 되는지, 나아가 하얀 가운을 입은 교수나 제복 차림의 경찰이 지시했다는 이유만으로 어떻게 평범한 사람이 반인륜적인 일까지 저지르게 되는지를 연구했다. 밀그램은 권위에 대한 복종 현상을 실험적으로 검증할 생각이었지만 그는 결국 자기가 짐작했던 것 이상으로 인간이 권위에 순응한다는 것을 알아냈다.

밀그램의 실험에서 실험자와 조수는 각기 권위를 대표하는 인물과 가짜 피험자 역할을 맡았다. 가짜 피험자는 오답을 말할 때마다 점점 더 높은 강도로 전기 충격을 받기로 되어 있었다. (다양한 종교, 다양한 사회계층을 고려하여 선발한) '정상적인' 진짜 피험자는 하얀 가운의 실험자가 명령하는 대로 가짜 피험자에게 전기 충격을 가하는 역할을 해야 했다. 이 피험자를 '교수' 역이라고 부르자. 실제로는 아무런 충격 장치가 없었으므로 가짜 피험자('학생' 역)는 저쪽에서 버튼을 누를 때마다 비명을 지르고 고통스러운 척 연기를 했고, 교수는 그런 모습을 못 본 체했다. 전기충격의 최고치는 (암페어 수 표시 없이) 450볼트라고 되어 있었다.

학생이 대답을 잘못할 때마다 권위자는 교수에게 충격 강도를 15볼트씩 높이라고 지시했다. 교수가 실험을 더는 못 하겠다고 반발하면 권위자는 다음과 같은 순서로 그를 설득했다.

1. "계속해주시기 바랍니다."
2. "당신이 계속해야만 실험이 진행됩니다."
3. "당신은 꼭 계속해야만 합니다."
4. "선택의 여지는 없습니다. 당신은 계속해야만 합니다."

교수가 학생에게 450볼트를 3번 가하면 실험은 종료되었다.

모든 실험은 먼저 교수 역 피험자가 학생의 고통에 감정이입을 할 수 있도록 가벼운 전기 충격을 직접 경험하는 것으로 시작했다. 또한 교수 역과 학생 역은 (물론 사전에 조작된) 제비뽑기로 정해졌기 때문에 교수 역 피험자는 자기가 저 의자에 앉아서 전기 충격을 받는 입장이었을 수도 있다는 생각을 하고도 남았다. 실험이 한창 과열되었을 때 교수가 실험자에게 "저 사람의 고통은 누가 책임질 겁니까?"라고 따지면 실험자는 "내가 책임집니다"라고 답했다.

밀그램의 실험 결과가 섬뜩한 이유는 권위에 대한 복종 수준이 연구자나 학생 들의 예상치를 훨씬 뛰어넘었기 때문이다. 더욱이 이 실험은 다양한 문화권, 다양한 콘텍스트 안에서 조금씩 다른 결과를 보여주었지만 권위에 대한 복종이 기대 수준보다 높게 나타난다는 점만큼은 늘 변함이 없었다.[54] 최초 실험에서는 교수 역 40명 중 26명이 최고치 충격에 해당하는 450볼트까지 학생에게 가했다. 또 어떤 경우에는 학생이 교수에게 자기는 심장 질환이 있다고 알리기도 했다. 그런데 교수가 실험에 들어가기 전에 학생과 인사를 하고 악수를 나누어도, 또한 교수가 자기가 학생이 될 수도 있었음을 충분히 안다 해도, 누구 하나 실험을 중단하고 학생을 풀어줘야 한다고 강력하게 주장하지 않았다. 심지어 더는 전기 충격을 못 가하겠다고 중도 포기한 교수들 중에도 학생의 건강 상태를 적극적으로 염려하는 사람은 아무도 없었다.

3. 스탠퍼드 감옥 실험과 '루시퍼 효과'

밀그램의 실험에서 10년이 지난 후, 필립 짐바르도는 감시자들의 권력 남용, 특히 교도소 간수들의 행동을 연구하기로 했다. 미 해군 연구소의 지원으로 이루어진 이 실험은 권력 남용이 간수들의 성격적 특성에서 기인하는 것인지(만약 그렇다면 권력 남용은 순전히 간수들 책임이다), 아니면 콘텍스트가 일종의 '루시퍼 효과'를 내서 간수들을 그렇게 행동하게 만드는 것인지 알아보고자 했다. 짐바르도가 얻어낸 실험 결과에 따르면 어떤 구조들은 사실상 '루시퍼 공장'이나 다름없었다. 이 구조들이 완전히 정당한 권리를 누리기 때문이기도 하지만, 우리는 이 구조들을 존중하고 신뢰하게끔 조건화되기 때문이다. (짐바르도가 전문가로서 증언을 하기도 했던) 이라크 아부 그라이브 교도소의 가혹 행위, 여전히 존속되고 있는 관타나모 수용소의 가혹 행위는 선량한 가장들을 루시퍼로 둔갑시키는 공장이 계속 돌아가고 있음을 보여준다. 짐바르도는 처음에 전과나 정신 질환 이력이 없는 백인 24명을 선발했다. 그는 심리적 안정성을 가장 중요하게 보고 피험자를 선발했다. 그리고는 7일에서 14일 정도 걸리는 실험에 참여하는 대가로 보수 지급을 약속했다. 피험자 24명 중 무작위로 선발된 죄수 12명은 스탠퍼드 대학 심리학과 건물 지하에 설치된 가짜 감옥에 수감되었다. 나머지 12명은 간수 역을 맡았다. 피험자들은 모두 이 상황이 실험에 불과하다는 사실을 숙지하고 있었으므로 단일맹검법single blind(피험자가 내용을 모르는 상황에서 이루어지는 실험 방법.—옮긴이)을 이용한 실험은 분명히 아니었다.[55] 그렇지만 죄수들은 진짜 범죄자들처럼 팰로앨토 경찰이 출동한 가운데 체포되었고, 지문 채취와 신원 조회를 거쳤으며, 몸수색을 당한 뒤 죄수 번호를 부여받았다. 간수 역 피험자들은 권위를 표시하는 곤봉과 짐바르도(교도소장 역할)의 다음과 같은 지시를 받았다. "죄수들에게 갑갑하고 무섭다는 느낌을 줘도 괜찮습니다. 여러분은 죄수들의 생활이 여러분의 감시, 시스템의 감시, 즉 나와 여러분의 통제하에 있으며 그들에게 어떤 사생활도 없다고 생각해도 좋습니다…… 우리는 여러 가지 방식으로 그들의 개인성을 빼앗을 것입니다. 전반적으로 이러한 조치들은 죄수들을 무력하게 만들 겁니다. 다시 말해, 이 상황에서 여러분은 전권을 쥐고 있고 저들은 아무것도 할 수 없습니다."

실험이 시작되고 24시간 만에 죄수들의 반란이 일어났다. 간수들은 일부 죄수에게 특혜를 준다든가 하는 방법으로 죄수들을 심리적으로 고립시키려 했지만 실패했다. 36시간 후, 죄수 한 명이 분노로 제정신이 아닌 지경까지 갔다. 간수들은 상황이 악화되자 점점 더 끔찍한 심리적 고문 방법을 동원했다. 죄수들을 콘크리트 바닥에 재운다든가, 감방에 양동이 하나만 주고 용변을 해결하게 한다든가(양동이를 비워주지도 않고), 벌거벗은 채로 죄수 번호를 복창하게 한다든가……

실험 시작 72시간이 채 안 되어 간수의 3분의 1 가량이 심각한 가학 행위를 하게 되었기 때문에 짐바르도의 제자이자 (나중에 아내가 되는) 크리스티나 매슬랙은 실험을 중단하자고 제의했다. 이리하여 실험은 6일 만에 종료되었다.[56] 간수들은 이 소식에 실망했다.

이 실험이 역사적인 이유는 현대 심리학이 실시했던 대다수 실험들과 달리 실험자가 직접 무대에 올랐고(짐바르도는 교도소장 역할을 맡았다) 그 반향을 몸소 겪었기 때문이다. 지금 같으면 이러한 실험 상황은 반과학적인 것으로 치부될 테지만 꼭 그렇게 볼 수만은 없다.

4. 과잉 정당화 효과: 보상은 과연 더 생산적일까?

게슈탈트 심리학자 칼 던커는 '문제의 창의적 해결 방법'을 실험했다. 피험자는 탁자가 하나 놓여 있는 방으로 안내되었다. 탁자에는 성냥갑 하나, 압정이 잔뜩 든 종이상자, 양초가 놓여 있었다. 벽에는 코르크판이 붙어 있었다. 피험자는 코르크판에 양초를 고정시키고 불을 붙이되 촛농

이 양초 아래 탁자에 떨어지지 않게 하라는 과제를 받았다. 이 과제는 상자를 비워 벽에 압정으로 고정시키고 그 안에 양초를 세운 후 불을 붙이면 쉽게 해결된다. 우리의 경직된 사고를 무너뜨리고 상자를 단지 압정을 담는 용도로 생각할 게 아니라 문제 해결의 한 요소로 생각해보는 것이 이 실험의 목표다. 그러나 많은 이들이 압정 상자를 진정한 문제 해결의 용도로 보지 못했기 때문에 애초에 기대한 결과는 나오지 않았다.

1962년에 심리학자 샘 글럭스버그는 금전적 보상이 피험자들의 문제 해결 능력 향상에 도움이 되는가를 실험했다. 그는 피험자들을 '동기 부여가 강한 집단'과 '동기 부여가 약한 집단'으로 구분했다. 동기 부여가 강한 집단은 한 문제를 풀 때마다 5~20달러를 받을 기회가 있었다(집단 내에서 문제를 가장 빨리 푼 사람 한 명은 20달러를 받고 상위 25퍼센트까지는 5달러를 받았다). 두 번째 집단은 금전 보상이 전혀 없었다. 놀랍게도 문제를 풀어도 금전적 보상이 없는 집단이 오히려 성적이 좋았다. 글럭스버그는 이 실험을 다음과 같이 해석했다. 보상은 우리 뇌를 익히 아는 상황(시험을 보고 점수를 받는 상황)에 위치시키는 반면, 보상이 없으면 뇌의 자유도가 높아진다. 나는 그의 관점에 전적으로 동의한다. '반에서 1등 할 거야' 정신은 창의성을 죽이고 순응을 부추긴다. 점수, 보상은 사람을 점점 더 순응적으로 만들고 그로 인해 온갖 비극적 결과를 몰고 온다…… 이 점만 보더라도 우리는 평가 위주의 삶을 왕좌에서 몰아내고 제자리로 돌려보내야 할 것이다.

5. 뇌는 이득과 손실에 똑같이 반응하지 않는다

흰머리카푸친 원숭이 한 마리에게 마시멜로를 준다.[57] 그다음에 동전을 던져 앞면이 나오면 마시멜로를 하나 더 주고 뒷면이 나오면 더 이상

주지 않는다. 이 상황에서는 원숭이가 마시멜로를 하나 더 받으면 좋아하고 못 받으면 그냥 그걸로 끝이다. 실험 상황을 살짝 바꿔보자. 탁자에 2개의 마시멜로가 놓여 있다. 동전을 던져 뒷면이 나오면 1개를 거둬들인다. 확률적으로 따지면 앞에서와 동일한 상황이다. 원숭이가 마시멜로를 1개 먹을 확률 50퍼센트, 2개 먹을 확률 50퍼센트니까. 그렇지만 첫째 상황은 뇌가 기분 좋게 받아들이는 이익의 기회를 제시한 반면, 둘째 상황은 불쾌하게 느껴지는 손실 위험을 제시했다.[58]

이 현상은 트버스키와 카너먼이 개발한 전망 이론을 부분적으로 확증해준다. 인간들의 경우에 비견할 만한 결과를 보여준 원숭이 실험은 우리가 이득과 손실을 합리적으로 대하지 못한다는 증거일 뿐 아니라 손실의 고통이 이득의 기쁨과 대칭적이지 않다는 점도 보여준다. 우리는 만족보다 불만에 더 큰 비중을 둔다. 이러한 발견은 금융 투기나 게임 중독 상황에서도 나타난다(뉴런 차원에서 동일한 반응이 관찰된다).

어떤 주식 투자자가 주식으로 처음에 1000유로를 벌었다 치자. 이때 그의 뇌에서는 도파민 분비가 활성화된다. 중독이란 매번 일정량의 도파민을 스스로 충족하려는 행동이다. 그런데 이 주식 투자자가 동일한 양의 도파민을 얻으려면 (간단히 말해) 1000유로가 아니라 1만 유로를 주식으로 벌어야 할 것이다. 그 이유는 입력값에 대한 반응이 로그함수로 나타나기 때문이다(뇌의 반응이 자극의 크기에 비례하지 않는다는 뜻.—옮긴이). 같은 양의 도파민을 한 번 더 얻으려면 10배의 이득이 필요하다는 얘기다.

손실도 단순화해서 말해보자면, 투자자가 1000유로를 잃으면 1만 유로 이득을 볼 때 얻을 수 있는 양의 도파민이 감소한다. 다시 말해, 우리 뇌가 이득과 손실에 부여하는 심리적 강도는 완전히 비대칭적이다. 뇌는 이득을 사소하게 여기면서 손실은 크게 본다.

놀이

덕질에도 배움이 있다

논다는 것은 즐기는 것이다. 옹색해 빠진 정신은 놀이가 신뢰할 만한 것이 못 된다 생각한다. 그렇지만 앞에서 보았듯이 놀이는 포유류에게 가장 널리 퍼져 있는 학습법이다. 까치, 돌고래, 낙지 등 제일 머리가 좋은 축에 드는 동물들은 모두 놀면서 배운다. 깐깐하기 짝이 없는 자연이 놀이를 학습 방법으로 택한 이유는 이 방법이 우리의 다른 모든 방법보다 훨씬 믿을 만하기 때문이다.

놀이는 장기간의 의도적 실행을, '탁월한 기량의 재미'를 장려한다. 놀이는 진입 장벽을 낮추고 퇴출 장벽은 높임으로써 모든 종류의 가르침에 이상적인 구조를 제시한다. 좋은 가르침이란 제자들을 쉽게 모아들이고 좀체 놓아주지 않는 법이다.

놀이에서는 동기 부여가 내재해 있다. 그러나 학교에서는 외적인 동기 부여가 필요하다. 공부와 담쌓고 학교를 괴로워하는 학생들은 연료가 바닥나 주저앉은 자동차들과 비슷하다. 어떤 교사들은 이들을 무시하거나 벌주고, 또 다른 교사들은 그래도 공부하라고 압박한다. 하지만 이들을 다시 달리게 하려면 의욕이라는 연료를 채워주고 시동을 거는 방법밖에 없다. 혹자는 의욕도 학생이 스스로 책임져야 할 부분이라고 할 것이다. 고교 졸업 이후, 투표권이 있는 나이 이후의 학업에 대해서는 그 말도 맞다. 하지만 미성년자는 정치적 지도자를 선택할 정도의 분별력이 없다는 이유로 투표권을 주지 않는다면, 미성년자에게 동기를 부여하는 기술도 우리가 담당할 몫이다.

놀이는 주의력을 라자 파라수라만이 발견한 한계 너머까지 유지시켜준다. 다시 말해 기계 정비사라면 이미 주의력이 바닥났을 시점에도, 비디오게임에 푹 빠진 사용자는 그 게임이 재미있기만 하다면 훨씬 더 오래 주의력을 끌고 갈 수 있다. 심지어 게임이 '산만해지는' 주의력을 계발해주기도 한다(여러 대상의 움직임을 한꺼번에 파악하고 좇아가는 능력은 안무를 짤 때나 축구 경기에서 굉장히 중요하다[59]). 그럼에도 여전히 교사와 학부모 들은 "게임이나 하면서 그랑제콜(프랑스의 엘리트 교육기관으로 프랑스 사회에서 일반 대학 체제와 구분되어 있다.—옮긴이)을 어떻게 간다는 거야"라고 단정적으로 말한다. 프랑스의 그랑제콜, 세계 그 어느 나라에서도 본뜨려 하지 않는 이 순응적 우수성의 모델이 외국인들에게는 이해가 가지 않는다. 그랑제콜에 들어가려면 아마 비디오게임과는 담을 쌓아야 할 것이다. 그러나 스탠퍼드, UCLA, 칼텍에 들어가고 싶다면 게임 덕후가 되는 것도 꽤 이점이 있다. 긱geek은 놀면서 배우고 자기 일을 놀이로 바꾼다.

현재 OECD 국가에서 게임 산업은 우수한 인재들의 일자리 창출에 빼놓을 수 없는 분야다. 학교가 학생의 직업적 미래를 준비시켜야 한다면 게임을 접하지 못하게 하는 게 더 비생산적이다.[60] 물론 중독 예방 차원에서 책임 있고 절제된 소비를 장려해야 한다. 그러나 게임이 설탕, 커피, 술에 비하면 그렇게까지 의존성이 높지 않다는 것도 알아두자. 마시고 싶은 마음도 없이, 자기 주관을 예민하게 발달시키지도 못하고 그냥 취할 때까지 퍼마시는 것이 특급 와인을 마시는 이상적 방법은 아닐 것이다. 게임도 마찬가지다. 게임에도 급이 있고, 책임 있는 소비를 배워야 한다. 가령 걸작으로 곧잘 손꼽히는 '크로노 트리거'가 비디오 업계에서 담당한 역할은 〈전함 포템킨〉이 정치영화 장르에서 담당한 역할에 맞먹는다. 게임이 엄연한 예술 작품과 마찬가지로 사용자에게 독창적인 사유와 결과를 불러일으킨다는 얘기다.

알코올 중독을 막겠다고 보르도의 포도나무를 다 뽑아버릴 순 없다. 마찬가지로, 게임 중독 때문에 게임이 의식의 특정한 상태들을 불러일으키기에 적합한 매체—이것이 오늘날 예술에 대한 가장 강력한 정의일지도 모른다—가 되었다는 사실을 무시해선 안 된다. 현재 세계 성장의 원동력임에 분명한 긱 산업geekustrie은 책임 있게 게임하는 법을 가르치면서 수많은 아이와 어른을 깨우치고 있다. 이 깨우침은 채용에 꼭 필요하다. 구글 사 면접에서 "게임은 좀 하십니까?"라는 질문에 "아니요"라고 대답한다면 그 구직자는 실패했다고 봐도 좋다.

프로게이밍의 교훈

'프로게이밍' 또는 'e-스포츠'는 새로운 현상이다.[61] 게임 고수들이 세계 대회에도 출전하고 백만 달러 넘는 상금을 받기도 한다. 뛰어난 심리학자 버네사 랄로Vanessa Lalo는 이미 우리 경제에서 게임이 직업적으로 지니는 의미를 알리는 데 꽤나 힘을 썼다. 가령 2015년에 출시된 게임 '더 위처 3'과 같이 자본이 대거 투자된 게임의 경우, 이미 예산으로는 영화 산업 분야의 최고 대작들을 뛰어넘

깐깐하기 짝이 없는 자연이 놀이를 학습 방법으로 택한 이유는
이 방법이 우리의 다른 모든 방법보다 훨씬 믿을 만하기 때문이다.
놀이는 장기간의 의도적 실행을, '탁월한 기량의 재미'를 장려한다.
놀이는 진입 장벽을 낮추고 퇴출 장벽은 높임으로써
모든 종류의 가르침에 이상적인 구조를 제시한다.
좋은 가르침이란 제자들을 쉽게 모아들이고 좀체 놓아주지 않는 법이다.

었다. 이 경향은 앞으로도 뒤집히지 않을 것으로 보인다.

프로게이머들은 나의 주요 연구 대상이었다. 내가 가장 놀란 점은, 일부 프로게이머들이 학교 다닐 때 공부를 심하게 못했고 교육 시스템에서 배척당했는데도 알고리즘, 컴퓨터공학, 수학적 최적화 등에서는 전문적 역량을 석사 뺨치게 계발할 수 있었다는 것이다. 나는 2015년에 '다섯 가지 조언: 아이들이 게임을 하면서 배우려면'을 『르 푸앵』 지에 시리즈로 연재했는데 여기에 그 내용을 조금만 옮겨보겠다.

> 게임은 지식 전달의 광섬유다. 오늘날 어떤 기술도 이보다 더 빨리 지식 혹은 노하우를 전달하지 못한다. 그러나 '게임화ludification', 즉 게임으로의 변형은 여전히 비용이 많이 들고 매우 어렵다. 따라서 게임화는 원칙이라기보다는 예외에 더 가깝다. 어떤 직업적 기술이나 지식의 '게임화'는 그때그때 개별적으로 고려할 문제이지, 뭉뚱그려 적용 가능한 산업적 레시피가 있는 게 아니다.
>
> (…) 의사, 조종사, 경영자, 천문학자, 법조인 양성에 게임이 점점 더 많이 이용되고 있다. 로봇으로 대체하기 힘든 직업군일수록 게임화가 필요하다. 여러분의 뇌가 자동차이고 의욕이 연료라면 의무화된 학습에서는 자동차가 시동 걸고 달리는 과정에서 연료를 다 써버릴 것이다. 그러나 게임을 하는 뇌는 잘 달리다가 멈춰야 할 때만 연료를 쓸 것이다. 좋아서 하는 게임을 시작하거나 계속할 때는 의욕을 잡아먹을 일 자체가 없기 때문이다.

조언 1

아이들의 게임 선택에 간섭하지 말되 건설적으로 관여하라. 몸에 좋은 음식과 정크푸드가 존재하듯이 게임 중에는 정신적으로 영양가가 높은 것도 있고 낮은 것도 있다. '문명 5' 같은 게임은 아주 훌륭하다. 아이들이 전략 게임을 좋아한다면 유진 시스템즈의 '워게임'도 훌륭하다. (…) 아이들이 선택한 게임에 대해 얘기해보고 왜 그 게임에 흥미를 느끼는지 이유를 들어보는 등 가급적 대화를 많이 하라.

조언 2

아이들과 함께 게임을 하라. 그 편이 게임을 중단시킬 때 훨씬 수월하다. '족장님'이 먼저 "그만하자"라면서 자리를 털고 일어나면 아이들도 좀더 순순히 게임을 마무리한다. 아이들이 게임을 할 때 30분에서 1시간 정도 이렇게 함께해주면 부모와의 실랑이 없이 게임을 중단하고 마무리하는 좋은 습관을 들일 수 있다. 모니터를 끈 채 컴퓨터 앞에 5분 정도 앉아서 그날의 플레이라든가 당신이 느낀 것에 대해 아이들과 얘기를 나눠보라.

조언 3

게임 소믈리에가 되어보라. 아이들이 쓰레기 같은 것들을 보고 듣고 읽는 일을 막을 수는 없다. 그래도 여러분은 이미 아이에게 명작을 보여주겠다고 영화관에 함께 갔던 적이 있을 것이다. 게임 분야에서는 사실 여러분보다 아이들이 가르쳐주는 입장에 있을 것이다.[62] 그렇지만 상관없다. 아이들의 취향을 끌어올려주자. 문학 평론가나 음식 평론가가 존재하듯이 아이들도 단순한 소비자에서 벗어나 게임 평론가의 자세를 취할 수 있게 하자. 게임 사용자가 자기 주관을 발달시키고 적극적으로 게임을 소비하는 것은 매우 중요하다. 사용자가 자신의 감정이나 중독 상태를 언어적으로 기술할 수 있을 만큼 게임에 대한 의식이 있어야 한다. 아이들이 부모와 함께 게임을 하면 비판적 감각이나 언어 표현, 특히 감정적 주관을 발달시키는 데 도움이 될 뿐 아니라 논증 능력도 향상된다. 아이들이 여러분이 하는 말에 토를 달거든 좋게 받아들여라. 말대답이 논리적으로 자기주장을 펴는 태도를 길러준다.

조언 4

게임 신용 대출제를 마련해보자. 지금 문제는 학교가 죽도록 따분한데 컴퓨터게임은 끝내주게 자극이 된다는 거다. 제인 맥고니걸은 그 점을 완벽하게 간파했다. 학교가 놀이가 될 수 있다면 균형은 회복될지도 모른다. 아이가 노는 것을 그만두려면 자제력이 필요하다. 부모가 아이들에게 게임을 중단하기 싫은 기분은 당연한 거라고, 그렇지만 자제력은 어렵고도 귀한 것이라고 설명을 해줘야 한다. 여러분이 자제력을 그 가치에 알맞게 보상해주어야 한다. 일과 컴퓨터게임 사이의 환율을 수립해보면 어떨까? 일하는 시간이 1~1.5배 유리해지게 환율을 잡아본다면 아이가 3시간 공부할 때마다 게임 2시간이 확보된다. 일하는 시간은 학과 복습뿐만 아니라 세차, 잔디 깎기, 장보기 등 다양한 수행 과제가 해당될 수 있다. 수학 점수를 평균 몇 점 올린다든가 하는 특수한 과제를 수행했을 때는 새 게임을 사준다든가 하는 식으로 특별한 보상을 줄 수 있겠다.

조언 5

컴퓨터게임 식단을 다양화하라. 뇌는 소화계와 비슷한 데가 있어서 다양하게 자극을 받을수록 기량이 발달하고 단일 자극을 싫어한다(그래서 학교가 그토록 괴로운 것이다……). 가끔은 서서 하거나 판 위에 올라서서 해야 하는 게임도 해보자. 일례로 피트니스 게임 같은 것은 어떨까. 이런 게임들로 마무리하면 뇌가 놀이와 의무의 전격적 분리를 겪지 않아도 되기 때문에 게임을 그만두기가 훨씬 수월하다. 건설게임, 시뮬레이션게임, 퀴즈게임 등을 섞어서 하는 방법으로 게임 식단의 다양화를 꾀할 수 있다면 더 좋다. 그러나 몸을 써서 하는 게임은 항상 가장 마지막에 배치하자.

컴퓨터게임의 경우, '현실을 회복하는'—흥미롭지 않은 현실 세계를(특히 노동 세계를) 흥미롭게 만드는—동시에 게임에 단순한 오락거리 이상의 존재 이유, 쉽게 말해 예술로서의 존재 이유를 부여해야 한다.

잊지 말자, 컴퓨터게임은 프로그래밍을 배우기에 아주 좋은 방법이고 실제로 그렇게 쓰여야 할 것이다. 게임 사용과 해커톤hackathon(팀 단위로 일정 시간 동안 프로그램을 해킹하거나 개발하는 행사.—옮긴이) 수행 능력 사이에는 실제로 상당한 상관관계가 있는 것으로 나타났다.

그렇지만 게임화를 꼭 컴퓨터게임 분야에만 한정해서 생각하지는 말자. 최고 기량의 운동선수들은 늘 훈련을 어느 정도 게임처럼 변화시킨다. 게임jeu을 하는 자는 그 게임에 걸려 있는 판돈enjeu을 생각하지 않을 수 없다. 따라서 역으로, 목표enjeu를 좇는 과정을 게임으로 만들 수도 있을 것이다.

신경인간공학적 도시

우리의 환경, 우리가 사는 도시를 인간공학적으로 설계할 수 있을 것이다. 이 설계에서는 의미의 흐름이 아주 중요할 것이다. 우리는 '기능적' 설계에 지나치게 몰두한 나머지 의미가 텅텅 비어버린 환경, 이를테면 거대한 베드타운들을 양산했다. 그러한 동네들이 지금까지도 주민들에게 괴로움을 끼친다. 임호텝과 비트루비우스를 위시한 고대 건축가들은 건물은 기능이 있어야 하지만 기능 이상의 의미도 지녀야 한다는 점을 잘 알고 있었다. 우리는 시급히 이 가르침을 다시 받아들여야 한다. 신체가 영혼을 담는 상자라면 도시는 신체를 담는 상자다. 도시들의 현 상태에서, 특히 파리와 그 외곽지대는 반드시 잘 활용해야 할 신성한 것을 존중하지 않고 있다.

공화국의 신성한 3대 이념의 하나인 박애를 보여주어야 마땅한 도시 파리가 1860년까지 거슬러 올라가는 케케묵은 경계 속에 갇혀 있다. 파리 밖에서도 도시인은 일종의 장애물이다. 도시인에게는 가까이 다가가고픈 마음이 들지 않는다. 도시인은 우리의 공간을 차지하고 우리를 제한한다. 결국 도시인이 없으면 우리는 더 잘 살 수 있을 거란 생각이 든다. 현대의 도시는 사람보다 자동차를 우선시한다. 교통로에서 자동차에게 할애되는 면적은 늘 적어도 보행자에게 할애되는 면적의 3배 이상이다. 보행자는 도시가 자기를 위해 만들어진 곳이 아니라고 생각할 수밖에 없다.

1961년에 도시사회학자 제인 제이콥스는 『미국 대도시의 죽음과 삶*The Death and Life of Great American Cities*』에서 활기찬 동네를 만드는 네 가지의 단순한 법칙을 발표했다.[63] 파리 시 외곽의 주요한 대학 캠퍼스들과 방리외는 이러한 조언을 완전히 무시한 채 설계되었다.

> 첫째, 활기차고 흥미로운 거리가 조성될 수 있게 하라. 둘째, 그러한 거리들의 조직으로써 가급적 연속적인 네트워크를 잠재적으로 '하위 도시'[64]의 규모와 힘을 지니는 지구district 전체에 만들어라. 셋째, 공원, 광장, 공공건물을 그러한 거리들의 조직에서 기본 요소로 활용하라. 그런 것들을 활용해 도시 조직의 복잡성과 다양한 용도를 강화하고 결합해야 한다. 넷째, 충분히 넓은 공간이 지구로서 기능할 수 있도록 그 공간의 기능적 정체성을 강조하라. (…) 고립된 거리만큼 무력한 것은 없다. 그러한 거리는 문제점들이 거리의 역량을 압도한다.

나는 내가 자란 파리 근교 방리외에서 제이콥스의 조언과 정반대되는 요소들을 고스란히 볼 수 있었다. 생기 없는 거리, 의미도 없고 문화도 없는 '무력한' 중심축, 다 똑같이 지어진 잠만 자는 아파트 등등.

도시농업, 식물이 자라는 벽, 생물적 환경정화(생물을 이용하여 공해를 정화하는 기술), 수직농장(도심의 고층건물에서 수경 재배 등을 이용하여 농작물을 재배하는 형태. 1999년에 미국 컬럼비아대 교수 딕슨 데스포미어가 처음 제안했다.—옮긴이)이 도입되면서 도시에 차츰 흙이 돌아왔다. 건축가 케이트 오르프는 이른바 '오이스터텍처Oyster-tecture' 프로젝트에서 굴 양식을 이용해 뉴욕 고와너스 운하의 수질 오염을 개선하고자 했다. 목표는 신경인간공학적인 도시를 만드는 것이고, 신경인간공학적인 도시란 (천재 건축가 뱅상 칼보의 표현을 빌리자면) "비옥한 도시cité fertile"이기도 하다. 도시민이라면 누구나 주말을 보내고 싶어 하는 자연이야말로 신경인간공학적인 환경이기 때문이다.

우리 뇌는 지치기 쉽다. 우리의 의욕도 마찬가지다. 안타깝지만 도시 생활에 우리의 배터리는 쉽게 닳는다. 스트레스, 불안, 좌절이 아침에 침대를 박차고 일어나자마자, 나아가 수면 중에도 우리를 덮치곤 한다(도시 환경에서 잠으로 원기를 충전하기란 점점 더 어려워지고 있다). 이상적인 도시는 우리의 배터리를 충전시켜주어야 한다. 인간이 건설한 환경 속에서 '코르티솔 유발 부담'이 현재 빚어지고 있기 때문이다.

이게 무슨 얘기냐고? 코르티솔은 우리가 스트레스를 받을 때 뇌하수체의 명령으로 부신피질에서 분비하는 호르몬이다. 세계 인구의 대다수가 도시에서 사는 현재, 우리는 코르티솔 과다 분비가 거의 전 세계에 창궐하고 있음을 목격한다. 코르티솔 과다 분비는 불면, 우울증, 자살과 무관하지 않다. 도시가 우리의 코르티솔 분비를 촉진하기보다는 낮추는 방향으로 변해야 할 것이다. 그런데 도시의 공해는 단순히 스트레스만 가중시키는 게 아니다. 스페인 연구진이 조사한 바에 따르면, 고속도로 인근에 위치한 초등학교 재학생들에게 대기 오염이 인지 지체를 유발할 수도 있다고 한다.[65]

건축가들이 코르티솔 유발 부담이라는 개념을 고려하여 동네와 도시를 건설한다면 신경인간공학적인 도시도 탄생할 수 있을 것이다. 그러한 도시는 사용자들의 배터리를 언제 어느 때나 충전해줄 것이다. 그러한 충전이 꼭 도시에 예정된 시나리오대로, 이를테면 문화적 향유를 통해서만 이루어지리라는 법은 없다. 단일 경작이 존재하지 않는 자연 속에서 **모든 것은 모든 것에 의존한다**omnia ad omnia. 완벽한 학습이 다중 채널로 이루어지듯이 완벽한 동네는 다양한 기능을 한다. 신경인간공학적인 캠퍼스도 마찬가지다.[66]

프랑켄슈타인 캠퍼스

사실, 대학 캠퍼스만큼 미래와 직결된 건축물은 없다. 캠퍼스는 인간이 미래를 준비하는 곳이기 때문에 모범이 되어야 한다. 알렉산드리아에서부터 마추픽추와 그리스 산토리니를 거쳐 9세기의 원형 도시 바그다드에 이르기까지, 건축학적 혁신의 대표 도시들은 지구와 우주를 연결하는 "실용적 꿈"[67]의 공간이었다.

케임브리지, 옥스퍼드, 프린스턴, 하버드, 스탠퍼드…… 어떤 국제캠퍼스들은 기가 막히게 잘 돌아간다. 하지만 그렇지 않은 국제캠퍼스도 많은데 그중 하나로 오르세/사클레 캠퍼스를 들 수 있겠다. 이곳에 방문한 외국인 학생들은 캠퍼스가 너무나 인간공학적이지 못하다고 비판한다. 일단 교통이 열악하다. 이곳에 연결되는 RER는 노후할 대로 노후해서 걸핏하면 고장, 아니면 파업이고 야간 운행은 일절 없다. 따라서 이 캠퍼스는 수도 파리의 매력과 단절되어 있다. 그렇다고 해서 아예 케임브리지나 옥스퍼드처럼 아기자기한 마을들이 어우러진 대학 도시로 봐줄 수도 없다. 차라리 그런 도시는 학생 수는 더 적고 밤에도 즐길 것들이 많다.

나는 에파주Eiffage 기술개발연구센터와 함께 미래의 캠퍼스에 대한 연구를 진행할 기회가 있었는데 그때 무슨 수를 써서라도 '프랑켄슈타인 캠퍼스'는 피해야 한다는 결론을 얻었다. 빌어먹을 '지하철–직장–잠'에서 3분의 1을 차지하는 '직장'을 위해 설계된 캠퍼스 말이다.

자기가 사는 곳이 나들이 장소가 되면 안 되나? 파리의 방리외도 이 근본적인 문제로 몸살을 앓고 있는데 안타깝게도 프랑스 대학 캠퍼스들은 방리외와 똑같은 모델을 바탕으로 설계되었다. 에콜 폴리테크니크는 '프랑스식 칼텍[68]'을 표방하지만 미국인들도 그렇게 봐줄 거라는 생각은 하지 마라. 대담한 학생들이 자기들끼리 무슨 일이라도 꾸미면 모를까, 에콜 폴리테크니크에 밤이 오면 여흥거리라고는 이틀에 한 번 오는 피자 트럭밖에 없다. 물론 에콜 폴리테크니크는 기본적으로는 군사 구역이고, 따라서 좀 외진 곳에 위치해야 할 것이다. 그렇지만 사정은 지프쉬르이베트Gif–sur–Yvette(파리 사클레 대학 CNRS 캠퍼스)도 마찬가지다. 이 캠퍼스에 오죽 활기가 없으면 못된 혀들이 'JPEG[69] 쉬르이베트'라고 새로운 이름을 붙여줬을까!

1953년에 왓슨과 크릭은 케임브리지의 이글이라는 선술집에서 밤 시간을 보내다가 DNA가 이중나선 구조일 거라는 아이디어를 얻었다. 프랑스 대학에서 이런 발견은 일어날 수 없을 것이다. 프랑스 대학은 음산하기 짝이 없는 데다 일단 밤이 오면 얼씬거릴 데가 못 되기 때문이다.

거북의 변신

브라질 쿠리티바 시 시장을 지낸 건축가 하이메 레르네르Jaime Lerner는 다양한 기능을 하는 동네들이라는 생각을 "거북의 변신"이라는 표현으로 요약한다. 미니타운들로 이루어진 도시 조직은 귀갑문, 다시 말해 거북 등딱지 무늬와도 같다. 이 무늬를 하나하나 떼어놓으면 거북은 행복하게 살 수 없을 것이다. 마찬가지로, 도시도 지하철–직장–잠이라는 기능 단위들로 다 구별되어버리면 결코 행복한 곳이 될 수 없다.

사실, 도시의 기능적 구분은 산업혁명에서 유래한 것이다. 당시에는 아무도 공장 굴뚝 바로 밑에서 살고 싶어 하지 않았다. 하지만 그 시절은 이미 갔고 이제 살기 좋은 시스템 도시의 시대가 열려야 한다. 도시가 내 신경을 선도하는 게 아니라 내 신경이 도시를 선도한다. 좌절을 낳는 도시는 폭력적인 도시다. 우리의 젊은이들이 의미도 없이 미래도 없이 죽치는 방리외는 이미 그들의 부모가 죽치던 곳이기도 하다. 때로는 그런 부모가 자기 욕구불만을 해소하기 위해 아이를 때리기도 하고, 폭력은 모방에 의해 대물림된다.

내일의 도시는 자연과 경쟁하지 않고 도리어 협력할 것이다. 물질적이지 않은 중심축으로 도시를 구조화하고 어떤 동네도 소외되지 않게 해야 한다. 그러지 않으면 소외된 동네들은 썩어 문드러지면서 도시 전체의 건강을 위협할 것이다. 신체 기관 한 군데가 감염되면 온몸에 열이 펄펄 끓는 것과 마찬가지다. 이러한 생각을 주로 발전시킨 것이 '도시 침술' 이론이다. 이 이론에 따르면 침을 특정 부위에 놓듯이 표적을 명시한 건설 사업들로 도시 전체를 건강하게 만들 수 있다.

'우리의 신경을 건드리는' 도시가 무슨 뜻인지 설명이 더 필요한가? 그렇다면 데이비드 맥케이 교수의 비극적인 죽음을 기억하자. 그는 죽을 날을 받아놓고 병원에서 눈물을 흘리면서 호소했다. 병실이 밤이나 낮이나 가릴 것 없이 너무 시끄러워서 그의 생애의 마지막 일주일조차 평온하게 잠을 잘 수 없었기 때문이다.[70] 어떤 종류의 비참함이든, 다 중요하다. 여기서는 무엇이 더 비참한지 비교하려는 것이 아니라, 우리의 도시 안에서 우리 신경을 건드리는 구조를 줄여나가야 한다고 주장하려는 것이다.

성性의 신경인간공학

유혹과 중독

에고가 기업의 첫째가는 파괴자라지만 커플에 대해서도 그 점은 마찬가지다. 진정한 나 자신이 수줍게 "내가 필요로 하는 것을 줘"

라고 말할 때 에고는 "내가 원하는 것을 내놔"라고 한다.

커플에는 두 가지 유형이 있다. 에고를 바탕으로 성립한 커플은 계약적 방식("이게 윈윈이야")을 좇는다. 이 커플은 상호간의 수요와 공급이 더 이상 맞지 않게 되면 바로 위태로워진다. 매우 드물긴 하지만 무조건적인 애정을 기반으로 하는 또 다른 유형의 커플도 있다.

일반적으로 그렇게 사랑을 나눌 줄 아는 사람들은 과학적 진단이나 지원이 필요치 않다. 그렇다고 해도 유혹, 중독, 커플의 역학이 성립하게 되는 신경인간공학적 동력은 타자에 대한 낭만적 경험을 개선하고자 하는 모든 이에게 여전히 흥미로운 부분이다.

유혹의 기법은 다양하게 잘 알려져 있다. 특히 남성-여성 커플의 경우는 가장 자료도 풍부하다. 픽업 아티스트(유혹 전문가들의 집단)가 등장하기 전에도 표적으로 삼은 남성 혹은 여성에게 접근하여 정서적으로 의존적인 관계를 맺고 그 사람으로부터 최대한의 정보를 끌어내는 기법을 개발하고 전수하고 연마하는 사람들은 있었다. 이제는 잘 알려져 있다시피, 인간은 감정에 중독되는 경향이 있고 유혹의 메커니즘은 대부분 이 감정 중독을 기반 삼아 작동하기 때문이다. 대상 인물의 애착을 끌어내려면 몹시 강렬한 감정을, 가급적 장기간에 걸쳐, 그 인물과 공유해야 할 것이다. 우리는 인상적이고 충격적인 사건을 함께 겪은 사람을 더 신뢰하고 어떤 조건들에서는 그런 과격한 감정과 낭만적인 감정을 혼동하곤 한다.

따라서 유혹(혹은 픽업 아트)의 기본은 '감정의 거래'다. 상대가 원하는 말과 행동으로써 그때그때 감정을 적당량 협응해가며 제공한다면 그 사람은 종종 부지불식간에 내게 심하게 의존하게 된다. 이 방법은 상대가 자기 자신을 모를 때에만 먹힌다. 예외적으로 그런 게 아니라 그게 규칙이다.

남성 대 여성

남성과 여성은 이성애 관계에서 파트너의 '이상적인' 수에 대해 의견 차이가 아주 크다. 남성들이 생각하는 적당한 파트너 수가 압도적으로 많다. 1997년에 랜드 피시킨과 리처드 밀러는 대학생들에게 다음과 같은 질문을 던지고 그 답변을 조사했다. "일생 동안 몇 명의 섹스 상대를 원하는가?" 남학생들의 대답은 평균 60명 이상이었지만 여학생들의 경우는 고작 2.7명이었다.[71]

이러한 격차를 설명하기 위해 자주 들먹이는 근거는 생리학적 요인, 즉 생식이라는 변수다. 지극히 단순한 해석대로라면 여성의 가임기는 한 달 중 나흘에 불과하나 남성은 늘 여성을 임신시킬 수 있기 때문에 섹스를 더 많이 하게끔 타고났을 것이다.[72] 그러나 이러한 관찰은 사회적 요인으로도 얼마든지 설명될 수 있다. 실제로 남성은 많은 여성과 자봤다고 고백하면서 내심 만족감을 느끼는 반면, 똑같은 고백도 여성이 하면 천박한 것으로 간주되기 일쑤다.

신경과학은 인간의 이성애 행동이 근본적으로 비대칭적이라는 것을 가르쳐주었다. 세계 어느 곳에서든 이성애 관계에 대한 남성의 기대와 여성의 기대는 결코 같지 않다. 그러한 현상은 진화로 광범위하게 설명이 된다. 생명의 수태에 있어 두 성의 역할은 다르다. 이를테면 에너지 소모라는 관점에서 봐도 그렇다. 남자는 이 여자 저 여자를 임신시킬 수 있고 일단 임신시키고 나면 그만이지만 여자는 그럴 수가 없다.

또한 여성이 남성에게 가장 성적으로 끌리는 요소들을 조사해보면 대부분은 선천적 요소들이다. 넓은 어깨와 허리가 이루는 V자형 상체도 그렇고(운동으로 가꿀 수도 있지만) 명민함이라는 요소도 그렇다. 이러한 남성적 특징은 사냥을 하거나 자식을 보호할 수 있는 능력을 나타낸다. 따라서 다양한 문화권에서 이러한 특징이 매력으로 통하는 것도 이해할 만하다.

반면, 남성이 보는 여성의 매력은 유전적인 부분에 더 많이 좌우된다. 허리 둘레와 엉덩이 둘레 비율(평균 0.75, 즉 3/4)은 전 세계에 통용되는 성적 매력의 한 요인이다. 엉덩이가 풍만한 여성은 장차 태아의 두뇌 발달에 없어선 안 될 필수지방산을 풍족하게 제공할 수 있다고 남성에게 '알리는' 셈이다. 그렇지만 전 세계 모든 나라에 통하는 어떤 성적 매력의 지표가 분명히 있다 해도 이성에게 매력을 발휘하게 하는 문화적 요인은 굉장히 많다. 어떤 경우에도 남성 혹은 여성의 매력은 유전학적으로만 설명되지 않는다. 더욱이나 개인적으로는, 남녀 모두 자기답게 사는 모습이 유전학을 뛰어넘어 이성에게 가장 성적 욕망을 불러일으킨다고 생각한다.

어쨌든 남성은 성관계의 기회를 최대화하고 싶어 하는 반면, 여성은 성관계를 좀더 선별적으로 하고 싶어 한다는 관찰 결과는 유효하다. 온라인 이성애 만남 어플 '틴더'도 이러한 비대칭성을 보여준다. 이 모바일 앱에서는 남성/여성 사용자의 프로필 사진들이 지나가는 것을 쭉 보면서 마음에 드는 사진은 화면 오른쪽으로 옮기고 마음에 들지 않는 사진은 왼쪽으로 옮긴다. 여성에 비해 남성이 하루에 들여다보는 프로필 사진이 더 많다는 점은 그리 놀랍지도 않을 것이다. 이러한 남녀 차이가 현재 데이트 앱의 주요한 골칫거리가 되고 있다.

유혹의 법칙

스위스 생물학자 클라우스 베데킨트는 주요조직적합성복합체(MHC, 우리 면역계에서 비판하고 선별하는 장치)라는 유전적 다양성이, 한 남성의 체취가 특정 여성들에게 더 매력적으로 다가가는 이유를 설명할 수 있는지 알아보려 했다. 그는 남자 대학생들에게 티셔츠를 나눠주고 이틀간 입고 지내게 한 뒤 도로 수거했다. 그리고 여자 대학생들에게는 티셔츠 냄새를 맡고 가장 마음에 드는 티셔츠를 고르라고 했다. 실험 결과, 여대생들은 자신과 MHC가 가장 상이한 남성, 즉 자신과 유전적 거리가 가장 먼 남성의 티셔츠를 선택한다는 것이 밝혀졌다.[73] 그런데 흥미롭게도 여성이 피임약을 복용하는 경우에는 이 같은 선택이 관찰되지 않는다.[74]

여성에 대한 남성의 매력 지표가 한 달 동안 별다른 변화가 없는 반면, 남성에 대한 여성의 매력 지표는 주기에 따른 변화를 보였다. 여성 자신이 느끼는 자기 매력의 지표도 마찬가지로 변했다. 여성은 가임기에 특히 남성에게 매력적으로 받아들여지고 자기 자신도 그렇게 느낀다. 일례로 연구자들은 스트립쇼걸들이 배란기 직전 기간에 팁을 가장 많이 받는 현상을 관찰할 수 있었다.[75] 또 다른 실험에서 서양인 남녀 집단에게 여러 남성들의 사진을 보여주고 누가 아버지로서 괜찮은 사람처럼 보이는지 물어보았다. 피험자들은 사진 속 남성이 수염을 기르고 있을 때 좋은 아버지처럼 보인다고 대답하는 비율이 높았다. 수염을 남자다움의 표시로 보는 태도는 특히 가임기 여성에게서 두드러졌다.[76]

1982년에 플로리다 주립 대학교에서 러셀 클라크와 일레인 해트필드가 진행한 또 다른 유명한 실험이 있다. '평균' 외모의 여학생들이 캠퍼스에서 가장 잘생긴 남학생들을 만나서 12시간 내에 성관계를 제안해보았다. 남학생들의 75퍼센트는 이 제안을 받아들였다. 똑같은 실험을 성별만 바꿔서 진행했다. 제안을 수락한 여학생은 단 한 명도 없었다.[77] 따라서 인간의 이성애 행동은 비대칭적이라는 것을 관찰할 수 있다. 남성은 기회를 최대화하는 반면, 여성은 선별에 더 중점을 둔다.

이처럼 남성과 여성의 리비도가 비대칭적이기 때문에 '안티데이트' 앱이 성공을 거둘 수 있었던 것이다. 이 앱에서 남성 사용자는 위치가 노출되지만 여성 사용자는 그렇지 않다. 달리 말하자면, 여성은 마음에 드는 남성에게 접근할 수 있지만 남성 쪽에서는 그럴 수 없다. 남성은 언제나 여성을 임신시킬 수 있기 때문에 여성이 싫다는데도 치근덕대는 경향이 있는 걸까? 그래서 여자가 좋다고 접근하면 웬만하면 자기도 좋다고 하는 걸까? 게다가 어떤 상황에서는 남자가 저돌적으로 밀어붙이는 모습이 여자에게도 점수를 따는 모양이다. 사실 남자들이 말을 안 해서 그렇지, 자기는 그런 쪽으로 전혀 공을 들이지 않았는데 여자 쪽에서 자기를 침대로 불러들인다는 판타지가 분명히 있다(그 덕분에 '남자 하나 입양하세요Adopte un mec' 같은 사이트가 성공할 수 있었다).

또 한 가지 매혹적인 신경인간공학적 현상을 들자면 '성적 흥분 혼동', 즉 감정적 흥분의 잘못된 귀인misattribution of arousal이 있겠다. 심장 박동이 빨라진다든가, 열이 난다든가, 숨을 더 깊이 들이마시게 된다든가 하는 특정한 생리학적 지표들은 성적 흥분이나 그 밖의 다른 감정을 나타낼 수 있다. 그 때문에 우리는 다른 감정을 성적 흥분으로 오해하기도 한다. 이러한 혼동을 분석한 실험 중에서 도널드 더튼과 아서 에런의 실험이 가장 참고자료가 많은 편이다.[78] 실험의 기본 설정은 다음과 같다. 실험자는 성적 매력이 넘치는 여성을 뽑아서 설문 조사원 역할을 맡긴다. 남성 이성애자 피험자들은 150미터 높이의 위태롭고 불안정한 다리를 건넌 후에 이 여성을 만나 설문 조사를 받았다. 여성은 자기 전화번호를 알려주면서 실험에 대해 궁금한 점 있으면 자기에게 연락을 달라고 했다. 피험자들이 다리를 건너자마자 여성 조사원을 만난 경우와 잠시 흥분을 가라앉힐 시간을 갖고 여성 조사원을 만난 경우를 비교해보니 전자가 나중에 전화 연락을 하는 비율이 더 높았다. 더튼과 에런은 격렬한 감정(위험한 다리를 건너옴)이 성적 흥분과 혼동되었기 때문에 이런 결과가 나온다고 해석했다. 게다가 '감정적 흥분의 혼동'은 유혹을 업으로 삼는 자들이 익히 알고 써먹는 수법이기도 하다. 이들은 표적으로 삼은 대상이 극심한 분노와 성적 열정을 혼동할 수도 있다는 사실을 잘 안다.[79]

REEDOM
FESTIVAL
MUSIC
OUT
DOOR
GAME
SUBWOO
NERO
CAR.
EASILY
FREE. GRAFFITI
VERY CAREFULLY ?
NES

8

마케팅, 정치, 저널리즘

뛰어난 사기꾼은 여러분이 원하는 것을 누구보다 잘 안다.
여러분을 그만큼 잘 이해하는 사람이 달리 없어 보일 만큼.
그래서 여러분은 그에게 자기애적인 관심을 더욱더 기울이게 될 것이다.
이 함정에 깊이 들어갈수록 빠져나오기는 힘들다.
진실의 비용이 높아질수록 진실을 받아들인다는 것이 힘들어지기 때문이다.

마케팅의 신경인간공학

제품과 아우라

마케팅의 목표는 욕망이 필요를 넘어서게 하는 것이다. 따라서 대부분의 소비재가 수요보다 공급이 많아진 때부터 마케팅이 비약적으로 발전한 것은 당연하다. 그런데 마케팅은 모든 수준에서 신경에 관여하는 일이고(홍보 마케터는 소비자의 신경을 조작한다) 신경-작업의 합당성을 보는 경우에 분명히 해당하기 때문에 상당한 신경인간공학적 관심을 요한다. 이드리스 샤가 뭐라고 했던가. "인간의 본성에 대해서라면 그 분야 전문가들보다는 매디슨 애비뉴에서 더 많은 것을 배울 수 있습니다."[80]

마케팅은 경험적 성격이 강하고 시행착오를 통해 작동하기 때문에 자연선택의 과정과 흡사한 논리를 따른다. 마케팅의 궁극 목표가 상품의 판매인 이상, 실제로 판매 효과가 있는 기법은 반복되고 강화된다. 나머지 기법들은 도태된다. 게다가 선택의 치열함이나 규모, 지속 기간을 보건대 표적을 조종하는 능력은 마케팅 전문가가 신경과학자보다 한 수 위에 있다(그래도 마케팅 전문가와 신경과학자의 대화는 대단히 생산적이겠지만 말이다). 하지만 신경과학자는 조종 현상들의 작동 과정에서 신경학적 원동력을 따로 떼어 볼 수 있다. 이러한 작업의 경로는 매우 흥미롭지만 시장과 직접 부딪치는 판매만큼 그때그때 진행에 따른 압박을 받지 않는다. 그렇기 때문에 마케팅은 마케팅 전문가에게 맡기는 것이 마땅하다.

광고 홍보의 토대는 연상 기억이다. 어떤 제품을 팔고 싶다면 사람들이 욕망하지만 가질 수 없는 그 무엇을 제품과 연결시켜라. 제품과 연결되어 있는 그것을 소비자가 결코 얻지 못할 것, 그래서 좌절은 지속된다는 것이 핵심이다. 달리 말해보자면, 소비자에게 갈증을 불러일으키고서 시원한 물의 이미지와 결부된 기름을 파는 격이다. 기름은 물이 아니기 때문에 고객의 갈증을 결코 풀어주지 못한다. 그러나 이렇게 물에 대한 욕망을 이용한 덕분에 기름은 팔린다. 만약 소비자가 기름 살 돈으로 얼마든지 물을 살 수 있다면 기름 장수는 곤경에 빠질 것이 당연하다. 바로 이러한 이유에서 소비자는 절대로 제품과 연결되어 있는 그것(자유, 혁명, 자아실현 등)을 획득할 수 없어야만 한다.

고객은 제품을 사면서 무의식적으로 그 제품과 결부된 아우라까지 손에 넣은 기분을 맛본다. 구매자는 원자재를 사듯 제품을 사는 게 아니라 제품의 아우라도 함께 산다. 그래서 제품의 심리적 부피는 단순한 유용성보다 크고, 구매자의 정신 안에서도 마치 '부풀려지기라도' 한 것처럼 훨씬 큰 정서적 공간을 차지한다. 심지어 이러한 현상은 뇌 영상 촬영으로도 확인된다. 연상 기억을 이용하여 제품을 '부풀리는' 것이 마케팅의 주요한 기술 중 하나다. 구매자는 이 공간의 크기에 따라서 **지불 용의**willingness to pay 혹은 심리적 가격을 정한다. 구매자의 지불 용의는 가격 결정에 지대한 역할을 한다. 수요와 공급의 법칙 이상의 역할이다.

실제로 소비재의 공급이 수요를 앞지른다면 잉여 생산이 발생하기 때문에 가격 하락을 기대해야 한다. 그런데 제품에 아우라를 더해 수요/공급 균형을 무시하고 무조건 사고 싶게 만드는 것이 바로 마케팅의 목적이다. 이런 이유에서 오늘날 **호모에코노미쿠스** 개념은 힘을 잃기에 이르렀다. 인간이 정말로 금전적 '이익을 최대화하는 행위의 주체'라면 당연히 구매와 판매에 관한 의사 결정도 자기에게 가장 이익이 되는 방향으로만 내려야 할 것이다. 그러나 현재 신경과학은 인간이 제품을 구매하면서 최대화하고자 하는 것이 무엇인가를 훨씬 더 신중하게 바라보게 해준다.

좌절시키는 기술

현대 마케팅은 지속적인 좌절에 근거해 있다. 좌절은 폭력의 가능성을 품고 있기 때문에 위험하다. 나 개인적으로는 여자 친구를 사귄 적 없는 젊은이들이, 특히 일부 국가들에서, 폭력적인 모습을 서슴없이 드러내거나 폭력에 끌리는 경향이 있음을 관찰하고 매우 충격을 받았다. 여기서 어떤 인과관계를 주장할 생각은 없다. 그러나 나는 사회 혹은 유기적 조직 안에서의 폭력이(마치 암이나 우울증처럼) 일종의 '개연성 저금통'이라고 생각한다. 저금통에 돈을 자꾸 집어넣으면 언젠가 꽉 차듯이, 언제고 사건은 터지고 만다. 자기 차가 긁혔다는 이유로 다짜고짜 총을 꺼내 상대를 쏘아버린 운전자는 그 순간의 좌절보다 더 큰 좌절, 그동안 축적된 좌절을 그런 식으로 표현한 것이다. 이 원칙대로라면 좌절은 '저장'될 수 있고 일종의 개인적 혹은 집단적 에너지처럼 취급될 수 있다. 심지어 좌절을 조종하거나 증폭시키고 폭동이나 혁명으로 유도할 수도 있다. 첩보 관련 일을 하는 사람들은 집단적 좌절을 지정학적 분규를 일으키는 데 이용할 수도 있다는 것을 알기에 이 원칙에 익숙하다. 게다가 그런 이용이 대놓고 드러날 때는 판촉 문구, 자금력에 속하는 문제가 된다. 매디슨 애비뉴도 부정하지 않을 것이다. 좌절은 폭력을 점화시키기에 아주 좋은 수단이다.

문제는 끝없는 갈증과 좌절이 소비의 바탕이 되면 사회가 일종의 폭력세를 치러야 한다는 것이다. 폭력세는 목숨, 사고, 강력범죄와 경범죄로 매겨진다. 따라서 이런 사회의 경제는 늘 좌절의 압력을 받으면서 돌아간다. 낡은 전기모터에서 파바박 불꽃이 튀듯이 좌절을 연료 삼아 돌아가는 소비사회의 모터에서는 폭력의 불꽃이 튄다. 그 불꽃이 엄청난 화재로 번질 수도 있다. 신경심리학은 이러한 위험을 나타내는 지표를 만들어내기도 했다. 지금은 국민의 좌절 없이는 국내총생산도 있을 수 없으니 문제다. 우리는 아마도 '국내총좌절'을 부분적으로라도 수치화할 수 있을 것이요, 이 지표는 1인당 국민소득이 높다는 나라들이 우울증 발병률이나 자살률이 높고 비관적인 분위기가 팽배하는 이유를 설명해줄 수 있을 것이다. 우리 경제가 소비를 중심으로 작동하고 소비는 다시 마케팅으로 작동한다면 결국 우리 경제는 충동, 좌절, 욕구불만으로 돌아가는 셈이다. 만족한 고객은 더 이상 소비를 하지 않는다. 만족하지 못한 고객은 다시 소비를 한다. 이렇게 간단한 얘기다. 계획적 불만은 계획적 구식화만큼이나 작금의 경제에 필수적이다(계획적 구식화 혹은 진부화planned obsolescence는 기업에서 이후의 신상품 판매를 촉진하기 위해 상품 제작 단계에서 의도한 진부화·노후화를 가리킨다.—옮긴이).

물론 이러한 관찰에서 이제 소비가 인간을 위한다기보다 인간이 소비를 위해 존재한다는 결론이 나온다. 인간은 더 많이 소비하기 위해 자신의 행복마저 저당 잡힐 준비가 됐으니 말이다. 어쩌면 미래 세대는 우리의 과오에서 좀더 지혜를 얻어 좌절을 환경 오염, 대기 오염에 맞먹는 정신적 공해로 볼지도 모른다. 그 세대는 이렇게 말하리라. "아시겠지요? 이 돼먹지 못한 신新중세 사람들이 얼마나 불결했느냐 하면요, 그들은 자기네가 숨 쉬는 공기나 마시는 물, 자식들에게 먹이는 우유가 오염되는데도 그러려니 하고 살았답니다. 자기네 피, 뼈, 머리칼까지 오염되는데도 아랑곳하지 않았어요. 우리가 그 당시 사람들의 신체 조직을 분석해보았더니 납, 카드뮴, 수은, 비소, 다이옥신이 검출됐답니다. 하지만요, 더 고약한 문제가 있었어요. 그들은 오로지 경제를 살리겠다는 이유로 지속적인 불안과 좌절로 정신을 오염시키는 것도 당연시했대요."

"폭력이 좌절감의 결과라면 우리는 그러한 좌절감이 구체화되기 전에 파악해야만 합니다."[81] 이드리스 샤의 이 발언은 좌절과 폭력의 관계를, 그리고 그 관계를 와해시키기 위해 견지해야 할 시각을 투명하게 드러낸다. 예를 들어 프랑스의 방리외 문제나 미국의 갱단 문제를 해결하고자 한다면 정치인들은 이런 시각에서 영감을 얻어야 할 것이다. 고대의 일부 사회는 아예 연중 어느 시기를 잡아서 그동안 축적된 좌절을 한껏 분출하는 제도를 만들기도 했다. 바쿠스제, 사육제, 그 밖에도 비슷한 성격의 축제들이 있었다. 지금은 온라인 포르노 사이트로 구체화되는 가상의 바쿠스제만이 존재한다. 그런 사이트들이 매일같이 우리 사회에 쌓인 긴장과 좌절을 조금씩 재활용한다. 사회적 기능이 자명한 매춘까지는 굳이 들먹이지 않겠다. 하지만 결국 우리 사회가 평온보다는 좌절과 불안을, 고요함보다는 소란을, 충만함보다는 결핍을 중심으로 돌아가기 때문에 매춘마저 어떤 사회적 기능을 하는 것이다.

에로스와 타나토스, 마케팅의 톱니바퀴

마케팅은 연상을 이용해 제품을 판다. 그러기 위해서 가장 근본적인 두 원동력을 끌어다 쓰는데, 그게 바로 성性과 공포다. 에로스가 적극적인 욕망("난 그걸 원해")에 쓰인다면 타나토스는 소극적인 욕망("난 그걸 원치 않아" "그 일이 일어나지 않으면 좋겠어")에 쓰인다. 국민에게 정당한 전쟁을 팔고 싶은가? 타나토스를 이용하라. 맥주를 팔고 싶은가? 에로스를 이용하라. 전쟁을 팔든 맥주를 팔든 똑같은 조종이다. 한 나라 국민에게 자유를 침해하는 일련의 조항들을 앞세우고 암묵적으로든 노골적으로든 합의를 얻어낼 작정이라면 타나토스를 써먹어야 할 것이다.

타나토스는 일반적으로 에로스보다 우리의 주의력을 더 끌어당긴다. 혹자는 나에게 헛소리하지 말라고, 포유류의 생식 본능은 목숨이 왔다 갔다 하는 위험도 불사할 만큼 강력하다고, 그런 의미에서 타나토스보다는 에로스가 더 강력하다고 반박할 것이다. 교미 중인 포유류 두 마리는 포식자가 나타나도 아랑곳하지 않을까? 반대로, 포식자를 피해 달아나는 포유류는 눈앞에 성적 파트너가 나타나더라도 신경 쓸 겨를이 없을 것이다. 실제로 목숨을 잃은 동물은 영영 자손을 남길 수 없지만 교미 기회를 놓친 동물에게는 다음 번 기회가 있을 것이다.[82]

공포는 상당한 주의력을 잡아먹고 구매를 자극할 수도 있지만(무기상은 그 점을 잘 알고 정부 혹은 개인에게 접근한다) 사람들을 보수적으로 만들고 소비를 위축시키는 경향도 있다. 섹스는 반대로 사람들을 자유분방하게 만든다. 섹스는 우리가 위험을 감수하고 더 많이 지출하게끔 자극한다. 이러한 까닭으로 섹스는 지금의 마케팅에서 단연 독보적인 원동력이 되고 있다. 타나토스로 자극받은 소비자 집단은 에로스로 자극받은 소비자 집단보다 소비를 덜 할 것이기 때문이다.

광고업자들은 이 모든 생각을 진즉에 한마디로 요약했다. "섹스가 들어가면 팔린다Sex sells." 기본적인 예를 들어볼까. 풍만한 금발 미녀를 맥주와 연결시킨다. 소비자는 맥주를 사면서 무의식적으로 금발 미녀까지 쟁취한 기분이 된다. 그러나 이러한 연상이 더 길게 갈 수도 있다. 나는 최근에 유튜브에서 취향이 심히 의심스러운 광

Sex sells

고를 한 편 보고 어안이 벙벙했다. "최첨단 기기를 조종해보세요." 영상 속에서는 매력적이고 자신만만해 보이는 여성이 전투기 조종복을 입고 있는데 문제의 최첨단 기기는…… 다리미다. 어떤 가정주부든 다리미질보다는 비행기 조종을 해보고 싶을 것이다. 이 광고는 그러한 불만족을 노리고 있다.

질레트 면도기 광고에서는 한 남자가 수염을 말끔히 민 얼굴을 풍만한 가슴에 기댄다. 오랑지나 주스 광고에서는 인간과 비슷한 모습의 동물들이 등장하는데 성적 매력이 유난히 강조되어 있다(육감적인 몸매의 암호랑이, 가슴이 큰 암토끼 등). 이 경우는 연상이 근본적으로 실현 불가능하기 때문에 더욱더 힘이 있다. 맥주 구매자는 광고 속 금발 미녀와 섹스를 한다고 상상할 수 있지만—실제로 그렇게 될 확률은 희박하지만—오랑지나 광고 속 동물들은 어떤 경우에도 만날 수 없다.

연상이 여기서 더 나아갈 수도 있다. 아프리카 젊은이들이 그 무엇보다 원하는데도 가질 수 없는 게 뭘까? 바로 비자다. 그래서 필립 모리스 사는 니제르에서 '비자'라는 담배 브랜드를 내놓았다. 담뱃갑 색상부터가 여권을 연상시키는 데다 한복판에는 대서양 쪽으로 바라본 지구가 떡하니 그려져 있다. 대서양을 사이에 두고 아프리카와 아메리카가 있다. 광고 문구는 "인터내셔널 필터 킹"이다. '왕'이라는 단어도 판매에 잘 먹힌다는 점을 말해두어야겠다. 우리는 모두 왕이 되기를 바라는 모양이다.

헤비언 시냅스와 연상 기억의 역할

광고의 연상 작용에 관여하는 신경 메커니즘 중 하나가 헤비언 시냅스Hebbian Synapse다. 1949년에 『행동의 조직*The Organization of Behavior*』이라는 저서에서 이 메커니즘을 이론화한 도널드 헵Donald Hebb의 이름을 따서 이런 명칭이 붙었다. 헵의 원리는 "**함께 점화하면 연결된다**Fire together, Wire together"라는 유명한 말로 요약된다. 달리 표현하자면 뉴런들은 **함께 활성화될 때**fire together, **서로 연결된다**wire together. 이 메커니즘은 연상, 특히 기억에서의 연상에 생리학적 근거를 마련해주었다. 우리는 모나리자의 미소만 보아도 〈모나리자〉라는 작품 전체를 자연스레 떠올린다. 어떤 냄새를 맡고서 거기에 결부된 오만 가지 추억을 떠올리기도 한다.

마케팅은 제품과 결부된 기억들로 가상의 아우라를 만들어냄으로써 이 메커니즘을 야무지게 이용한다. 가상의 아우라는 대개 메시지를 통해 전달되지만 드물게는 실제 경험으로 전달될 수도 있다. 맥도널드의 천재적 발상을 보라. 빅맥 소스 맛은 맥도널드에서의 생일파티와 자연스럽게 연결된다. 이게 소위 일화 기억·생애 기억 마케팅이다. 다시 말해, 고객의 생애에서 주요한 시점들에 브랜드를 연결시키는 마케팅이라고 하겠다. 여기서 '브랜드/표시marque'는 좀더 넓은 의미를 띤다. 표시가 찍히는 것, 즉 강조되는 것은 제품이 아니라 소비자 자신이다. 실제로 브랜드는 제품을 파는 데 만족하지 않고 어떤 경험을 판다. 그리고 경험은 곧 신경학적인 것이다.

헤비언 연상 메커니즘은 공감각, 가상현실, 운전, 상징에 대한 학습, 조작적 조건화operant conditioning(행동주의 심리학 이론으로 어떤 반응에 대해 선택적으로 보상함으로써 그 반응이 일어날 확률을 증가시키거나 감소시키는 방법을 말한다.—옮긴이) 등의 인지 기능에도 관여한다. 또한 이 메커니즘은 홍보 전문가가 제품의 인지도를 높이기 위해, 다시 말해 현금으로 돌아올 가상적 가치를 더하기 위해 사용하는 수단 중 하나이기도 하다. 하지만 우리는 실제 화폐로 지급될 수 있는 이 '신경가치neurovaleur'의 어마어마한 잠재성을 겨우 살짝 건드렸을 뿐이다. 현재 비디오게임과 온라인게임 산업, 특히 도박성 게임은 자기네 사활을 걸고 이 잠재성을 열심히 탐색하고 있다. 게임 산업은 가상화폐를 만들어내고 캐릭터의 새로운 의상이나 도시의 새로운 배경을 다운로드할 권리를 사용자들에게 판매한다.

지금 뉴로이코노미는 고객들의 행동 방식과 의사 결정, 그들을 최대한 이익을 추구하는 행위의 주체로 만드는 원동력에 관심을 기울인다. 또한 그들이 정말로 최대화하고 싶은 것이 무엇인지(감정, 관념 등), 어떤 재화나 서비스의 가치를 신경학적으로 증폭시킴으로써 가격을 높이는 방법에는 어떤 것이 있는지 골몰해야 할 것이다.

세계에서 가장 흥미로운 사내가 도스 에키스를 마신다

미국에서 대단한 선풍을 일으킨 나머지 광고학 수업에 단골로 등장하게 된 맥주 광고가 있다. 도스 에키스라는 맥주 브랜드는 연상의 손잡이들을 절묘하게 조합한 데다 '이전에는 없었던 시도'라는 또 다른 마케팅의 핵심 키를 잘 활용했다. 광고 영상은 '세상에서 가장 흥미로운 사내'에 꼭 맞춘 듯한 한 인물을 보여준다. 광고는 일단 이 인물이 얼마나 뛰어난가를 주워섬긴다. "그의 셔츠는 구겨지는 법이 없죠." "모기들도 존경심이 넘쳐서 그런가, 그는 절대로 물지 않아요." "그는 세상의 모든 언어를 구사하죠. 자기밖에 모르는 3개 언어를 포함해서요." 이어서 근사한 술집에서 환갑이 넘은 듯한 알파맨이 자기 나이 반밖에 안 되어 보이는 젊은 미인들에게 둘러싸여 있는 장면이 나온다. 남자는 근엄하면서도 자신감 넘치는 음성으로 말한다. "맥주를 늘 마시진 않습니다. 하지만 맥주를 마실 거라면 도스 에키스가 좋지요." 이어서 "목마름을 잃지 말게, 친구Stay thirsty, my friend"라는 광고 문구가 나온다.

이 광고에서 무엇을 찾을 수 있는가? 전략과 심리학이다. 전략적으로 이 맥주는 모든 연령 구분을 한꺼번에 뛰어넘는다(그런 구분이 적법하든 그렇지 않든 간에). 사춘기도 못 벗어난 소년부터 은퇴한 노인이나 젊은 가장에 이르기까지, 모두에게는 '세계에서 가장 흥미로운 사내'가 되고 싶은 마음이 있다. 그런데 세계에서 가장 매력적인 남자가 누구나 빤히 아는 맥주, 흔한 맥주를 마실 수야 있나. 그래서 광고업자들은 이 브랜드의 상대적으로 낮은 인지도를 활용해 차별화에 성공했다. 제품이 차별화되면 그 과정에서 가격을 좀 높게 책정할 수도 있을 것이다. 요컨대 그들은 제품의 단점을 장점으로 바꿔놓았다. 이 광고가 또 절묘한 것은 암시적 조종 때문이다. 광고는 시청자에게 대놓고 도스 에키스를 마시라고 말하지 않는다(세계에서 가장 흥미로운 사내가 맥주만 마실 수는 없다). 하지만 그 인물의 입을 빌려 이렇게 말한다. "맥주를 마실 거라면 도스 에키스가 좋지요." 그다음에 이어지는, 최면을 거는 듯한 주문 "목마름을 잃지 말게, 친구"는 기나긴 준비 과정 덕분에 더 큰 효과를 발휘한다.

도스 에키스 광고의 영향력이 얼마나 대단했는가 하면 성인 남성용 기저귀 판매 광고업자들까지 이 광고를 본떴을 정도다! 요실금으로 고생하는 성인용 기저귀 브랜드는 광고에 중후하고 매력적인 노년의 남성을 등장시켰다. 광고는 이 남자가 얼마나 열정적으로 살아왔는지 보여준 다음, 그는 자기 환경을 통제하기 좋아하기 때문에 요실금 따위가 자기 인생의 템포를 좌우하게 내버려두지 않는 사람이라고 선언한다. 도스 에키스가 제대로 내놓은 '세계에서 가장 흥미로운 사내'는 수많은 아류를 낳았다.

마케팅의 또 다른 신경 손잡이는 적응adaptation이다. 감각뉴런은 오래 자극을 받으면 더 이상 신호를 방출하지 않는다. 예를 들어 아주 오랫동안 앉아 있다가 일어나면 의자가 몸에 박인 것 같은 기분이 든다. 여러분이 의자에 앉아 있는 동안 내처 눌려 있었던 통각수용기가 더 이상 신호를 보내지 않기 때문에 의자에서 일어났는데도 계속 앉아 있는 것 같은 느낌이 드는 것이다. 광원光源을 한참 바라보면 눈을 감거나 시선을 딴 데로 돌려도 한동안 그 빛의 흔적이 망막에 남는다. 신경세포가 그 빛에 적응했기 때문이다.

우리는 적응을 하기에 자주 접하는 것에 무감각해진다. 자주 일어나는 일은 우리 감각과 의식에 확 다가오지 않는다. 그런데 광고란 확 튀는 것이 존재 이유인 반면, 자주 접할 수 있다는 성격을 띤다(광고가 파는 물건은 수요보다 공급이 더 많다). 이 빈도와 돌출성 사이의 긴장이, 마케팅을 어떻게든 차별화를 추구하고 주의력을 끌어당기려는 세계 차원의 군비 경쟁으로 몰고 간다. 그렇지만 광고 메시지를 차별화하는 기술은 누구나 구사할 수 있는 게 아니다. 예외적으로 잘 만든 광고들만이 허를 찌르는 공격에 성공한다.

애플의 광고

마케팅 전문가들은 경계 설정의 중요성을 코드화하고 검증했다. 특히 세스 고딘은 경계 설정의 중요성을 매우 명쾌하게 보여주었다.[83] 애플 사가 1984년에 출시한 최초의 매킨토시 광고는 이 분야의 전설로서 역시 명쾌하기 그지없다. 이 광고도 오늘날 광고학 수업에서 빠지지 않는다. 애플의 광고는 차별화에 가장 초점을 맞추었기 때문에 행동보다는 인지에 주력했다. 이 광고는 조작적 조건화를 꾀하지 않으며 단순한 행동, 나아가 충동적 행동을 암시적으로 권하지도 않는다. 그보다는 성찰, 유머, 깊이를 추구한다.

리들리 스콧이 〈블레이드 러너〉를 생각하면서 찍었다는 광고는 매디슨 애비뉴의 법칙들을 대놓고 파괴한다. 이 때문에 당대의 광고 전문가들은 이 광고에 대해 회의적이었다. 그러나 이 광고는 그 독창성에 걸맞은 문화적 영향력을 행사했고 애플을 세계 최고의 브랜드로 만드는 데 일조했다. 광고가 보여주는 디스토피아 사회의 구성원들은 모두 비슷비슷하게 생겼다. 거대한 화면 속에서는 빅브라더를 연상시키는 인물이 기계적인 말투로 연설을 하고, 구성원들은 그 연설에 맞추어 프리츠 랑의 〈메트로폴리스〉에서처럼 일사불란하게 행진을 한다. 이때 여성 운동선수 아냐 메이저가 잿

빛의 먼지투성이 배경에서 망치를 들고 결연하게 달려 나온다. 군인들이 그녀를 저지하려고 쫓아오지만 그녀가 먼저 대형 화면을 망치로 깨부순다. 이어서 검은 바탕 화면에 하얀 글씨로 다음과 같은 메시지가 뜬다. "1월 24일, 애플이 매킨토시를 선보입니다. 그러면 여러분은 1984년이 왜 『1984』와 다른지 알게 될 겁니다."

이 광고 캠페인은 관습을 깨뜨렸다. 심지어 제품이 광고에 나오지도 않는다. 머리에 맴돌 만큼 강렬하거나 상투적이지 않고 전형적인 광고 문구도 없는데 재치가 넘친다. 이 광고가 암시하고자 하는 연상은 행동적인 것이 아니다. 여기서 광고는 오히려 생각을 자극한다. 미국인이면 소설 『1984』를 누구나 아는 것도 아니요, 이 광고가 1984년도 슈퍼볼 중계방송에 나왔다는 점을 감안하면 더욱더 의외다. 그렇지만 역설적이게도 이 광고는 차별화 덕분에 성공했다. 텔레비전 화면 앞에서 넋 놓고 있는 시청자 본인의 모습을 돌아보게 했다는 점에서 이 광고는 예상 밖이었고 반성적이기까지 했다. 바로 그 점이 먹혔다. 화면 자체를 박살냄으로써 시청자를 예속시키기보다는 해방시켰고, 전통적인 광고의 최면성 메시지를 거부함으로써 이 행위의 형식과 내용이 울림을 갖게 했다. 이 광고는 예상을 벗어났고, 우리 뇌에는 예상 밖의 것이 더 확 와 닿는다. 데자뷔, 어디서 본 듯한 것을 경계하라. 이것이 홍보의 황금률이다.

실제로 우리 뇌는 이미 본 것을 무시하게끔 진화적으로나 문화적으로나 조건화된다. 일례로 첩보원도 장차 활동하게 될 장소에서 이미 사람들에게 노출된 적이 있다면 적임자로 인정받기가 쉽다.

원숭이와 오르간 연주자: 누구 보라고 만든 광고일까?

그렇지만 광고 홍보에서 친숙함도 어느 정도는 유리하게 작용한다. 친숙함이 우리의 비판 정신을 약화하기 때문이다. 새로운 〈스타워즈〉 3부작의 홍보 캠페인은 이러한 효과를 잘 보여준다. 영화 포스터에 무기를 집어넣으면 관객이 늘어나는 경향이 있다. 폭력과 공포가 자연스럽게 우리 뇌를 정신 못 차리게 만들기 때문이다.[84] 〈스타워즈〉 프리퀄 3부작은 데자뷔를 피한다는 측면에서 예상된 단순한 기법을 사용하는 한편, 프랜차이즈의 친숙함을 결합시켰다. 〈스타워즈〉의 정서적 가치에서 중심을 차지하는 것은 레이저 광선검, 즉 데자뷔다. 그래서 프랜차이즈는 쌍날의 레이저 검과 악당 다스 몰을 설정했다. 최초의 3부작에서 16년이 더 넘어 새로운 3부작이 나왔을 때는 십자 광선검이 화제의 중심을 차지했다. "이번에는 엑스칼리버 형태의 광선검이 나올 겁니다"라는 얘기만이 관객의 주의를 끌어당겼다. 데자뷔를 깨뜨리면서도 위험을 무릅쓰지 않기 위해 가급적 덜 깨려고 하는 방식이랄까. 예산을 생각하면 어쩔 수 없다. 시리즈의 성공은 이 공식의 이점을 잘 보여주었다.

마케팅의 신경인간공학은 사실상 플라톤 이후로 진전이 별로 없다. 인간의 영혼은 두 마리 말이 끄는 수레와 같다. 한쪽 말은 정념을 나타내고(우리의 '명령하는 자아') 다른 쪽 말은 절제를 나타낸다(우리의 '진정한 자아'). 일반적으로 마케팅은 우리의 명령하는 자아 쪽을 공략한다. 이 자아의 예는 많이 찾을 수 있다. 카푸친 원숭이의 행동을 보라. 실험실에서 이 원숭이는 단것이라면 사족을 못 쓴다. 이미 먹은 마시멜로를 토해내면서까지 실험자에게 마시멜로를 또

달라고 졸라댈 정도로 이것은 '내가 원하는 것을 줘!'의 한 예이지만 자연 속에서라면 원숭이는 '나에게 필요한 것을 줘' 수준으로 절제가 된다. 사실, 자연환경에서 카푸친 원숭이는 자기가 좋아하는 마시멜로를 많이 먹으려야 먹을 수 없기 때문이다. 마시멜로는 나무에서 주렁주렁 열리는 것도 아니지 않은가.

그런데 그 반대를 믿게 만드는 것이 마케팅의 목표, 그리 고결하지 않은 목표다. 광고는 탐스러운 마시멜로가 나무에서 열릴 것만 같은 세상이다.

처칠이 이런 말을 했다고 한다. "오르간 연주자와 한방에 있을 때는 원숭이하고 입씨름하지 마시오." 원숭이는 명령하는 자아다. 오르간 연주자는 우리의 이성, 우리의 진정한 자아다. 마케팅은 대체로 무슨 수를 써서라도 '내가 원하는 것을 줘!'를 유발하려 든다. 겸허하게 '내게 필요한 것을 줘'라고 속삭이는 자아는 따돌리고 싶어 한다.

"진정한 자아와 한방에 있을 때는 명령하는 자아와 입씨름하지 마라." 이것이 현대 마케팅의 모토다.

이 때문에 TF1 사장이었던 파트릭 르 레는 자신의 방송사가 브랜드(광고주)에게 활용 가능한 두뇌들의 시간을 판매한다고 발언해서 빈축을 산 바 있다. 표현이 너무 냉소적이라서 그렇지, 신경인간공학적 분석이라는 관점에서 이 말은 타당하다. 더구나 TF1의 비즈니스 모델만 그런 것도 아니다. 구글, 특히 자회사 유튜브도 마찬가지다.

나는 쥘리앵 뒤비비에 감독이 연출하고 장 가뱅이 주연을 맡은 영화 〈페페 르 모코Pépé le Moko〉에 나오는 대사를 항상 기억할 것이다. 건달패가 훔친 장신구를 가지고 장물아비와 한 판 흥정을 한다. 페페는 건달 중 한 명에게 "저 사람 생각 좀 하게 가만히 있어 봐!"라고 질책한다. 그러자 상대는 "저 사람이 생각을 하면 우리가 손해야!"라고 응수한다. 이 대사는 마케팅의 기본 그 자체다. 구매 행동은 신속하고 감정적이어야 한다. '내게 필요한 것을 줘'가 아니라 '내가 원하는 것을 줘'로 결정 나야 한다. 물건을 파는 사람 입장에서 손님에게 들을 수 있는 최악의 말은 "생각 좀 해볼게요……" 라고 해도 과언이 아니다. 현대 마케팅은 우리의 에고를 살찌운다…… 그리고 비대한 에고가 우리 사회에 유발하는 온갖 불쾌한 결과들도 따라 나온다.

사기술의 인간공학

폰지 피라미드 사기

'내가 원하는 것을 줘' 대 '내게 필요한 것을 줘'는 사기술의 원리이기도 하다. 누군가에게 사기를 치려면 상대가 '들어야만 하는' 말 대신에 '듣고 싶어 하는' 말을 해야 한다. 잘 먹히는 사기술의 한 예로 피라미드 판매를 들어보겠다. 내가 여러분을 우리 회사의 판매 회원이 되라고 설득한다 치자. 여러분은 100유로를 투자하고 우리 시스템의 회원이 될 수 있다. 나는 그 투자의 대가로 1000유로를 약속한다. 단, 여러분이 그랬던 것처럼 100유로를 내고 들어오겠다는 신입 회원을 여러분이 20명 이상 유치한다는 조건에서만 그 금액을 받을 수 있다.

물론 여러분이 부자가 되겠다는 꿈에 눈이 멀어 있다면 이 조건에 충분히 주의를 기울이지 않을 것이다.

폰지 피라미드는 특히 아시아 지역에서 번창하고 있다(인구밀도가 높아 할당량을 채우기가 수월하다) 여러 식품보충제(비타민정제 등) 회사들이 이 원리에 입각해 제품을 피라미드 판매의 구실로 앞세우고 평범한 사람들을 회원으로 끌어들임으로써 막대한 부를 축적했다. 사람 심리를 조종하는 사람들도 이러한 개념을 잘 안다. 그래서 그들은 돈 나가는 것을 요구하기 전에 공짜로 얻을 수 있는 것부터 요구한다. 지하철을 타야 하는데 승차권이 없다고? 모르는 사람에게 승차권을 한 장 얻고 싶다고? 그렇다면 다짜고짜 승차권 얘기를 꺼내기보다, 먼저 시간을 물어보는 수법이 성공률이 높다.[85]

모름지기 사기는 피해자가 원하는 것을 먼저 주고 시작한다. 수피들이 하는 말이 있다. "미끼는 눈에 훤히 보이지만 함정은 숨겨져 있다." 원숭이 사냥꾼의 우화에서 함정은 병 속의 체리였다. 원숭이는 손을 병에 집어넣었지만 일단 체리를 움켜쥔 손은 도로 뺄 수 없었다. 미끼는 어차피 원숭이가 먹지도 못할 체리라는 신기루에 불과하다. 사냥꾼은 원숭이를 잡아서 체리를 쥔 손을 풀게 했다. 그러고는 똑같은 체리로 다른 원숭이를 잡으러 가버렸다.

체리는 우리의 에고가 욕망하는 신기루들이다. 모든 사기는 에고를 기반으로 돌아간다. 그래서 사기는 자기 자신을 아는 기회,

나의 좌절과 유치한 욕망과 허망한 환상을 발견할 기회이기도 하다. 거짓 예언자, 가짜 신, 사이비 도사, '에소투리즘ésotourisme' 장사꾼들은 여러분의 기대에 꼭 맞춘 듯한 세계를 제시하고 여러분이 그 세계에 의존하게 만든다(에소투리즘은 밀교, 불가사의한 비밀을 뜻하는 ésotérisme과 관광을 뜻하는 tourisme을 결합해 만든 말이다. 난해한 종교와 영성의 문제를 관광 상품처럼 가볍게 접하는 태도를 비꼬는 의미가 있다.—옮긴이). 뛰어난 사기꾼은 여러분이 원하는 것을 누구보다 잘 안다. 여러분을 그만큼 잘 이해하는 사람이 달리 없어 보일 만큼. 그래서 여러분은 그에게 자기애적인 관심을 더욱더 기울이게 될 것이다. 이 함정에 깊이 들어갈수록 빠져나오기는 힘들다. 진실의 비용이 높아질수록 진실을 받아들인다는 것이 힘들어지기 때문이다. 이것이 사기술의 역학이다. 사기꾼의 거짓 예언이나 폰지 피라미드에 이미 수천 달러를 투자한 사람은 무의식적으로 현실을 외면하려 든다. 그리하여 자기 자신을 정신적으로 철통같이 감금하는 간수 겸 죄수가 되는 것이다.

사기와 민주주의

사실 폰지 피라미드는 우리의 '민주주의' 구조에 비하면 아무것도 아니다. 민주주의의 신어新語, Newspeak는 국민이 필요로 하는 것보다 국민이 원하는 것을 주는 기술을 바탕으로 한다(신어는 조지 오웰의 소설 『1984』에서 주민의 자유로운 생각을 억제할 목적에서 고안된 언어이다.—옮긴이). 나는 토론회에서 유권자들이 들어야 할 말을 용감하게 입 밖에 내는 정치인을 아직 보지 못했다. 투표권을 쥔 군중은 당선자에게 신이나 아버지 같은 태도를 기대하는 다 큰 아이들처럼 구는 경향이 있다. 그들은 자기들이 해결할 수도 있을 문제마저 정치가 계급이 해결해주기를 바란다. 사춘기도 못 벗어난 아이가 개인적으로 충분히 성숙하다고 말할 수 없듯이, 그런 면에서 집단의 성숙은 아직 말할 계제가 못 된다. 나는 정치적 사태를 관찰하면서 유권자들이 어린애 노릇을 은근히 즐긴다고 속으로 확신하게 되었다⋯⋯ 그렇기 때문에 정치의 신경인간공학과 사기의 신경인간공학이 파렴치하지만 논리적으로 아무 무리 없이 맞물려 돌아가는 것이다.

정치와 저널리즘에 대하여

네 가지 정보 편향

작업 기억에는 한계와 맹점이 있고 자유도도 낮다. 작업 기억의 정보에 대한 지각이나 판단력은—특히 집단의 통치라는 영역에서—여러모로 편향되기가 쉽다. 이민, 실업, 대외 정치, 경제 정책 등 어떤 정치적 상황을 고려할 때는 적어도 4중으로 편향된 정신적 작업 공간을 소환하게 마련이라는 점을 염두에 두라.

첫째, 우리가 흔히 '사실'이라고 말하는 것이 본질적으로는 기억에 지나지 않는다. 그런데 우리는 우리의 믿음을 강화시켜주는 것을 우선적으로 기억한다. 따라서 뇌는 자연스럽게 우리를 불안정하게 하는 것보다 우리를 편안하게 하는 것으로 정신 활동을 채우게 마련이다. 우리 정신 속의 '사실'이란 이미 왜곡된 현실이다.

뇌는 자기 신념이 확고해지는 것을 좋아한다. 뇌가 어떤 관념을 세상에 투사했는데 이 관념이 인정을 받으면 도파민 대량 분비라는 강력한 보상이 따른다.[86] 신념을 확인받는 활동이 왜 중독성을 띠는지 이제 이해가 갈 것이다. 우리 뇌는 편파적이다. 스티그머지[87]의 심도와 규칙성은 우리가 경험하는 쾌감에 걸맞게 자리를 잡는다. 뇌는 우리 기를 꺾는 것은 거부하거나 망각하고 우리 마음에 편안함을 주는 것 위주로 편파적 기억을 구성하게끔 부추긴다.

둘째, 우리의 기억은 편파적일 뿐 아니라 그 자체도 그리 믿을 만하지 않다.

셋째, 우리의 정신 활동에 공급되는 것들은 이미 미디어의 편파적이고 불완전한 선별을 거친 것이다.

넷째, 사느냐 먹히느냐 원리를 직접 적용해보건대 우리 뇌는 좋은 소식보다 나쁜 소식을 더 크게 받아들인다. 빙하기에 좋은 소식이란 식량, 아니면 기껏해야 짝짓기의 기회였다. 그러나 나쁜 소식은 곧 죽음을 의미했다. 우리 뇌에 미치는 좋은 소식과 나쁜 소식의 선택적 압력은 이렇게 비대칭적이다. 그래서 뇌는 쾌락과 관련된 정보보다 위험과 관련된 정보를 더 중요시하게끔 학습해왔다. 타나토스가 에로스 위에 있다. 타나토스는 감정을 초월한 것이다(제 시간에 잘 도착한 기차는 걱정할 것도, 위험할 것도 없기에 얘깃거리가 되지 않는다).

정보의 표본 편향은 다음 문장으로 요약될 수 있다. 선보다는 악으로 커버스토리를 뽑는 게 더 쉽고, 쓰러지는 한 그루 나무가 무럭무럭 자라는 숲보다 소리는 더 요란하다. 이민 문제를 예로 들겠다. 이민자의 나쁜 점보다 좋은 점이 공론화되기는 매우 힘들다. 아무도 정직하고 청렴하고 정상적인 이민자 사례를 얘기하고 싶어 하지 않는다. 그런 얘기가 나올 정도면 그 이민자는 '어마어마하게 훌륭한 일'을 했을 것이다(그래봤자 '그냥 나쁜 이민자'만큼 인상적으로 받아들여지지도 않겠지만). 그러니 미디어에서 익명성의 문턱을 넘고 도달한 사실들은 대개 부정적인 것들이고, 우리 뇌는 자연스럽게 그 부정적인 사실들에 더 비중을 둔다.

미디어의 태도가 편파적인데 또 다른 한편으로 뉴스를 대하는 우리의 반응까지 편파적이니 현실의 구조는 왜곡되고 비례가 맞지 않게 되어버린다. 우리의 정신 활동은 아무런 자각도 없이 세계의 비례를 무시하고 멋대로 늘어뜨린다.

자기 기억을 근거로 논쟁을 벌이는 사람은—선거 운동에 나선 정치인, 논객, 유권자가 다 이러긴 하지만—위태롭고 불안정한 네 겹의 지층 위에 집을 짓는 거나 마찬가지다.

편향 1: 우리는 우리의 믿음을 깎아내리는 정보보다 그 믿음을 확증해주는 정보에 더 주의를 기울인다. 이것이 확증 편향이다.

편향 2: 우리의 기억은 믿을 만하지 않다. 기억 편향이 있다는 얘기다.

편향 3: 미디어는 좋은 것보다는 나쁜 것을 더 많이 거론한다. 악은 선보다 매혹적이고 인상적이다. 그렇기 때문에 커버스토리를 뽑기에는 선행보다 악행이 백배 천배 수월하다. 이것이 표본 선택

편향 1: 우리는 우리의 믿음을 깎아내리는 정보보다
그 믿음을 확증해주는 정보에 더 주의를 기울인다.

편향 2: 우리의 기억은 믿을 만하지 않다.

편향 3: 미디어는 좋은 것보다는 나쁜 것을 더 많이 거론한다.

편향 4: 나쁜 소식은 좋은 소식보다 더 기억에 잘 남는다.

의 편향이다.

편향 4: 나쁜 소식은 좋은 소식보다 더 기억에 잘 남는다. 이것이 충격 편향이다.

이 네 가지 편향을 외워두고 싶다면 'sidération, confirmation, mémorisation, échantillonnage'의 첫 음절만 따서 '시 콩 메샹(Si con mechant, 못된 멍청이)'을 기억해두라.

가장 큰 문제는, 우리가 대개의 경우 현실을 불완전하게 파악하면서도 그에 대한 지각이 전혀 없기 때문에 정신적 불균형이 조정될 여지가 없다는 것이다. 우리 몸은 늘 현실의 피드백을 받는다. 자전거를 타는 사람은 페달을 밟으면서 즉각 중력의 반응을 받는다. 그런데 정신생활은 그렇지가 않다. 정신은 착각 속에서 살고 싶으면 그럴 수 있고, 그 착각을 사회적으로 강화할 수도 있다. 하여, 주위에는 자기 견해에 맞장구치는 사람들만 남게 되고 그들과의 대화가 일상의 도파민 분비를 책임진다.

그러나 물렁한 찰흙에다가 터를 닦았으니 아예 아무것도 지어 올리지 말아야 할까? 물론 그렇지는 않다. 우리의 논거를 발전시킬 방법이라고는 우리의 두뇌뿐이지만 어쨌든 그거라도 가지고 믿을 만하게 지어 올리는 건설 기법들을 배워야 한다.

자료 출처의 불균형과 싸우기는 힘들다. 게다가 이러한 불균형은 과학계에도 깊이 침투해 있을 만큼 도처에 만연해 있다. 우리가 일반적으로 지배적 사고를 강화하는 것만을 발표하고 학술 출판은 동료 심사peer review, 즉 같은 학계 연구자들의 심사에 종속되기 때문에 스티그머지의 원리를 따라간다. 이러한 문헌은 현실의 비례를 존중하지 않으면서 현실을 표상한다고 주장한다. 확고하지 않은 연구는 출판되지 않기 때문에 메타 분석에서 계산되지 않고, 그래서 메타 분석조차도 현실 왜곡을 더할 뿐이다.[88]

스스로 모든 정보를 규명할 수는 없지만 정보를 이해하는 방식은 바꿀 수 있다. 이러한 기술에서는 투명한 주관성이 으뜸가는 미덕이다. 우리의 자아가 투명해질수록 정신이 불균형으로 치닫는 경향을 바로잡을 수 있다.

새로운 정보 딜러들

철학자 알랭 드 보통은 최근에 뉴스 속보를 종교 의례에 비유한 바 있다. 실제로 저녁 8시 뉴스나 아침 뉴스에는 상당히 의식적인 면이 있다. 나는 시청자들이 대부분 정보를 얻기 위해서라기보다는 감정적 이유로 뉴스를 챙겨 본다고 생각한다. 우리는 감정 함량을 채우고 다음날 다른 사람들과 함께 그 감정을 강화하려고 뉴스를 보거나 듣는다. 그래서 미디어는 순응의 뿌리 깊은 원천이 된다. 게다가 감정은 전염된다. 페이스북이나 그 밖의 소셜 네트워크에서 '감정 전염'은 68만 9000명이 넘는 사용자들을 통해 검증되었다. 소셜 네트워크 회원에게 부정적 뉴스를 보내면 그 사람의 게시물도 부정적 성격을 띠기 쉽다. 반대로, 긍정적 뉴스를 제공받은 회원은 긍정적 내용의 게시물을 올리는 경우가 많다.[89]

이러한 대규모 감정 조종 실험은 합법적으로 이루어지기는 했지만 정통 미디어의 비난을 면치 못했다.[90] 이 실험이 미디어 소비자들은 사실상 자유의지가 없고 '뉴스 딜러들'에게 속수무책으로 당하기 쉽다는 사실을 폭로했기 때문이다.

우리는 정보들을 선별하고 그 선별된 정보들로 하나의 일관된 담론을 만든다고 생각하지만 실상은 전혀 그렇지 않다. 이를테면 '선택'이라는 단어는 별 의미가 없다. 어차피 우리는 선택하게끔 조건화된 것을 선택하기 때문이다. 물리적 선택과 정신적 선택이 다 그렇다.[91] '자유사상'이라는 표현도 우리가 사유하게끔 조건화된 것을 사유한다고 보면 별 의미가 없다. '객관적 사실' 역시 무슨 의미가 있을까. 과학 실험에조차 어차피 사실은 없고 관점들만 있으니 말이다(모든 실험은 현실을 유리한 고지에서, 그러나 제한적으로 바라보는 것이다). 이러한 이유에서 리처드 프랜시스 버턴은 '사실'이 결국은 "가장 게을러 빠진 미신"이라고 노래했다. '사실'을 말하고 싶다면 항상 그 사실의 콘텍스트를 환기해야 한다. 역사적 콘텍스트든, 실험적 콘텍스트든, 혹은 그 밖의 것이든.

인종주의와 싸우고 싶다면 흑인이 되세요!

파란 눈과 갈색 눈 실험[92]은 인디언 속담의 의미를 구체적으로 우리에게 가르쳐주었다. "오, 위대한 영이시여, 내가 누군가를 판단하기 전에 그 사람의 모카신을 신고 다만 얼마라도 걸어보게 하옵소서." 흑인의 몸으로 산다는 상상이 우리의 편견, 무의식적인 편견까지도 얼마간 변화시킬 수 있을까? 연구자 라라 마이스터와 런던의 마노스 차키리스 교수 연구진은 이러한 의문을 제기해보았다.

그들의 실험을 이해하려면 헤비언 시냅스와 스티그머지 모형대로 우리 뇌에 무의식적인 연상이 넘쳐난다는 점을 염두에 두어야 한다. 과거에는 이 무의식적인 연상을 실험심리학, 특히 융 심리학이 활용했다. 사디크 칼리프(765년 타계)가 지었다는 수피교 우화에도 정신생리학적 연구의 흔적이 남아 있다.[93] 어느 스승이 병든 여인의 맥박을 짚어보고는 그 여자가 몰래 상사병을 앓고 있다는 것을 알았다. 그녀가 몰래 연모하는 이에 대해 언급할 때마다 심장 박동이 예사롭지 않게 빨라졌기 때문이다.

인종주의적 편견의 신경 상관물은 잘 알려져 있다. 예를 들어 어떤 사람은 화면에 나타난 흑인 얼굴을 보면 평균 이상으로 편도체가 활성화된다. 편도체는 우리 뇌에서 공포 반응에 필수적인 역할을 한다.[94] 인종주의의 또 다른 심리적 상관물은 언어적·의미적 연상들을 기준 삼아 측정할 수 있다. 어떤 사람은 의식적으로든 무의식적으로든 '흑인'이라는 단어를 먼저 보았을 때(다시 말해 이 단어는 잠재의식적 이미지로만 주어졌을 수도 있고 그렇지 않을 수도 있다) 그다음에 주어진 '폭력적인'이라는 단어를 더 빨리 읽어낸다. 이러한 현상을 점화라고 한다. '흑인'이라는 명목집단이 '폭력적인'이라는 형용사의 처리를 촉진하는 효과를 나타낼 정도라면 이 피험자의 머릿속에서 두 단어가 웬만큼 연결되어 있다는 추론이 가능하다.

마이스터와 그 연구진의 실험 기록에서는 피험자들이 흑인 입장에서 '느낄' 수 있도록 다양한 가상현실을 활용했다. 그들은 '보디스와핑 bodyswapping'의 연장선상에 있는 이 실험이 피험자의 의미론적 연상 현상과 편도체 활성화를 억제한다는 사실을 알았다.[95] 비록 가상현실에서라도 흑인 입장이 되어본 사람은 무의식적인 인종주의적 연상이 줄어든다는 뜻이다. 이러한 생각은 이미 1960년대에 저널리스트 존 하워드 그리핀이 인종 차별이 심한 미국 남부에서 6주간 직접 '흑인으로 살아보고' 검증한 바 있다.[96]

NEMO
CAPITAN
OTAR
OK
MAT
R-16
COLT
МУХА
LAND

9

인간 증강은 인간 소외로 이어질 것인가?

증강은 밖에서 오는 것이 아니라 안에서 밖으로 향해야 한다.
가장 작은 것이 가장 큰 것으로 풍요로워져야지,
가장 큰 것이 가장 작은 것에 갇혀버려서야 되겠는가.
우리가 점수를 위해 뇌를 증강한다면 큰 것을 작은 것에 집어넣는 꼴,
인간을 상품으로 전락시키는 꼴이다.

증강, 왜곡, 비례……

비트루비우스 정신

아름다움은 비례와 관련 깊다. 원근법이라는 회화적 개념의 중심에 있는 이 사실은 인문주의 시대의 가장 위대한 재발견 중 하나다. 사람의 육체가 레오나르도 다빈치의 비트루비우스 인체 비례도에서처럼 이상화될 수 있다면, '비트루비우스 정신', 즉 완벽한 비례의 정신 활동을 꿈꾸지 말란 법도 없지 않은가? 그러나 모든 인간이 그러한 정신 활동의 이상에 걸맞을 필요는 없겠다. 전체로서의 인류가 지닌 신성한 균형은 바로 그 다형성polymorphisme이기 때문이다.[97]

비트루비우스 인간은 벌거벗은 모습이다. 그 자체가 이 인간의 주요한 특징이다. 옷을 입지도 않았고, 말을 타고 있지도 않고, 연장을 들고 있지도 않다. 그 점이 중요하다. 레오나르도 다빈치가 생각한 르네상스 시대의 이상적 신체는 '증강되지' 않은 모습 그대로다. 그런데 모든 증강은 어떤 사용, 기능, 목표에 부응한다. 그러한 증강은 인간을 도구화하고 인간 본연의 비례를 깨뜨린다. 그렇기 때문에 우리는 연장을 손에 쥔 채 잠들지 않는다. 총을 들고 잘 때도 있고 무기를 신체의 일부처럼 생각해야 하는 군인들조차 가정으로 돌아가면 그런 습관은 버린다.

우리 신체의 연장물을 (의학적 조치를 제외하면) 어디 가든 무조건 끌고 가지 않듯이 우리 정신의 연장물도 장소를 막론하고 끌고 가서는 안 될 것이다. 수피교 속담에 "나귀가 집 문턱까지 데려다줘도 집 안에 들여보내주지는 않는다"는 말이 있다. 군인은 가족에게 돌아가면 총을 내려놓아야 한다는 것을 안다. 하지만 과연 우리 정신이 자신을 구조화하는 도식들을 그렇게 놓아버릴 수 있을까? 놓아야 할 필요가 있는 순간들을 제대로 알아볼 수나 있을까?

인간의 두뇌 증강이라는 문제도 그러한 지혜에서 나와야 한다. 우리는 일부 멜라네시아 원주민들에게서 '화물선 숭배'가 발달했다는 것을 알고 있다. 제2차 세계대전 당시 고립되었던 섬에 도착한 상선을 기념하느라 이러한 숭배 의식이 발생한 것이다. 여러분이 태평양의 작은 섬에 사는 토박이인데 난생처음 섬에 착륙한 화물기를 보았다 치자. 여러분 부족 사람들은 물건을 잔뜩 실은 요란한 쇳덩이가 하늘을 날아온 것을 보고 정신이 홀딱 나갔다. 조종사가 그 비행기를 섬에 두고 떠났다 치자. 몇 세대가 지나도록 비행기는 섬에 덩그러니 남았다. 부족원 중에서 몇몇이 그 비행기를 변형할 생각을 했다. 프로펠러를 깎아내고 날개에 뭔가를 달았다. 그런 식으로 비행기 구조는 본래의 기능을 위협하는 방향으로 변형되었다.

뇌의 증강?

우리 뇌가 바로 그 비행기다. 우리는 뇌를 완벽하게 다스리지 못한다. 뇌에 대한 우리의 지식은 화물기에 대한 섬 주민들의 지식보다 수준이 결코 높지 않다. 우리는 뇌를 개조할 수도 없고 '재창조할' 수도 없는데 벌써부터 요리조리 손을 대보고 싶고 구체적으로 주문 제작해보고 싶은가? 아, 물론 지구 상에는 사람이 참 많다. 때로는 인간을 희생시켜 의학이 발전을 보기도 했다. 제1차 세계대전 덕분에 재건성형의술 발달이 빨라졌다는 말도 있으니…… 그렇다고는 해도 인간의 고통을 덜 치르고도 뇌를 제대로 이해할 방법들이 분명히 있을 것이다.

자동차 정비사는 자기가 개조할 수 없는 차량을 '커스터마이징' 해서는 안 된다는 것을 안다. 의료 외적인 임플란트 장치로 뇌를 증강한다고 주장하는 자들은 이 원칙을 무시한 셈이다. 화학적 증강도 마찬가지다.

나는 아이들이 학교에서 집중을 못 한다는 핑계로 리탈린을 처방하는 것은 아주 큰 잘못이라고 본다. 건강한 아이들을 리탈린으로 치료할 게 아니라 학교를 치료해야 한다. 그런데 우리는 점점 더 학생의 이익보다 학교의 이익을 우선시하는 듯 보인다. 리탈린은 현재 가장 많이 남용되고 있는—그것도 '학습 능력 강화'라는 틀 안에서—향두뇌 활동성nootrope[98] 약물의 하나다. 그러나 미래의 학생들이 모두 이런 약물을 투여 받는다 해도 나는 향두뇌 활동성 성분 따위에 노출되지 않은 건강한 학생들 쪽에 더 기대를 걸겠다. 우리 뇌에 내재하는 성분들, 이를테면 엔도카나비노이드 endocannabinoid 같은 성분이 외부에서 주입하는 성분보다 더 효과가 좋을 수 있기 때문이다(엔도카나비노이드는 뇌에서 자체 생성되는 물질로 마리화나를 사용할 때와 유사한 쾌감을 낳는다.—옮긴이).

인간이 고작 점수를 잘 받겠다고 자기를 증강한다면, 다른 인간이 만든 틀에 자기를 끼워 맞추기 위해 자기를 변형시킨다면, 노예가 될 것이요, 이미 진 게임이다. 순응은 이미 우리의 사유, 학위, 행동, 투표, 의도를 침범했다. 그러한 순응이 물리적으로든 화학적으로든 우리 뇌까지 변형하려 든다면 가히 인류 전체를 염려해야 할 것이다. 증강된 인간이 비례가 맞지 않는 인간으로 전락할 위험이 너무 크기 때문이다.

실제로는 우리가 생각하는 증강 과정을 뒤집어 생각해야 한다. 증강은 밖에서 오는 것이 아니라 안에서 밖으로 향해야 한다. 가장 작은 것이 가장 큰 것으로 풍요로워져야지, 가장 큰 것이 가장 작은 것에 갇혀버려서야 되겠는가. 우리가 점수를 위해 뇌를 증강한다면 큰 것을 작은 것에 집어넣는 꼴, 인간을 상품으로 전락시키는 꼴이다. 반면에 우리 뇌를 잘 써서 현실을 증강한다면, 정신 활동의 기능들을 외재화한다면, 우리 세계는 한결 풍요로워질 것이다.

잊지 말자, 인간과 그 창조물들이 격식을 갖추고 만찬을 나눈다면 인간이 가장 상석에 앉을 것이다. 인간은 자신의 도구들보다 당연히 서열이 높다.

나는 인간이 어떤 도구, 어떤 기능으로 국한되는 것을 저어한다. 그렇지만 신경인간공학, 트랜스휴머니즘[99], 혹은 증강된 인간에 대한 어떤 독해는 되레 그렇게 될 것을 권하는 듯 보인다. 인간이 어느 한 방향으로만 증강된다면 그 인간은 비례가 깨진, 균형이 맞지 않는 존재일 것이다. 그렇다면 증강은 수학적 의미에서의 왜곡을 동반할 수밖에 없다. 사람 모양을 늘리면서 다른 뭔가를 늘리는 셈이다. 동조성homothétie 없는 확대를 우려할 것, 이것이 우리가 지난 세기의 비인간적인 위업들에서 얻어야 할 교훈이다. 이상적이고 합리적인 증강은 본디 비례를 간직하면서 인간의 표현 범위를 넓히는 것이다.

정신의 도구를 향하여

하이퍼텍스트

모든 매개체는 우리 정신 활동의 한 기능을 외재화한 것일 뿐이다. 예를 들어 글쓰기는 우리의 작업 기억을 외재화한다. 수학자는 메모를 하면서 자신의 정신 활동을 확장한다. 그렇게 해야 자기 생각의 흐름을 며칠 동안이고 끌고 갈 수 있고 계산의 매개변수들을 오로지 기억만으로 감당할 수 있는 것보다 더 많이 저장할 수 있기 때문이다. 하지만 글쓰기는 분명 혁명적이기는 해도 소박한 시초에 불과하다. 사실, 우리의 정신생활은 더 많이 외재화될 수 있을 것이다. 그리고 이러한 동향에서 매력적인 매체들이 나올 수 있을 것이다.

맨해튼 프로젝트에서 과학 행정을 맡았던 공학자 배너바 부시Vannevar Bush는 제2차 세계대전이 일어나는 동안 두뇌 활동의 증강 원리를 휴머니스트답게 사유했다. 그의 에세이 「우리가 생각하는 대로As we may think」[100]는 우리가 어떤 단어를 몰라도 그 단어의 정의에 직접 다가가고 그로써 우리의 두뇌 활동을 가속화할 가능성을 기술했다는 점에서 오늘날 일종의 하이퍼텍스트 선언으로 간주되고 있다. 더욱이 이러한 비전은 하이퍼텍스트를 중심으로 구성된 월드와이드웹으로 실현되었다.

기억술 선수는 장소 기억법을 써서 한 문자와 한 단어를 연결할 뿐 아니라 한 장소를 하나의 관념에 연결하기도 한다.[101] 이러한 '하이퍼글쓰기'[102] 기법이 체계화되면 새로운 매개체를 만들 수 있고 마치 글쓰기가 작업 기억을 외재화하듯이 적어도 공간 기억만큼은 외재화할 수 있을 것이다.

글쓰기는 문자소, 음소, 관념소의 상당히 자의적인 연결이다(여기서 관념소는 현상학에서는 보통 '노에마'로 번역되지만, 여기서는 언어에서 사유, 관념에 해당하는 요소를 지칭하므로 '관념소'라는 역어를 택했다.—옮긴이). '상당히'라고 말하는 이유는 '부바-키키' 효과가 보여주듯이 그래도 이 연결이 어떤 의미의 기하학에 바탕을 두고 있기 때문이다. 사람들에게 뾰족한 도형과 동그스름한 도형을 보여주고 두 도형에 '부바' 혹은 '키키'라는 명칭을 붙이게 했다. 문화권에 상관없이 대부분의 사람들이 동그스름한 도형은 '부바', 뾰족한 도형은 '키키'라는 단어와 연결하는 경향을 보여주었다.

예를 들어 문자 A는 황소 머리에서 나왔는데 세월이 흐름에 따라 그 머리가 뒤집힌 모양이 되었다고 한다. 이 기원은 감안할 만하다. A는 원래 문자소-관념소(어떤 생각과 결합된 문자) 연결이었다가 결국 가장 단순한 음소 중 하나인 '아' 소리를 나타내게 되었을 것이다. 문자소와 음소의 신경 상관물은 현재 잘 파악되고 있으며 이제 글쓰기의 생리학이 존재하기에 이르렀다. 그러나 장소사유소locème의 신경 상관물들도 알려져 있기 때문에 하이퍼글쓰기의 생리학도 성립할 수 있을 것이다(장소사유소는 저자가 장소local와 단위, 요소-ème를 결합해 만든 신조어다.—옮긴이). 그러한 생리학에서는 특히 2014년 노벨생리학상의 연구 대상이었던 '장소세포'와 '격자세포'가 한몫을 할 것이다.

하이퍼글쓰기를 향하여

하이퍼글쓰기는 우리의 사유를 공간화해서 쓰기 위한 문자소, 장소사유소, 관념소의 자의적 결합일 것이다. 나는 이미 하이퍼글쓰기의 한 가지 프로토타입을 제안한 바 있다. 고대 크레타 섬에서 쓰였다는 선문자線文字 A에 경의를 표하는 뜻에서 이 프로토타입에 '곡문자曲文字 A'라는 이름을 붙여보았다. 나는 이 문자를 손으로 쓸 수 있되 (태블릿 PC 등을 이용할 때) 확대를 요하는 완만한 곡선들로 정해보았다. 황소 머리가 글쓰기의 문자소 프로토타입이었다면 나는 장소 프로토타입으로는 강을 택했다. 일단 그리기 쉽기도 하고 최초의 문자가 메소포타미아 지방에서, 다시 말해 '두 강 사이의 땅'에서 탄생했기 때문이다.

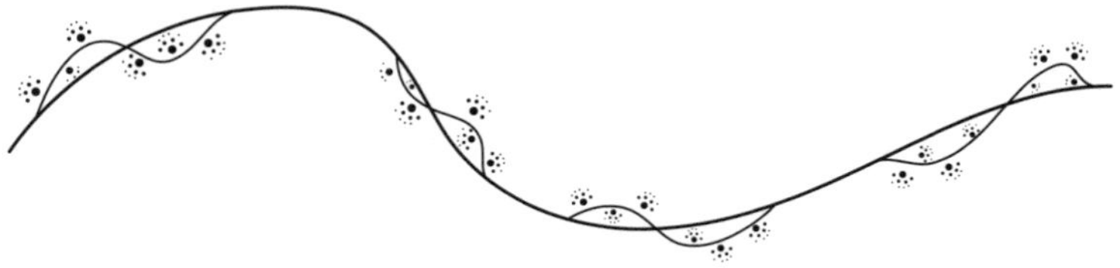

처음에는 그림으로 그려진 강의 문자소가 베지에 곡선(곡선을 표현하는 수학식의 하나로 점을 인식하는 번스타인 다항식에 의해 표현되는 다항식 곡선.—옮긴이)이었다. 여기에는 사람들이 모여 사는 강변의 마을들처럼 관념소(검은 점)들로 가득한 작은 지류들이 있다.

그다음에는 좀더 복잡하게 얽힌 곡선을 택했다.

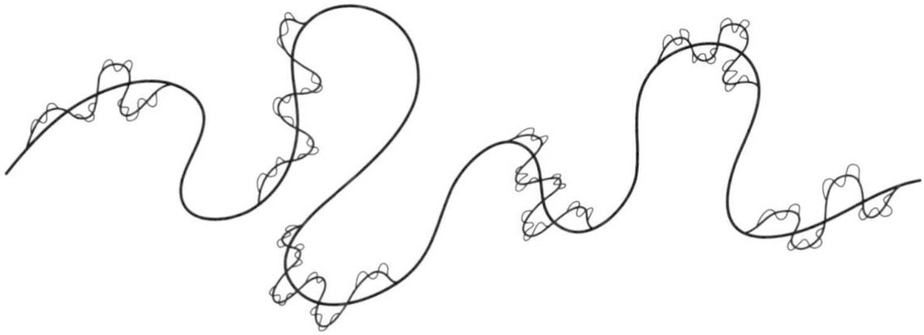

여기에도 더 작은 지류들이 잔뜩 있다.

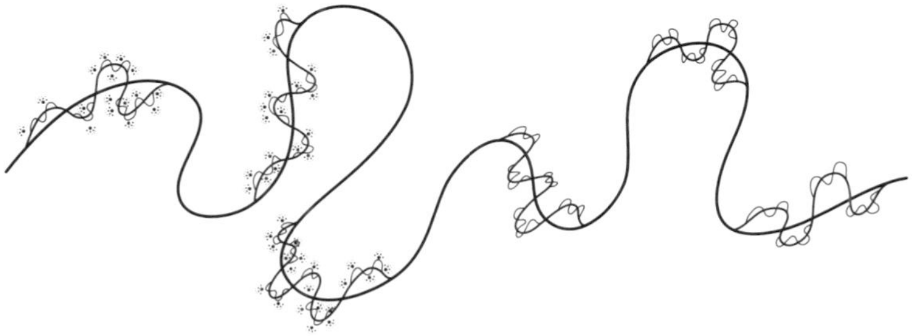

이렇게 해서 얻은 버전은 왼쪽 부분에 500개 이상의 관념소가 있다.

하이퍼글쓰기는 시작에 불과하다. 누가 알겠는가, 언젠가 우리는 정신 활동의 모든 기능을 외재화할 수 있을지도 모른다…… 문자의 발명이 인류의 역사를 형성했듯이 일종의 '하이퍼역사', 즉 우리 뇌에 아직 갇혀 있는 새로운 미디어들의 출현이 이루어질지도 모른다. 내게는 그 당연한 결과가 인문주의적 연구인 것처럼 보인다. 하이퍼역사는 '너 자신을 알라'를 풍경처럼 내 앞에 두겠다는 의지에서 나오기 때문이다. 우리의 첫 번째 르네상스에도 '기억술', 관념을 더 잘 기억에 남기기 위해 고안된 그림들이 있었다. 인문주의자 조르다노 브루노의 『이데아의 그림자*De umbris idearum*』에도 다음과 같은 삽화들이 있다. 지금과 같은 '마인드맵'이 개발되기도 전에 당시 사람들은 자기 생각을 글로 조직하는 과정에서 기하학적 도형을 잘 활용했다.

이 형태들을 연구하고 대중을 위해 단순화하면서 나는 새로운 매트릭스 모델에 착안했다. 그래서 샌프란시스코의 프레지Prezi 사에서 이 모델을 아이디어를 공간화하는 방법으로 발표할 수 있었다. 사흘의 강연을 나타내는 다음 기억술에서 각각의 동그라미는 이미지와 아이디어를 담고 있는데, 공간화가 이러한 이미지와 아이디어를 기억하는 것을 돕는다.

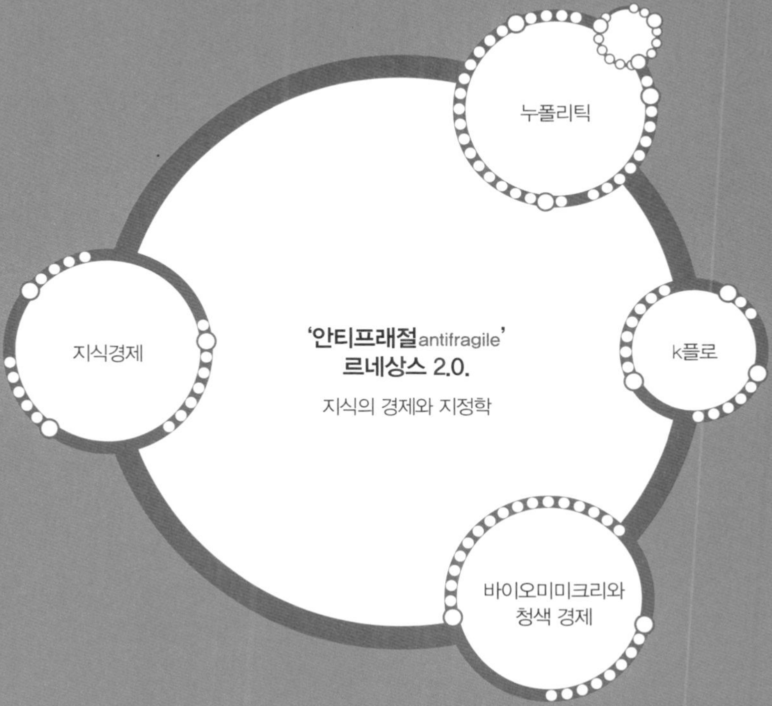
누폴리틱
지식경제
'안티프래절antifragile'
르네상스 2.0.
지식의 경제와 지정학
k플로
바이오미미크리와
청색 경제

미셸 세르가 잘 이해하고 있었듯이 새로운 미디어의 소명은 우리가 '머리를 앞세우게céphalophore' 하는 것, 그리고 아마도 인류를 지적인 차원에서 근본적으로 더욱 풍요롭게 하는 것이다.

예를 들어 검색엔진이 내용의 미세한 일부밖에 보여주지 않는다는 점에서 오늘날의 웹이 아직도 '올리고라마oligorama'[103]라면, 이제 지식의 파노라마를 실현할 수 있는 새로운 소프트웨어들을 고안할 수도 있을 것이다. 그리하여 우리는 지식과 그 확산에 따른 상호작용을 최대화할 수 있을 것이다.

우리가 생각하는 대로, 따라서 이건 시작일 뿐이다.

'플랜 B'의 신경과학

자연은 과거를 후회하지 않고 미래를 두려워하지도 않는다는 특성이 있다. 자연은 자기가 가진 것으로 최대치를 뽑고 제 팔자를 가련히 여기는 법 없이 언제까지나 꿋꿋하다. 한 발을 잃은 개는 자기 불행을 아쉬워하기보다 바로 자세를 바꾸어 세 발로 걷는다. 어떤 면에서는 우리의 신경도 마찬가지다. 신경은 확실히 우리 몸에서 가장 가소성이 뛰어나다. 출산 과정에서의 문제나 어떤 사고 후유증으로 행동 혹은 지능의 정상적인 생성 경로가 파손되더라도 우리 뇌는 플랜 B를 세울 수 있다. 도로에서 차량들을 우회시키듯, 다른 기능들을 동원해 동일한 결과를 만들어내는 것이다. 2014년에 중국 연구진은 소뇌 없이 태어났는데도 걸을 수 있고 (소소한 문제점이 있지만) 말도 할 수 있는 젊은 여성의 사례를 연구했다. 이 여성은 원래 구역질과 현기증 때문에 병원을 찾았다가 자기에게 소뇌가 없다는 사실을 비로소 알게 되었다고 한다.[104] 트레버 저지 월트립이라는 아이는 2001년 크리스마스에 수두무뇌증으로 태어났다. 트레버는 뇌간만 정상이었고 대뇌피질과 소뇌 없이 뇌척수액만 머릿속에 가득 차 있었다. 의사들은 모두 아이가 태어나자마자 죽을 거라고 했지만 아이는 기적적으로 12살까지 살았다. 그 12년 동안 아이는 숨도 쉬고, 음식도 먹고, 엄마와 간병인들이 쓰다듬고 간질여주면 반응도 잘했다.[105]

신경과학계에서 'EB'로 알려진 한 젊은 환자는 2세 이후에 좌뇌 전체를 절제하는 수술을 받았다. 거대한 비증식성 종양을 제거하기 위해서는 어쩔 수 없는 선택이었다. 오른손잡이의 95퍼센트는 언어 능력의 신경상관물이 좌측에 형성되기 시작한다. 그래서 처음에는 아이가 말을 못하게 된 것처럼 보였지만 그 후 다른 수단들을 이용하여 언어 능력을 개발하는 모습을 볼 수 있었다. EB는 17세 때 로라 다넬리와 그 동료 연구진에게 검사를 받았다. 그의 언어 능력은 좌뇌와 우뇌를 다 갖춘 정상인의 언어 능력과 크게 차이나지 않았다.[106] 또한 휘파람언어(휘파람언어는 휘파람을 이용한 의사소통 체계다. 가령 카나리아 제도 라고메 섬에서는 섬 주민들의 일상어인 스페인어를 휘파람으로 모사한 이 섬 고유의 언어 체계가 있다. 또한 터키에도 휘파람언어가 남아 있다.—옮긴이)는 좌뇌와 우뇌에 동시에 근거한다는 연구 결과도 있다.[107]

최근에는 일부 피질성 맹인들(망막은 제 기능을 하지만 일차시각피질 손상으로 시력을 잃은 경우)이 시각의 운동회로가 남아 있어서 자기가 앞을 못 본다는 생각을 억제하는 데 성공하면 웬만큼은(물건을 손으로 잡을 수 있을 정도) '볼' 수 있다는 사실이 알려졌다. 망막, 그리고 외측슬상체가 일차시각피질에는 정보를 못 보내지만 다른 영역들, 특히 운동과 관련된 영역들에는 정보를 보내기 때문이다. 이러한 현상을 '맹시盲視, blindsight'라고 한다. 사물을 의식적으로 볼 수 없는 사람도 사물을 시각적으로 감지할 수 있기 때문이다. 일부 연구자들은 뇌의 플랜 B가 구조상 위둔덕superior colliculus에서 이루어질 것이라 주장하지만[108] 아직 이 이론은 논의가 분분하다. 인간에게서 맹시가 관찰된 최초의 사례 중 하나인 환자 'DB'는 왼쪽 눈이 전혀 보이지 않는 상태였지만 왼쪽 눈만 뜬 상태로도 건강한 오른쪽 눈으로 볼 때와 별 차이 없이 광원을 정확히 짚어낼 수 있었다.[109] 플랜 B 신경과학의 챔피언은 단연 폴 바흐 이 리타Paul Bach-y-Rita로, 그는 이 분야에 그의 이니셜을 딴 명칭을 붙여도 될 만큼의 자격이 있다. 그의 '감각 대체' 실험은 놀랍다. 폴 바흐 이 리타는 망막이 손상된 시각장애인들이 카메라를 통해 혀에 전달되는 신호를 인식하는 방법으로 눈앞의 상황을 '보게' 했다. 그는 이 장치를 이제 막 착용한 시각장애인들에게 스넬렌 시력검사(우리가 흔히 하는 시력검사)를 실시했다. 이때 그들의 시력 수준은 0.02 정도에 불과했다. 그러나 장치를 착용하고 9시간 훈련을 한 후 검사를 했더니 2배로 향상된 결과가 나왔다. 이 인터페이스에서 몇 달간 지속적으로 훈련한 결과, 시각장애인 피험자들은 일부 그림들까지 알아볼 수 있었다.[110] 엘 칼리우비 연구진도 비슷한 발상에서 자폐인들을 위한 '감정보조장치'를 만들었다.[111] 이 장치는 사람들의 감정을 인식해서 사용자에게 알려주는 카메라 형태로 이루어졌다.

Libérez votre cerveau!

3부
지식을 넘어 지혜로

NEURO

신경, 뇌

+

SAGESSE

지혜

=

NEUROSAGESSE

뉴로사제스

아이작 아시모프는 지식만 많이 만들고 지혜는 거의 생성하지 않는 문명은 자기 파괴의 위협에 시달린다고 지적했다. 아널드 토인비도 마찬가지 맥락에서 이븐 할둔을 인용하면서 문명의 죽음은 암살이 아니라 자살이라고 말했다. 우리 뇌를 아무리 빠릿빠릿하게 쓴다 해도, 지혜가 따르지 않는다면 소용이 없다. 20세기가 차고 넘치도록 보여주었듯이 빼어난 기술자가 비인간적일 수도 있다. 지식을 추구하면서 지혜가 없을 수도 있고, 아예 지혜라는 것을 멸시할 수도 있다.

나는 인간은 인간이 만든 것보다 위대하다는 공리를 출발점으로 삼는다. 병원이든, 그랑제콜이든, 군대든, 국가든, 인간이 그것들에 결코 종속되면 안 된다. 그런 것들보다는 인간이 더 고귀하기 때문이다. 어떤 명문대도, 어떤 국가도 인간을 만들지는 못했다. 그러나 인간은 국가를 수립할 수도 있고 대학을 세울 수도 있다.

내가 여기서 완벽히 마련된 지혜를 전하겠노라 주장할 생각은 없다. 나는 다만 독자들이 독창적인 물음을 제기하고 몇 가지 자동적 사고들이 자신과 다른 인간들 위에 건설할 제국을 파악하게끔 돕고 싶다. 그 물음들 중에서 가장 근본적인 것들은 다음과 같다.

누가 누구에게 봉사하는가?

누가 누구를 속박하는가?

누가 누구를 위해 죽는가?

이 모든 물음들이 뉴로사제스로 우리를 초대한다(뉴로사제스는 저자가 'neuro(신경, 뇌)'와 'sagesse(지혜)'를 합쳐서 만든 말이다.—옮긴이).

RAW
DARKNESS
GATE
AMS. ZONE
52. SPORT
STRONG
HEART
HABITAT
LOVE
UNSHAKABLE
THERE
IS
ONLY
LIFE
THERE IS ONLY
LIFE
RD
RLD VS
EVIL
SPADER
52

10

나의 이야기

우리에게 부족한 것은
의식, 거리 두기, 개념, 아이디어, 꿈, 존재 이유다.
기계는 아직 이 모든 것에 이르지 못했건만,
인간을 기계로 전락시키고 싶어 하는 자들이 왜 이리 많은가.
데이터를 추출하고 다루는 일은 컴퓨터 혼자서도 잘만 한다.
나는 가끔 학계가 박사과정생은
아예 의식도 접어두기를 바라는 건가 싶을 때가 있다.
하물며 꿈은 얘기도 못 꺼낸다.

> "인류는 자기가 잡힐 그물을 짠다."
>
> –하킴 사나이

신경과학은 어느 곳에나 있다

나는 2003년에 파리 사클레에서 대학원 공부를 시작했다. 그때는 아직 '파리 쉬드Paris-Sud'라고 불리던 때다. 그곳에서 에르베 다니엘 교수님이 내게 뉴런과 신경교세포에 대한 열정을 전해주었다. 당시에는 프란시스코 바렐라의 연구가 가장 흥미롭게 다가왔다. 바렐라는 자신의 멘토 움베르토 마투라나와 손잡고 생물학을 거의 수학의 한 분야처럼 만드는 데 성공했다. '*n*차의 생명체가 있다고 치자……'라고 따지는 듯한 이 생물학이 내게는 참 매혹적이었다.

팡테옹 근처 고등사범학교에서 공부하려고 오르세에서 밤늦게 RER B선을 타곤 했다. 나는 고등사범학교 강의라고 해서 다 인간공학적이지는 않다는 점을 새삼스럽게 또 깨달았다. 많은 학생들이 그렇듯, 나는 고등사범학교가 즐겁지 않았다. 그곳에서 자아실현은 우리 교육의 우선 과제가 아니요, 최고의 명석한 두뇌들이 고통과 미덕을 구분하지 못하기로는 때로는 어린애만도 못함을 몸소 경험했다.

2006년에 나는 고등사범학교를 떠나 신경과학을 공부하러 케임브리지 대학으로 갔다. 케임브리지 캠퍼스는 놀랍고도 상당히 인간공학적이다. 나는 지옥에서 천국으로 넘어온 셈이었다. 나는 실험심리학부 인턴이었다. 처음에는 브라이언 무어와 브라이언 글래스버그가 지도교수였는데 두 분은 심리음향psychoacoustics, 달리 말하자면 우리 뇌가 소리를 지각하는 방식에 대해 많은 것을 가르쳐주었다. 내가 참여한 연구 중에서 흥미로웠던 것은 '모달 우회 contournement modal', 혹은 트라이앵글을 눈으로 보기보다는 소리로 듣게 될 가능성이랄까. 나중에 2009년에 이 학부로 돌아올 기회가 있었는데 그때의 지도교수는 로렌 타일러였다. 그분 덕분에 흥미로운 뇌자도MEG, magnetoencephalography 연구 결과를 많이 접했고 문학, 특히 시에서의 신경인간공학을 사유하게 되었다.

프랑스의 칸막이식 구조 그랑제콜에서 치유되고 싶어 스탠퍼드 대학에서 공부를 계속했지만 나는 결국 윌름 거리로 돌아왔다. 콜레주 드 프랑스에서는 스타니슬라스 드앤의 우리 의식의 '전체 작업 공간'에 대한 연구가 사막의 오아시스와도 같았다.

신경인간공학에 대한 나의 관심, 혹은 어떻게 납덩이 같은 인생을 금덩이로 바꿀 것인가라는 고민은 신경우울증에서 탄생했다. 나는 오르세에서 비디오게임이 학습에 미치는 영향에 관심을 두었다. 고등사범학교를 나와서는 아예 그걸 전공으로 삼았다. 나는 박사논문 주제로 선택해서 처음부터 끝까지 잘 써보고 싶었다. 박사과정생들이 대부분 그러듯이 어느 연구팀에 들어가서 구르라는 대로 구르는 값싼 노동력 노릇을 하고 싶지 않았다. 이러한 반골 기질 때문에 나는 연구 지원금을 따지 못했다. 그래서 열악함을 톡톡히 경험했다. 어떤 사람에게는 그러한 열악함이 고문관 같겠지만 또 어떤 이들에게는 그 자체로 흥미로운 스승이다. 나는 후자처럼 생각하는 법을 배웠다.

그래서 나는 해군 장교 시험을 봤다. 그리고 참모장교가 되었다. 군복, 가족, 지위. 물리적으로나, 지적으로나 이제 열악함과는 거리가 멀었다. 그곳에서 만난 도노레 데스티엔 도르브 가문 출신의 해군 대령이 하루는 발레리앙 산에서 나를 앞에 두고 파리를 "거대한 분쇄기"라고 묘사했다(앙리 도노레 데스티엔 도르브Henri d'Honoré d'Estienne d'Orves는 제2차 세계대전 당시의 유명한 레지스탕스다.—옮긴이). 그 정확한 표현에서 뉴로휴머니즘에 대한 나의 열정이 싹트지 않았을까 싶다. 그때까지 나는 그토록 현대인의 존재 조건을 명확하게 응축한 말을 들어본 적이 없었다. 현대인은 도시에, 경제에 제 몸을 내어준다. 편의는 존재 이유를 잃어버렸고 이제 우리는 자기 뇌와 자기 운명을 다시 주도하고 싶어 하는 것만으로도 죄책감을 자극받는다. 이 감옥의 모양에 맞춰 살지 않으면 벌을 받는다. 이 표현의 원조가 D. H. 로런스라는 사실을 나는 나중에야 알았다. 그리고 D. H. 로런스가 수피교에서 영감을 얻었다는 것도 나중에야 알았다.[1]

나는 병법과 지정학에 매료되었고 그런 걸 배워서 좋았다. 군대에 말뚝을 박으면 어떨까 고민했을 정도다. 그러나 연구의 세계는 여전히 내게 영감을 불러일으켰다. 나와 열악함을 함께 나눈 형제 세드릭 솔Cédric Saule이 잘 말해주었듯이, 연구를 하는 사람은 매일 달에 발을 내딛는다! 아직 그 누구의 정신도 미치지 않은 곳에 내딛고 싶은 마음, 이것이 중요하고 나머지는 다 문학일 뿐이다.

첫 번째 박사논문은 지식의 지정학, 즉 '누폴리틱Noopolitik'이 실크로드와 평화학irénologie에 미친 영향에 대해 썼다. 바렐라의 연구가 많은 영감을 주었다. 갈등이 인류의 바이러스, 심리학자 윌리엄 제임스의 표현을 빌리자면 "전쟁의 정신적 등가물"이라는 생각이 특히 그렇다. 스트라스부르 대학에서 취득한 두 번째 박사학위 논문은 서양 문학, 특히 T. S. 엘리엇과 탐험가 리처드 프랜시스 버턴 경의 작품에 존재하는 수피즘을 다루었다.

이 논문 「서양과 동양 사이를 오가는 의식의 발라드Ballade de la conscience entre Orient et Occident」에서 나는 신경과학의 기본 개념인 '커넥톰connectome(신경 연결의 전체, 신경망을 도식화한 것)'을 활용했다. 나는 동양 문학이 은유적으로 우리의 우뇌에 해당한다면 서양 문학은 좌뇌에 해당할 것이라는 논지로 '문학의 커넥톰'이라는 관념을 제시했다. 그 결과 좌뇌와 우뇌를 주로 연결하는 섬유다발인 뇌량에도 관심을 기울이고 싶어졌다. 다양한 지식의 우연한 조합이 어떤 발견—분명 예기치 않았던 발견—을 이루어낼 때 우리는 '세렌디피티serendipity'를 말한다(세렌디피티는 영국 작가 호러스 월폴Horace Walpole이 페르시아 우화 「세렌딥의 세 왕자」를 인용하여 만든 말이다. 이 우화에서 세 왕자가 자기들이 원래 원하던 것은 찾지 못하지만 뜻밖의 사건을 통해 지혜와 용기를 얻는다. 이처럼 우연을 붙잡아 행운으로 변모시키는 힘을 '세렌디피티'라고 한다.—옮긴이). 세렌디피티는 학제간 융합의 결과다. 어느 연구자의 말마따나 "충돌하라고 한데 모으는"[2] 것이다. 사실, 지식들을 한바탕 뒤흔들기 위해서가 아니면 굳이 모아들일 필요가 어디 있을까? 더욱이 알랭 페레피트는 "프랑스의 병" 중 하나가 세렌디피티의 결핍이라고 지적한 바 있다.

나는 신경과학과 문학을 뒤흔드는 작업에서 매력을 느꼈다. 하지만 그 이유는 신경과학이 사실은 어느 곳에나 존재하기 때문이다.

인지적 자세의 장애를 치유하라

누구나 자신의 뉴런을 알 필요가 있다. 인류사의 모든 결정, 모든 실패, 모든 포옹 너머에는 뉴런이 있다. 칸타타 혹은 군사적 충돌 너머에, 암살과 출산 너머에, 지도들 너머에, 알렉산드로스 대왕의 야망과 나폴레옹의 망설임과 손자의 병법과 틴토레토의 색채 너머에 뉴런이 있다. 예언적인 계시 혹은 가장 소박한 곡식 몇 줌,

우리는 뇌를 제대로 사용하지 못하고 있다.
우리가 지식을 생산하고 전달하고 소비하고 받아들이는 모든 방법을
다시 돌아볼 필요가 있다…… 우리 뇌가 어쩌다 우연히 뒤틀렸을까?
우리가 괜히 '인지적 자세의 장애'를 안게 됐을까?
언뜻 생각하면 두렵겠지만 답은 해방이다.
그렇다, 우리는 이러한 장애를 앓고 있다. 그것도 아주 심각하게!
인지적 자세의 문제점들은 예외가 아니라 흡사 무슨 규칙처럼 보편화되어 있다!

그 너머에도 뉴런은 있다. 그러나 뇌에 대한 지식을 두루 퍼뜨리려면 이 지식을 달고 맛나게 만들어야 한다. 재료는 준비됐다. 이제 먹음직스러운 냄새가 풍기게끔, 정신을 한껏 만족시킬 만한 수준으로 조리를 해야 한다. 그런데 책들에는 부분적으로 '알음알음으로만 전해지는' 냄새가 있다.

나는 자기 지식을 잘 조리하는 기술이 굉장히 중요하다고 보기 때문에 이 주제로도 박사논문을 하나 썼다.[3] 결국, 지식을 제대로 준비함으로써 (특히 웹을 이용해) 더 잘 전달하는 방법 얘기다. 그렇다고 내가 지식 식도락계의 특급 셰프라고 자처하는 것은 아니다. 나는 유튜브 채널 믹매스Micmaths에서 제자들이라는 직접적 수혜자들을 통해 검증된, 맛있는 지식 요리를 선보이는 미카엘 로네 같은 사람이 못 된다.

그래도 어쨌든 나는 이 연구 작업에서 아찔한 가능성을 엿보았다. 우리는 뇌를 제대로 사용하지 못하고 있다. 우리가 지식을 생산하고 전달하고 소비하고 받아들이는 모든 방법을 다시 돌아볼 필요가 있다…… 우리 뇌가 어쩌다 우연히 뒤틀렸을까? 우리가 괜히 인지적 자세의 장애를 안게 됐을까? 언뜻 생각하면 두렵겠지만 답은 해방이다. 그렇다, 우리는 이러한 장애를 앓고 있다. 그것도 아주 심각하게! 인지적 자세의 문제점들은 예외가 아니라 흡사 무슨 규칙처럼 보편화되어 있다!

물리적인 자세는 행동을 준비한다. 전투에 임하는 자세가 있고, 일을 하는 자세가 있으며, 기다리는 자세가 있다. 자세는 그로써 가능한 움직임을 규정한다. 이를테면 몸이 어디까지 뻗을 수 있는지, 무엇을 추구해야 하는지 등이 자세로 정의되는 것이다. 그와 마찬가지로, 우리가 정신의 우주를 탐색하는 방식은 우리의 인지적 자세에 좌우된다. 우리는 어떤 사유나 해법을 우리 자신에게 금할 수 있다. 예를 들어 고대 그리스인들은 무리수無理數에 대한 사유를 금기시했다. 뇌의 작업은 스스로를 '억제하는' 방식에 따라 굉장히 상이한 방향들을 취할 것이다. 그리고 우리는 정신 자세를 바꿈으로써 세상을 바꿀 수 있다.

이 책을 쓰면서 나 역시 이런저런 생각들, 자극들로 인해 정신이 산만하고 현재를 놓치는 기분이 든다. 과거의 경험과 미래의 계획에 휘둘리면서 나 또한 인지적 자세의 장애를 앓고 있다. 내가 이 글을 쓰면서 조직적으로 구성할 수 있는 사유의 수는 매우 한정되어 있다. 아마도 언젠가는 더욱 다양한 사유를 다룰 수 있는 정신 기법이 나올 것이다. 기억술을 논하면서 그러한 기법은 시대에 뒤진 해묵은 것이므로 오늘날의 관심사가 아니라고 생각한다면 오산이다. 정신의 기법들은 치열한 현안이다.

이 글을 읽는 여러분도 나와 같은 문제를 안고 있을 것이다. 여러분이 투명한 주관성을 계발하면[4] 뇌가 자신에게 자동으로 부여하는 의도들이 보인다. 그 의도들은 허영, 정치 놀음에 해당한다. 나는 무엇을 아는가? 의도가 자동으로 부여된다고 해서 그 자체가 나쁜 것은 아니다. 그러나 이 자동성이 우리를 통제한다면 영혼의 병이 된다. 달리 말해, 이 자동성은 본래 자리에서in situ, 즉 실험실의 통제된 조건들 밖에서 작업하는 뇌를 반영할 뿐이다. 아직도 서툴고 취약하며 제한되어 있는 우리 과학이 현 상태에서 안고 있는 문제는, 어떤 상황이 자연스러울수록 실험적으로 잘 통제되지 않고, 실험적으로 잘 통제되지 않을수록 결론을 도출하기가 힘들다는 것이다. 신경인간공학은 우리를 경험이라는 가장 시원적인 개념, 즉 반드시 통제되리라는 법이 없는 조건으로 우리를 데려가고 우리 자신의 정신 활동, 우리 자신의 주관성을 관찰하도록 이끈다.

과학은 근본적으로 불완전하고 현대 신경과학도 예외가 아닌지라 아직 걸음마 상태라 해도 과언이 아니다. 예를 들어 수면처럼 단순한 활동조차 아직 그 작동 방식이나 이유가 신경과학적으로 밝혀지지 않았다. 그러니 신경과학이 각성 상태의 뇌를 어떻게 벌써 이해하겠는가? 신경과학이 무엇을 밝혀내든지, 또 얼마나 진보를 이뤄내든지, 다음과 같은 가장 기본적인 지혜를 무시해도 좋은 날은 결코 오지 않으리라. “나는 내가 아무것도 모른다는 것을 안다.”

박사과정생의 소외

나는 3개의 박사학위를 다 각기 다른 대학에서 받았는데 어디를 가나 박사과정만큼 정신적 거세가 심각한 조건은 달리 없었다. 중국, 미국, 프랑스, 이탈리아, 영국, 그 외 아프리카 여러 나라를 두루 가보았지만 자기를 실현하면서 잘 지내는 박사과정생은 한 명도 만나지 못했다. 그래서 지금의 박사과정은 어떤 열정이나 소명의 귀결이 아니라 일종의 대대적인 신고식이라고 확신하게 되었다. 기존의 표준적인 학자들이 신진 세력을 통제하려고 존속시키는 고약한 신고식이랄까. 오늘날, 국가를 막론하고 박사과정생들은 삶이 지독히 고달프다. 오죽하면 스탠퍼드의 신경인간공학자 조지 참Jorge Cham이 푸닥거리 삼아 〈피에이치디 코믹스Ph. D. Comics〉라는 만화를 그리기까지 했을까.

그런데 인간공학적으로 열악한 조건의 지표로 불만스러운 삶만큼 확실한 것도 없다. 물론 어떤 정신적 자세들은 꼭 우리를 불행하게 한다고 할 수는 없으면서도 우리의 능력, 창의성, 기억, 유연성, 독창성을 제한한다. 그렇지만 우리를 슬픔에 빠뜨리는 조건들은 직접적으로 인간공학에 위배된다. 불행한 박사과정생들이 이토록 넘쳐나는 이유는 그들의 뇌가 비틀렸기 때문이다. 도대체 왜 그렇게 됐을까?

젊은 연구자는 지식보다 더 큰 것을 품고 대학이라는 거대한 분쇄기에 들어온다. 열망, 꿈, 소망, 야심, 인간적인 본보기, 창의성, 그리고 가장 본질적으로는 자유로운 사고를 품고 오는 것이다. 학위 연구를 마칠 즈음이면 그의 생각은 이미 전처럼 자유롭지 않을 것이다. 박사과정생은 모든 것을 버리고 데이터좀비가 되라는 요구를 너무 자주 받는다. 본인의 신성한 인간성과 의욕을 부정당하는 경험은 일종의 소외, 감금, 비인간화로 느껴질 수밖에 없다. 내가 아는 모든 박사과정생은 그 같은 고통을 겪었다. 이것은 도구화된 인간의 고통, 블루칼라와 화이트칼라를 막론한 노동자의 고통, 프롤레타리아 혹은 프랑코 베라르디가 말하는 '코그니타리아cognitariat'의 고통이다. 코그니타리아는 3차 생산 수단(특히 연구 지원금)에 직접적으로 접근하지 못하기 때문에 육체적 노동력을 팔 듯이 자기 두뇌를 팔 수밖에 없고 가끔은 정신적 매춘까지 해야 한다.

혁명적인 과학, 패러다임의 변화, 레오나르도 다빈치식의 발상과 아인슈타인식의 놀라운 쾌거를 꿈꾸던 젊은 연구자는 논문 심사 위원회, 임용, 연구비 지원, 심각한 순응 제일주의, 나아가 직감과 꿈과 즐거움과 단순한 개념, 구상, 아이디어를 철저히 배척하는 태도(심지어 이 배척은 미덕으로 통한다)에 생짜로 부딪힌다. 나는 이것이 박사과정이 고달프고 불행한 가장 명백한 이유라고 본다. 언제야 우리는 몇 엑사바이트에 달하는 데이터보다 사람이 더 귀하다는 것을 알게 될까?

실제로 지금은 데이터가 부족해서 곤란할 일은 없다. 게다가 세계의 주요 대기업, 즉 팻 가스 밤(FAT GAS BAM, 페이스북 애플 트위터 구글 아마존 삼성 바이두 알리바바 마이크로소프트를 머리글자만 따서 외우는 법)이 한 시간 동안 다루는 데이터가 학계에서 10년간 다루는 데이터보다 많다. 우리에게 부족한 것은 의식, 거리 두기, 개념, 아이디어, 꿈, 존재 이유다. 기계는 아직 이 모든 것에 이르지 못했건만, 인간을 기계로 전락시키고 싶어 하는 자들이 왜 이리 많은가. 데이터를 추출하고 다루는 일은 컴퓨터 혼자서도 잘만 한다. 나는 가끔 학계가 박사과정생은 아예 의식도 접어두기를 바라는 건가 싶을 때가 있다. 하물며 꿈은 얘기도 못 꺼낸다.

> 인류가 한 인간이라고 하자. 그의 완전한 종말의 고통은 아직도 이 목표를 향하여 몸부림치고 싸운다. 고통이 마침내 그치게 될 그곳을 향하여.[5]

TEAM
SPORT
ACCELERATION
COME ON
SKETBALL
PLAY
SPORT
Ball

11

지혜를 추구하는 자세

진실을 악착같이 거부하고
자기가 편하고 안락한 것을 지킬 것인가,
안주를 거부하고 진실을 포용할 것인가.
그런데 우리가 알다시피 인류는 진실보다
제 아늑한 둥지를 백배 천배 더 좋아한다.

뉴로사제스

우리 문명은 방대한 양의 지식을 생산한다. 그 양을 추산하자면 대략 7년마다 2배로 불어나고 있다고 한다.[6] 그런데 지식이 지수함수적으로 증가하는데도 우리가 지식을 전달하는 방법은 여전히 선형적이기 때문에 큰 문제가 되고 있다. 세상의 지식은 개인이 따라잡기 힘들 만큼 급성장한다. 이 문제에는 두 가지 즉각적인 해법이 있다. 첫째, 집단으로서 배우고 전문성을 집단적으로 구축하는 것이다. 둘째, 인간공학적으로 지식을 습득하는 것이다.

그래도 또 다른 문제는 남는다. 지식은 감당하기 어려울 만큼 생산되는데[7] 지혜는 거의 나오지 않는다. 기술의 진보를 이상화하면서 지혜와 영성을 우습게 여기는 풍조는 한층 더 고약해졌다. 과학기술의 진보를 우리 의식의 진보는 미처 따라잡지 못했다. 우리는 철학적으로 미숙하다. 그래서 우리 문명은 스스로를 위험에 몰아넣을 여지가 있다.

한번은 모 국제 과학 학술 대회에 참석했다가 한 발언자가 "세계가 실패하는데 우리가 그 안에서 성공의 영광을 누릴 수는 없습니다"라고 선언하는 것을 들었다. 나중에 또 다른 발언자가 자리에서 일어나 한마디 덧붙였다. 그는 청중의 박수를 받으러 연단에 올라가지도 않고 그냥 그 자리에서 자신의 영어가 미숙하다고 양해를 구하면서 프랑수아 라블레를 인용했다. "의식 없는 과학은 영혼의 폐허에 불과합니다."

그 말에 박수를 친 사람은 나 하나뿐이었다. '명석하다고' 일반적으로 인정받는 교수와 학생 수천 명이 모였는데 이 겸허한 원칙에 경의를 표하는 사람은 나 말고 아무도 없었다. 혼자 박수를 치는 것도 제법 힘겨운 일이다. 다들 알다시피, 집단에 적응 못 하는 두려움이 인간의 뇌에게는 가장 폭력적인 감정 중 하나이기 때문이다. 하지만 수백만 명이 2 더하기 3은 7이라는 명제에 찬성표를 던진다고 해서 그 명제가 참이 되지는 않는다. 반대로, 2 더하기 3은 5라는 명제에 아무도 동의하지 않는다 해서 그 명제가 오류가 되지는 않는다. 안타깝지만 지혜가 민주적이지 않을 때도 많다. 수천 명 중 아무도 의식 없는 과학은 황폐하기 그지없다는 지혜로운 관찰에 박수를 보내지 않았지만 그래도 그 관찰은 분명히 옳다.

우리는 이제 우리의 생각에 거의 책임을 지지 않고 남의 생각 속에서 사느라 대부분의 시간을 보내기 때문에 우리의 의사 결정이 진정 우리 것이기도 힘들다. 시스템에 순응하려는 우리의 욕망이 우리의 자유의지보다 훨씬 더 힘이 세다. 내면의 경비견을 잠재우는 데 성공할 때조차 그 개보다 사나운 순응주의자 무리가 우리를 가만히 내버려두지 않는다. 그 무리는 좋은 학생 축에 든다는 자부심으로 똘똘 뭉쳐 여기서 떨어지는 콩고물을 노리고 나쁜 학생들을 비난한다. 죄인을 저잣거리에 매달아 욕받이로 삼던 시대 이후로 인류는 사실상 거의 변하지 않았다.

어쨌든 인류의 관심이 지혜에 쏠리지 않고 있음은 분명하다. 일례로 우리의 교육체계에도 지혜는 존재하지 않는다. 사실 선진국들은 대부분 케케묵은 철학을 약간이나마 가르치는 것도 의무교육 과정의 막바지에나 배치하고 있다(심지어 철학은 필수과목조차 아니다). 학생들은 철학 논술을 쓸 뿐, 철학을 실천할 일은 없다. 철학사를 가르칠 뿐, 어떤 경우에도 지혜에 대한 사랑, 타인의 판단에 기대지 않고 지혜를 무조건적으로 추구하는 자세는 가르치지 않는다. 그런데 우리 문명이 자기에 대한 지식을 가르치지 않는 이유는 그 지식이 전복적이기 때문이다. 현자는 실로 아무런 시스템을 필요로 하지 않는 자, 조건화의 동굴을 박차고 나가 유유히 거니는 자다. 현자란 디오게네스처럼 알렉산드로스 대왕에게도 "햇빛 가리지 말고 비켜!"라고 말하는 자, 시스템이 쓸모없음을 보여주는 자다. 따라서 시스템이 우리에게 현자 없이 살 것을 가르치는 이 현실은 전혀 놀랍지 않다. 시스템은 인간적 에고들의 합일 뿐이요, 철학은 에고의 죽음, 궁극적으로는 시스템의 죽음이기 때문이다.

지식의 문제는 우리가 지식을 습득할수록 에고를 강화하려는 경향이 있다는 것이다.[8] 물론 그 지식이 자기에 대한 지식이자, 지혜라면 그렇지 않지만 말이다. 그런데 지혜는 인류가 생산한 그 무엇도 인류 자체만큼 위대하지는 않다고, 어떤 것도 인류를 소외해도 좋을 만한 가치는 없다고 자연스럽게 가르쳐준다. 그러니 이 꼬락서니가 희한하지 않은가. 우리 문명은 자기 자신을 초월할 도구(지혜)를 만들기는 꺼리면서 자기 파멸의 도구(의식 없는 과학) 생산에는 있는 대로 열을 올리고 그게 가장 큰 미덕인 양 치켜세운다.

흔히 들을 수 있는 지혜의 말씀이 있다. "학자는 현자한테는 발생하지도 않을 문제를 푸는 사람이다."[9] 신경과학에 대한 책은 무더기로 쌓여 있고 정치, 경제, 경영, 마케팅, 전쟁, 예술, 법 등 오만 분야에 신경과학이 적용된다. 하지만 뉴로사제스를 말하는 이, 누구일런가? 아무도 없다.

우리는 호모사피엔스사피엔스, 말 그대로 '지혜롭고 지혜로운 인간' 혹은 현명한 자 중의 현명한 자를 표방한다. 사피엔스 아닌 호모는 모두 소외된 인간이다. 사피엔스 아닌 다른 것을 위해 자신의 인간다움을 희생한 자들은 이 사실 앞에서 양자택일을 해야만 한다. 진실을 악착같이 거부하고 자기가 편하고 안락한 것을 지킬 것인가, 안주를 거부하고 진실을 포용할 것인가. 그런데 우리가 알다시피 인류는 진실보다 제 아늑한 둥지를 백배 천배 더 좋아한다.

그래서 나는 이 책의 주제가 찰리 채플린이 〈독재자〉에서 보여주었던 그 소박함, 명쾌함, 그리고 위대한 지혜라고 말하고 싶다. 심하게 에고로 똘똘 뭉친 우리 바보들이 여전히 전혀 배우지 못한 지혜 말이다.

지식은 우리를 파렴치하게 만든다. 우리의 지성은 모질고 못돼 먹었다. 우리는 생각만 너무 많지, 별 느낌이 없다. 기계류보다 우리가 더 인간다움이 필요한 지경이다. 우리에겐 지성보다 선의와 정감이 더 절실하게 필요하다.

BOY
TV
LOVE
PEACE
TEAM
VICTORY
GAME
PEACE
BIG
ART
SISTEM
MULHOlland

12

우리 안의 자연을 위하여

"자연이 우리네 공장처럼 생산을 할 것이 아니라
우리네 공장이 자연처럼 생산을 해야 한다."
그게 도덕적으로 우리가 해야 할 최선이기도 하지만
단지 그 이유만이 아니라 개인에게나 사회에게나
가장 수익이 남는 일이기 때문이다.

뉴로미메티즘

생체모방biomimétisme이라는 하나의 경향이 21세기 전체에 활력을 불어넣고 있다. 철학, 과학, 공학, 정치, 경제, 응용미술까지 포괄하는 이 동향의 메시지는 딱 하나다. 자연은 도서관이니, 그 도서관을 불태우는 대신 잘 읽어내야 한다는 것이다. 이 동향은 아주 오랜 전통에서 나왔다. 르네상스 시대에 각별히 활발했지만[10] 소크라테스와 그 후계자 아리스토텔레스에게까지 거슬러 올라가는 이 전통은 지혜가 자연에 대한 관찰에서 비롯된다고 여긴다.

생물학자 재닌 베니어스Janine Benyus는 바이오미메틱스, 바이오닉스, 혹은 바이오인스퍼레이션[11]의 기법들을 초월하는 동향으로서 오늘날의 생체모방을 처음 제시한 인물이다. '경제학적' 생체모방도 청색 경제(군터 파울리), 순환 경제(엘렌 맥아더), 요람에서 요람으로(월터 스타헬, 미하엘 브라운가르트, 윌리엄 맥도너 등) 운동 등에 영향을 주었다. 어쨌든 슬로건은 경우를 막론하고 동일하다. "자연이 우리네 공장처럼 생산을 할 것이 아니라 우리네 공장이 자연처럼 생산을 해야 한다." 그게 도덕적으로 우리가 해야 할 최선이기도 하지만 단지 그 이유만이 아니라 개인에게나 사회에게나 가장 수익이 남는 일이기 때문이다.

실은 이 책도 신경인간공학 선언이 아니라 뉴로미메티즘, 즉 신경모방 선언이다(뉴로미메티즘은 저자가 'neuro(신경, 뇌)'와 'mimétisme(모방)'을 합쳐서 만든 말이다. 독음이 직관적 이해를 돕는 문장들이 있기 때문에 '뉴로미메티즘'과 '신경모방'을 역어로 혼용했음을 알려둔다.—옮긴이). 모든 과학이 그렇듯 신경인간공학은 도덕적 중립성을 띤다. 다시 말해, 우리는 신경인간공학으로 최선을 빚어낼 수도 있고 최악을 빚어낼 수도 있다. 핵물리학, 인공지능, 나노기술, 생명기술, 신경기술, 뭐가 됐든 어떤 기술이 어떤 방향으로 나아갈지 알고 싶다면 이 물음을 던져보는 것으로 충분하다. 누가 누구에게 봉사하는가? 기술이 인류에게 봉사한다면 문제없다. 그러나 인류가 기술을 섬긴다면 아무것도 제대로 굴러가지 않을 것이다.

신경인간공학 분야에는 훌륭한 저작이 몇 권 있다. 파라수라만의 『신경인간공학: 작업하는 뇌』[12]라든가 애디 존슨과 로버트 프록터가 책임 편집을 맡은 『신경인간공학: 인간적 요인들과 인간공학에 대한 인지신경과학적 접근』[13]이라든가. 그러나 어떤 저작도 '왜?'라는 질문을 다루지 않았다. 기술에 이유가 없으면 가치도 없다. 신경인간공학이 뇌의 성능을 최적으로 끌어내는 기술이라면 도대체 무슨 목적으로 그런 기술을 개발해야 한단 말인가?

우리 신경은 억눌리고, 그을리고, 착취당하라고 존재하는 게 아니다. 신경인간공학도 어떤 개인이나 조직 들이 우리 뇌를 최후의 한 방울까지 쭉쭉 짜내라고 존재하는 학문이 아니다. 우리가 너무 멀리 왔나? 오늘날, 컨설턴트라는 직업은 이미 '뇌즙 짜는 장사'로 통할 지경이다. 신경인간공학은 우리에게 뇌가 있고, 손이나 등 같은 신체 일부에 저마다 특정한 모양이 있듯 뇌에도 그에 걸맞은 형식이 있음을 일깨워준다. 몸을 힘들게 쓰는 일을 반복하면 디스크 탈출증, 손목터널증후군, 척추측만증 따위가 생길 수 있듯이 어떤 두뇌 활동, 어떤 환경, 어떤 압력은 뇌를 망가뜨린다. 지구 상에서 살아가는 인간이라면 누구나 자기 뇌가 뒤틀릴 때까지 가만히 있어선 안 된다. 이건 신성하고 근본적인 인권의 문제다.

신경권 보호

고로, 내가 이 책을 쓴 이유는 딱 하나다. 누구든, 언제든, 자신의 기본권을 상기시키기 위해 헌법을 인용할 수 있듯이 이 책을 인용하여 엄숙하게 주장할 수 있기를 바란다. "내 뇌는 신성하고 나의 신경은 신성합니다. 내 신경이 당신네 시스템을 섬겨서는 안 되며 당신네 시스템이 나의 신경을 섬겨야 하는 겁니다." 르네상스가 인간은 신성한 것이라는 생각을 찔끔찔끔 지속적으로 부화시켰듯이 지금은 인간 신경의 신성함을 환기시켜야 할 때다. 이보다 더 분명한 메시지는 없다. 어떤 사람도, 어떤 조직도 우리 신경을 고사시킬 권리는 없다. 그러나 자신의 신경권을 보호하려면 일단 자기 신경을 알아야 하고 자기 뇌를 알아야 한다.

신경을 구하는 자, 인류를 구할 것이다

코란에는 이런 구절이 있다. 아브라함을 조상으로 여기는 모든 전통과 그 밖의 여러 전통이 공유하는 구절이다. "한 생명을 구하는 자는 온 인류를 구한 것이다."[14] 그렇다면 나는 신경을 구하는 자도 인류를 구한 것이나 마찬가지라고 하겠다. 신경이 지구 상에서 더는 한 가닥도 고사되지 않을 거라는 선언은 개인에게나 집단에게나 더없이 좋은 일이다. 신경이 고사되어버린 단 한 사람이 얼마나 유해한 영향을 끼치는지는 가늠할 수조차 없기 때문이다. 개인의 신경생리가 고사되어버리면, 즉 코르티솔이나 아드레날린이나 노르아드레날린 과다 분비에 한 사람이 장기적으로 노출되면 사회 전체가 고사되어버릴 수도 있다.

아르투로 디아즈의 음울한 발라드

무고한 사람을 차마 입에 담을 수 없을 만큼 잔인하게 살해한 죄로 텍사스 주 리빙스턴에서 체포되어 2013년에 사형을 당했던 아르투로 디아즈를 나는 기억한다. 그의 범행은 전쟁의 광기에 취했던 중세 전사들도 울고 갈 만큼 잔혹하기 그지없었다. 죄수들과의 서신 교환 프로그램에 참여하고 있었던 내 할머니와 사촌은 그를 위해 당시의 텍사스 주지사 릭 페리에게 사형을 무기징역으로 감형하는 탄원서를 써달라고 나에게 부탁했다. 사형제에 대한 그리스도교 단체들의 시각은 아메리카 대륙과 유럽 대륙이 크게 달랐다. 릭 페리의 지지 기반을 형성하고 있던 당시의 보수 그리스도교인들은 대부분 사형제에 찬성했다. 그러나 우리 할머니를 비롯해 프랑스의 열혈 그리스도교 신자들은 빅토르 위고의 팬이자 『어느 사형수의 마지막 날*Dernier Jour d'un condamné*』의 독자로서 사형제가 전 세계에서 폐지되기를 바랐다.

그래서 나는 편지를 쓰면서 아르투로 디아즈의 신경 연표라고 할 만한 것에 몰입하려고 노력했다. 그리고 그 결과로 발견한 것은 나에게 참으로 섬뜩한 인상을 주었다.

자, 잘려 나간 그루터기들을 상상해보자. 나이테는 나무의 성장 리듬과 계절의 혹독함에 대한 정보를 담고 있다. 우리의 신경에도 그런 나이테가 있어서 충격, 공포, 경멸, 용서, 인내, 증오, 자비의 흔적들을 하나하나 되새긴다. 이웃을 무참히 살해할 만큼 불안정한 신경을 처음부터 타고나는 사람은 없다. 신경의 불안정성은 구축된 것이다. 다른 불안정한 신경들과의 접촉이 계속 겹치고 악화됨으로써 원래는 그렇지 않았던 신경도 덩달아 불안정해진다. 그래서 신경이 좀체 고사되지 않는 사람들이 있는가 하면(찬란한 모범들만 거론하자면 간디, 만델라, 마틴 루서 킹 등이 있다) 그렇지 않은 사람들도 있다.

아르투로 디아즈의 신경 연표는 끝도 없이 이어지는 손상과 뿌리 깊은 프시카트리스만을 보여주었다. 그는 자신의 고통을 지배할 수 없게 되었기에 고통이 그를 지배한 것이다. 고통과 좌절에 시달릴 대로 시달리다 보면 신경이 우리를 좌지우지하는 순간이 온다. 그러면 매순간 생존이 왔다 갔다 한다. 공포, 멸시, 반복적으로 당하는 폭력이 신경을 삼켜버린 인간은 극도로 위험하다. 그는 한 사람만(아마도 자기 자신을) 죽이고 끝낼 수도 있지만 심히 어두운 격정을 불태우며 다수를 경악케 할 수도 있다. 심지어 다수가 그를 권좌에 올려놓고 수백만 명을 합법적으로 학살할 수 있게끔 아예 그 손에 손잡이를 쥐여줄 수도 있다.

> 생은 잔혹하고 허망하고 음침하구나, 취객의 눈에 비치는 장면들처럼,
> '존재'가 '비존재'를 의미하는 것처럼 보고 냄새 맡고 듣고 느끼니
> 가없는 대양, 측량할 길 없는 고통의 난장판에 한 방울을 더하니
> 그곳에서 어떤 이들은 다른 이들 수백만 명을 죽여가면서 잔혹한 생을 산다.[15]

신경이 망가진 사람들은 감옥뿐만 아니라 병원에도 넘쳐난다. 하지만 그런 사람들이 중대한 책임이 따르는 자리를 차지하고 우리 운명을 좌우할 수도 있다. 한 예로, 공감과 친절을 비웃고 이기주의, 잔인성, 허영심을 치켜세우게 마련인 일부 직종 종사자들은 사이코패스가 되기 쉽다는 연구 결과도 있다. 등이 꼬부라진 사람에게 물리적으로 어떤 일은 금지되거나 너무 힘이 들어 감당이 안 된다. 마찬가지로, 뇌가 뒤틀린 사람에게는 사유와 지혜가 불가하다고 생각하면 된다.

우리의 시스템은 사람들의 뇌를 뒤틀고 쥐어짜 신경 불구자들을 양산한다. 그들의 장애는 겉으로 표가 나지 않을 뿐 아니라 때로는 장점으로 위장된다. 그러다 갑자기 이 장애가 수면으로 불쑥 올라오면서 다른 사람들을 괴로움에 빠뜨린다. 이러한 신경 대 신경의 불협화음은 까마득한 옛날부터 이어져왔고 우리의 행위 하나하나에는 인류 전체에 영향을 미치는 어떤 음音을 연주할 선택이 깃들어 있다. 그 선택은 다소 수월할 수도 있고, 꽤나 전설적인 것이 될 수도 있지만 말이다.

아르투로 디아즈의 음울한 발라드에는 폭력과 연민의 메아리가 있다. 이 음표들은 이미 중세부터, 아니 최초의 인류가 등장한 때부터 줄곧 울렸다. 아버지와 형제 들은 신경 차원에서 서로를 때리고 모욕하고 멸시했다. 가능한 모든 방법으로 서로의 신경을 고문했다…… 그 불길은 여러분이 이 글을 읽는 지금 이 시간에도 번지고 있다. 날카롭게 곤두선 서로의 신경이 귀에 거슬리는 새된 소리를 일으키는 가운데 또 하루가 지나간다. 자기가 신경 불구자인 줄도 모르는 신경 불구자들이 참 많다. 무진장 많다.

그 이유는 신경 불구는 분명히 실재하지만 우리의 불완전한 촬영 기법으로 잘 관찰되지 않는다는 특징이 있기 때문이다. 허리나 손은 우리가 볼 수 있고 만질 수 있으니까 어떻게 기능하는지도 안다. 정상적으로 잘 기능을 하는지, 어디에 문제가 있고 건강하지 못한지 바로 알 수가 있는 것이다. 또한 그 기관의 깜냥과 한계점도 어느 정도는 의식적으로 파악할 수 있다. 그러나 인류가 출현한 이래로 손은 늘 눈앞에 있었는데도 우리가 실질적으로 인체공학을 고민하게 되기까지는 무려 3만여 년이 걸렸다. 인간이 뉴런을 처음 관찰하게 된 때가 기껏해야 150여 년 전이니 신경인간공학에 대한 의식이 얼마나 갈 길이 먼지는 굳이 말하지 않아도 알 것이다.

신경은 신성하다

인류가 현재 100살이라고 치면 실시간 1년이 인류에게는 4시간에 불과하다. 그렇게 치면 스탈린그라드 전투는 열흘 전 일이고, 인류는 고작 **열흘 전**에 산업적 능률과 결의를 겸비하고 양심도 없이 수천 톤의 인명을 분쇄했다고 말할 수 있다. 그 모든 일은 마치 우리가 우리 자신의 신성함을 전혀 깨닫지 못한 것처럼 일어났다. 그런데 참호나 화력 좋은 무기보다는 사람 몸뚱이에 더 숭고한 존재 이유가 있다. 나는 그저 인류가 이런 의식을 갖기까지 앞으로 한나절 이상 걸리지 않기를 바랄 뿐이다.

인간은 자연을 창조한 적이 없다. 사실 인간은 살아 있는 세포 하나도 만들지 못한다. 인간은 자연을 불태우면서 자기가 이해하지 못한 것, 건강하지 못하고 미숙한 것을 태운다. 내일은 이해할 수 있을지도 모르는 것을 오늘 다 태워 없애면 미래를 저당 잡히는 셈 아닌가. 하지만 우리가 지금 우리 외부의 자연과 우리 안의 자연, 즉 본성을 다루는 모양새가 딱 이렇다. 우리의 육신, 우리의 뇌를 불살라 그 연기를 산업이라는 바알 신에게 바친다. 이런 의미에서 자연을 관찰하고 보호하며 그로부터 영감을 얻는 생체모방과 신경에 대해 동일한 자세를 취하는 신경모방은 직접적 관계가 있다.

미래를 저당 잡히지 않는 기술은 곧 지속 가능한 개발 기술이다.

이 기술은 경제 발전, 사회적 발전, 생태학적 발전의 교차점에 있다. 그러나 이미 보았듯이 신경인간공학도 경제적·사회적 발전에 대해서라면 할 말이 많거니와 우리의 지속 가능한 개발에서 빼놓을 수 없는 한 요소다. 신경모방은 생체모방과 같은 이유에서 우리가 미래를 짓밟지 않고 우리 자신을 해방시키게끔 도울 수 있다. 그렇게 되면 외부 자연뿐만 아니라 우리 안의 자연도 존중할 수밖에 없을 것이기 때문이다. 사실 우리 신경은 묽은 바닷물 줄기들에 지나지 않는다. 신경은 우리 안에 기록된 자연, 혹은 자연의 흔적이다.

인간이 만든 것 가운데 뇌가 자기를 굽히고 따라야 할 것은 하나도 없다. 우리 뇌가 순응해야 할 것이 하나 있다면 그건 바로 자연이다. 우리 몸은 자연에 적응해 있고 우리 뇌도 그 점은 마찬가지다. 인간의 몸과 뇌는 공장, 도시, 대형 마트, 사무실, 학교에 알맞게 진화한 것이 아니다. 그러한 인위적 환경들에도 잠시 맞춰 살 수는 있지만(말하자면 그런 곳을 거치며 살 수는 있지만) 결코 평생을 그런 데 종속되어 살지는 못한다. 사실 자연보다 더 뛰어난 신경인간공학자는 없다. 그러므로 부처, 아리스토텔레스, 레오나르도 다빈치, 아시시의 성 프란체스코가 자연을 스승으로 삼았던 것도 당연하기만 하다.

지금 우리 신경의 주도권을 되찾는 것은 우리에게 절대적으로 긴급한 과제다. 이것이 뉴로사제스의 휴머니즘, 뉴런을 통한 자유다! 실제로 우리의 뉴런은 스트라디바리우스보다 더 귀하고 신성할뿐더러 그 명기名器보다 한없이 넉넉한 선율을 연주할 수 있다. 우리 허락 없이 우리 육신의 현을 건드릴 권리는 아무에게도 없다.

지금 우리 신경의 주도권을 되찾는 것은
우리에게 절대적으로 긴급한 과제다.
이것이 뉴로사제스의 휴머니즘, 뉴런을 통한 자유다!
실제로 우리의 뉴런은 스트라디바리우스보다 더 귀하고 신성할뿐더러
그 명기名器보다 한없이 넉넉한 선율을 연주할 수 있다.
우리 허락 없이 우리 육신의 현을 건드릴 권리는 아무에게도 없다.
그 현을 더 잘 다루게 될수록 우리는 더욱더 자유롭다.

그 현을 더 잘 다루게 될수록 우리는 더욱더 자유롭다.

뉴로인스피레이션

신경모방

생산과 자연보호를 두고 양자택일을 해야만 한다고 믿은 것이 우리의 과오였다. 경제는 산업혁명을 통해 자연을 배신하는 듯했다. 그러나 자연은 결코 경제를 배신하지 않았다. 만약 자연이 배신을 했다면 이 글을 읽을 사람이 이렇게 많이 남아 있지도 않을 것이다. 지난 3세기 동안 경제는 자연의 불성실한 애인이었다. 하지만 경제는 이혼을 해도 얹혀 살 수 있는 부모님 집이 없다…… 경제는 자연을 존중하는 법을 배워야 할 것이요, 그러면 얻는 바가 있으리라. 21세기에 자연과 경제는 시너지 효과를 내면서 작동할 것이다. 지난 수십 년간 이 한 쌍을 대충 손질하기 위해 축적해왔던 행정적인 접착의 조치들이 있다.

경제학자이자 기업가 군터 파울리는 말한다. "우리에게 좋고 자연에게도 좋은 것은 다 비싸다. 우리에게 나쁘고 자연에게도 나쁜 것은 다 싸구려다. 누가 이러한 시스템을 고안했나?"

교육도 마찬가지다. 우리 뇌에 좋은 것은 모두 비싸다. 난폭하고 엘리트주의에 찌든 교육, 정신을 거세하는 교육은 싸구려다. 산업적 교수법이 아니라 멘토링에 기반한 맞춤형 교육은 비싸다. 비용이 똑같이 든다고 가정한다면 지금 싱가포르 출신 학생이 파리 사클레와 스탠퍼드 중에서 어느 쪽을 택하겠는가? 당연히 스탠퍼드다. 어차피 교육에 드는 돈은 같은데 스탠퍼드가 파리 사클레보다 훨씬 더 인간공학적이기 때문이다. 이 책이 나이를 좀더 먹었을 때 이 물음에 대한 답이 지금처럼 곧바로 튀어나오지 않았으면 좋겠다. 파리 사클레는 그래도 지난 30년간 지식을 전수하는 대가로 학생들에게 빚을 떠안기지는 않았다는 탁월한 장점이 있다.[16]

환경과 우리 건강에 좋은 것이 원래 덜 비싸야 한다는 생각은 우리에게 낯설다. 풍요는 죄악이고 다다를 수 없는 이상향이라고, 풍요는 자연을 희생해야만 얻을 수 있는 거라고 생각하게끔 예로부터 조건화되었던 탓이다. 뉴로인스피레이션도 마찬가지다(뉴로인스피레이션은 저자가 'neuro(신경, 뇌)'와 'inspiration(영감)'을 합쳐서 만든 말이다.—옮긴이). 우리 신경에 좋고 우리에게도 좋은 것이 고비용이 되어서는 안 될 것이다. 그러나 이 메시지는 우리가 인적 자원을 관리하는 방식, 주로 고통을 기반으로 삼는 방식과 정면으로 부딪친다. 신경모방의 본질에 해당하는 경제적 메시지는 인간이 자기를 실현할 때 가장 생산적이라는 것이다. 그러나 모든 혁명이 그렇듯 이 원칙의 도래는 생체모방의 도래만큼이나 피할 수 없는 것이지만, 그 전에 먼저 사람들의 포맷된 의식 속에서 세 단계를 거쳐야 한다. 처음에는 우스꽝스럽게 보이고, 그다음에는 위험하게 여겨지고, 마지막에 가서야 자명한 것으로 인정받는다는 얘기다.

사실 신경모방은 새로운 관념이 아니다. 내가 뉴로미메티즘(영어로는 neuromimicry), 뉴로미메티크(영어로는 neuromimetics), 뉴로사제스(영어로는 neurowisdom)라는 용어들을 제시한 것도 아리스토텔레스에게서 이미 나타나는 어떤 동향, 학문, 지혜를 각기 지칭하기 위함이다. 그러나 최근의 세대들, 심지어 학자 공동체의 일원들이 비인간적인 행위에 가담한 일만 보더라도 경각심을 느끼지 않을 수 없다. 우리는 이 명석한 비인간성에서 벗어나야 한다. 행위의 이유가 아직 어설픈데 행위의 수단을 과학으로 풍부하게 개발하는 것은 위험하다. 미친놈에게 무기가 없다면 그래도 괜찮지만 미친 놈이 총까지 들고 있다면 겁낼 만하다.

정신 활동권의 세기

신경기술은 우리의 일상생활 속에 폭발적으로 파고들었다. 이 현상의 가장 명백한 표시는 신경기술의 전문성이 군에서 민간으로 넘어왔다는 것이다. 이 글을 쓰는 지금도 대중은 이 현상을 실감하지 못하겠지만 머지않아 확실히 알게 될 것이다. 일단 신경기술이 웬만큼 무르익으면 생명기술이 산업과 금융을 연속적으로 휩쓸며 창출했던 것보다 더 많은 일자리를 만들 것이다.

이 기술의 지렛대, 도르래, 바퀴는 아직 만들어지지 않았다. 우리 정신의 트랜젝션transaction(데이터베이스에 추가, 삭제, 갱신을 정상적으로 처리하는 모든 행위.—옮긴이)를 확대할 수단들은 존재한다. 그 수단들을 우리가 아직 몰라서 그렇지, 언젠가는 분명히 우리 사고방식의 한 부분으로 들어올 것이다.

뇌파를 예로 들어보자. 뇌파는 현재 개인적인 것이다. 코르티솔과다 분비와 소음 공해, 빛 공해로 수면 장애가 우리 사회에 점점 늘고 있지만 수면뇌파검사는 여전히 쉬운 작업이 아니다. 하지만 이제 머지않아 사정이 바뀔 것이다. '포스트-포스트-PC'[17]의 물결은 컴퓨터공학을 우리 몸, 우리 피부와 점점 더 가까이 연결할 것이다. 그렇게 되면 개인이 자기가 먹는 식품에 잔류성 유기오염물질이 얼마나 남아 있는지 측정할 수도 있고, 대학병원에 6개월 전부터 예약해놓지 않아도 자기 수면의 질을 측정할 수 있을 것이다. 불행히도 의료 정보 수집이 점점 쉬워지는 탓에 우리의 개인 정보가 침해될 소지는 농후하다. 자기 정보를 자기 소유로 삼는 데 연연치 않더라도 그러한 정보를 팔 것인지는 스스로 선택하고 정보의 상품 가치에 관심을 두어야 한다.

우리는 현재 뇌 신호를 이용한 원격조종장치 개발과 맞물린 뉴로사이버네틱스의 발전도 주시하고 있다. 외골격 장비와 나노기술이 결합한다면 앞으로는 신체가 마비된 환자들, 감금증후군locked-in syndrome 환자들이 자기 힘으로 이동하고 의사소통을 할 수 있을지도 모른다. 2020년 이후에 태어나는 세대는 뇌파를 이용한 원격조종기술로 자연스럽게 문자를 배울 것이다. 2017년의 아이들은 이미 잡지 표지를 보면 반사적으로 (스마트폰을 다룰 때처럼) 손가락으로 그림을 확대하는 몸짓을 한다. 어쩌면 그와 비슷하게 2027년 이후에 태어나는 아이들은 뉴로인포매틱스 디바이스를 착용하지 않은 상태에서도 평소의 익숙한 습관대로 두뇌 활동으로 이런저런 명령(전등을 끈다든가, 문을 연다든가)을 수행하려 들지도 모르겠다.

21세기는 정신 활동권의 세기다. 인간이 서로 연결된 사유들의 영역을 개발하고 그 사유들이 '심플렉서티simplexity'[18]로 발전하려면 필요한 조건들이 이제 다 갖춰졌다. 인류가 전개해왔던 기술은 인류와 신체 활동권의 관계를 바꾸어놓았다. 이 변화는 앞으로도 계속될 것이다. 사실, 인류의 신체 활동권도 여전히 제한되어 있고 걸음마 단계를 넘지 못했기 때문이다(우리는 아직 다른 행성으로 여행을 가거나 다른 항성계, 다른 은하로 이동할 수 없다). 그와 마찬가지로, 우리는 이제 정신 활동권과의 관계를 변화시킬 기술의 첫발을 떼고 있다. 지금 우리가 이룬 것들이 내일 보면 참 대단찮게 느껴질 것이다. '정신 활동권'이라는 용어 자체는 피에르 테야르 드 샤르댕이 처음 썼지만 그 전에도 몇몇 선구자들은 이러한 개념을 갖고 있었다. 플라톤주의와 신플라톤주의(플로티노스, 이븐 아라비 등)에서도, 라이프니츠에게서도 우리는 비슷한 생각을 찾아볼 수 있다. 이미 1926년에 이 유명한 예언을 남긴 니콜라 테슬라만 해도 그렇다.

> 무선이 완전히 적용되는 날에, 지구 전체가 하나의 거대한 뇌로 변환될 것이다. 그때에 만물은 리듬을 지닌 전체의 입자들로서만 존재할 것이다. 우리는 더 이상 거리에 구애받지 않고 누구하고든 즉각적으로 교신할 것이다. 뿐만 아니라, 그때에는 수천 킬로미터나 떨어져 있는 사람을 원거리 전화tele-phone와 원거리 영상tele-vision으로 직접 만나 얼굴을 마주할 때나 다름없이 보고 들으면서 소통할 것이다. 그러한 소통에 이용되는 도구는 지금 사용하는 전화와 비교도 안 될 만큼 간편할 것이다. 누구나 윗옷 주머니에 넣어 가지고 다닐 수 있을 만큼 말이다.[19]

신체 활동권의 하부구조가 문명을 바꾸고 타자와의 관계, 자기 자신과의 관계, 시간, 공간, 자연과의 관계를 근본부터 바꾸었다면 정신 활동권의 하부구조도 장차 그러한 변화를 이뤄낼 것이다. 이 지적 소통의 길이 부디 패망의 길이 아니라 왕도가 될 수 있도록 비트루비우스의 지혜로운 정신에 걸맞은 발전을 도모해야겠다. 그래서 과학과 응용미술의 공유면에 있는 뉴로디자인이 한없이 소중한 것이다.

뉴로디자인과 뉴로메트릭스

뉴로인스피레이션의 신봉자는 항상 몇 가지 의문을 염두에 두어야 한다. 나의 인지적 한계는 어떤 것들인가? 나의 인지 능력은 한 번에, 혹은 연속적으로 무엇을 이해할 수 있는가? 어떤 연속성이 가장 이해를 돕는가? 나의 생각이 어떤 각도에서 괴롭게 다가오거나 힘이 드는가? 그리고 결과적으로 나의 대화 상대에게는 어떤 면이 괴롭게 다가갈까? 상대의 자아, 조건화, 편견을 가장 짜증나게 자극하는 명제들은 어떤 것인가? 내 생각은 얼마나 딱딱하게 굳어 있나? 왜 내 생각은 어떠어떠한 방향으로 움직이지 못하나? 내가 상황이 좀 다르다면 달리 생각할 수도 있을까? 아니면, 내 정신이 원래 그런 생각은 불가능하게끔 생겨 먹었나?[20] 르네상스 시대가 인체 해부에 다시 열을 올리고 인간의 몸을 정확하게 나타내고자 노력했다면 우리가 진입한 이 뉴로네상스(저자가 'neuro(신경, 뇌)'와 'renaissance'를 합쳐서 만든 말이다.—옮긴이) 시대는 정신의 해부에 눈을 돌려야 할 것이다. 이러한 시선은 완전히 새로운 것이라기보다는 일종의 회귀다. 여러 시대를 통틀어 인간 정신의 형식에 관심을 두었던 사람들은 결코 적지 않았기 때문이다. 특히 수피교도와 불교도는 인간 정신을 두루 고찰했고 메트릭스metrics(계량분석)라는 매혹적인 도구까지 마련해주었다. 양을 따질 수 있는, 혹은 더 좋게는 질을 따질 수 있는 단위들을 정의하는 학문이라고 할까.

신체의 모양에 대한 연구가 르네상스를 떠받쳤다면 뉴로네상스 시대에는 정신의 형식에 대한 연구가 결정적인 역할을 할 것이다. 또한 이 연구는 과학뿐만 아니라 예술에도 관여한다. 이미 일부 문학작품에서 신경인간공학적인 형식과 주제가 나타난다.

일례로 작가 파트릭 모디아노Patrick Modiano는 작품 속에서 '장소 기억법'을 참조한다. 장소 기억법은 고대의 기억술이지만 오늘날 신경과학에서도 연구되고 있다. 비슷한 맥락에서, 프루스트는 연상 기억과 일화 기억의 주관성을 잘 의식하고 있었다. 그렇기 때문에 작가 조나 레러는 "프루스트는 신경과학자였다"라고 말한 것이다.[21] 신경심리학은 이미 영화, 광학예술, 나아가 정보공학에서 그랬던 것처럼 예술에 대해서도 지대한 영향을 미칠 것이다. 우리는 우리 정신의 리듬과 비례, 자유에 대해 잘 모르기 때문에 뉴로메트릭스는 이제부터다. 하지만 분명히 뉴로메트릭스도 지혜와 더불어 발전할 때에만 우리에게 이로울 것이다.

마음 단련

근육은 고통 속에 쇠약해지지만 구속 안에서—우리의 자유란 그 구속을 언제, 어떻게 가할 것인지 스스로 결정하는 것이다—발달하기도 한다. 뇌도 마찬가지다. 옛 그리스인들은 잘 단련된 신체를 이상화했다면 우리도 특정한 훈련을 통해 신경계를 건강하게 할 수 있다. "건강한 육체에 건강한 정신이 깃든다Mens sana in corpore sano"는 우리가 수호해야 할 이상이다. 우리의 자유의지를 훈련함으로써 그 이상을 추구해보라.[22]

나머지는 언제나 그랬듯이 자연이 알아서 뇌를 시험할 것이다. 더욱이 자연이 가하는 시험은 뇌의 형태를 빚는다. 이 시험은 인간의 육체에게 그렇듯 인간의 뇌에게도 혹독하다. 아프리카 대륙에 살던 우리 조상들의 사냥은 그 힘들다는 마라톤 뺨치게 체력과 지구력을 요했고 자연은 이 때문에 발한發汗 기능을 선택했다. 자연은 우리의 모든 현 존재를 구속했다. 우리가 섭취하는 영양[23], 사회적 상호작용, 수면과 각성의 리듬, 지각, 시공간 개념, 수 개념과 기하학적 기본 개념들까지도.

신체 단련이 있다면 마음 단련도 있을 수 있다. 그러나 이 단련의 뿌리는 오직 하나, 즉 자유 안에서 잘살기bien-être라야 한다. 진정한 신체 수련은 몸을 근육으로 가두지 않고 외려 몸을 고양하고 해방시킨다. 예를 들어 소방관은 이러한 개념을 아주 잘 안다. 그가 무조건 건물 벽을 타고 올라갈 수 없는 이유는 불길을 잡기에는 자기 신체 활동권이 너무 제한되어 있어 임무를 제대로 수행할 수 없다는 점을 알기 때문이다. 요컨대 행동을 하기에 충분한 자유가 없는 까닭이다.

신체 단련은 우리의 신체 활동권을 넓혀준다. 정신의 단련도 마찬가지요, 이것이 학교의 신성한 사명이다. 교육으로 자유를 확장해야 한다. 교육이 자유를 위해 봉사해야지, 주객이 전도되면 안

된다.

근육을 키우려면 반복 동작이나 전신 훈련, 기분을 풀어주거나 의욕을 불러일으킬 목적의 운동 등을 할 수 있다. 체육관에 가서 운동기구를 이용할 수도 있고 야외에서 여러 종목의 운동을 즐길 수도 있다. 신경 단련도 다르지 않다. 일반적으로 우리 뇌는 왜 하는지 모르는 일은 하기 싫어한다. 진화가 우리를 그렇게 만들었다. 실제로 우리 인지 체계의 뿌리 깊은 본성인 자율성이 행사되려면 어떤 과제는 거부하고 어떤 목표는 무시하고 어떤 가능성은 억압할 수 있어야 한다. 역설적이지만 '아무 방향으로나 갈 수 있는' 학습자 시스템은 더 이상 자율적이지 않다.

자율이 억제를 요구한다면 어떤 면에서 자율과 무지는 떼려야 뗄 수 없는 관계에 있다. 결코 가볍지 않은 의미에서 "나는 모른다, 고로 나는 존재한다". 개인으로서의 자기주장은 전체에서 떨어져 나오는 것이다. 이 주제는 다양한 철학들에서 찾아볼 수 있다. 수피교 성인 만수르 알 할라즈는 처형당하기 직전에 광장에서 이렇게 외쳤다. "나는 진리다." 이 말은 "나는 신이다"와 다르지 않다. 그는 이제 독자적인 개인성이 없음을, 자신이 우주의 전체성에 녹아들었음을, 그리하여 범신론적인 관점에서 이제는 신 자체가 되었음을 이렇게 표현한 것이다. 이슬람의 초승달 상징이 수피교도들에게 지니는 의미도 다르지 않다. 초승달은 관찰자의 시각에서 두 개의 원이 나란히 위치함을 뜻한다. 첫 번째 원은 '나'이고 두 번째 원은 '전체'다. 인지과학에서 이 개념은 특히 흥미로운 것이, 인지와 메타인지(자기에 대한 의식)는 불가피하게 나머지 세상에 대한 무지를 바탕에 두고 수립되기 때문이다. 모든 인지 체계들의 정체성은 '전체'는 알지 못한다는 사태를 바탕에 깔고 있다. 모든 인지는 일종의 제한이다. 자기를 의식한다는 것은 더 이상 자기 외의 것들을 의식하지 않는다는 것이고, 이것이 자율의 기반이다. 이러한 메커니즘이 관여하기 때문에 인간의 뇌는 반드시 어떤 행위의 동기를 알아야만 그 행위를 제대로 수행할 수 있다. 특히 반복적으로 수행해야 하는 행위라면 더욱더 그렇다.

이러한 앎이 꼭 지성적으로 이루어지란 법은 없다. 무의식적으로 알아도 상관없지만 어쨌든 알기는 알아야 한다. 심지어 이 앎은 부분적일 수도 있다. 비디오게임 같은 경우가 그렇다. 하지만 그 나머지 전반에 있어서 우리 뇌는 인지적 차원에서 제한되고 반복적인 과제들을 싫어한다. 그런 과제들은 뇌의 진가를 끌어내지 못하고 가둬버리는 경향이 있다. 가계부 분석보다 책을 읽거나 게임을 한 판 하는 게 즐거운 이유는[24] 그러한 과제들이 더 다양한 심적 상태를 경험하게 해주고 우리 정신의 여러 모듈, 그리고 신경계의 여러 모듈에 무게를 고르게 분산시키기 때문이다.

우리 뇌에는 탐구와 사용, 창의성과 정상성 사이의 긴장이 늘 감돈다. 인공지능의 자율성이라는 문제의 근간에 이 긴장이 있다. 당연한 얘기지만 이것은 진화가 부딪힌 가장 중요한 문제 중 하나이기도 하다. 아마 그 문제의 가장 좋은 답으로서 우리 뇌가 지금과 같은 형태가 되었을 것이다. 그래서 소프트웨어 기업들도 점점 더 우리 뇌를 참조하여 자율적 의사 결정 시스템을 설계하고 있다. 이를테면 무인자동차 시스템이 그렇다. 탐구와 사용 사이의 긴장은 오늘날의 표준화된 교육에서도 관찰된다. 우리 교육은 사용을 심하게 부추기면서(사용은 점수 매길 수 있다) 탐구는 호의적으로 봐주지 않기 때문에(교실에서 탐구를 평가할 방법이 없으므로) 비례가 완전히 어그러졌다.

작업하는 뇌

우리 주위의 사물들은 곧잘 이렇게 말을 건네는 것 같다. '나는 이쪽으로 잡으면 돼!' 그런데 지식과 정신 활동 과제 쪽은 사정이 다르다. 어떤 생각을 대뇌피질로 잘 잡는 것, 바로 신경인간공학의 관건이다. 생각은 눈에 보이지 않고 생각의 손잡이는 더욱더 그렇기 때문이다. 이게 바로 메타인지의 문제다. 우리는 우리가 아는 모든 것을 알고 있는 줄 모른다.

우리가 안다는 것을 알려면 뇌는 비용을 치러야 한다. 이 비용은 주로 전두피질을 거침으로써 삭감된다. 우리가 어떤 작업을 의식적으로 수행하기에 앞서 우리의 전두피질이 그 작업 수행 능력의 모델을 웬만큼 수립해주기 때문이다. 전두피질은 종종 우리에게 이렇게 속삭이는 것 같다(실제로 전두피질이 단어를 조합할 능력은 없지만 말이다). '너 이거 할 수 있는 거 맞아?' 우리는 그런 식으로 의심에 사로잡히게 된다. 아는 것인데 모르는 것처럼 생각될 때에 작용하는 것이 바로 이 현상이다. 그런데 메타인지는 '무엇을 아는지'에 대한 앎뿐만 아니라 '어떻게 아는지' 혹은 '왜 아는지'에 대한 앎에도 관여한다. 무엇을? 어떻게? 왜? 어디서? 언제? 이런 것들이 우리 앎의 주요한 '메타데이터'다. 디지털사진에서 촬영 시기와 촬영 방식을 알려주는 메타데이터를 생각하면 이해하기가 좀 쉽겠다. 지식이 늘 이러한 메타데이터를 갖추지는 않는다. 인지 체계는 항상 중요한 것과 그렇지 않은 것을 분류해야 하기 때문에 이러한 데이터들까지 가세하면 체계를 과열시킬 우려가 있기 때문이다.

그러나 비록 손잡이가 보이지 않는 관념들이라도 잘 붙잡을 수 있는 자세들이 있다. 게다가 그런 자세들은 대단히 다양하다. 우리는 살면서 정신 활동의 시험에 부딪히고 그때마다 적합한 자세를 취해야 한다. 그 시험은 협상일 수도 있고 대화일 수도 있다. 갈등의 와해, 수학 문제 풀이, 신경우울증이나 불면증 치료일 수도 있다. 음악을 듣거나, 요리를 맛보거나, 어떤 음식을 처음 먹었던 때를 기억해내거나, 이 모든 상황에서 우리 뇌는 일을 한다. 정확하고 섬세한 동작이 수행되려면 여러 근육이 시너지를 일으켜야 한다. 우리 손은 벽돌을 격파할 수도 있고 아르페지오를 연주할 수도 있다. 마찬가지로 우리 뇌는 수학적 개념을 파악할 수도 있고 어떤 오페라의 감정들을 이해할 수도 있다.

하지만 인간은 경이로운 일들을 당연시하고 별로 존중하지 않으니 얼마나 안타까운가. 자연에 대해서도 그렇고, 신경에 대해서도 그렇다. 햇살, 맑은 물, 상쾌한 공기, 해마다 어김없이 돌아오는 봄, 어김없이 제 기능을 하는 뇌…… 우리는 거저 얻어 누리는 것을 높이 평가하지 않는다. 그렇기 때문에 우리의 미숙하기 그지없는 경제는 가격과 가치를, 또한 가치와 희소성을 혼동한다. 우리 몸에게 깨끗한 공기는 값을 따질 수 없을 만큼 소중한 것이다. 그러나 우리가 값을 지불할 필요는 없다(적어도 아직까지는). 사람들은 대부분 뇌를 거저 타고났다. 이 70억 개의 뇌가 인류에게 신경은 그렇게까지 귀한 것은 아니라고 생각하게 했다. 단단히 잘못됐다. 우리 안에 한없이 귀한 것이 있다. 이 경이로움에 대한 자각은 구원이요, 해방이다. 그러한 자각이 우리의 뉴로네상스에 활기를 불어넣는다.

13

뉴로네상스

우리는 우리의 판단, 추론, 감정 등의 메커니즘들에 무지하다.
신경 처리 과정에 대한 의식은 노력이요, 쟁취다.
그런 의식은 당연한 것이 아니다.
그런데 이 쟁취에 대한 의식, 알아내고 말겠다는 굳건한 의지가
뉴로네상스를 떠받친다.

세 가지 재발견

첫 번째 르네상스는 세 가지 재발견이 맞물린 지점에 위치했다. 구텐베르크의 인쇄술 재발견(재발견이라고 보는 이유는 한국인들이 구텐베르크보다 앞서서 가동활자 인쇄술을 사용했기 때문이다), 유럽인들의 아메리카 대륙 재발견(크리스토퍼 콜럼버스는 아메리카 대륙을 밟은 최초의 인간이 아니거니와 최초의 유럽인도 아니다), 그리고 과학적 · 해부학적 재발견(고대 문헌들에 나타나 있던 혈관계나 눈의 해부도를 아랍 의학자들이 확증하거나 파기했다)이 여기에 해당한다.

지금 우리는 그에 상응할 만한 세 가지 동향을 목격하고 있다. 인터넷은 가동활자 인쇄술보다 더 확실하게 세상을 변화시켰고 더 광범위한 영향력을 미쳤다. 우주 탐사는 르네상스 시대의 신대륙 원정과 짝을 이루며 한없는 열광을 불러일으킨다. 최근에 화성

편도여행 지원자 모집만 해도 1만 명 이상이 몰려들었고 이 시대의 르네상스인으로 통하는 기업가 일론 머스크도 유명한 말을 남겼다. "나는 화성에서 죽고 싶습니다…… 착륙하다가 죽는 것 말고요." 2014년에 우리는 우주에서 라니아케아Laniakea(하와이어로 '끝없이 너른 낙원'이라는 뜻)라는 새로운 주소지를 발견했다. 이 광대한 초은하단에 대해 우리는 별로 아는 것이 없지만[25] 우리 시대의 이 발견은 코페르니쿠스 시대에 지동설을 실험으로 확증한 것만큼이나 대단한 성과다. 케플러 임무(2009년에 나사가 발사한 케플러 우주망원경은 지구와 닮은 외계 행성을 찾는 임무를 띠고 있다.—옮긴이)는 그나마 가장 지구와 흡사하면서 그렇게 멀지 않은 행성들에 대해 유례없이 방대한 정보를 가져다주었다. 더욱이 우리는 예기치 않게도 우리가 사는 지표면 아래에도 물을 함유한 (탄소 결정에 달라붙은 링우다이트 결정의) 맨틀이 있음을 발견했다.[26] 결국 지구는 엄청난 양의 물을 석화된 형태로 속에 품고 있다는 얘기다.

마지막으로, 해부학적인 면에서 이 시대의 중요한 발견은 신경과학이다.

아리스토텔레스는 인간의 뇌가 하는 기능 중 하나가 체온 조절이라고 생각했다. 그는 뇌를 일종의 라디에이터처럼 생각했다. 이 가설은 그렇게 바보 같은 얘기가 아니다. 뇌는 주름이 아주 많고(표면적을 최대화하는 깊은 고랑들로 이루어져 있다) 혈액 공급도 원활하다. 그래서 우리는 빼앗긴 열을 머리를 통해 쉽게 되찾는다(머리에는 그렇게 거대한 동맥이 지나가지 않는데도 혈류량은 많다). 가끔 어떤 사람들은 뇌를 라디에이터로만 쓰는 게 아닐까 싶기도 하지만 어쨌든 뇌에는 다른 기능도 많다. 그리고 이제 우리는 고대의 철학자나 의학자 들과는 비교가 되지 않을 만큼 그 기능들을 상세한 수준까지 알아냈다. 이 지식은 선사시대까지 거슬러 올라가는 기나긴 부화 과정의 결실이다. 인간은 자기 자신을 이해하기 위해 수없이 시행착오를 거쳤다. 비록 지금은 그러한 시행착오의 흔적이 별로 남아 있지 않지만 말이다. 로마의 의학자 스크리보니우스 라르구스는 전기물고기를 이용해 통증, 특히 두통을 치료한다는 아이디어를 냈고, 실제로 이 아이디어를 전기생리학적 조치로 볼 수 있다. 또한 선사시대에도 두개천공술이 있었다는 증거들이 있다. 그러한 시술은 우리가 향정신성 약물을 습관적으로 소비하듯 뇌과학을 실천에 옮기는 수단으로 사용되기도 했고 보편적 샤머니즘의 한 갈래에 위치하기도 했다. 옛날에 '투란 사상'이라고 불리기도 했던 이 갈래는 다원적이다. 여기에는 아메리카 대륙의 샤머니즘 전통을 낳았을 것으로 추정되는 시베리아 퉁구스족의 조상들까지 포함된다. 그들은 독성이 있는 특정한 버섯을 의례적으로 섭취했고 이동 경로에서 발견한 새로운 동식물을 직접 먹어보는 방법으로 향정신성 성분 효과를 알아내고자 했다. 1898년에 정식으로 학명을 얻었지만 이미 수천 년 전부터 원주민들은 잘 알고 있었던 선인장 로포포라 윌리암시Lophophora williamsii, 오우옥烏羽玉라든가, 아야와스카를 만드는 주성분인 '환각의 덩굴'이 다 그런 식으로 발견되었다. 원주민들은 정확한 목적을 가지고 향정신성 성분을 사용했고 ('얄팍한 일회성 신비 체험' 소비자의 이기적 만족과는 딴판이다) 그로써 과학 연구가 실제로 진전을 볼 수 있었다.

과학과 의식

프랜시스 베이컨은 근대 과학의 방법을 제시한 인물로 언급되곤 하지만 실은 경험을 활용해 우주의 구조, 특히 우리 우주의 구조를 규정할 것을 권했다. 우리는 그가 주관성을 매우 높게 평가했다는 사실을 잊고 있다. 오늘날의 신경과학은 주관성을 그악스럽게 멸시한다 해도 과언이 아니다. 다행히도 프란시스코 바렐라의 빼어난 연구들은 우리가 이러한 멸시와 다소 거리를 두게 해주었다. 바렐라의 '신경현상학'은 주체가 느끼는 바를 활용하여 그의 뇌에서 일어나는 일을 설명하고 표면적 측정치들과 연결 짓는다.[27] 따라서 바렐라와 그의 연구진은 '일인칭 데이터', 즉 주관적 데이터를 '이인칭 데이터' 습득의 길잡이로 삼는다. 이인칭 데이터는 말이 좋아 객관적이라고 하는 것이지, 결국 관점 문제일 뿐이다.

일반적으로 주관성은 우리에게 뇌에 대해 아무것도 알려주지 못할 것처럼 생각되는 경향이 있다. 뇌의 자연스러운 작동은 의식적이지 않기 때문에 그렇게 생각할 만도 하다. 우리는 걸을 줄 안다고 해서 걷는 법까지 당연히 설명할 수 있는 것은 아니다. 춤을 출 줄 안다고 해서 춤추는 법을 다 설명할 수 있는 것은 아니다. 우리는 숨 쉴 줄 알고, 말할 줄 알고, 생각할 줄 안다…… 하지만 그러한 행위를 어떻게 해내는지는 잘 모른다. 우리는 우리의 판단, 추론, 감정 등의 메커니즘들에 무지하다. 신경 처리 과정에 대한 의식은 노력이요, 쟁취다. 그런 의식은 당연한 것이 아니다. 그런데 이 쟁취에 대한 의식, 알아내고 말겠다는 굳건한 의지가 뉴로네상스를 떠받친다.

소위 '서구적인' 지혜의 본질적인 메시지는(환상 속의 서양만이 그러한 지혜를 독점하지는 않는다) 델포이의 아폴론 신전 정면에 새겨져 있었다. "너 자신을 알라, 그러면 우주와 신들을 알게 되리라." 소크라테스도 그 메시지를 자기 철학의 모토로 삼았다. 수많은 영적 전통들이 자기에 대한 앎만으로도—기능성자기공명영상, 뇌파 측정, 전기생리학, 광유전학 없이도—만물에 대한 앎에 충분하다고 보았다. 하지만 이건 문제도 아니다. 영성과 과학을 대립적으로 파악할 필요가 없기 때문이다. 인간이 온전히 이성과 과학으로만 이루어진 존재도 아닌 이상, 그런 대립은 유치하다. 인간은 의식으로 이루어져 있고 의식은 과학보다 크다. 과학과 의식, 또는 과학과 영성을 대립시키는 것은 우리 존재의 기본 모듈들을 대립시켜 내전을 일으키는 거나 마찬가지다. 우리는 그러한 내전에서 결코 승자가 되지 못한다. 과학과 영성의 대립은 함께 일하도록 만들어진 오른손과 왼손의 대립이나 마찬가지다. 뉴로네상스는 당연히 신경과학을 필요로 하지만 지혜, 거리 두기, 인간다움도 없어서는 안 될 것이다.

이드리스 샤는 노벨문학상 수상자 도리스 레싱과 스탠퍼드의 명석한 신경과학자 로버트 온스타인에게 상당한 영향을 끼친 인물이다. 그는 자기에 대한 지식이 우주에 대한 지식의 필요조건이자 충분조건이라고 굳게 믿었다. 그럼에도 실험심리학이 최근에 발견한 사실들을 널리 확산하기 위해서 지속적으로 힘써왔다. '오늘날의 심리학'이라는 주제로 진행되었던 1975년의 한 라디오방송에서 저널리스트 엘리자베스 홀은 그에게 이런 질문을 던졌다. "인류애를 생각해서 지금 어떤 일이 일어나기를 바라시나요?" 이드리스 샤의 답변은 거침이 없었다.

누가 들을지는 모르지만 내가 정말로 원하는 건요, 대중이, 그러니까 모든 사람이 지난 50여 년간의 심리학 연구 결과물을 공부하는 겁니다. 심리학의 발견들이 대중의 사고방식으로 통합될 수 있게 말입니다. 지금으로서는 극히 일부만 그렇게 되고 있지요. 보통 사람들도 프로이트의 말실수를 흔히 들먹거리고 열등감 콤플렉스 같은 개념도 진즉에 받아들였지요. 그렇지만 그들은 이 거대한 심리학적 정보 뭉치를 가지고 있으면서도 활용은 하지 않아요.

수피교에는 상점에 간 어떤 남자의 이야기가 있습니다. 그 남자는 가게 주인에게 "가죽 있습니까?"라고 물었지요.

"네, 있습니다."

"징도 있나요?"

"네."

"실은요?"

"물론 있지요."

"바늘도 있겠죠?"

"그럼요."

"그러면 나에게 장화 한 켤레만 만들어주시겠소?"

이 이야기에는 사용 가능한 지식을 사용하지 못하는 사태를 비판하려는 뜻이 숨어 있습니다. 우리 문명에서는 사람들이 풍요 속에서 굶어 죽지요. 문명은 자기를 구원할 지식이 없어서 몰락하는 게 아니라 아무도 그 지식을 실제로 사용하려 하지 않아서 몰락하는 겁니다.

뇌에 대한 지식은 이미 우리가 손 뻗으면 닿을 곳에 있다. 이 지식을 유용한 목적과 연결 지을 때 뉴로네상스는 도래할 것이다. 하지만 지식은 과학기술 당파의 에고로 인해 적들과 부딪힐 것이다. 적들은 흡사 영역 표시를 하는 개처럼 지식계에서 행동하고 있으며 공조, 공유, 시너지에 반감을 드러낸다. 그렇지만 쓰지도 않을 지식을 낳는 것보다 서글픈 일이 있을까?

'지금 만들어지는 과정에 있는' 앎에 밀착해 있노라 자랑하는 논문들은 많다. 그들은 거리를 두는 자세가 반反아카데믹하다고 보기 때문이다. 그렇지만 관점을 취한다는 것은 인간 의식의 주목할 만한 자세다(게다가 첫 번째 르네상스 운동과도 상관이 있다). 관점 취하기를 억압하기보다 오히려 장려해야 한다. 더욱이 현재 지식의 지도, 연구계통도phyloménie(연구자들이 변화하는 지식을 분류하고 위치시키는 일종의 족보)가 늘어만 가고 있다. 물론 이러한 연구계통도들은 지식의 **알려진 땅**, 말하자면 연안지대만을 나타내므로 한계가 있다. 그러나 아직 발길이 미치지 않은 광활한 **미지의 땅** 가장자리에서 새로운 내용들을 서로 관계 지어준다는 장점도 분명히 있다.

뉴로파시즘

학계 권위의 악덕

영성은 늘 과학과 싸우지 않고 함께 가야 한다. 그 둘이 맞서는 최악의 경우를 역사는 이미 심심찮게 보여주었다. 과거의 신경정신과 의사들은 환자의 뇌엽절제술을 주저없이 강행하곤 했고 일부 유전학자들은 우생학에 빠져 '인종 위생' 목적으로 강제 불임 시술 운동을 지지했다. 지금도 계량서지학이라는 사이비 과학을 옹호하는 오만한 학자들이 있듯이 과거에 골상학이라는 식민주의적 사이비 과학을 옹호했던 오만한 학자들은 거론할 필요조차 없겠다. 그런 학자들은 분명히 그 시대에는 똑똑하다는 말은 들었겠지만 건방지고 비인간적인 사람들이었다.

뇌엽절제술은 이 해로운 오만을 뚜렷하게 보여주었다. 뇌에 대해 아는 것도 별로 없으면서 전두엽을 마구 휘젓고 그러한 조치가 의료적으로 불가피하다고 주장하는 것은 일단 "해를 끼치지 않는 것이 우선이다primum non nocere"라는 신성한 의료 원칙에도 어긋난다(primum non nocere는 히포크라테스 선서에서 "나는 환자의 건강과 생명을 최우선으로 생각하겠습니다"에 해당하는 원문으로, 환자에게 좋은 조치를 취하는 것보다 해가 될 수도 있는 불확실한 조치를 취하지 않는 것이 더 중요하다는 뜻을 담고 있다.—옮긴이). 하지만 이 정도는 인간이 보여줄 수 있는 온갖 신체적·정신적 야만의 한 예일 뿐이다. 인간은 뇌라는 놀랍고 미묘한 물건을 이해하지 못하고 망가뜨린다. 인간은 자기가 이해하지 못하는 것을 태워버린다. 그런데 화이트칼라, 박사,

학문적 보증, 기업, 국가가 이것을 올바르게 잡아주지 않는다. 가방끈 긴 야만인이나 나라의 녹을 먹는 야만인은 앞으로도 있을 것이요, 그 두 조건을 겸비한 야만인도 얼마든지 있을 수 있다.

지금 우리는 뉴로네상스와 뉴로파시즘이라는 두 가지 경향을 보면서 선택을 해야 한다. 이런 나의 말이 딱히 경종을 울리는 역할을 한다고는 생각지 않는다. 뉴로파시즘은 늘 지속되어왔던 역사적 현상, 즉 과학의 매춘에 해당하기 때문이다. 끔찍한 인간 생체 실험들은 대개 국가에서 인정받는 의학자, 과학자 들과 그 동료들의 공모로 이루어졌다. 수피교에 이런 속담이 있다. "최악의 현자는 군주들을 찾아뵙지만 최고의 군주는 현자들을 찾아뵙는다." 권력이 지혜 앞에 고개를 조아려야지, 그 반대가 되어서는 안 된다.

소수의 끔찍한 소행을 빌미로 다수를 비난한다면 가증스러운 짓이 되리라. 일부 과학자가 반인륜적인 행위에 가담했다고 해서 모든 과학자에게 책임을 물을 수는 없다. 그러나 소수가 다수의 평판을 망가뜨릴 수 없다는 생각도 좋지만 소수가 다수의 평판을 회복시킨다는 생각도 현명하다. 최근, 미국심리학협회APA의 저명한 일부 회원들이 CIA의 고문 프로그램에 협력했다는 사실이 밝혀졌다. 회원만 수십만 명인 APA를 욕할 일이 아니다. 그러나 우리는 시민사회의 구성원으로서 우리의 권력, 정체성, 자유의지를 이런저런 구조들에게 양보하는 경향을 경계해야 한다. 그런 구조들은 본디 우리를 섬겨야 하건만 그 사실을 너무 금방 잊는다.

우리는 어릴 때부터 뇌를 권위에 복종시키게끔 조건화되고 심지어 그런 행동 기질을 타고나기도 한다. 그래서 어른이 되어서도 이러한 복종을 좀체 그만두지 못하는 것이다.

접근할 수 없는 과학이라는 신화

뉴로네상스는 시민사회가 신경과학에 관심을 갖고 자기 것으로 만들 때, 그래서 사제적인 권위에 기대지 않고도 뇌를 그 주위의 시스템들에서 해방시킬 수 있을 때 비로소 실현될 것이다. 이러한 동향 속에서 신경과학은 함부로 접근할 수 없는 학문이라고 주장하는 사람, 신경과학을 한 줌 소수에게만 허락된 난해한 신비처럼 포장하는 사람은 동시대인들에게 커다란 해악을 끼친다. 주제의 난해성을 은근히 암시하기 때문에 더 나쁘다. 내가 보기에는 신경과학은 엘리트의 전유물이라고 대놓고 말하는 연구자가 속으로 그렇게 생각하는 연구자보다 차라리 낫다. 어차피 둘 다 바보이지만 첫 번째 바보는 자기 견해를 화제에 올려놓고 비판 정신에 노출시키기라도 한다. 그로써 이 바보는 그나마 자신의 편향과 편견을 깨달을 여지가 있다. 하지만 인정하지도 못한 채 속으로 품고만 있는 두 번째 바보는 아직 이해할 준비조차 되어 있지 않다.[28]

현재 과학 대중화 정책에 한해서는 미국이 세계 최고다. 어떤 근본적인 발견과 그에 대한 대중의 앎 사이의 거리가 미국처럼 짧은 나라는 달리 없는 것 같다. 과학을 다루는 태도도 라틴계 유럽 국가들의 태도와는 자못 다르다. 프랑스나 이탈리아 신문을 〈가디언〉지와 비교해보면 학술면 기사들의 깊이가 얼마나 다른지 깜짝 놀랄 정도다. 그런데 이 21세기 초에 점점 더 두드러지고 있는 대세는 기초 연구와 대중화의 융합이다. 지식의 전파가 모두에게 이로운 바, 앞으로의 연구가 독창적 출판물과 대중적 출판물을 융합하여 중요한 과학적 발견들이 즉각 그 후원자들에게—다시 말해 시민사회의 구성원들에게—접근 가능한 것이 되면 얼마나 좋을까.

작금의 연구도 병들었지만 폐쇄적이고 채산성을 노리는 학술 출판 시스템도 병들어 있기는 마찬가지다. 한 가지만 생각해봐도 그렇다. 프랑스와 유럽 시민들의 세금으로 지원하는 CNRS에 소속된 연구자는 저작권을 받지도 못하고 CNRS에 넘기지도 못한 채 자신의 연구 전체를 적극적으로 민영화할 의무가 있다. 만약 CNRS가 소속 연구자들의 출판물로 돈을 번다면 그 금액만으로도 연간 예산의 4분의 1을 충당할 수 있을 것이다.[29]

지금의 연구는 지식노동자가 자신의 협상력을 다 포기하고 투고 비용까지 지불해가면서 학술지에 매달리게끔 판이 짜여 있다. 수백만 유로의 혈세로 일궈낸 연구를 그냥 받아만 주십사 애원하는 형국이다. 더 고약한 문제는 지식노동자가 이중으로 돈을 내야 한다는 것이다. 연구를 투고할 때도 돈을 내지만 학계 동료들의 연구를 읽기 위해서도 연구자들을 장악한 주요 학술지들에 구독 비용을 내야 한다.

과학적 발견의 지역 편중 해소

미국에서는 학술지를 비용 부담 없이 자유롭게 참조할 수 있게 하려는 운동이 싹트고 있다. 가장 잘 알려진 견인차로는 퍼블릭 라이브러리 오브 사이언스PLoS를 들 수 있겠다. 게다가 캘리포니아주는 세금으로 지원받은 연구 저작은 민영 출판사가 이미 저작권을 독점했을지라도 퍼블릭 액세스를 의무화해야 한다고 법으로 정했다. 이러한 결정은 일대파란을 일으킨 에런 슈워츠 사건의 여파로 이루어졌다. 에런 슈워츠는 MIT 소속의 명석한 공대생이었지만 2013년에 유료 학술 저작물 수천 건을 무료로 배포한 후에 스스로 목숨을 끊었다. 당시 그는 저작권 위반으로 징역 20년 형을 받을 위기에 놓여 있었다. 편파적인 데다 명백히 공익에 위반되는 이 검찰 기소는 이미 학계에서 심한 마음의 상처를 입은 슈워츠를 자기 파멸로 몰아넣기에 충분했다.

이 병든 시스템 안에서도 유익한 시도들이 점점 늘어나고 있고 길을 보여주는 선각자들이 있다. 교육학자 프랑수아 타데이는 연구를 통해 제자를 양성하는 '사방튀리에(학자savant+모험가aventurier)'[30] 프로그램을 추진했다. 데이비드 베이커와 세스 쿠퍼는 누구라도 단백질 구조 연구에 이바지할 수 있는 생화학 온라인게임 폴디Foldit를 개발했다. 내가 이 글을 쓰고 있는 현 시점에서 이미 이 게임은 학술 연구의 게임화라는 더 큰 흐름의 선구자로 인정받고 있다.[31] 옥스퍼드 대학의 케빈 샤빈스키도 협업적인 과학 게임 갤럭시 주Galaxy Zoo를 개발했다.[32] 이 게임 덕분에 누구든 컴퓨터만 쓸 수 있다면 천문학자들이 어떤 빛 신호가 은하나 별에 해당하는지 아니면 오류에 불과한지 확인하는 작업을 도울 수 있다. 2006년도 필즈상 수상자 테런스 타오도 본인의 블로그를 통해 폴리매스Polymath라는 매혹적인 프로젝트를 개진했다. 이 프로젝트에서는 누구나 자기 아이디어를 학술 공동체에 제시하고 수학적 추측들에 대한 판정을 내릴 수 있다. 수학자 팀 가워스가 2009년에 처음으로 시도했을 때만 해도 폴리매스 프로젝트는 단순한 블로그 포스팅, 수학에 관심 있는 무리에게 도전 과제로 던져준 난해한 공리에 지나지 않았다. 가워스는 정통 논문 심사 위원회와는 몇 광년이나 동떨어진 열광의 도가니를 보았다. 아이디어와 개념이 자유롭게 끓어오르고 부딪히더니 결국 자기 공리가 증명되는 것을 보았다. *At*를 대량으로 동원할 수 있는 자, 다시 말해 설령 비전문가들이라고 해도 다수의 주의력과 시간을 끌어올 수 있는 사람은 세계의 모습을 바꿀 수 있다. 마지막으로, 최근에는 스칸디나비아의 한 연구진이 자체 개발한 게임으로 사용자들이 게임을 하면서 양자컴퓨터공학의 근본적인 문제를 풀 수 있게 했다.[33]

신경과학 역시 '대중으로의 이전' 혹은 위키피디아라는 본보기로 잘 알려진 **크라우드소싱**crowdsourcing을 이용하게 될 것이다. 따라서 신경과학을 온 세상이 이해할 수 있게끔 민주화하고 난해한 학술 용어들을 덜어내야 한다. 이러한 행보의 원리는 간단하다. 뉴런을 가진 사람이라면 누구나 뉴런을 알 권리, 불가침의 권리가 있다. 신경과학은 신경과학자들에게만 맡기기에는 너무 막중한 사안이다. 대중화는 꼭 필요하다.

인간이 과학적으로 발견할 수 있는 모든 것은 후세에 설명될 수 있어야 할 것이다. **설명 가능성의 불변**invariance de l'explicabilité 원리는 아이가 '갓 난'[34] 뇌로 태어날지라도 수천 년 과학 연구의 합을 한평생 안에 소화할 수 있는 이 현실을 기술한다. 수백 년에 걸친 연구가 필요했던 이 모든 개념을 우리가 약간의 두뇌 변환, 상상력의 변환으로 이해할 수 있다는 얘기다.

당신의 뉴런을 모릅니까? 그러면 다른 사람들이 당신 뉴런을 알게 될 겁니다

뉴로네상스는 정보공학과 연계되어 신체에서도 일어난다. 특히 이 분야에서 뉴로파시즘이 고개를 들 위험이 크다. 우리는 차츰 웨어러블 컴퓨팅wearable computing 지대, 포스트-포스트-PC 지대로 진입하고 있다. 이제 컴퓨터는 점점 더 사람의 피부와 가까워지고 때로는 아예 피부를 관통하기도 한다(페이스메이커의 경우가 그렇다). 가까워질수록 약점이 드러나게 마련이라지만 정보공학은 우리를 취약하게 만들 위험을 무릅쓰고 점점 더 내밀해지는 추세다. 뉴질랜드 해커 바너비 잭은 2013년 7월 25일 샌프란시스코에서 변사체로 발견되었다. 시신이 발견되었을 때의 상황은 매우 혼란스러웠다. 당시 그는 서른다섯 살이었고 폰pwn[35] 능력이 뛰어난 해커로 현금지급기에서 돈이 나오게 하거나 페이스메이커나 인슐린 펌프 같은 의료 장치도 해킹할 수 있었다. 구체적으로는 표적을 정해놓고 그에 대한 정보를 용도에 맞는 무기로 만드는 것도 가능했다.

다소 멀지 않은 미래에 세상은 시장 법칙과 신경기술이 손잡고 인간에게서 본래의 생리학적 상태를 박탈하는 잔혹한 장소가 될 것이다.[36] 기술적으로는 얼마든지 검토 가능한 일이다. 이 악몽의 근원에는 인간이 제 발로 자기가 만든 시스템의 함정에 들어간다는 근본적인 반反지혜가 있다.

이제 곧 향두뇌 활동성 성분, 혹은 어떤 인지적 능력에 변화를 가져오는[37] 약물 도핑은 경제학자들이 '공유지의 비극tragedy of the commons'이라고 부르는 현상에 따라 이런 류의 문제를 제기할 것이다(공유지의 비극은 영국에서 산업혁명 시기에 공동으로 사용하는 방목장이 목축업자들의 이기심 때문에 황폐화되었던 현상을 빗댄 말이다. 지하자원, 공기, 물 등 공동체가 함께 사용해야 할 자원을 시장경제에 맡겨놓으면 개인의 이기심 때문에 큰 위기에 봉착한다는 이론이다.—옮긴이). 도핑이 보디빌딩에 도움이 된다면 모든 보디빌더가 약물을 사용하고 싶어 할 것이다. 그래서 공유지의 비극은 일어난다.

보디빌딩은 틈새시장이지만 교육은 보편적 사안이다. 교육이 계속해서 지금처럼 양적 차원으로만 경쟁을 한다면 온 세계가 도핑에 열을 올릴 것이다.

그사이에 컴퓨터는 거대한 메인프레임(기억 용량이 크고 많은 입출력 장치를 신속하게 제어함으로써 다수의 사용자가 함께 쓸 수 있는 대형 컴퓨터.—옮긴이)을 벗어나 PCPersonal Computer의 형태로 개인의 사무실로 들어갔고 우리의 손가락, 귀, 팔목, 혹은 얼굴에 의료 조치와 무관하게 밀착되었다. 웨어러블 디바이스 추세는 엄청난 양의 신경과학 데이터를 수집할 수 있게 해준다. 여기에 비하면 과거 데이터좀비들의 피 말리는 노력은 아이들 장난에 지나지 않는다. 이 데이터들이 공개되든 폐쇄되든, 사유재산이 되든 위키피디아처럼 크라우드소싱이 되든, 결국 이것들의 존재 이유는 사용 여부일 것이다. 경제학자 피터 드러커가 뭐라고 했는가. "정보는 관련성과 목적이 부여된 데이터다. 그러므로 데이터를 정보로 변환하려면 지식이 필요하다."[38]

애플은 이미 파킨슨병을 쉽게 진단할 수 있는 매뉴얼을 유포했다. 앱을 깔고 애플워치 화면을 손가락으로 얼마간 두드리기만 하면 유례없는 신경생리학적 데이터가 수집된다. 이미 투옹

난 팜 티라는 의사가 이러한 데이터를 지칭하는 용어로 데이터솜datasome을 사용했다. 우리 모두에게는 게놈genome(유전자들의 총체), 트랜스크립톰transcriptome(유전자 표현의 총체), 에피트랜스크립톰epitranscriptome(유전자 조절의 총체), 프로테옴proteome(단백질들의 총체), 커넥톰connectome(신경 연결의 총체), 눔noome(우리의 삶 전반에 걸쳐 있는 사유와 심적 대상의 총체)이 있다. 여기에 데이터솜, 즉 우리가 태어나서 죽을 때까지 생성하는 데이터들의 총체라는 개념이 추가된 것이다. 그리고 데이터솜에는 매우 다양한 하위군들이 있다.

- 예를 들어 내비곰navigome은 우리가 태어나서 죽을 때까지 방문하는 웹페이지들의 총체를 가리킨다. 이 개념은 디지털 네이티브 세대가 이미 등장했기 때문에 더욱 명백해졌다. 이 세대는 태어나자마자, 혹은 부모가 SNS에 올린 초음파사진을 통해 출생도 하기 전에 벌써 소셜 네트워크를 경험한다.
- 소셜롬socialome은 사회적 상호작용과 남들이 우리에 대해 알아낸 것(특히 정보기관, 경찰, 개인 정보 수집, 방첩 활동에서 알아낸 것)과 남들이 우리에 대해 표현한 바의 총체다.
- 알레르곰allergome, 나아가 세미옴sémiome은 어떤 질환을 진단할 수 있게 하는 신호들, 즉 징후들의 총체다.

이러한 데이터들에 대한 연구, 즉 '-omics'의 부상은—커넥토믹스, 누믹스, 내비고믹스, 데이터소믹스, 게노믹스 등—병의 진단과 예후 판단을 좀더 정확히 한다는 점에서 '스티그머지 의학'[39]

의 앞날을 밝혀준다. 조건적 통계 분석으로 연구할 수 있는 연속적인 징후들이 있다. 어느 특정 환자가 흡연자일 경우, 그 사람이 폐암에 걸릴 확률은 얼마나 될까? 또 어떤 환자가 이러저러한 징후를 보인다면 그가 모 질환에 걸렸을 확률은 얼마나 될까? 우리가 방대한 데이터솜을 보유하고 있다면 환자의 예후를 검토하면서 좀 더 믿을 만한 결론을 낼 수 있겠고, 때로는 어떤 질환과 생활 습관 사이에서 그동안 생각지도 못했던 새로운 상관관계를 알아낼 수도 있다. 데이터 마이닝data mining과 지식 마이닝 기술도 마찬가지다. 통계검정은 이미 예상한 지식만을 수면으로 부상시켜주지만 이러한 기술은 방대한 데이터에서 예기치 못했던 지식을 추출해낸다.

하지만 이 모든 작업에서 누가 누구에게 봉사하는가? 도덕적 관점에서 본인의 명시적 허락이 없는 한 데이터를 추적해서 데이터 생산자에게 거슬러 올라가는 일은 절대 없어야 한다. 그러한 데이터는 아주 개인적인 것이고 사생활은 남이 간섭하면 망가진다. 비록 미 국가안보부NSA를 위시한 전 세계 정보기관들이 시계처럼 규칙적으로 우리의 사생활을 침범하고 있을지언정 세계인권선언 제12조는 여기에 대해 명쾌하게 말한다. "어느 누구도 자기 사생활, 가정, 주거, 통신에 자의적인 간섭을 받거나 자신의 명예와 명성을 침해하는 비난을 받아서는 안 된다. 모든 사람은 이러한 간섭이나 비난에 대해 법의 보호를 받을 권리가 있다."

오늘날 국가, 기관, 기업은 데이터솜의 잠재력을 누구보다 잘 의식하고 있으며 관련 설비도 잘 갖추고 있다. 예를 들어 헤지펀드는 투자자들에게 기대되는 행동 방식, 투자자들의 성향과 건강 상태를 잘 알수록 더 많은 돈을 끌어들일 수 있을 것이다. 보험회사도 자기네가 어떤 위험을 감수하게 되는지 더 잘 아는 게 득이 된다. 그런데 국가나 기업보다는 시민사회가 자기 자신을 더 잘 알아야 한다. 이 원칙이 신경자유주의를 철학적 의미로 정초한다. 무슨 수를 써서라도 개인의 자유를 보장해야만 하듯이 개인의 신경과 뉴런 지문의 온전함을 침해하는 일은 없어야 한다. 뉴런 지문은 디지털 지문 판독, 망막 인식, 그 밖에 현재 쓰이는 어떤 바이오메트릭 데이터보다 더 광범위하고 정보 가치가 높다.

달리 말해, 우리가 우리 뉴런을 알지 못하면 다른 사람이 우리 대신 알아낼 것이다. 여기에 뉴로파시즘의 위험이 있다. 뉴로파시즘을 막는 유일한 방법은 다수가 자신의 신경인간공학, 즉 작업 중인 뉴런 지문을 의식하는 것이다. 그렇게만 된다면 인류는 건강하고 무사하리라. 하지만 그렇지 못하면 인류의 고통은 한이 없을 것이다. 인간은 특히 타인의 신경을 연주하여 날카롭고 괴로운 소리를 뽑는 데 재주가 있기 때문이다. APA의 일부 회원들이 CIA 고문 프로그램 개발에 협력한 이유도(그들은 벌을 받기는 했지만 그들이 저지른 악덕에 비하면 터무니없이 가벼운 처벌이었다) 그들이 뇌에 특별히 고통스럽고 힘든 인지적 자세를 유발할 수 있을 만큼 뇌의 기능을 잘 알았기 때문이다. 게다가 그러한 수법은 과학적이고 재현 가능한 것이다.

인신 공양

1921년부터 소비에트 연방은 나중에 카메라Kamera(방) 센터라고

우리가 우리 뉴런을 알지 못하면
다른 사람이 우리 대신 알아낼 것이다. 여기에 뉴로파시즘의 위험이 있다.
뉴로파시즘을 막는 유일한 방법은 다수가 자신의 신경인간공학,
즉 작업 중인 뉴런 지문을 의식하는 것이다. 그렇게만 된다면 인류는 건강하고
무사하리라. 하지만 그렇지 못하면 인류의 고통은 한이 없을 것이다.

불리게 되는 곳에서 인체에 대한 독극물 실험을 할 계획을 세웠다. 1954년에는 주코프 장군의 지휘하에 토츠코예 핵실험장에서 인간에 대한 핵실험이 이루어졌다. 이 실험은 4만 5000여 군인들의 생명과 건강을 위기에 몰아넣었다.

비슷한 시기에 선의 축 국가들(주로 OECD 회원국)이라고 해서 가만히 있지는 않았다. 모든 핵 보유 국가는 핵 프로그램을 개발하는 과정에서 인권을 침해했다. 대대적인 우생학 실험을 규탄했던 미국은 소아정신과 치료에서 방사성 물질을 치료약으로 처방했고 죄수들의 고환을 심각한 기형아 출산을 유발하는 방사능에 노출시키는 실험도 했다. 1994년에 아일린 웰섬Eileen Welsome은 이 실험들 중 일부를 취재하여 퓰리처상을 받았다. 특히 저명한 독물학자 해럴드 하지Harold Hodge가 정신과 치료를 받는 환자들에게 플루토늄 성분을 혈관주사로 투여하는 천인공노할 짓을 저질렀다는 사실이 이 취재에서 밝혀졌다. 물론 환자들은 자기가 어떤 성분의 주사를 맞았는지 꿈에도 몰랐다. 학계에서 널리 인정받고 수백 편의 논문과 여러 권의 학술 저작을 발표했으며 독물학회Society of Toxicology 초대 회장까지 지낸 이 제도권 학자는 요컨대 명석하지만 비인간적인 두뇌의 소유자였다. 어디 그뿐이랴. 앨버트 클리그먼Albert Kligman은 1960년대에 정신 활성 물질을 생체 실험했고 미 국방부의 허가가 있었다고는 하나 환자의 동의는 없는 상황에서 다이옥신을 주사하기도 했다.

앨런 덜레스가 추진한 저 유명한 엠케이울트라MK-Ultra 계획도 끔찍하기는 마찬가지다. 덜레스는 당시 CIA 국장이었고 프린스턴을 졸업한 수재에다가 독실한 그리스도교인이었다.[40] 엠케이울트라는 인지행동요법과 화학적 조건화를 동원하는 세뇌 프로그램 인체 실험이다. 이 실험 설정 자체는 그보다 앞서 있었던 시도 '아티초크 계획'에서 나왔다. 아티초크 계획이 제기한 과학적 문제는 노골적이었다. "우리는 개인을 조종하여 본인의 의지에 반하는 명령까지도 수행하게 할 수 있을까? 자연의 근본적인 섭리, 가령 생존본능마저 억누르고 명령을 따르게 만들 수 있을까?"[41]

엠케이울트라 작전의 가장 기분 나쁜 한 면은 칼텍에서 박사학위를 받은 인재 시드니 고틀립이 총괄 감독한 미드나이트 클라이맥스 실험이다. 이 실험은 CIA 기금으로 매춘부들을 고용해 피험자들을 유괵으로 꼬드겨 데려오게 했다. 연구진은 피험자들의 의사와 상관없이 LSD를 비롯한 향정신성 약물을 투여하고 통유리 너머에서 그들의 행동 방식을 관찰했다. 피험자가 비교적 넘쳐났기 때문에 그들은 성관계를 이용한 착취와 협박 수법들을 테스트하기가 어렵지 않았다.[42] 게다가 미드나이트 클라이맥스 실험은 캘리포니아 북부에 LSD가 파고들게 되는 요인 중 하나가 되기도 했다. 이 약물은 장차 사이키델릭 반문화의 태동에 이바지하게 되고 그로써 상업적 PC 혁명에도 중대하게 관여한다.[43]

내가 지금 이 글을 쓰고 있는 시점에도 위키피디아에서 '미국에서 실시된 비인간적 생체 실험Unethical Human Experimentation in the United States'이라는 페이지를 찾아볼 수 있다. 이 웹페이지는 국가 안보, 전쟁, 의학을 명분으로 자행된 온갖 극악무도한 행위들을 망라해 놓은 증거 중 하나다. 게다가 미국만 이런 짓거리를 독점했던 것도 아니다.

제물을 받는 신들만 바뀌었을 뿐, 인신 공양은 애석하게도 전혀 사라지지 않았다. 지금까지 인류가 의학, 화학, 심리학을 자기 자신을 해하는 데 사용하기를 주저하지 않았던 만큼 신경과학도 자신을 예속시키는 데 사용할 것은 불 보듯 뻔하다. 심지어 이미 그런 양상이 보인다.

펜실베이니아 주립대학 생명윤리학 교수이자 런던에서 변호사 자격을 취득한 바 있는 조너선 마크스는 최근 『아메리칸 저널 오브 로 앤드 메디신American Journal of Law and Medicine』에서 기능성자기공명영상이 미국에서 거짓말탐지기로 쓰였음에 분명하다는 본인의 확고한 생각을 피력했다. 예를 들면 '테러리스트' 용의자를 MRI 검사 장치에 집어넣고 자가 호흡이 불가능하게끔 약물로 마비시키고 호흡기를 달아서 이런저런 질문을 던지면서 거짓말 판별의 신경 상관물들을 확인할 수 있다.[44] 거짓말 판정이 나올 때마다 진실을 말할 때까지 호흡기 장치를 꺼버리는 악랄한 수법도 있을 수 있다. 교묘하면서도 비인간적인 신경학적 · 산업적 심문 방법이다.

확증 편향: 전형적인 세 가지 예

조너선 마크스는 MRI 실험에 대해 이렇게 결론 내린다. "이러한 실험은 구식 고문을 낳지는 않겠지만 수감자들을 혹사하는 구실이 될 수도 있다. [이 실험에 대한] 독해가 [심문자에게] 정말로 테러리스트들을 상대한다는 믿음을 불러일으킬 것이기 때문이다." 자기 신념에 맞는 증거는 취하고 자기 신념을 흔드는 증거는 거부하는 저 유명한 '확증 편향'의 예가 바로 여기에 있다. 우리는 (꼭 연결되란 법은 없는) 사실들을 응집시키는 신념의 체계를 만들고 그 체계를 현실에 투사한다. 우리가 현실을 있는 그대로 볼 수 있는 경우는 아주 드물다. 우리의 신념, 우리의 조건화는 현실을 왜곡하는 필터와도 같다.

예를 들어 지금 우리는 애당초 화합할 수 없는 문명들의 충돌이라는 신화를 목도하고 있다. 그렇지만 프랑수아 1세와 술레이만 대제가 체결한 프랑코-오토만 동맹을 상기한다면 그러한 신화는 빛을 잃는다. '교회의 장녀(프랑스의 별칭.—옮긴이)'의 모든 왕들은 이 동맹을 갱신해서 제1공화국 시대까지 무려 250년 이상을 이어나갔다. 미국의 가장 위대한 시인 에드거 앨런 포도 이슬람적인 영감을 곧잘 시로 표현했다.[45] 수피교도들이 궁정식 연애와 음유시인들에게 커다란 영향을 주었다는 사실은 왜 무시하는가. 이슬람 사원의 첨탑은 그리스도교적 영감이 깃든 구조물이다. 그리고 무장이슬람 근본주의의 가장 안쓰러운 피해자 대다수는 이슬람교도들 그 자신이다.

그렇지만 이러한 신화는 여전히 대중의 현실 인식을 왜곡하고 있다. 이것이 '틀에 갇힌 사고'에서 비롯한 인지 편향이다.

2015년에 유럽을 충격에 몰아넣은 세 가지 예를 생각해보자. 『샤를리 에브도*Charlie Hebdo*』 테러, 11월 13일 파리 바타클랑 극장 테러, 저먼윙스 9525편 추락 사고가 그 세 가지 예다.

우리는 이 세 사건에서 자기 삶에 의미를 둘 수 없었던 젊은이들을 볼 수 있다. 셰이크 할레드 방투네스는 그들이 죽음에서 의미를 찾으려 했다고 보았다. 12명의 희생자를 낳은 『샤를리 에브도』 테러는 문명 충돌 모델을 더욱 확고히 했다. 이 테러의 반향은 어마어마하다. 내가 말하는 반향은 테러가 불러일으킨 반응들의 지속 시간, 테러에 대한 기억을 의미한다. 130명의 사상자를 낳은 11월 13일 파리 테러도 마찬가지다.

저먼윙스 고의 추락 사건의 희생자는 『샤를리 에브도』 테러 희생자의 12배나 된다. 이 사건에도 동일한 동기가 깔려 있다(자기 죽음에 의미를 부여한다는 동기). 하지만 이 사건은 문명 충돌 모델을 강화하는 효과는 없다. 그러나 이데올로기로 묶인 두 테러보다 더 많은 인명 피해를 낳았다. 세 번째 사건이 분명히 충격적이지만 그럼에도 앞서 본 두 건의 테러만큼 충격 효과가 크지 않은 이유는 확증 편향이 그만큼 인지 맹목의 강력한 원동력이기 때문이다. 우리는 추락 사고보다 이데올로기적 테러를 더 잘 기억한다. 추락 사고는 우리의 편향된 사유 체계를 강화하지 않기 때문이다.

로젠한이 주는 교훈

학계라고 해서 확증 편향에서 자유롭지는 않다. 데이비드 로젠한David Rosenhan의 실험은 그 점을 가장 뚜렷하게 입증해 보였다.

1970년대에 스탠퍼드 대학 심리학과 교수였던 로젠한은 정신의학과에서 내리는 진단의 객관성과 신빙성을 시험하기로 마음먹었다. 그는 실험에 자원한 8명의 정상인(3명은 여성이었고 5명은 로젠한 자신까지 포함해서 남성이었다)을 미국 내 여러 정신병원에 입원시켰다. 개중에는 재정이 열악한 시골 병원도 있었고 명성이 자자한 대학병원도 있었으며 업계 최고로 꼽히는 개인 병원도 있었다. 피험자들은 이 병원들을 찾아가 정신분열증 진단의 주요한 원인이 되는 환청 징후가 있다고 거짓말을 했다. 그들은 병원에 입원하자마자 다시 정상적인 행동으로 돌아갔다. 의사에게도 기분이 좋아졌고 환청도 들리지 않는다고 말했다. 이 실험의 목적은 의료진의 반응 시간, 즉 병원 측이 피험자들의 정신 상태에 문제가 없음을 깨닫고 퇴원을 결정하기까지 걸리는 시간을 알아보는 데 있었다.

그런데 놀랍게도 그들 중 그 누구도 의료진을 설득하지 못했다. 자기가 환자가 아니라고 말이다. 그래서 '일시적 차도'[46]를 보이는 정신분열증 환자 자격으로 퇴원 후에도 항정신성 약물을 계속 복용한다는 조건으로만, 다시 말해 외래 치료는 계속한다는 조건으로만 병원에서 빠져나올 수 있었다. 이 가짜 환자들이 자유를 박탈당한 기간은 평균 19일이었고 제일 늦게 퇴원 결정을 얻어낸 피험자는 무려 52일을 병원에서 지내야 했다.

피험자들은 입원 생활을 기록하고 의료진을 관찰할 임무를 띠었다. 어떤 경우에는 의료진이 피험자들의 이러한 행동을 정신병리학적 해석의 틀에 끼워 맞추기도 했다. 피험자의 기록, 즉 '글쓰기 행동'조차 정신병 때문으로 치부되었던 것이다. 게다가 모든 피험자가 의료진에겐 발각되지 않았지만 다른 진짜 환자들에게는 위장 환자라는 사실을 들켰다고 고백했다. 도리어 진짜 환자들은 그들은 미치지 않았다고, 뭔가 조사하러 잠입한 기자나 연구자일 거라고 눈치챘다. 물론 의료진은 환자들의 이런 의심조차 피해망상으로 해석해버렸다.

로젠한은 자기가 정신병원에서 두 달 가까이 지내게 될 줄은 꿈에도 몰랐다. "병원을 나오는 유일한 방법은 의사들이 내게 하는 말을 확증해주는 것이었다. 나는 미쳤지만 일시적으로 차도가 있는 사람 노릇을 해야만 했다."[47] 병원에서 로젠한은 주위 환자들에 대한 끔찍한 비인간적 대우를 관찰할 수 있었다. 환자들은 물건 취급을 당했고, 수시로 몸수색을 당했으며, 때로는 용변 보는 모습을 관찰당할 만큼 사생활 침해가 심각했고, 면전에서 간병인들이 자기를 투명인간 취급하면서 못되게 얘기해도 참아야 했다. 어떤 의사는 식당에서 자기 음식이 나오기를 기다리는 환자들을 의대생들에게 보여주면서 그들의 자연스러운 식욕마저 "뭐든 입으로 취하려는 징후"라고 설명했다.

이전에도 정신의학에서 확증 편향의 예가 지목된 바 있다. 1968년에 오클라호마 대학 교수 모리스 테멀린Maurice Temerlin은 정신과 전문의 두 집단에게 어떤 사람의 행동 양식을 보고 의견을 달라고 부탁했다. 의사들의 관찰 대상이 된 배우는 정상인처럼 행동하라는 지시를 받았다. 테멀린은 두 집단에 각기 다른 방식으로 개입했다. 한 집단에게는 이 사람이 '신경증 환자처럼 보이지만 실제로는 정신병 환자인 특이한 경우'라고 귀띔을 했다. 그러나 다른 집단(통제 집단)은 아무런 언질을 받지 않았다. 통제 집단에서 '환자' 역 배우를 관찰한 후 그에게 정신적 문제가 있다고 판단한 의사는 한 명도 없었지만 첫 번째 집단에서는 60퍼센트가 정신병, 주로 정신분열증 진단을 내렸다.[48]

1988년에 브라이언 파월과 마티 로링은 좀더 광범위한 표본을 가지고 연구를 개진했다.[49] 테멀린은 고작 25명의 의사들을 데리고 실험을 했지만 그들은 290명의 정신과 임상의들을 불러 모았다. 이 의사들은 어느 환자의 면담 기록을 분석해야 했다. 그들 중 절반은 환자가 흑인이라고 알고 있었고 나머지 절반은 백인이라고 알고 있었다. 실험 결과, "의료진은 동일한 사례를 연구하더라도 환자가 백인일 때보다 흑인일 때 폭력, 위험, 의심스러운 특성을 더 많이 발견한다"는 사실을 알 수 있었다.

어느 한 병원이 로젠한에게 항의를 표했다. 그 병원 의료진은 로젠한의 가짜 환자들이 관찰한 것 같은 사태가 자기네 병원에서는 절대로 일어날 수 없다고 주장했다. 로젠한은 자기가 처음 했던 실험을 보충하기 원했다. 그래서 새로운 '배우들'을 다시 석 달간 정신병원에 투입시키겠노라 발표했다. 이번에는 병원 측에서 실험에 투입된 가짜 환자들을 가려내야 했다. 의료진은 193명의 입원 환자 가운데 41명은 확실한 가짜 환자이고 다른 42명도 가짜 환자로 의심된다고 보았다. 실제로 로젠한은 단 한 명도 그 병원에 보내지 않았는데 말이다.

사회는 심히 모순적이다. 정신병적인 행동으로 통할 일을 국가가 전쟁터에서 장려하기도 하고, 민간에서 표현의 자유이자 건강하기 그지없는 시위 행동이 정신과 치료를 받을 일이 되기도 한다. 반체제 인사들을 정신병자 취급하는 것이야말로 전체주의 체제들의 트레이드마크다. 소련이 정치범들을 화학적으로 통제하거나 아예 미치게 하려고 항정신성 약물로 유명한 할로페리돌을 강제 처방했다는 사실은 익히 알려져 있다. 미국이라고 예외겠는가. 미국은 밀입국자들에게 할로페리돌을 먹이는 수법으로 그들을 쉽게 강제 추방할 수 있었다.[50] 즈비그뉴 브레진스키Zbigniew Brzezinski가 지적한 대로다. "지금은 수백만 명을 통치하는 것보다 죽이는 게 더 쉽다." 우리가 **인신 보호**Habeas corpus의 원칙을 주장했던 것처럼 이제 **정신 보호**Habeas anima 혹은 **신경 보호**Habeas nervus 원칙도 주장해야 한다. 정신, 신경은 우리에게 속한 것이니 아무도 정신과 신경에 대한 우리의 주권을 앗아갈 수 없다.

결국 로젠한의 실험은 과학적 설정 혹은 의료 행위라는 규제된 틀 안에서 우리가 객관적이라고 믿는 것조차 위장된 주관성에 지나지 않을 때가 많다는 것을 우리에게 보여주었다. 그런데 인간의 객관적 행동을 찾을 수 있기는 한가? 학생의 답안지를 채점하는 교수, 피고를 심판하는 판사, 투표에 임하는 시민, 조서를 작성하는 민중의 지팡이에게 과연 객관성이 존재하기는 할까?

가장 '객관적인' 과학이라고 하는 수학에조차 당파들은 늘 있었다. 조지 버클리와 일부 현대 수학자들은 뉴턴이 제안한 '미분' 개념에 오류가 있다고 본다. 피타고라스는 무리수의 존재를 인정하지 않으려 했다. 크로네커는 칸토어의 집합론을 우스꽝스럽다고 생각했고, 훗날 힐베르트는 이 집합론이 수학의 낙원을 수립했다고 찬양했으며, 푸앵카레는 칸토어의 "순전히 논리적이기만 한" 방법에 반대하는 입장을 취했다. 에바리스트 갈루아의 눈부신 이론도 저자의 살아생전에는 상식 밖의 이론으로 치부당했다.

동료 심사는 동류 집단의 압력이다

따라서 객관성을 표방하고 뽐내는 학계가 실상은 그리 객관적이지도 않다. 학계는 **트롤링**[51]과 **유명한 이름 들먹이기**를 미덕으로 여길 뿐 아니라 학자로서의 경력 쌓기에 거의 필수적인 요소로 삼는다. 명망 높은 학술지들의 논문 선발 과정은 굳이 말할 필요도 없다. 사실 그러한 과정은 주관성의 극치다. 2015년에 『타임스 하이어 에듀케이션*Times Higher Education*』은 대학 사회의 불화를 다음과 같이 규탄하는 논고를 게재했다.

> 『브리티시 메디컬 저널*British Medical Journal*』 전前 편집자 리처드 스미스는 올해 본인이 쓴 칼럼에서 논문 출판 전 **동료 심사**[52] 관행을 폐지하자고 주장했다. "동료 심사는 과학적으로 믿을 만하지 않은 요소를 미리 제거함으로써 출판물의 학문적 질을 보장하고 독자에게 그들이 읽는 학술지에 대한 믿음을 준다고 간주된다. 그렇지만 사실 그러한 검토는 별 효과가 없고 상당 부분 운에 좌우된다. 동료 심사는 반혁신적이고 느리며 비용이 많이 든다. 목표를 다하지 못하면서 학문에 몰두할 시간만 망치는 이 관행은 남용되거나 악용되기 십상이며, 인지적 편향이 개입할 우려가 있고, 학문적 부정행위를 제대로 잡아내지도 못한다. 그러므로 이러한 심사는 당치 않다. (…) 모든 논문을 온라인으로 발표하고 '중요한 가치가 있는 논문과 그렇지 않은 논문의 판별은 (…) 세상에 맡기는' 편이 더 낫다."[53]

심사 위원 대다수가 당신 연구를 좋아한다면 꽤나 지루한 연구를 했구나, 라고 확신해도 좋다. 세상에서 중요하게 받아들여질 아이디어들을 내놓으려면 여러분과 나는 사람들의 비위를 거스를 각오를 해야 한다. 흙탕물 튀고 비난이 폭발하는 참호를 기어갈 각오를 해야 한다. 모든 심사 위원은—어쩌면 나도 포함해서—잠재의식적으로라도 자기가 이미 높이 평가하고 친근하게 여기던 생각에 합류하는 원고, 자기가 이전에 했던 연구들을 지지하는 원고를 찾는다. 악의적이고 슬픈 일이다. 그렇지만 이 또한 참 인간적이다.[54]

지도 제작 전문가 세르주 수도플라토프의 말마따나 "모든 혁신은 불복종이다". 그런데 '동류 집단의 검토'는 동류 집단의 압력일 뿐이요, 이 압력이 혁신을 장려하는 것으로 알려져 있지는 않다. 이 압력은 탐구보다는 개발에 이롭게 작용한다.

실제로 **동료 심사**는 과학 연구의 여러 면에 좋지 않은 여파를 미친다. 의학의 경우를 예로 들어볼까. 지금은 증거 기반 의료Evidence-based Medicine가 장려되는 추세에 있다. 사혈瀉血 요법 따위가 환자를 치료할 수 있다는 근거도 없이 남용되던 시대에 비하면 많이 발전한 거다. 그렇지만 증거 기반 의료가 증거를 통제할 수 있는 사람은 의학도 통제한다는 의미는 아니다. 경제학자 오루크가 잘 알고 있었듯이 "구매 혹은 판매가 법으로 통제된다면 입법권을 가진 사람을 제일 먼저 구매하든가 팔든가 해야 한다." 증거로 의학을 통제한다면 증거, 증거를 만드는 사람들, 증거를 출판하는 사람들부터 먼저 매수해야 한다는 얘기다. 그런데 고작 10여 개 학술지가 의학 연구 전체에서 논문 인용의 절반 이상을 차지하고 지배적 사고를 대표하는 상황에서, 단 3개의 학술지가 전 세계 대학 등급을 좌우하는 상황에서 학술지 논문 게재 여부가 겨우 심사 위원 3명의 견해로 결정 난다면 증거를 통제하기란 식은 죽 먹기다.[55]

우리는 동류 집단의 논문 검토가 과학을 발전시킨다고 생각하지만 그건 어디까지나 신념일 뿐이다. 동료 심사의 장점은 결코 과학적으로 입증되지 않았을 뿐 아니라 (브누아 망델브로나 그리고리 페렐만을 위시한) 연구자들은 도리어 그러한 심사의 파괴적 성격을 수차례 보여주었다. 반박을 허용치 않는다는 점에서 그러한 관행은 사이비 과학이자 사이비 종교다. 솔직히 네모진 학사모는 미사에 쓰이는 포도주 병이 변형된 것은 아닐까, 그 각진 모자가 과거에는 가톨릭 성직자들의 머리쓰개가 아니었을까. 더욱이 학사모의 유래는 실제로 종교적인 것일 가능성이 있다.

객관성을 추구한다고 해서 주관성을 거세하거나 구속하기를 바라지는 마라. 어느 시대나 학자들은 주관성을 피력했고 그로써 이런저런 당파를 이루었다. 인간이 인간으로서의 객관성에 도달하는 유일한 방법은 투명한 주관성을 실천하는 것, 신경인간공학적 태도를 실행하는 것이다. 일하는 우리 정신을 의식할 수 있어야 한다. 우리 정신의 형식과 편향과 착각과 선호와 공포를 알아야 한다. 의식에서도 그렇고 과학에서도 그렇고, 사실 주관성과 객관성을 대립시킬 필요가 없다. 주관성과 객관성이 모두 하나의 과학적 역할을 담당한다. 그런 이유로 로젠한, 짐바르도, 밀그램 같은 학자들은 실험에 직접 참여했다. 하지만 우리는 뭐든지 대립시키기를 좋아한다. 하지만 우리가 주관성과 객관성이라는 두 개념을 파악할 수 있다면[56] 그 둘이 미묘하게 서로 얽혀 있음을 알게 될 것이다. 동류가 아니라 자신과 다른 부류를 통해 배우는 것이 인간의 운명이다. 루미는 노래했다. "하여, 네가 날아오르려면 날개가 두 쪽 있어야 하느니라." 내적 성찰의 데이터와 외부 관찰의 데이터를 대립시키지 말자. 모든 인간은 자아의 필터를 통해 세상을 본다. 자아가 투명해질수록 세상은 심도 있게, 정묘한 구석까지 선명하게 보인다. 과학에 대한 편협한 사고는 주관성을 완전히 거세하려 든다. 심각하게 실수하는 거다. 그런 일이 애초에 불가능하기도 하지만, 객관성을 편협하게 추구하는 자세는 되레 주관성을 강화한다.

군인들에게

1886년에 클레망소는 이렇게 말했다. "전쟁은 군인들에게만 맡기기에는 너무 중차대한 사안입니다." 어디 전쟁만일까, 기술도 그렇다. 신경인간공학은 더욱더 그렇다. 우리 재주를 건설 기술보다 파괴 기술에 쏟아부을수록 우리는 자기 파멸의 위험에 빠질 것이다. 이렇게 말하는 이유는 인류가 하나이기 때문이다. 나의 왼손이 무기를 들고 오른손을 공격한다면 내가 건강하게 잘 살 수 있을까. 나의 좌뇌가 우뇌를 무장 공격한다면 내가 어찌 살 수나 있을까. 서양이라는 지구의 절반이 동양이라는 나머지 절반을 무장 공격한다면 인류의 존폐 여부가 왔다 갔다 할 것이다.

군사 연구는 여전히 과학기술 개발을 이끄는 중요한 원천이 되고 있다. 그 이유는 군사 연구가 어느 수준까지 압력을 행사할 수 있고, 독단, 침체, 오만한 확신보다는 할 수 있다는 자세[57]가 주도하는 몇 가지 목표가 있기 때문이다. 그래서 제2차 세계대전 기간에 연구 개발은 대단히 활기를 띠었다. GPS, 반도체, 컴퓨터, 제트엔진이 다 이 시기에 나왔다. 역설적이지만 압력이 가능성의 장을 확대했고 진짜 예산[58]을 불려주었다. 원래 배 떵떵 두드리는 조직보다 고사 위기에 빠진 조직이 훨씬 환골탈태하기 쉬운 법이다.

따라서 신경인간공학이 명백한 군사적 기원을 다수 보이는 것도 결코 우연이 아니다. 라자 파라수라만도 인지과학을 활용해 작업하는 뇌를 이해하는 연구를 처음 시작할 때만 해도 학계에서 그렇게 주목받지 못했다. 학계 특유의 오만이 드러났다고 할까. 학습, 의사 결정, 문제 해결에 대한 그의 실험들은 통제가 잘 이루어지지 못했고 부정확하다고…… 쉽게 말해 과학적이지 않다고 비난받았다. 그러다 마침내 미군 재정 지원으로 최초의 고난도 연구들이 나왔다. 미군이 파라수라만의 연구에 관심을 보였던 이유는, 여러 가지가 있지만 한 예만 들자면, 그가 경두개직류자극으로 전투기 조종술 학습 시간을 줄일 수 있음을 입증했기 때문이다.[59] 1979년부터 파라수라만은 주의력 피로에 관한 흥미로운 측정치들과 우리 뇌가 특정 두뇌 활동을 장시간 할 때 정신 상태가 흐려지는 양상을 연구했다.[60] 그의 연구 결과는 군대, 특히 신병 양성에 유익한 자료가 되었다.

나를 알고 적을 알면

파라수라만이 얻어낸 결론 중 하나가 바로 분당 명령 횟수APM, Actions Per Minute의 최적화다. 이 개념은 컴퓨터게임 덕분에 이미 잘 알려져 있다. 예를 들어 스타크래프트 같은 실시간 전략게임에서 프로 게이머는 APM, 즉 손놀림의 빠르기를 웬만큼 유지하는 것이 아주 중요하다. 이 원칙은 비행기 조종석이나 병원 수술실에서도 유효하다. 특히 병사들의 접속 상태와 네트워크전이라는 패러다임 안에서는 더욱 유효할 것이다.

군사적 사안의 중요한 관건은 **상황 자각**situation awareness이다. 상황 자각은 인식의 뼘 문제, 분당 명령 횟수의 문제, 나아가 지식들이 긴밀하게 연결되어 신경인간공학적으로 의사 결정권자에게 제시되느냐의 문제다. 이렇게 말하는 이유는 클라우제비츠의 "전쟁의 안개"라는 유명한 표현도 있듯이 적의 의도, 입장, 동향, 수단을 파악하기가 무척 어렵기 때문이다. 바로 이 안개가 제르고비, 파르살리아, 오스테를리츠, 워털루, 카세린 협곡 등에서의 싸움을 결판지었다.

전쟁의 안개가 다른 방향으로 자욱하게 퍼져 있을 수도 있다. 자기 자신, 자기 입장, 자기 약점과 강점을 제대로 알지 못하는 경우가 그렇다. 손자가 일찍이 병법으로 정리하기를, 적을 알고 나를 알면 백 번을 싸워도 위태롭지 않다고 했다. 알렉산드르 수보로프, 쩐흥다오, 할리드 이븐 알 왈리드처럼 적을 알고 나를 아는 장수가 이끄는 전투는 패배를 모른다.

신경인간공학은 앎을 돕는 기술로 군사적 맥락, 혹은 적어도 전술적 맥락에서 필수적이다. 방대한 양의 정보를 수집하는 것과 그 정보를 인간의 뇌에 전달할 수 있게 만드는 것은 별개의 일이다. 명령과 통제의 사슬이 있듯이 정보와 지식의 사슬은 따로 있다. 이 사슬을 의사 결정권자가 충분히 소화할 수 있게끔 제시하고—싸움을 하든 그렇지 않은—모든 인력을 보급하는 기술을 우리는 아직도 한참을 배워야 한다. **전쟁게임**은 결국 지식을, 지식의 비율과 역학을 우리의 제한된 인지적 뼘으로도 붙잡을 수 있게끔 나타내려는 최초의 시도들이다. 그러나 지금의 증강 현실이 그렇듯 증강 인지도 아직 갈 길이 멀다.

오늘날 신경인간공학은 조종사, 보병, 특공대원, 포병 들의 **생존능력**survivality을 증강시켜준다. 또한 무기 장비가 빠르게 교체되는 요즘 세상에서 학습 시간을 단축시킴으로써 전문성 습득을 가속화한다. 전쟁터에서 초고도 멀티웨폰 플랫폼이 점점 더 많이 등장하고 있다(항공, 해양, 육상 드론들과 헬리콥터 등). 이 얘기는 곧 인간-기계 인터페이스가 더 많이 만들어진다는 뜻이다. 그리고 공통분모는 결국 작업하는 인간 두뇌에 정보를 더 소화하기 쉽게 제시해야 한다는 것이다.

전장의 실무진이 접하는 인터페이스들이 다양한 위험에 대하여 취할 수 있는 행동 방식들을 상기시킬 때 장군은 아군의 군사력과 적군의 군사력 상황에 대해 더 많이 알 수 있을 것이요, 포병은(혹은 포병 역할을 하는 로봇은) 더 빨리, 더 효과적으로, 더 확실하게 조작을 수행할 것이다. 이 점은 도시전이든 잠입 임무든 마찬가지다. 예를 들어 헬리콥터 조종사는 자신의 표적은 물론, 자기에게 닥치는 위험도 분명히 지각하게 될 것이다. 그의 비행은 아비오닉스 avionics(무선 항공 전자기술)가 아니라 뉴로닉스(신경의 기능을 공학적으로 연구하여 기술적 문제에 응용하는 학문. —옮긴이) 차원에 있을 것이며 "적을 알고 나를 알라"는 손자의 영원한 절대명령을 준수할 것이다.

군사적 인공지능

그런데 이 놀라운 기술들을 우리끼리 서로 죽이고 싸울 목적으로 개발할 수 있다면 민간인들이 다른 목적으로 사용해도 되지 않을까? 상황지능은 정치, 전략, 전술에 해당하지만 의사, 변호사, 교사, 소방관에게도 무척 요긴할 것이다. 나는 군대가 민간 사회의 기발한 신경학적 해결책들을 끌어다 쓰려고 노력하는 세상을 원하지, 그 반대의 세상은 원치 않는다. 민간의 천재가 군대의 천재를 가르치는 입장이어야지, 그 반대가 되면 안 된다. 파괴의 재능은 반드시 건설의 재능 아래 종속되어야 한다. 그래야 이 모든 일에 지혜가 있으리라.

군이 신경인간공학 연구들을 '몰수'할 경우 이 연구들이 남용될 위험 앞에 우리는 속수무책이다. 나는 특히 이 연구들이 신문訊問이라는 틀 안에서 악용될까 두렵다. 이를테면 베르트랑 티리옹과 스타니슬라스 드앤이 프랑스에서 개발한 역逆망막위상rétinotopie inverse은 단지 피험자의 시각피질을 fMRI로 관찰하는 것만으로 그가 마음속에 그리는 이미지를 추론할 수 있었다(망막위상이란 시각적 신호에 대한 뇌의 반응이 공간적으로 이루어지는 것이다. 여기서 말하는 역망막위상이란 반대로 뇌의 활동 패턴으로 이미지의 시각적 콘텐츠를 파악하는 것이다.—옮긴이). 이 기술은 물론 조정과 선별이 필요하다. 피험자에게 단순한 이미지 군群, 예를 들어 동그라미, 십자, 삼각형 따위를 생각하라고 여러 번 요청하고 그 자극에 대한 뇌 반응을 관찰해야 한다. 이렇게 뇌의 자발적 활동과 유발된 활동을 알아보는 수단을 도입함으로써 뇌 영상만으로 심적 상태를 알아낼 수 있는 것이다. 따라서 뇌에 대한 관찰이 어떤 면에서는 제한적으로나마 생각을 '읽는' 것이라고 하겠다. 아직 뇌 영상을 보고 정말로 생각을 추론할 수는 없지만 그 경지로 다가간다고 할까. 현재 개발되어 있는 수단들로도 인간이나 원숭이의 단순한 의사 결정들, 포커게임에서의 어떤 전술들, 사유의 일부 감각적 구성 요소는 예측이 가능하다. 이를테면 누군가가 더 복잡한 사유의 틀 안에서 구스베리의 맛이나 고산지대 목장의 상쾌한 공기에 생각이 미치면 그 변화를 잡아낼 수 있다.

유전자 프로그래밍과 딥 러닝deep learning으로 여기서 더 나아갈 수도 있을 것이다. 스티븐 호킹이나 일론 머스크 같은 사람은 잠재적으로 가공할 위력을 지닌 이 기술이 군인들에게만 맡기기에는 너무 중요하다고 본다. 하지만 이미 군인들 손아귀에 있기는 하다⋯⋯ 유전자 프로그래밍은 진화를 초고속으로[61] 모방한다. 이로써 매우 다양한 제약에 적응할 수 있는 소프트웨어들이 나온다. 사실 어떤 제약에서 생존 가능한 적응은 시간의 검증을 통해 찾아낼 수 있지만, 컴퓨터공학에서는 '이치에 맞는 다항식'을 통해 소프트웨어가 찾아낼 것이다. 일례로 우리는 어떤 유형의 포커게임[62]에서 수학적으로는 반드시 이기는 전략을 찾아냈다. 그리고 나는 비록 아직 증거를 제시할 순 없지만 각 사람의 뇌 서명signature에 유전자 알고리즘을 들어맞게 함으로써 일상적 사유와 행동에서 충분히 알아볼 수 있는 신경 서명을 파악할 수 있으리라 본다. 행동의 통계적 서명은 틀림없다고까지는 말할 수 없어도 분명히 강력한 의의를 지닌다.

데이터메트릭스는 둘째 문제다. 경찰은 과거에 범인의 소재를 파악하기 위해 행동 서명이나 지리적 서명을 활용했다. 지금 인터폴, 유로폴, FBI, CIA, NSA는 '내비곰', 다시 말해 인터넷 서핑 서명만 가지고도 네티즌을 추적할 수 있다. 하루 동안 차례대로 방문한 30여 개 웹페이지는 70억 명 중 한 명과 연결시키기에 충분할 만큼 정확한 정보 채널이다(심지어 매칭 알고리즘이 처음부터 잘 맞춰진 경우에 한해 이 연결의 오류 확률은 1000억 분의 1을 밑돈다).

일론 머스크 한 사람만 군사적 인공지능의 증식을 경계하라고 국제연합과 시민사회에 말하는 게 아니다. '필요한 조치를 하라'고 모호하게 프로그래밍된 이 자율적 무기들은 그리 멀지 않은 미래에 작금의 무인전투기보다 더 대대적으로 무고한 사람들을 학살할 가능성이 농후하다. 지금의 무인전투기는 사람이 안에 탑승하지 않더라도 조종하는 사람이 있다. 그런데도 미국 대학들이 독립적으로 개진한 연구 결과에 따르면[63] 이미 이 전투기들은 '확실한 표적'보다 무고한 사람을 더 많이 죽였다. 지금은 적외선 유도 미사일, 다시 말해 열熱 서명을 이용하여 표적을 저지하는 무기도 개발되어 있다. 나노기술과 방 안에 들어온 모기처럼 표도 내지 않고 사람을 죽일 수 있는 마이크로드론을 보건대(이미 이런 기술은 나와 있다), 그리고 소위 '윤리적인' 생화학무기(특정 유전자 서열을 분별해 내어 그 서열을 가진 사람만 죽게 만드는 바이러스라든가) 연구에 군이 보이는 관심을 감안하건대, 장차 신경학적 살상 무기가—특히 유전자 알고리즘을 매개로 매칭되는—나오지 말라는 법이 없다.

컴퓨터공학자 피에르 콜레를 위시하여 여러 사람들이 진화의 알고리즘은 r이 빠졌지만 혁명적이라고 말하곤 한다('혁명적인 révolutionnaire'라는 단어에서 r만 빼면 '진화의évolutionnaire'라는 단어가 된다.—옮긴이). 실제로 진화의 알고리즘은 한 해 한 해의 커피 농사와 상관없이 오랜 세월 한 브랜드의 맛을 표준화하는 최고의 블랜딩과도 같다. 공학자들이 미처 찾지 못했던 위성 안테나의 최적 형태를 이 알고리즘은 시행착오를 통해 찾아낼 수 있다.[64] 또한 생명이 그러하듯 시행착오를 통해 현실 법칙들과 타협하며 완전히 독창적인 방법들을 발견하게 해준다. 이러한 알고리즘은 특허 출원을 해도 될 만큼 '인간적이고 경쟁력 있는' 결과들을 내놓는다고 평가된다.

개인적 컴퓨터공학, 대중적 신경공학, 진화 알고리즘이 맞물린다면 상대가 누가 됐든 그 사람의 데이터솜을 이용해 추적할 수 있을 것이고, 그 사람의 자유의지, 사생활, 정신 보호의 원칙을 박살 낼 수 있을 것이다. 이는 지극히 위험한 일이기 때문에 뉴로데이터솜은 본인 외의 그 누구에게도 맡길 수 없을 만큼 소중한 것이다.

뉴로데이터솜

국가가 국민의 사생활에 용납하기 어려운 수준으로 가까워지고 있는데도 대체로 무관심한 분위기인 2016년 현재, 뉴로데이터솜에게는 『1984』의 유혹이 너무 크다…… 아주 간단한 방법들이 사용될 것이다. 경쟁이 치열한 이 세상에서 신경인간공학적 인터페이스는 시간과 효율성 면에서 이익을 안겨줄 것이고 두뇌 활동에 손잡이를 내밀어줄 것이다. 이것은 더없이 귀중한 일이다. 그런데 인간은 이 서비스의 대가로 자신의 두뇌 활동을 알고리즘에 밀착시키지 않을 수 없다. 그래야 알고리즘이 인간의 두뇌 활동에 보조를 맞추어 변화할 것이고 여기서 얻은 정보를 유용한 목적에 사용할 수 있을 테니까. 그러면 정보기관들은—지금 하는 짓도 다르지 않지만—이 정보를 불법적으로 꿀꺽하기만 하면 되는 거다.

스마트워치는 컴퓨터공학과 사생활의 밀착성을 매우 잘 보여준다. 스마트워치에는 우리의 심장박동 수, 혈당치, 하루 동안 걷는 걸음 수 등이 다 기록된다. 수면 관리 어플도 그 점은 마찬가지다. 이러한 어플은 그 자체로는 좋은 것이지만 사용자의 약점이 될 수 있는 정보까지 저장한다. 그런데 군사적 사안에서는 적의 약점을 치는 것이 기본인 이상, 사용자의 약점이 역으로 이용당하지 말란 법은 없다. 여러분의 은밀하고 개인적인 약점들이 부메랑이 되어 여러분을 치는 세상이라니, 얼마나 끔찍한 세상인가. 하지만 루미의 가르침을 기억하자. 여러분이 인류를 빠뜨릴 함정을 만든다면 결국 여러분 자신도 거기에 빠질 터이니. 약점이 상품처럼 사고 팔리게 된다면 이 지혜를 깊이 묵상하게 되리라. 첩보 활동으로 흥한 자는 첩보 활동으로 망할 것이다.

군사적 사안은 전력 규모의 확대가 핵심이다. 이 때문에 군사적 사안은 산업적 사안과 심히 흡사해 보인다(실제로 전자가 후자를 능가

했다). 전략·전술의 우위성을 바탕으로 병사의 손잡이는 늘어만 간다. 무기들이 이런 용도로 쓰인다. 활에서 무인전투기까지 모든 무기는 파괴에 손잡이를 달아준다. 그런데 파괴에 손잡이를 달아주려면 파괴의 통제에도 손잡이를 달아줘야 한다. 유전자 프로그래밍의 가치로 더욱 증강된 신경인간공학의 가치가 바로 여기에 있다. 영화 〈허Her〉에 등장하는 인공지능 운영 체제는 사용자의 두뇌 활동에 맞춰주기 위해 사용자에 대한 정보를 거의 기록하지 않는 방법마저 학습한다. 그렇다면 유전자 프로그래밍도 비슷한 방식으로 우리 뇌에 맞춰주는 연습을 할 수 있겠다. 컴퓨터공학은 'JITJust In Time', 다시 말해 자기가 사용되는 정도를 통해서 그렇게 할 수 있다. 여러분이 소프트웨어를 많이 쓸수록 그 소프트웨어는 여러분을 잘 알고 여러분에게 잘 맞출 수 있다. 이러한 'JIT 맞춤' 능력 덕분에 유전자 프로그래밍은 뉴로미메티즘의 강력한 동맹군이 된다. 우리의 뇌가 시스템에 맞추는 게 아니라 시스템이 우리 뇌에 맞춰야 한다면, 그러한 능력은 더욱 대대적으로, 그리고 효율적으로 알맞게 되어가는 것이다. 이를 위해 만들어진 컴퓨터공학은 제품, 서비스, 소프트웨어에 가장 좋은 신경인간공학을 신속하게 찾아낼 수 있다.

우리는 아직 진화적 신경인간공학의 잠재력을 가늠조차 다 하지 못하고 있다. 단, 군사적 뉴로닉스 분야에서만큼은 이미 활발하게 이용되고 있기 때문에[65] 결코 간과할 수가 없다.

군사적 뉴로닉스의 특성은 대단히 광범위한 분야와 연관될 수 있기 때문에 민간 분야에도 적용될 소지가 다분하다. 이 과학이 인간의 손잡이를 늘려줄 수 있을 것이다. 인간이 지닌 능력은 바로 이렇게 한정된다. 뉴로닉스는 뇌의 아비오닉스로서 실제로 지식과 능력을 확대할 수 있을 것이다. 이 같은 수단을 그에 걸맞은 지혜를 갖추지 않은 채 원하는 것이 곧 인간의 어리석음이다. 수피교에는 이런 말이 있다. "인간은 솔로몬 왕이 되어야 자기가 쥔 마법반지를 쓸 수 있다." 뉴로닉스가 아무리 능력과 지식을 확대해준대도 오만을 막아주지는 못한다. 지식을 기성품처럼 손쉽게 안겨주지는 못한다. 지식과 능력이 조건화된 형식들로, 흡사 용기에 담긴 제품이나 통조림처럼 제시될 수도 있다. 우리는 그러한 '레디메이드 지식', '레디메이드 능력'을 게걸스레 밝힌다. 그러나 지혜는 통조림처럼 유통될 수 없고 지혜의 기술 또한 있을 수 없다.

더 많은 것을 하는 인간

호모사피엔스사피엔스는 지구 상에 출현한 이래로 끊임없이 자기 몸에 손잡이를 달아주는 것 이상으로 자기 신경에도 손잡이를 달아주었다. 그는 이런 방향으로 잠재력을 증강하는 도구들을 만들어내어 일생 동안 자기가 할 수 있는 것을 확대한다.

인간은 신체의 도구뿐만 아니라 정신의 도구도 만든다. 예를 들어 글쓰기, 로그logarithm(빔 클라인 같은 암산 천재들의 기반), 컴퓨터공학은 그가 매일매일 생각하고 배우고 생산하는 바를 확대해준다. 우리는 미래를 알 수 없기 때문에 주로 이미 나온 기술들을 고려하게 마련인데, 그로써 우리는 다소 오만해지기도 하고 미래의 노하우를 만들어야 하는데도 낡은 노하우를 버리지 못하기도 한다. 인류가 수만 년 동안 정신 활동과 신체 활동의 손잡이들을 많이 만들었다고 하나 그것들은 소박한 시작에 지나지 않는다. 우리의 과학과 기술은 과거의 오만을 잊고 겸허히 미래를 전망함이 이로울 것이다. 그러한 겸허함만이 과학과 기술을 지금의 치기 어린 유년기에서 벗어나게 할 수 있다.

이렇게만 한다면 인류가 지금까지 이룬 것들이 다 하찮아 보일 만큼 신체 활동권과 정신 활동권에 대단한 손잡이가 생길 것이다. 그 손잡이가 과학, 예술, 정치, 경제, 그 외 모든 현실 학문 분과를 변화시킬 것이다. 모든 학문은, 적어도 이 세상에서 추구하는 것인 이상, 신경과 관련되어 있기 때문이다. 글쓰기만 봐도 그렇다. 훗날 우리의 후손들은 우리가 책 한 권을 이토록 느리게 써낸다는 사실에 아마 경악할 것이다. 우리가 타자를 치면 얼마나 많이 칠 수 있는가. 문장이나 단어나 개념을 얼마나 연결할 수 있는가. 작업기억은 또 얼마나 후진지 바로 앞의 앞 문장을 뭐라고 썼는지 기억도 안 난다. 진행 중인 저작을 전체적으로 의식하고 내용들의 상호 관련성을 파악하기란 얼마나 힘든가.

현존하는 최고의 뇌-기계 인터페이스는 감금증후군 환자가 1분당 6개 단어(영어 기준)를 입력할 수 있게 해준다. 하지만 이 인터페이스도 벌써 밀려나는 중이다. 역逆피질위상corticotopie inverse[66] 모형에 기반한 이른바 브레인 투 텍스트brain-to-text[67] 인터페이스가 이미 개발됐다. 대뇌피질에 삽입한 전극을 이용해 어떤 환자가 텍스트를 읽는 동안 특정 뉴런들이 집단적으로 활성화되는 양상을 기록한다. 그다음에 텍스트에 대한 생각을 단어들로 변환시키는 것이 목표다. 지금까지는 생각만으로 텍스트다운 텍스트를 작성할 정도의 성과를 내지 못했다. 누구나 알아들을 수 있을 만큼 정확한 음성 텍스트를 생성해내지도 못했다. 그래도 이 전극을 장착한 환자들은 자기 생각의 일부가 단어로 변환되는 것을 볼 수 있었다. 쿼티QWERTY 배열 키보드로 텍스트를 입력한다 치면 손이 아주 빠른 사람은 1분에 100단어, 보통은 80단어 정도 친다. 구어口語의 일반적인 속도는 1분당 150단어 수준이다. 그런데 이 한계를 깨고 더 많은 단어를 굳이 발음할 필요도 없이 투사할 수 있을까? 개념, 관념소, 비언어적 심상을 곧바로 투사하고 다른 사람들과 공유할 수도 있을까?

과거에는 글을 깨친 인간이라 해도 평생 쓰는 문장의 수가 그렇게까지 많지 않았다. 오늘날의 인간은 더 많은 문장을 쓴다. 미래에는 매일매일 하루 한 권씩 책을 쓰는 수준이 될지도 모른다. 지금 우리에게는 그런 일이 얼토당토않다고 생각될지 모르지만 옛사람들도 입 한 번 벙긋하지 않고 텍스트를 읽을 수 있다고 하면 말도 안 된다고 했을 것이다. 그러나 미래의 인터페이스들은 단어와 생각을 더 빨리, 더 효율적으로, 더 많이, 질적으로 더 우수하게 제시할 수 있게끔 도와줄 것이다. 따라서 독자뿐만 아니라 편집자도 관심을 기울일 만하다. 편집자의 일은 텍스트의 가치사슬에 있으니 말이다. 이 사슬의 상류에 사유가 있다면 하류에는 사유의 문자적 표현이 있다. 뉴로닉스는 책의 생산 과정을 압축할 뿐 아니라 책의 소비와 이해 과정도 압축할 수 있을 것이다. 뉴로닉스가 글쓰기에 손잡이를 달아줄 수 있는데 독서에는 손잡이를 못 달겠는가. 진화적 뉴로닉스는 작업에 임하는 저자와 독자의 두뇌 공간을 확장할 것이다. 그로써 독자는 자기가 읽은 책들을 상관관계 안에서 파악하거나 또 다른 관련 도서를 추천받을 것이다…… 이렇게 쓰기와 읽기의 인간공학을 바꿈으로써 거대한 가치를 창출하고 새로운 지식산업 혁명의 도래를 앞당길 수 있겠다.

인간이 24시간 내에 감당할 수 있는 일, 학습, 사유를 증강하는 방법은 많고도 많다. 앞으로는 그런 기술들이 고용을 어마어마한 규모로, 작금의 고용 침체를 완전히 돌파할 수 있을 만큼 창출할 것이다.[68] 뉴로닉스는 가장 강력하고 거대한 일자리 제조기가 될 수 있기 때문에 더더욱 군인들 손에만 맡겨놓을 수 없다.

나는 뉴로사제스의 본질적인 가르침은 이미 배웠다고 생각한다. 건전한 인간의 증강은 안에서 밖으로 향하며 이루어져야지, 이 방향이 거꾸로 되면 안 된다. 건강에 특수한 문제가 있지 않은 한, 단지 증강만을 목적으로 자기 뇌에 기술을 도입해서는 안 될 것이다. 어떤 기술과 비교해도 뇌, 뉴런, 신경교세포가 지금도 여전히 더 우수하기 때문이다. 깐깐한 세상의 시험을 20만 년 견뎌낸 이 강인함을 보라. 인간의 어떤 기술이 그토록 오랫동안 진가를 발휘할 수 있을까?

나는 이 지혜가 존중받지 못할 것을 안다. 인간은 자기 자신을 알려고 애쓰기보다는 '양의 지배'에 종속되는 편을 택한다. (지성에 대해, 능력에 대해) 예리하지 못한 잣대를 들이대고 그 안에 갇혀 지내는 편을 더 좋아하는 것이다. 운동선수들의 도핑만 봐도 알 수 있지 않은가. 하지만 인간은 자기가 생각하는 자기 이미지에 갇힐 때마다 손해를 본다. 인간은 인간이 만든 것보다 위대하기 때문이다. 인간에 대해 우리가 세운 모형들, 예를 들어 인지 능력 모형이나 사회성 모형은 아직도 불완전하고 편협하다. 인간의 지능을 G 요인으로 한정하거나 학술적 우수성을 H 지표(계량서지학이라는 사이비 과학에서 과학자의 생산성과 영향력을 나타내는 지표)로 한정하는 것은 바보짓이다. 시간을 초월한 인간을 한때의 기술에 가둬놓아서는 안 된다.

'더 많은 것을 하는 인간', 이 표현은 뉴로닉스의 잠재력을 요약적으로 보여준다. 마음이 에고로 병들어 있다면 이러한 역량의 확대를 두려워해야 한다. 그러나 마음이 건강하고 현명하다면 그것을 바라야 할 것이다. 비트루비우스 인간에서 신경 증강 인간으로 넘어오더라도 물음은 변치 않는다. 여전히 이 모든 손잡이의 중심에 사람이 있는가? 미성숙한 다수가 산업의 손잡이들을 죄다 소수의 미치광이들에게 넘겨줬기 때문에 20세기는 그토록 잔인했다. 21세기도 현명하거나 그렇지 않거나 둘 중 하나일 것이다.

그러나 인간의 증강은 지혜를 수용하면서 안에서 밖으로 나아가는 방식이 최선일 것이다. 뉴로미메티즘은 다음과 같은 교훈을 준다. 뇌에서 출발하라, 뇌에 손잡이를 달아줘라, 뇌의 작업을 수월하게 하라, 뇌에 시스템을 종속시켜라, 그래야 시스템이 뇌를 마음대로 다룰 수 없게 된다. 수십 년간 일부 컴퓨터공학자들이 인간의 뇌를 컴퓨터에 종속시키는 천박한 짓은 할 수 없다면서 인간-기계 인터페이스를 무시했다는 점이 우습지 않은가? 인간의 올바른 증강은 우리의 신경이 하나의 제국을 다스리듯이 각각의 명령을 완벽하게 수행하고 정확성과 신뢰도를 갖춤으로써 모든 두뇌 작용, 우리 뇌가 사용하는 포도당 한 방울까지 최대 효과를 보게 하는 것이다. 이것은 인간의 안에서 밖으로의 증강이다. 만약 증강이 다른 방식으로 일어난다면 인류는 자기를 덮칠 거미줄을 짜게 될 것이다.[69]

GOAL
O.K.
SPORT
ZONE
WORLD
TV

14

일곱 가지 뇌 훈련법

체조의 목표가 신체적 움직임의 자유를 증강하는 데 있다면
(다양하게 존재할 수밖에 없는) 정신 체조는
정신적 움직임의 자유를 증강하는 것이 목표다.
가라데처럼 아주 체계화된 것들도 있고
시스테마처럼 훨씬 자유로운 것들도 있다. 모든 종류가 다 있다.

수피교 고승 아부 압드 알 라흐만 알 술라미Abu Abd Al Rahman Al-Sulami, 937~1021의 『영혼의 병과 그 치유책*Les Maladies de l'âme et leurs remèdes*』은 짧지만 힘 있는 책이다. 그는 이 책에서 우리 정신의 병과 증상 들, 그리고 이를 다스리는 간단한 방법들을 다루었다. 나는 비록 알 술라미처럼 신묘한 지혜를 지닌 사람이 못 되지만 그의 주장을 신경과학의 진보에 걸맞게 21세기 식으로 되살릴 필요가 있다고 생각한다. 뇌를 어떻게 훈련시킬까만 고민해서는 뉴로사제스에 이르지 못할 것이다. 왜를 이해함으로써 우리는 분명히 그 경지에 도달하리라.

수피교 스승이자 작가 오마르 알리 샤Omar Ali-Shah, 1922~2005가 적어도 페르시아 시인 아타르 시대까지 거슬러 올라간다고 했을 만큼 민간에 오랫동안 전승되어온 말 속에 현대 신경과학의 관건이 잘 나타나 있다(아타르는 12~13세기에 살았던 페르시아 시인으로 사나이, 루미와 함께 3대 신비주의 시인으로 꼽힌다.—옮긴이). "우리는 뇌의 모든 비밀에 친숙한 채로 세상에 오지만 어머니 배에서 나오는 바로 그 순간, 천사가 우리 입에 손가락을 대고 그 비밀을 다 잊게 한다. 그래서 우리 모두의 윗입술에는 천사의 손가락이 닿아 살짝 팬 흔적이 있다."

왜 뉴로사제스와 두뇌 체조를 한데 엮을까? '체조gymnastique'라는 단어의 어원 자체에 깊은 지혜가 숨어 있기 때문이다. 이 단어는 '벌거벗은, 나체'라는 의미의 그리스어 짐노스gymnos에서 왔다. 그런데 벌거숭이 신체의 신성함은 르네상스의 이상이었다. 옷은 만들 수 있지만 신체는 인간이 만들 수 없는 것이었다. 그래서 르네상스 시대 예술가들은 육체와 의복을 동일한 미학적 차원에 두지 않았고 벌거벗은 몸을 다 그린 후에 옷을 그 위에 그리는 경우도 많았다. 따라서 '체조'는 육체의 순수성을 생각하며 벌거벗은 몸으로 하는 행위였음을 암시한다.

정신 체조gymnoétique 혹은 벌거벗은 정신의 운동도 마찬가지로 생각할 수 있다. 이 체조의 정의만큼은 뉴로사제스의 소관이다. 도핑을 한 운동선수가 고대 그리스인들이 말하는 의미의 체조를 한다고 볼 수 없듯이(그는 다 '벗지' 않았으므로), 뉴로도핑을 한 학생은 정신 체조를 한 게 아니다(그의 정신은 '벗지' 않았다). 공부 좀 한다고 교만에 빠진 학생도 정신 체조를 하지 않는다. 이 학생의 정신은 에고를 거추장스럽게 매달고 반복적인 도식과 체계에 갇혀 있기 때문이다. 체조의 이상은 육체가 육체답게 실현되는 것이지, 육체가 약물의 힘을 빌리는 것이 아니다. 정신 체조의 이상 역시 정신이 자유로이 실현되는 것이지, 기계적 정신이 되는 것은 아니다.

벌거벗은 마음은 그 자체로 큰 힘이다. 어린아이들의 놀라운 학습 능력을 보라. 갈릴레이는 이 능력을 천진난만함, 꾸밈없음ingenus으로 정의했다. 그는 꾸밈없음이 과학적 방법의 근본 요소라고 보았다. 벌거벗은 신체는 인간의 손으로 만들어질 수 없지만 인간은 여기에 법과 규범을 덧입히고 결국은 그 신체를 가두고 구별 짓는다. 몸을 쓰는 체조의 경우, 이 개념이 시스테마systema의 중심에 있다. 시스테마는 허리띠도 없고 정해진 복장도 없고 특별한 자세도 없이 자유롭게 몸을 쓰는 러시아 무술이다. 일본 무술 가라데도 원래 당수唐手(당나라의 손, 즉 중국의 손)였다가 공수空手(빈 손)로 바뀐 것이다. 이런 식으로도 체조의 심오한 의미를 상기할 수 있다.

체조의 목표가 신체적 움직임의 자유를 증강하는 데 있다면 (다양하게 존재할 수밖에 없는) 정신 체조는 정신적 움직임의 자유를 증강하는 것이 목표다. 가라데처럼 아주 체계화된 것들도 있고 시스테마처럼 훨씬 자유로운 것들도 있다. 모든 종류가 다 있다.

1) 투명한 주관성을 연습하라

수피교 현자 알리 은다우는 모든 형태의 정신 계발에는 투명한 주관성이라는 근간이 있다고 본다. 그리고 신경과학은 '정신esprit'이라고 쓰고 두뇌 활동이라는 뜻으로 이해한다. 이드리스 샤도 같은 맥락에서 정신 수련을 '정신인류학psycho-anthropology'으로 정의했다. 구르지예프처럼 '자기 상기'를 말하는 사람들도 있지만 선불교는 단지 '정신에 대한 관찰'을 말한다. 이처럼 오직 좌선에만 전념하는 수련을 지관타좌只管打坐라고 한다. 오늘날 신경과학은 명상이 우리 정신에 미치는 몇 가지 영향을 과학적으로 확인해준다.[70] 학술 논문 수준으로 깊게 들어갈 필요는 없다. 정신 체조를 잘하면 작업하는 우리 정신을 파악하고 정신의 편견과 한계와 자동적 사고와 조건화된 반응을 관찰하게 되므로 자신의 주관성을, 객관성이라는 지속적 착각을 깨닫게 마련이다.

투명한 주관성을 연습한다는 것은 정신을 씻어내고 벌거벗길 줄 안다는 것이다. 사실 우리의 정신 위생은 아주 형편없다. 우리는 우리를 선동하는 신경증, 좌절, 원한, 도식적 사고, 자동적 사고를 잘 의식하지 못한다. 땀과 때가 몸을 더럽히듯 이러한 불순물들은 정신을 더럽힌다. 그리고 우리의 생활, 현실에 대한 우리의 생각, 특히 자신과 타인에 대한 판단을 옥죈다. 건강을 지키려면 수시로 신체를 청결히 해줘야 하는 줄은 다들 안다. 하지만 정신생활의 위생은 아직 그렇게 열심히 챙기지 않는다. 때가 꼬질꼬질한 정신으로 생각하고 배우고 행동하고 살아가는 사람이 얼마나 많은가? 그 때의 냄새는 미리 알고 주의를 기울이는 사람만 맡을 수 있기 때문에 그렇다. 어쩌면 정신 위생 하나로, 간단한 '신경 샤워'로 인류의 모든 악이 해결될지도 모른다. 개인의 신경증이 모여 국가의 신경증이 될 수도 있다(국가주의는 그중에서도 가장 치사율이 높은 병이었다). 치사율은 그보다 낮지만 잠행성이 강한 대도시의 신경 공해도 널리 퍼져 있는 정신 오염물을 배출한다. 자동차 소음, 시도 때도 없이 엄습하는 불빛, 교통 체증 따위는 고질적으로 우리 정신을 더럽힌다. 우리가 잠자리에 들기 전 샤워를 하듯 정신도 가볍게 씻어주면 어떨까?

국가, 권위자, 제도, 동류 집단이 권장하거나 부추기는 정신적 오염들도 있다. 그런 오염물을 부모가 자식에게 전달하기도 하고, 선생이 학생에게 전달하기도 한다. 그러나 공중 보건이 여러 나라에서 말라리아를 뿌리 뽑았던 것처럼 지금은 어쩔 수 없으려니 참고 사는 정신의 질병들을 국가 차원의 조치, 주관성의 건강을 챙기는 간단한 조치로 뿌리 뽑을 날이 오리라.

우리가 우리 신체를 의식하게 되면 신체 위생을 당연히 챙길 생각이 든다. 그런데 우리는 우리 정신을 좀체 의식하지 않는다. 그러므로 두뇌 활동을 의식하는 훈련이 필요하다. 제2의 천성이 될 정도로 연습해야 한다. 이게 바로 투명한 주관성의 연습이다.

2) 쓰지 않는 '어플리케이션'을 지워라

뇌에는 처음부터 가지고 태어난 소프트웨어와 나중에 깐 소프트웨어가 있다. 주로 어린 시절에, 우리가 의식하지도 못한 사이에, 우리 뇌에 다운로드된 '어플리케이션'들이 있다. 부모님, 교사, 기관, 언론, 그리고 물론 국가라는 권위적 존재들이 그런 어플을 우리 뇌에 깔았다. 게다가 모두들 이 사실을 잘 알기 때문에 전체주의 국가들은 주로 국민들이 어릴 때 정신 프로그래밍을 확실하고 엄격하게 통제한다.

우리는 으레 휴대전화에 어플을 깔고 좀 써보다가 아니다 싶으면 제거를 한다. 정신생활에도 그렇게 하면 어떨까? 부모가 아이에게 어느 나라 사람은 어떠어떠한 결함이 있다는 생각을 주입시켰다. 성장하는 과정에서 이 고약한 정신의 어플을 얼마든지 지울 수 있다. 사춘기를 '짐승이 되는 나이âge bête'라고 일컫는 언어적 관습에는 몰이해가 깔려 있다. 사춘기는 부모가 깔아놓은 어플을 지울 수 있는 자신의 힘을 처음으로 발견하는 시기다. 스스로 생각하고 자기 정신생활의 주인이 될 수 있음을 처음 깨닫는 시기인 것이다. 걸음마를 처음 배울 때가 그렇듯 어플 제거도 처음에는 서툴지만 (그래서 '어리석게bête' 보인다는 특성이 있지만) 인류의 진화에 아주 중요하다. 자기 정신에 자기 스스로 소프트웨어를 깔 줄 모르는 인간은 결코 자유롭다고 할 수 없기 때문이다.

그렇지만 머리에 (별 쓸모도 없으면서 컴퓨터 성능만 떨어뜨리는) '쓰레기 소프트웨어pourriciel'를 장착하고 평생을 사는 사람들이 많다(쓰레기 소프트웨어는 '썩은 것, 부패pourriture'와 '소프트웨어logiciel'가 합쳐져서 만들어진 프랑스 은어이다.—옮긴이). 그래픽 인터페이스가 있는 소프트웨어도 있지만 사용자 눈에 잘 띄지 않게 컴퓨터 안에서만 돌아가는 소프트웨어도 있다. 마찬가지로, 정신의 쓰레기 소프트웨어 중에는 쉽게 의식되는 것도 있고 무의식적인 것도 있다. 그렇기 때문에 가끔은 최면 상태에서, 정신생활의 '관리자 권한'을 획득하는 훈련을 통해 쓸모없는 소프트웨어를 추려내고 제거해야 한다.

여러분이 투명한 주관성을 훈련한다면 여러분도 모르게 이미 깔려버린 쓸모없고 위험하고 구속적인 어플이 보일 것이다. 그 어플이 눈에 확 띄게 해를 끼치지는 않을지도 모른다. 내가 살아오면서 제일 먼저 제거 방법을 배웠던 정신적 습관 중 하나가 점수 중독이다. 어느 순간, 교육이 내가 진리를 추구하게끔 조건화하지 않는다고 깨달았다. 나는 학교 선생님들의 기호嗜好에 맞춰진 달콤한 사탕을 받아먹는 훈련을 하고 있었다. 그 상을 받기 위해서는 진리와 정반대되는 내용을 답안지에 써야만 할 때도 있었다. 그때는 그 어플이 나의 일부처럼 느껴졌다. 그 어플을 지우면 내 정체성의 일부가 떨어져 나갈 것처럼 생각되었다. 하지만 결코 그렇지 않았다. 정신생활의 주도권을 되찾으면 언제나 더 자유로워진다.

3) 학습된 무기력에서 학습된 역량으로

파괴적이고 음험하면서 사람들 사이에 가장 많이 퍼져 있는 쓰레기 소프트웨어로 손꼽히는 것이 학습된 무기력이다. "난 못 해." "내가 무슨 자격으로 그런 일을 해." "내가 감당하기엔 너무 어려워."

즈비그뉴 브레진스키 말마따나 "지금은 수백만 명을 통치하는 것보다 죽이는 게 더 쉽다". 코끼리 사육사들은 이러한 현상을 잘 알고 조련에 적극 써먹는다. 사실, 어른 코끼리는 어느 한 장소에 묶어놓기 힘들 만큼 힘이 센 동물이다. 그래서 사육사들은 물리적 족쇄 대신 더 효과적이고 강력한 정신의 족쇄를 활용한다. 어떻게 하느냐고? 힘없는 아기 코끼리 때 아주 튼튼한 사슬로 묶어놓는다. 코끼리는 이 사슬은 끊을 수 없다는 생각을 안고 성장할 것이다. 어른이 되어 사슬 따위 문제가 되지 않을 만큼 힘이 세져도 코끼리는 정신이 여전히 묶여 있기에 도망칠 시도조차 하지 않는다. 이제 여러분에게 묻겠다. 여러분에게는 이러한 정신의 족쇄가 얼마나 있는가?

그런 사슬을 처음 끊으려 할 때는 이미 자아의 일부가 되어버린

사슬이 악착같이 저항하며 자기 존재를 정당화할 것이다. 여러분의 실패 하나하나를 꼬집어가며 바락바락 외칠 것이다. '내가 그랬잖아, 넌 못 한다니까.' '애써봤자 소용없는 일이었어.' 버텨라. 포기하지 마라. 어려운 일을 해내는 경험이 중요하다. 교육이 심어준 여러분 자신에 대한 생각 이상으로 여러분은 능력이 있다.

4) 일부러 새로운 것을 시도해보라

사람은 자기가 좋아하는 일을 할 때 오래 버틴다. 농구선수 마이클 조던도 자기가 얼마나 많이 실패했는가를 사람들에게 즐겨 말하곤 한다. 조던은 사실 다른 사람들보다 실패도 더 많이 겪어봤고, 자기 자신 외에는 재능을 믿어주는 사람이 아무도 없었던 시절도 있었다고 한다. 학습된 무기력의 사슬을 끊는 데는 사랑, 열정, 열광만 한 것이 없다. 그런 감정들이 우리를 오래 버티게 한다.

투명한 주관성을 경험할수록 정신에서 좀체 떠나지 않는 더러운 어플리케이션들이 의식에 들어올 것이다. 이것들을 제거할수록 학습된 무기력이라는 고약한 어플 카테고리의 성격을 잘 파악하게 된다. 요컨대 쓸데없는 어플들을 지울수록 학습된 무기력에서 학습된 역량으로 나아가게 될 것이다. 이렇게 해야 새로운 배움의 진입 장벽이 낮아진다(수학, 그림, 음악, 뭐가 될지는 모르지만). 그러면 이 물음을 좀더 편안하게 던져볼 수 있겠다. '내가 가장 최근에 새로운 것을 해본 때가 언제더라?' 많은 이에게 이 물음은 괴롭거나 불편하다. 그들은 차라리 이 물음을 회피하고 싶어 한다. 정신의 족쇄를 건드리는 물음이기 때문에 그렇다. 컴퓨터 바이러스가 제거 조치에 버티듯이 정신의 족쇄도 끈질기게 버티며 우리를 우울하게 만든다. 그런 이유에서 나는 투명한 주관성, 무익한 어플 제거, 학습된 역량을 먼저 경험한 후에 이 물음을 스스로에게 던지기를 권한다. 그때야 비로소 이 물음에 흥분하고 들뜰 것이기 때문이다. 르네상스 시대의 신사들이 여러 분야의 탐구와 실무를 동시에 추진할 수 있었던 원동력이 바로 이 물음이었다. 알 가잘리, 미켈란젤로, 조르다노 브루노, 레오나르도 다빈치, 리처드 프랜시스 버턴 같은 팔방미인들에게는 공통점이 있다. 그들은 모두 새로운 것을 좋아하고 열광하는 사람, '네오필néophile'이었다. 그러한 열광은 미국인들이 말하는 할 수 있다는 자세, 진정으로 자기 가능성을 믿는 마음가짐에서만 나온다. 즉, 학습된 역량과 직결된 능력인 것이다.

5) 탐구하라, 유연한 정신의 기술을 실천하라

운동을 하면 근육이 유연해진다. 새로운 것에 도전하면 두뇌 활동의 근육도 자연스럽게 늘어난다. 뇌가 더 유연해지고 적응력도 좋아져서 전에는 취할 수 없었던 자세와 동작이 가능해진다. 우리는 뇌가 항상 탐구와 사용 사이에서 타협한다는 것을 이미 보았다. 사용은 규범적이고 탐구는 창의적이다. 사용은 점수 매기기와 보상을 좋아하지만 탐구는 과잉 정당화 효과[71]로 입증되었듯이 당근과 채찍의 법칙에서 자유로울 때 더 잘 굴러간다.

소아마비 백신을 처음 개발한 조나스 소크Jonas Salk가 이런 말을 했다. "나의 태도는 늘 열려 있었습니다. 늘 탐구하고 정보를 스캔했지요. 나는 자연 속의 만물이 이렇게 기능한다고 생각합니다. 생각이 좁고 경직된 사람이 너무 많습니다. 그런데 나는 성향이 그렇지 않아요."

미국의 과학자 알렉산더 비스너 그로스Alexander Wissner-Gross는 지능을 방정식으로 나타낼 수 있을까라는 의문을 품었다. 그의 발견은 대단히 놀라운 것이었다. 비스너 그로스는 지능을 행동의 자유를 최대한 확보하는 능력으로 정의했다. 행동의 선택지를 최대치로 유지하는 체계는 자유로운 체계요, '인텔리전트' 체계다. 그리고 이 체계는 형식에 얽매이지 않는다는 특성이 있다. 나는 이런 까닭으로 "진리는 형태가 없다"는 수피교의 말씀을 좋아한다. 진리를 어떤 형식/형태에 가두어놓지는 못한다. 지능 또한 어떤 형식에 고스란히 담기지는 못한다.

구글이 2016년에 주최한 인공지능 알파고Alphago와 이세돌 명인의 대국에서 소프트웨어가 이길 수 있었던 비결은 자유도를 최대치로 유지하면서 경기를 진행하는 능력, 단지 이것 하나였다. 전통적인 지정학에서도 전략은 미래의 자유로운 군사력 운용을 최대화하는 기술로 정의될 때가 많다. 누폴리틱, 곧 지식의 지정학에서도 이러한 생각은 다르지 않다. 정신 활동권에서의 자유도를 최대화할 것. 개인 차원에서도 지적 운용의 자유도를 최대한 확보하는 것은 대단히 큰 힘이 될 뿐 아니라 지능의 토대 그 자체다. 그렇지만 지능이 사유를 제한하는 것이라고 생각하는 옹색한 정신의 소유자들이 얼마나 많은지 모른다. 사실 두 가지 극단적 태도가 다 위험하다. 정신 활동의 여지를 철저히 제한하는 자세도, 정신이 사방팔방으로 헤매게 내버려두는 자세도 생산성 없기는 매한가지다. 요컨대 탐구와 사용의 균형이 필요하다.

몇 년 전 우들리, 테 니젠하우스, 머피가 '일반 지능 감퇴'를 주장했을 때[72] 나는 그들이 뇌의 사용과 지능을 동일시하는 우를 범했다고 생각했다. 피험자들은 그저 실험에 덜 순응하는 대신 정신적 자유와 상상력을 더 많이 드러냈을 뿐이다. 동일한 실험 결과를 갖고도 비스너 그로스가 말하는 의미대로라면 일반 지능은 외려 향상됐다고 봐야 한다.

지능은 자유다. 뇌를 가두는 것은 그 자체로 똑똑하지도 않고 명석하지도 않다. 그러나 뇌를 제한할 줄도 알아야 한다. 몸을 써서 일을 하는 동안은 두 손의 운용이 자유롭지만은 않다. 하지만 제한을 풀 줄도 알아야 한다. 버턴은 노래했다. "그렇다, 철회를 모르는 자에게는 앎이 결코 없으리니." 순응은 지능이 아니다. 기업형 농업이 작물의 획일화를 최고로 내세우면서 생물 다양성을 파괴하듯이 작금의 기업형 정신문화(유치원에서 대학까지 이어지는 점수 위주의 삶)는 정신 다양성을 파괴한다.

6) 장소 기억법을 훈련하라

사유를 공간화하라. 이 기술이 완전히 몸에 익을 때까지 훈련하라. 마음속에 궁전을 하나 짓고 구석구석 철저하게 다루어보라. 버턴은 "네 생각을 제국으로 만들라"고 말한다. 이것은 상당히 일반적인 아이디어다. 정신적 삶의 궁전은 공간으로 시작되지만 감정 기억과 연상 기억으로 유지된다. 역사학자 피에르 포르테는 중세에 토지 경계를 획정할 때 썼던 기술을 설명하면서 그 점을 잘 보여주었다. 토지대장이 없는 농부들은 토지 경계 획정에 합의하는 자리에 아이를 증인으로 데리고 나갔다. 아이가 땅 위치와 크기를 외우면 절대로 잊지 말라는 뜻으로 따귀를 호되게 한 대 쳤다고 한다.[73]

신장결석은 소변의 무기물이 굳어 돌처럼 되는 것이다. 이 표현을 글자 그대로 취해 '정신결석'을 상상해보자. 자기 생각을 공간 속에 늘어선 거대한 돌들로 상상해보자. 실제로 이러한 기억술은 석기시대부터 사용되어왔다.

정신적 삶 속에 궁전을 지으면 여러분의 인지를 눈으로 보는 것처럼 의식할 수가 있다. 그래서 투명한 주관성을 훈련하기에도 이만한 도구가 없다. 자기 지식의 박물관을 세우는 이 훈련은 자신의 능력과 잠재력을 늘 확인시켜주기 때문에 학습된 역량이라는 면에도 이롭게 작용한다.

7) 동류 집단을 신경 쓰지 마라!

동류 집단은 우리를 자기네의 정신적, 지적, 영적 수준에 놓는다…… 그래서 긍정적 효과가 있을 수도 있고("나도 하는데 네가 왜 못 해?") 부정적 효과가 있을 수도 있다("이 잘난 척 대장아, 내가 못 한 일을 네가 어떻게 한다는 거야?"). 어쨌든 남들을 기준으로 생각하는 한, 그 사람은 자유롭지 않다. 지능이 자유라면 당연히 지능의 근간에는 스스로 생각하는 힘, 남들이 어떻게 생각할까를 걱정하지 않는 자세가 있을 것이다. 이것이 진정한 어른의 상태다. 어린아이는 매사에 부모님, 선생님, 친구 들이 어떻게 생각할지를 염려한다. 평생을 어린아이로 산다고 생각하면 좀 서글프지 않은가?

모두에게 권한다. 운신의 자유를 최대화하라. 은연중에 어떤 생각을 금지하려 드는 동류 집단과는 거꾸로 가라. 버턴도 이렇게 권한다. "네가 생각하기에 인류가 너에게 명하는 바로 그 일을 하라. 너 자신 외에는 누구에게도 박수 받을 기대를 하지 마라. 자기가 만든 규칙을 따르는 사람은 가장 고결하게 살다가 가장 고결하게 죽는다. 그 밖의 생은 좀비의 생, 유령들로 가득한 세상일 뿐이다."

덧붙일 말이 없다. 자기 힘으로 생각하고 살아가지 못하는 유령들이 두렵지는 않지만 나는 살아오면서 그런 자들을 너무 많이 봤다.

여러분에게 점수를 매기려 하거나 여러분의 과거 점수를 묻는 사람에게는 그냥 이렇게 대꾸해주기 바란다.

"나요? 백 점 만점에 '나 자신' 점이지요. 당신은요?"

이 일곱 가지 정신 체조를 늘 염두에 두고 싶다면 어플리케이션 Application, 장소Lieu, 동류Pairs, 무기력Impuissance, 네오필Néophilie, 탐구 Exploration, 주관성Subjectivité의 첫 자만 따서 ALPINES를 기억하라.

원래 순서를 지켜서 기억하고 싶다면(논리적으로 의미가 있는 순서이므로) SAINELP도 좋다.

영어 사용자라면 '네오의 앱 탐색을 도와라(Help Neo Explore APPS, Helplessness, Neophilia, Exploration, 그리고 APPS. APPS는 Application, Peers, Places, Subjectivity에 해당한다)'라는 문장을 기억하면 된다.

뇌 해방 선언

—세르주 티스롱(프랑스 정신과 의사, 심리학자, 정신분석학자)

우리 뇌에서 매일 새로운 뉴런이 태어난다는 사실이 알려진 후로 신경과학의 미덕을 떠벌리는 책들은 서점가에서 다 같은 리듬으로 움직이는 것 같다만…… 이드리스 아베르칸의 책은 여느 책들과 다르다. 이 책은 에세이라기보다는 하나의 선언이다. 어떤 과거를 '백지화'하고 '뇌 당黨'에 합류하라고 초대하는 선언 말이다.

나는 저자의 사유를 떠받치는 여러 가닥의 붉은 실 가운데 특히 세 가닥을 눈여겨보았다. 그중 첫째는 지식경제학이다. 재무 흐름이 어떤 이들은 부자로 만들고 또 어떤 이들은 빈곤하게 하는 반면, 지식의 흐름은 모두에게 이익을 안겨준다. 가장 좋은 예로, 인도에 도입된 이 화폐는 소유자가 어느 한 분야를 선택해서 강의를 듣고 그 강의 제공자에게 대가를 지불하는 용도로만 쓸 수 있다. 강의 제공자도 그렇게 해서 벌어들인 화폐를 오로지 배움을 얻는 용도로만 사용할 수 있다. 교육의 수혜를 못 받은 사람부터 넘치도록 누리는 사람까지, 모두가 그런 식으로 배움을 주고받는다. 저마다 나눔 받은 지식뿐만 아니라 자기가 나누어준 지식도 풍부해진다. 남에게 뭔가를 잘 설명하려는 노력은 배우는 사람 못지않게 가르치는 사람에게도 유익하다. 효율적인 지식 전달이 이렇게 해서 끊이지 않고 연계되어간다.

이드리스 아베르칸의 책을 관통하는 두 번째 붉은 실은 '뼘'이다. 이 단어가 원래 손을 쫙 폈을 때 엄지손가락 끝에서 새끼손가락 끝까지의 거리를 뜻한다는 것을 기억하자. 르네상스 시대에는 이 거리가 인간이 거주 가능한 세계, 다시 말해 인간이 검토할 수 있는 세계를 구성하는 기본 척도였다. 또다른 '뼘'들, 즉 또다른 준거 척도들도 역사 속에서 주어졌다. 일단 일신교들이, 그리고 르네상스 이후에는 계몽철학과 그와 더불어 부상한 민주주의 이념이 척도들을 던져주었다. 효력의 차이는 다소 있었지만 이러한 접근들은 모두 저마다 행복과 자유의 모델을 제시했다. 현재 신경과학의 작업들은 우리에게 또 새로운 형태의 '뼘'을 들이민다. 우리 뇌가 이해할 수 있게끔, 인지 대상들이 주어지는 특정한 방식 말이다. 어떤 물건이 제대로 주어질 때 우리가 그것을 손으로 잡을 수 있는 것, 소위 '인간공학적인ergonomique' 것과 똑같다고 보면 된다. 예를 들어 우리 뇌의 '뼘'은 기억에 유리한 조건들, 새로운 연구 대상을 장악하게 하는 접근 방향 등을 규정한다. 르네상스 시대에 인체의 치수들이 건물을 짓는 작업의 기준 단위가 되었던 것처럼, 현재 뇌에 대해 우리가 아는 것이 인간에게 적합한 조직들을 구성하는 데 있어서—지식의 확산을 소명으로 삼는 조직들을 위시해서—지표가 되어야 할 것이다.

마지막으로, 이드리스 아베르칸이 내건 세 번째 표주標柱는 그가 '에고'라는 단어로 환기하는 초개인성hyper-individualité의 중요성과 관련이 있다. 나는 초개인성의 성취를 '에고'보다는 '욕망'이라는 면에서 사유하지만 결론적으로는 아베르칸에게 동의한다. 지나친 에고는 없으며 '에고들'이 있을 뿐이다. 계획에 도움이 되는 에고가 있는가 하면, 자기를 위해 계획을 세우는 에고가 있다. 에고를 계발한다고 해서 꼭 또다른 에고alter ego를 부인하게 되는 건 아니다. 초개인성이 반드시 초개인주의를 의미하라는 법은 없다. 강력한 두 개인성은 피차 도움이 되는 방향으로 작용하기 쉽다. 다시 말해, 우리가 가장 마음에 두는 프로젝트는 우리의 자아를 실현시키고 세상에 이바지하게 하는 프로젝트다. 단, 우리가 그 프로젝트의 사회적 성공과 그로 인한 부수 효과보다 그 과정의 행복을 더 우선시해야 한다는 조건이 붙지만 말이다. 프로젝트란 우리가 잘 키워 꽃피우고 사회화해야 하는 어린아이와 같다. 좋은 부모가 자식이 세운 공을 자기 덕으로 돌리지 않고 순수하게 기뻐하듯, 이드리스 아베르칸은 프로젝트 창시자들에게 자기 성공을 온전히 자기 몫으로만 여기지 말라고 말한다. 이건 결국 오픈소스 옹호일까? 나는 그렇게 보고 싶은 생각도 든다.

이 붉은 실 세 가닥 덕분에—독자는 다른 실을 발견할 수도 있겠다—이드리스 아베르칸은 결코 지루하지 않은 데다 교육적 의미가 남다른 저작을 짤 수 있었다. 그의 비유는 늘 명확하다. 이를테면 그는 학교의 주입식 교육을 고발하면서 간을 기형적으로 비대하게 만드는 거위 사육을 들먹인다. 가엾은 거위들이 지방간이 생기듯, 다시 말해 간 질환을 앓듯이, 꾸역꾸역 지식을 주입받은 아이들은 기어이 '지방 뇌'라는 질환을 앓는다! 이 비유가 좀체 잊히지 않는다.

나는 이따금 이드리스 아베르칸의 신경과학 예찬에서 내가 젊을 때 정신분석학에 대해 느꼈던 열광 비슷한 것을 보곤 했다. 특히 조직보다 인간에게 다시 우위를 부여한다는 취지가 그렇다. 안타깝게도 정신분석학이 거둬들인 성공은 때때로 이 학문을 유일한 원칙, 즉 이데올로기에 따르는 설명들의 종합 체계로 변질시켰다. 그리고 프로이트주의의 매력 때문에 대학 강단마저 여기에 매달리게 되자 이 학문의 위계적 조직은 파국적인 결과를 불러왔다. 어느 한쪽의 체계가 극도로 서열화되면 다른 쪽도 그렇게 된다. 그 결과, 정신분석학 초기에 두드러졌던 개방적 정신, 호기심, 엉뚱하다 싶을 정도의 대담성은 크게 손상되었다. 그리하여 몇몇 학교 안에서나 그 외 경로로, 임상치료의 토대를 직관이 아니라 증거에 두는 연구 공동체에 합류하는 정신분석가들이 점점 더 많아지기에 이르렀다. 그럴 때도 됐다!

이드리스 아베르칸은 기존의 확실성, 순응주의, 과거의 이데올로기에서 비롯된 위계질서를 자유로이 실험하는 것이 중요하다고 끊임없이 일깨운다. 인간의 소외된 정신만이 그의 적이다. 그는 미디어 권력을 다른 권력으로 대체하고 싶어 하는 자들의 앙심 어린 과학만능주의는 물론, 과학적 검증을 수지맞는 장사 밑천으로 삼으려는 이들에게도 반대한다. 그는 인간 조직 체계들이 우리가 날마다 발견하는 인간의 놀라운 가능성에 적응해야 한다고 쉴 새 없이 강조함으로써 이데올로기의 주요한 구성 요소 중 하나, 즉 이상에 대한 무조건적 충성을 멀리했다.

현재 신경과학은 그 어떤 학문 분과보다 우리의 생각하는 습관과 방식에 질문을 던진다. 그리고 이드리스 아베르칸은 신경과학의 성과들이 새로운 윤리의 토대를 놓을 수 있음을 보여준다. 단, 신경과학이 자신의 불충분함을 인정한다는 조건에서만 그럴 수 있다. 그 이유는 우리 뇌는 언제나 자신이 품을 수 있는 것보다 크기 때문이다. 모든 것을 이해할 수 있노라 주장하는 이론을 세우려 하지 말자. 실재가 정합적이지 않은 까닭이다. 미지의 몫을 남긴 채 이론을 구상하기로 하자.

나는 맺음말을 저자의 몫으로 돌리련다. "허기를 느끼게 해야 한다. 가장 기본적인 신경인간공학에 해당하는 이 허기를 부끄러워해서는 안 된다. 인문주의자들은 그 점을 '신경인간공학'이라는 단어가 나오기 훨씬 전부터 잘 알고 있었다. 경탄하기를 부끄러워하지 마라. 그 분야에서 더 이상 놀랄 만한 일이 없어야 전문가라는 생각은 절대로 하지 마라." 이드리스 아베르칸은 경탄의 재능을 지녔을 뿐 아니라 그것을 공유하는 재능까지 겸비했다.

이 책은 일부분 나의 박사논문 「지식경제를 위한 소프트웨어 신경인간공학과 바이오미메틱스: 왜? 어떻게? 무엇을?Software Neuroergonomics and Biomimetics for Knowledge Economy: Why? How? What?」(에콜 폴리테크니크, 2016)에서 나왔다. 이 과학적·산업적 연구는 다음 분들의 도움이 없었더라면 결코 나올 수 없었을 것이다. 폴 부르진, 피에르 장 방고지, 피에르 콜레, 이브 뷔르노, 샤를 티쥐, 이네스 사피, 프랑시스 루소, 사뮈엘 트롱송, 필리프 벨라상, 자비에 부리, 장 이브 외르트비즈, 마르크 마칼뤼소, 시에드 샤리크, 오로르 알레망, 올리비아 르카상스, 마리 팔메, 마르크 푸리에, 세르주 수도플라토프가 그들이다.

프랑수아즈, 유네스, 셀림 아베르칸에게도 감사를 전한다.

마지막으로, 책을 잘 만들어주신 로베르 라퐁 출판사에 감사를 전한다.

1부 뇌를 해방하라

1. 신경인간공학의 세계로

1. Pesenti, M., Zago, L., Crivello, F., Mellet, E., Samson, D., Duroux, B., Seron, X., Mazoyer, B. et Tzourio–Mazoyer, N., "Mental calculation in a prodigy is sustained by right prefrontal and medial temporal areas", *Nature Neuroscience*(2001), 4, 103~107
2. 파스칼 피올리노 연구 팀이 일부 증명해 보였듯이 일화 기억과 생애 기억이 완전히 동일한 것은 아니다. Piolino, P., Desgranges, B., Benali, K. et Eustache, F. "Episodic and semantic remote autobiographical memory in ageing", *Memory*(2002), 10, 239~257; Piolino, P., Desgranges, B., Belliard, S., Matuszewski, V., Lalevée,C., de La Sayette, V. et Eustache, F., "Autobiographical memory and autonoetic consciousness: Triple dissociation in neurodegenerative diseases", *Brain*(2003), 126, 2203~2219; Piolino, P., Desgranges, B., Manning, L., North, P., Jokic, C. et Eustache, F., "Autobiographical memory, the sense of recollection and executive functions after severe traumatic brain injury", *Cortex*(2007), 43, 176~195; Piolino, P., Desgranges, B. et Eustache, F., "Episodic autobiographical memories over the course of time: Cognitive, neuropsychological and neuroimaging findings", *Neuropsychologia*(2009), 47, 2314~2329.
3. Gibson, E. J. et Walker, A. S., "Development of knowledge of visual–tactual affordances of substance", *Child Development*(1984), 453~460.
4. 우리에게 가능한 모든 움직임의 영역. 그러나 보통은 좀더 제한적으로, 최소한 한 발은 땅을 디딘 상태에서 우리 신체가 미칠 수 있는 범위를 뜻한다.
5. '정신'을 뜻하는 'noo'와 'metrique(계량)'를 합친 단어. 정신 활동의 측정을 뜻한다.
6. 물론 상호 관련성은 전혀 없다. 지능지수가 높아도 학업 성적이 나쁠 수도 있다. 특히 우리 학교 교육에 적합한 지적 능력을 지니고 있더라도 그러한 능력이 되레 학습 의욕이나 호기심을 감퇴시키기도 한다.
7. 나의 신념과 내가 보는 것이 불일치하거나 일관성이 없을 때 '인지 부조화'가 발생한다. 이 책 103쪽을 보라.
8. "CV of failures : Princeton professor publishes résumé of his career lows", *The Guardian*, 30 avril 2016.

9. 천재는 금전적 보수를 받지 않는다는 얘기가 아니다. 단지 천재에게는 금전적 보수가 동기 부여의 으뜸이 아니라는 뜻이다.
10. Cf. 플랫폼 'LinkRbrain'(Salma Mesmoudi et Yves Burnod, Inserm).
11. 이 경우는 유럽 언어에 해당한다. 중국어나 한국어 같은 경우는 뇌가 조금 달리 활성화된다.
12. Woodley, M. A., Te Nijenhuis, J. et Murphy, R., "Were the Victorians cleverer than us? The decline in general intelligence estimated from a meta-analysis of the slowing of simple reaction time", *Intelligence*(2013), 41, 843~850.

2. 학교가 완전히 바뀌어야 한다

13. 다행히 이 글을 쓰는 시점에서는 이 문화가 크게 흔들리고 있다.
14. 몽테뉴, 『수상록』.
15. Dehaene, S., "Les grands principes de l'apprentissage", Collège de France, 2012.
16. Fabrication Laboratory의 약자.
17. 데이터 긁어모으기data dredging는 우리 학계의 데이터 숭배를 전형적으로 보여주는 징후다. 데이터 긁어모으기의 p-값 통계 트릭은 이미 연구가 잘되어 있다. Head, M. L., Holman, L., Lanfear, R., Kahn, A. T. et Jennions, M. D., "The extent and consequences of p-hacking in science", *PLoS Biol*(2015), 13, e1002106.
18. 이 책 309쪽부터 시작하는 '나의 이야기'를 참조하라.
19. 최초의 호모사피엔스사피엔스가 특정한 빛 신호를 하늘에 보냈다고 가정할 경우.
20. 이중 국적으로 미국에서 기억술 대회 우승을 차지했다.
21. 나의 친구이자 수학 교육의 검은 띠 9단 미카엘 로네가 유튜브 채널에 쉽고 효과적인 해법을 소개했으니 참고하기 바란다.
22. 서비스나 제품에서 '백만 개당 결함'을 크게 낮추는 능력을 가리킨다.
23. 5만 시간은 매일 8시간씩 주 5일 실무 17년에 해당한다.
24. 예를 들어 오케스트라 지휘자는 합주 안에서도 반음 높거나 낮은 소리를 금방 잡아낼 수 있다.
25. Snyder, A., "Explaining and inducing savant skills : privileged access to lower level, less-processed information", *Philosophical Transactions of the Royal Society of London B: Biological Sciences*(2009), 364, 1399~1405.
26. Miller, B. L., Cummings, J., Mishkin, F., Boone, K., Prince, F., Ponton, M. et Cotman, C., "Emergence of artistic talent in frontotemporal dementia", *Neurology*(1998) 51, 978~982.
27. 예를 들자면 언어나 피아노 연주 능력 등.

28. 뇌 백질은 뉴런들을 연결하는 섬유로 다발 형태를 이루고 있다.

29. 물리학자 로저 펜로즈는 인간 뇌의 양자컴퓨팅 가능성에 대해 조화 객관 환원 이론(Orchestrated Objective Reduction, 일명 Orch-OR)을 주장했다. 여러 참고문헌 중에서 특히 다음을 추천한다. Hagan, S., Hameroff, S. R. et Tuszyński, J. A., "Quantum computation in brain microtubules : Decoherence and biological feasibility", *Physical Review E*(2002), 65, 61901 ; Hameroff, S., "Quantum computation in brain microtubules? The Penrose-Hameroff "Orch OR" model of consciousness", *Philosophical Transactions of the Royal Society of London A: Mathematical Physical and Engineering Sciences*(1998), 1869~1895 ; Hameroff, S., "Consciousness, neurobiology and quantum mechanics: The case for a connection" in *The Emerging Physics of Consciousness*, Springer, 2006, p. 193~153 ; Litt, A., Eliasmith, C., Kroon, F. W., Weinstein, S. et Thagard, P., "Is the brain a quantum computer?", *Cognitive Science*(2006), 30, 593~603; Reuell, P., "Quantum computing, no cooling required", *Harvard Gazette*, 2012; da Rocha, A. F., Massad, E. et Pereira, A., *The brain: fuzzy arithmetic to quantum computing*, Springer Science & Business Media, 2005.

30. J. Churchill, "Pharmaceutical Journal : A Weekly Record of Pharmacy and Allied Sciences", *R.P.S of G*, Angleterre, 1858, p. 223 ; Timbs, J., Vincent, C. W. et Mason, J., *The Yearbook of Facts in Science and Art*, Simpkin, Marshall, and Company, 1858, p. 151; *Wesleyan-Methodist Magazine*, vol. 3, 1859, p. 1040 ; Finger, S. et Piccolino, M., *The Shocking History of Electric Fishes : From Ancient Epochs to the Birth of Modern Neurophysiology*, OUP USA, 2011.

31. Blumberg, E. J., Foroughi, C. K., Scheldrup, M. R., Peterson, M. S., Boehm-Davis, D. A. et Parasuraman, R., "Reducing the disruptive effects of interruptions with noninvasive brain stimulation", *Human Factors : The Journal of the Human Factors and Ergonomics Society*(2014), 0018720814565189.

32. Parasuraman, R. et McKinley, R. A., "Using noninvasive brain stimulation to accelerate learning and enhance human performance", *Human Factors : The Journal of the Human Factors and Ergonomics Society*(2014), 0018720814538815.

33. Scheldrup, M., Greenwood, P. M., McKendrick, R., Strohl, J., Bikson, M., Alam, M., McKinley, R. A. et Parasuraman, R., "Transcranial direct current stimulation facilitates cognitive multi-task performance differentially depending on anode location and subtask", 2014.

34. Falcone, B., Coffman, B. A., Clark, V. P. et Parasuraman, R., "Transcranial direct current stimulation augments perceptual sensitivity and 24-hour retention in a complex

threat detection task", *PloS One 7*(2012), e34993.

35. Nelson, J. T., McKinley, R. A., Golob, E. J., Warm, J. S. et Parasuraman, R., "Enhancing vigilance in operators with prefrontal cortex transcranial direct current stimulation(tDCS)", *Neuroimage*(2014), 85, 909~917.
36. 이 책 151쪽부터 시작하는 '지식경제에 대하여' 장을 보라.
37. Shibata, K., Watanabe, T., Sasaki, Y. et Kawato, M., "Perceptual learning incepted by decoded fMRI neurofeedback without stimulus presentation", *Science*(2011), 334, 1413~1415.
38. Choe, J., Coffman, B. A., Bergstedt, D. T., Ziegler, M. D. et Phillips, M. E., "Transcranial direct current stimulation modulates neuronal activity and learning in pilot training", *Frontiers in Human Neuroscience*(2016), 10.

3. 지폐 아닌 백지로 물건 사기

39. 영어로는 강력한 암시문이다. "I've been thinking the wrong way."
40. 이 역시, 영어 문장은 암시가 더 뚜렷하다("Do you know what's good for you to take so you can just take that and feel okay?").
41. 브라운이 사람의 감수성에 대한 자기 경험에 비추어 상대를 선택할 때에는 성공률이 이보다 더 높았다.
42. 시각로 혹은 시신경도 망막과 마찬가지로 뇌(중추신경계)에 속한다.
43. 신맛을 내는 수소 이온.
44. 다음 논문의 저자들은 술을 약간 마신 10명의 피험자(0.15 g/l 수준)에게서 주의력 감소 현상을 관찰했다. 그러나 10명은 충분히 의미 있는 피험자 수가 아니며 이 실험은 피험자들의 직업 행동을 관찰하지는 않았다. 가벼운 탈억제가 의심과 망설임을 없애줌으로써 능률을 높여줄 가능성은 여전히 흥미롭다. Moskowitz, H., Burns, M. M. et Williams, A. F., "Skills performance at low blood alcohol levels", *Journal of Studies on Alcohol*(1985), 46, 482~485.
45. Maylor, E. A., Rabbitt, P. M. A., Sahgal, A. et Wright, C., "Effects of alcohol on speed and accuracy in choice reaction time and visual search", *Acta Psychologica*(1987), 147~163.

4. 당신의 뇌는 누구인가?

1. 수피교 전통에서 자히드(아랍어로는 '자히르zahir', '외부', '드러남'이라는 뜻)는 코란을 피상적이고 일반적인 의미로 해석하는 사람, 사물의 표면에 머무는 옹색한 정신의 소유자다.
2. 전자공학에서 잘 알려진 규칙들이 신경세포막에도 적용 가능하고, 그런 면에서 신경세포막은 일종의 '등가 회로'라고 볼 수 있다. 그렇지만 세포막의 까다롭고 미묘한 특성을 고려한다면 이건 아주 거칠고 대략적인 비유에 지나지 않는다. 인간은 자기 틀을 다채롭고 미묘한 현실에 맞게 확대하기보다는 현실을 자기 틀에 맞추려는 성향이 있기 때문에 멤브레인도 등가 회로로 환원시킬 수 있다고 보는 사람들이 있다. 그런 가설이 '실리콘'에 뉴런 조합을 시뮬레이션하기에는 유용하겠지만 사실과 거리가 멀다.
3. 생명체가 기술 측면에서 과학적으로 관찰 가능한 가장 빼어난 실체라는 사실은 바이오미메틱스(생체모방) 연구로 확인되고 있다.
4. 신경세포의 나이는 적어도 7억 살이다. 1만 1000년은 이 생애의 0.0016퍼센트에 불과하다.
5. 배아의 가장 바깥쪽 세포들로 주로 피부 조직을 형성하게 된다.
6. 라니아케아는 어떤 면에서 우리의 우주 속 현 주소다. 우리 은하를 포함해 도합 2만 2000개 은하로 이루어진 이 초은하단은 '그레이트 어트랙터Great Attractor'라고 부를 뿐 사실상 알려진 바는 거의 없는 거대한 암흑물질의 흐름 주위에서 움직이고 있다. '라니아케아Laniakea'라는 단어는 하와이어로 '끝없이 너른 낙원'을 뜻한다. Tully, R. B., Courtois, H., Hoffman, Y. et Pomarède, D., "The Laniakea supercluster of galaxies", *Nature*(2014), 513, 71~73.
7. 우주에 존재하는 별의 수는 2000억의 제곱수에 해당할 것으로 추정된다(은하의 수 2000억×각 은하의 별 2000억). 우리 뇌의 뉴런 수는 최대치로 잡아도 1000억 개(실제 연구로 추정된 수는 960억 개)다. Azevedo, F. A., Carvalho, L. R., Grinberg, L. T., Farfel, J. M., Ferretti, R. E., Leite, R. E., Lent, R. et Herculano-Houzel, S., "Equal numbers of neuronal and nonneuronal cells make the human brain an isometrically scaled-up primate brain", *Journal of Comparative Neurology*(2009), 513, 532~541. 지금까지 지구 상에 존재했던 인간의 수는 1100억 명으로 추산된다. Haub, C., "How many people have ever lived on earth?", *Population Today*(1995), 23, 4~5; Keyfitz, N., "How many people have lived on the earth?", *Demography*(1966), 3, 581~582; Weiss, K. M., "On the number of members of the genus Homo who have ever lived, and some evolutionary implications", *Human Biology*(1984), 637~649 ; Westing, A. H., "A note

on how many humans that have ever lived", *BioScience*(1981), 31, 523~524.

8. 구체적으로는, 데리다의 사유가 자기네 철학 정신에 맞지 않다는 이유로 데리다는 철학자가 아니라고 비판했던 무리를 가리킨다. 사실, 대학 강단에는 아직도 이러한 태도가 남아 있다.
9. 이 이미지는 플랫폼 'LinkRbrain'(Salma Mesmoudi et Yves Burnod, Inserm)을 참고로 구성했다.
10. 지능지수도 이 지표 중 하나로 볼 수 있지만 GDP와는 비교가 될 수 없을 만큼 한계가 분명한 지표다.
11. Mesmoudi, S., Perlbarg, V., Rudrauf, D., Messe, A., Pinsard, B., Hasboun, D., Cioli, C., Marrelec, G., Toro, R. et Benali, H., "Resting state networks' corticotopy: The dual intertwined rings architecture", *PloS One 8*(2013), e67444.
12. 이 뉴런들은 시각의 언어와 청각의 언어를 모두 구사한다는 점에서 더욱 의미심장하다(잊지 말자, 뇌는 흡사 우리가 사는 세계와 같아서 모든 영역이 기술적으로 동일한 언어를 구사하지 않는다).
13. Scutti, S., "New brain map identifies 97 previously unknown regions", CNN(2016년 7월 20일 보도).
14. Glasser, M. F., Timothy Coalson, Emma Robinson, Carl Hacker, John Harwell, Essa Yacoub, Kamil Ugurbil, J. Anderson, C. F. Beckmann et Mark Jenkinson, "A Multi-Modal Parcellation of Human Cerebral Cortex", *Nature*, 2015.
15. Scutti, S., op. cit.
16. Louveau, A., Smirnov, I., Keyes, T. J., Eccles, J. D., Rouhani, S. J., Peske, J. D., Derecki, N. C., Castle, D., Mandell, J. W. et Lee, K. S., "Structural and functional features of central nervous system lymphatic vessels", *Nature*, 2015.
17. Svensson, E., Horváth-Puhó, E., Thomsen, R. W., Djurhuus, J. C., Pedersen, L., Borghammer, P. et Sørensen, H. T, "Vagotomy and subsequent risk of Parkinson's disease", *Annals of Neurology*(2015), 78, 522~529.
18. 하지만 식육식물은 곤충 따위를 잡기 위해 자기 움직임을 조절할 필요가 있다. 이러한 이유에서 식육식물의 세포가 인간의 뉴런과 비교되는 경우가 점점 늘고 있다.
19. Socha, J. J., "Kinematics : Gliding flight in the paradise tree snake", *Nature*(2002), 418, 603~604; Holden, D., Socha, J. J., Cardwell, N. D. et Vlachos, P. P, "Aerodynamics of the flying snake Chrysopelea paradisi : How a bluff body cross-sectional shape contributes to gliding performance", *The Journal of Experimental Biology*(2014), 217, 382~394.

5. 지식경제에 대하여

20. "2016년에도 인터넷을 사용할 수 없는 30억 인구"를 위해 발족된 이 프로젝트는 구글 사와 HSBC 사를 위시한 여러 기업의 지원을 받는다. 페이스북, 삼성, 그 외 기업들의 무료 인터넷 보급 프로젝트(인터넷닷오그)도 참고하라.
21. 그러나 모든 인지 체계를 신경계로 환원할 수는 없다. 식물, 균류, 박테리아 등은 신경이 없지만 인지 기능을 한다고 볼 수 있기 때문이다.
22. 그러나 유전적 알고리즘이 지식을 조작할 수 있다는 점을 감안한다면 내가 여기 쓴 내용이 그리 멀지 않은 미래에는 사실로 받아들여질 수 없을지도 모른다.
23. 이러한 생각은 사실 매우 오래된 지혜에 해당하므로 새삼스러울 것도 없다. 역사학자이자 현자였던 아마두 함파테 바도 "지식은 완전히 다 써버려도 조금도 줄지 않는 유일한 재산이다"라는 말을 남겼다고 전해진다.
24. I. J. Aberkane, *Économie de la Connaissance*, Fondapol, 2015; "A simple paradigm for nooconomics, the economy of knowledge, Springer lecture notes on Complexity", août 2016.
25. 이론상으로는 금융시장에서 쌀 한 자루를 1초 동안 10만 번 거래할 수도 있다는 얘기다.
26. Davenport, T. H. et Beck, J. C, *The attention economy: Understanding the* new *currency of business*, Harvard Business Press, 2013.
27. 지금 우리의 상황이 딱 그렇다. 세계적으로 지식은 폭발적 증가 추세에 있으니 말이다. 우리는 지식을 너무 많이 생산하고 있고 지식에 대한 소비 욕구를 더욱 불러일으킬 필요가 있다.
28. 단, 모든 학습이 반드시 의식적이지는 않다.

6. 교육

29. 영어에는 'gut feeling(직감)'이라는 표현이 있다. 문자 그대로 풀이하자면 '내장에서부터 올라오는 느낌'이라는 뜻이다.
30. 고대 종교에서도 인신 공양은 공공선이라는 미명으로 정당화되곤 했다. 소수의 목숨을 다수의 안위와 번영을 위해 바쳤던 것이다. 어떤 대가와 결부되지 않는 인신 공양은 없었다.
31. Badurdeen, S., Abdul-Samad, O., Story, G., Wilson, C., Down, S. et Harris, A., "Nintendo Wii video-gaming ability predicts laparoscopic skill", *Surgical Endoscopy*(2010), 24, 1824~1828; Lynch, J., Aughwane, P. et Hammond, T. M., "Video games and surgical ability: A literature review", *Journal of Surgical Education* (2010), 67, 184~189 ; Rosenberg, B. H., Landsittel, D. et Averch, T. D., "Can video games be used to predict or improve laparoscopic skills?", *Journal of Endourology*(2005),

19, 372~376; Rosser, J. C., Lynch, P. J., Cuddihy, L., Gentile, D. A., Klonsky, J. et Merrell, R., "The impact of video games on training surgeons in the 21st century", *Archives of Surgery*(2007), 142, 181~186.

32. 앙투안 드 생텍쥐페리는 『성채』에서 이렇게 썼다. "배를 만든다는 것은 돛을 짜거나 못을 직접 만들거나 별을 읽을 줄 아는 것이 아니라 바다에 대한 취향을 심어주는 것이다. 이건 완전히 별개의 일이다. 그 취향에 비추어보면 모순이라곤 더 이상 없고 다 사랑으로 일치를 이룬다."
33. 사실 나는 셀린 알바레즈가 프랑스 유치원에서 실시한 실험보다 더 훌륭하고 의미 있는 실험은 없다고 생각한다. 이런 사람이 프랑스 교육부 장관이 되어야 하지 싶다.
34. OECD에서 회원국과 비회원국 학생들의 학업 성취도를 평가할 목적으로 수행하는 프로그램.
35. 이 책 169쪽에서 언급한 좋은 강연의 세 단계를 참조하라.
36. 장 이브 외르트비즈는 현재 대만에서 철학과 연구교수로 재직 중이지만 원래는 마르세유에서 철학교사로 일했다. 대입 수험생들을 위한 그의 철학 강의는 학생들에게 전폭적인 지지를 받아서 페이스북에 'In Heurtebise we trust'라는 페이지가 만들어졌을 정도다. 2010년에 그가 가르친 반은 학교 전체에서 가장 좋은 성적을 기록했고 제자 한 명은 전국 바칼로레아 철학고사에서 우수 답안으로 뽑히기도 했다. 외르트비즈는 중등교원 자격증이 없었고(박사학위만 있었다) 이단적인 수업 방식 때문에 모 장학사에게 단단히 찍혔다. 그는 결국 프랑스 학교를 떠났고 아직까지 돌아오지 않고 있다.
37. 타이 로페즈Tai Lopez의 강연이 일깨워준 내용이다.
38. 위키의 막강한 효율성은 미국 정보부도 '인텔리피디아'라는 내부 정보 플랫폼을 구축했다는 사실로 알 수 있다.
39. '뇌, 정신'을 뜻하는 그리스어 'μυαλό'로 만든 단어다.
40. 현재 학계에서는 이 개념을 마틴 셀리그먼이 주창한 것으로 본다.
41. 영어로는 PsyOp, 프랑스어로는 PsyApp이라고 한다.
42. 이 실험에 대한 동영상이 웹에 게재되어 있다. www.youtube.com/watch?v=gFmFOmprTt0
43. 나는 이 스파르타적인 교육의 오만이 프랑스에서 수학 '중간층'이 실종된 이유라고 본다. PISA 결과를 보면 프랑스에는 장차 필즈상을 거머쥘 법한 수학 부유층과 평생 수학은 포기하고 살아가게 될 수학 빈곤층의 양극화가 뚜렷하고 그 가운데는 텅 비었다.
44. Pedersen, A., Walker, I., Rapley, M. et Wise, M., "Anti-racism-what works? An evaluation of the effectiveness of anti-racism strategies", prepared by the Centre for Social Change & Social Equity for the Office of Multicultural Interests, Perth, 2003.
45. 이 책 284쪽 '인종주의와 싸우고 싶다면 흑인이 되세요!'를 참조하라.

7. 놀이, 일, 삶

46. Aly N'Daw, *La Thérapie de libération*, International Sufi School, 2010.
47. 이드리스 샤의 표현. d'Idries Shah, dans *Le Moi dominant*, Le Courrier du Livre, 1998.
48. Peyrefitte, Alain, *La Société de confiance. Essai sur les origines et la nature du développement*, Éditions Odile Jacob, 1995.
49. Algan, Y. et Cahuc, P., *La Société de défiance: Comment le modèle social français s'autodétruit*, Éditions Rue d'Ulm, 2007.
50. 이 지역 부동산 가격이 기존 주민들의 항의를 초래할 만큼 급등한 탓에 이 셔틀 버스들은 때때로 실리콘 밸리 '젠트리피케이션'의 볼썽사나운 상징으로 통한다.
51. Asch, S. E., "Opinions and social pressure", *Readings about the Social Animal*(1955), 193, 17~26.
52. 우리만 해도 단지 불편한 상황을 만들기 싫어서 택시운전수나 종업원의 정치적 견해에 동의하는 척할 때가 얼마나 많은가?
53. Milgram, S., "Behavioral study of obedience", *The Journal of Abnormal and Social Psychology*(1963), 67, 371.
54. Blass, T., "Understanding behavior in the Milgram obedience experiment : The role of personality, situations, and their interactions", *Journal of Personality and Social Psychology*(1991), 60, 398.
55. 단일맹검법을 이용한 실험이라면 간수들에게 아무것도 알려주지 않고 가짜 죄수를 진짜 교도소에 집어 넣는 방법을 썼을 것이다.
56. 짐바르도에 따르면 실험을 지켜본 50여 명 중에서 가짜 죄수들의 억류 상태와 가짜 간수들의 태도에 감정적으로 동요한 사람은 매슬랙 한 사람밖에 없었다고 한다.
57. 흰머리카푸친 원숭이는 마시멜로를 대단히 좋아한다. 사람은 주는 대로 엄청나게 받아먹을 뿐 아니라, 먹은 것을 게워내고 새로 더 먹을 정도다. 나무에서 마시멜로가 열리는 게 아니라 얼마나 다행인지……
58. 이 실험 버전은 캘리포니아 대학 소속 경제학자 M. 키스 첸 연구진이 실시한 것이다. Chen, M. K., Lakshminarayanan, V. et Santos, L. R., "How basic are behavioral biases? Evidence from capuchin monkey trading behavior", *Journal of Political Economy* (2006), 114, 517~537.
59. Achtman, R. L., Green, C. S. et Bavelier, D., "Video games as a tool to train visual skills", *Restorative Neurology and Neuroscience*(2008), 26, 435~446.
60. 게임은 현재 프랑스 문화 산업 중에서 유일하게 후퇴하지 않은 분야다. 게임 산업은 전세계적으로도 영화 산업을 누르고 제1의 문화 산업 위치를 차지하고 있다.
61. 2015년 '도타 2'에서는 단 6명으로 구성된 팀 '이블 지니어스'가 660만 달러 이상의 상금

을 가져갔다.

62. 게다가 이러한 경우는 지금 세대가 마지막일 것이다.

63. 이 법칙들은 최근에 대한민국 서울을 대상으로 한 대규모 연구 조사로 다시 한 번 확증되었다. http://grist.org/cities/what-makes-a-city-great-new-data-backs-up-long-held-beliefs/

64. 영어 'sub-city'의 번역. 마을을 도시의 하위 단위로 보는 이 원칙은 도시민이 지나친 인구 유입으로 질식하지 않게 해준다. 이 원칙은 오늘날 파리에서 가장 인구가 몰리는 지역, 이를테면 뷔트오카유, 생제르맹, 몽토르게유, 혹은 몽테뉴생트주느비에브 거리에서 확인되고 있다.

65. De Nadai, M., Staiano, J., Larcher, R., Sebe, N., Quercia, D. et Lepri, B., "The death and life of great Italian cities : A mobile phone data perspective", Arxiv.org, 2016.

66. 옥스퍼드나 케임브리지에는 그런 캠퍼스가 있지만 일키리크나 파리 사클레에는 없다.

67. 건축가 자크 루즈리Jacques Rougerie의 표현을 빌린 것.

68. 캘리포니아 공과대학.

69. 알다시피 GIF는 동영상 파일 형식이고 JEPG는 정지 영상 파일 형식이다.

70. 1. Knapton, S., "Cambridge Professor reduced to tears by noisy hospital before death", *Daily Telegraph*, 2016.

71. Pedersen, W. C., Miller, L. C., Putcha-Bhagavatula, A. D. et Yang, Y., "Evolved sex differences in the number of partners desired? The long and the short of it", *Psychological Science*(2002), 13, 157~161.

72. 테스토스테론 수치가 평균보다 높은 여성일수록 섹스 파트너의 수가 많고, 파트너를 자주 바꾸며, 성관계도 더 많이 한다는 연구 결과도 있다. 또한 이러한 여성들은 협상에 능하고 과감히 위험을 무릅쓰는 경향이 두드러진다.

73. Wedekind, C. et Füri, S., "Body odour preferences in men and women : Do they aim for specific MHC combinations or simply heterozygosity?", *Proceedings of the Royal Society of London B: Biological Sciences*(1997), 264, 1471~1479.

74. Wedekind, C., Seebeck, T., Bettens, F. et Paepke, A. J., "MHC-dependent mate preferences in humans", *Proceedings of the Royal Society of London B : Biological Sciences*(1995), 260, 245~249. 다음 논문들도 참조하라. Santos, P. S. C., Schinemann, J. A., Gabardo, J. et da Graça Bicalho, M., "New evidence that the MHC influences odor perception in humans: A study with 58 Southern Brazilian students", *Hormones and Behavior*(2005), 47, 384~388; Thornhill, R., Gangestad, S. W., Miller, R., Scheyd, G., McCollough, J. K. et Franklin, M., "Major histocompatibility complex genes, symmetry, and body scent attractiveness in men and women", *Behavioral Ecology*(2003),

14, 668~678.

75. Miller, G., Tybur, J. M. et Jordan, B. D., "Ovulatory cycle effects on tip earnings by lap dancers: economic evidence for human estrus?", *Evolution and Human Behavior* (2007), 28, 375~381. 그러나 이 연구는 단 18명의 여성을 대상으로 두 번의 월경주기 동안만 조사한 것이기 때문에 논란의 여지가 있다.

76. Dixson, B. J. et Brooks, R. C., "The role of facial hair in women's perceptions of men's attractiveness, health, masculinity and parenting abilities", *Evolution and Human Behavior* (2013), 34, 236~241.

77. Clark, R. D. et Hatfield, E., "Gender differences in receptivity to sexual offers", *Journal of Psychology & Human Sexuality*(1989), 2, 39~55.

78. Dutton, D. G. et Aron, A. P., "Some evidence for heightened sexual attraction under conditions of high anxiety", *Journal of Personality and Social Psychology*(1974), 30, 510.

79. White, G. L., Fishbein, S. et Rutsein, J., "Passionate love and the misattribution of arousal", *Journal of Personality and Social Psychology*(1981), 41, 56.

8. 마케팅, 정치, 저널리즘

80. 맨해튼의 매디슨 애비뉴는 현대 마케팅 역사의 신경절 중 하나라고 할 수 있다.

81. Idries Shah, *One Pair of Eyes*, documentaire, BBC, 1964.

82. 앞에서 언급했던 '사느냐 먹히느냐' 원리 모델에 입각한 '사느냐 자손을 남기느냐' 원리가 존재한다고 할까.

83. Godin, S., *Poke the Box : When was the last time you did something for the first time?*, Penguin Books Limited, 2015. 이 책의 광고 문안은 반심리학reverse psychology, 즉 진정한 바람과 반대되는 생각이나 행동을 옹호함으로써 상대방을 자기가 원하는 방향으로 설득하는 방법을 구사한다. "꿈을 꾸는 것만으로 만족하는 사람은 아마 이 책이 필요 없을 것이다."

84. 유튜버 노스탤지어 크리티크도 손에 자동권총을 든 모습으로 자기 채널을 홍보하기는 하지만…… 그는 영화 평론들을 제안할 뿐이다.

85. Joule, R. V. et Beauvois, J. L., *Petit traité de manipulation à l'usage des honnêtes gens*, Presses universitaires de Grenoble, 2014.

86. 도파민은 코카인을 흡입하거나 음식을 먹을 때에도 분비되는 신경 전달 물질이다. 또한 오르가슴을 느낄 때 분비되는 다양한 성분 중 하나이기도 하다.

87. 이 책 144쪽을 보라.

88. 결론이 확실하지 않은 연구들은 메타 분석에 포함되지 않는 현상을 '서랍 효과'라고 한다.

89. Kramer, A. D., Guillory, J. E. et Hancock, J. T., "Experimental evidence of massive-scale emotional contagion through social networks", *Proceedings of the National Academy of Sciences*(2014), 111, 8788~8790.
90. Chambers, C., "Facebook fiasco: Was Cornell's study of "emotional contagion" an ethics breach?", *The Guardian*, 2014.
91. 이러한 관찰에 대해서는 앞에서 소개한 이드리스 샤의 책을 참조하라.
92. 이 책 209쪽을 보라.
93. Gesta Romanorum Shah, I, Caravan of Dreams(Octagon), 1988, p. 166. 이 우화는 수피교 시인 루미도 언급한 바 있다.
94. Chekroud, A. M., Everett, J. A., Bridge, H. et Hewstone, M., "A review of neuroimaging studies of race-related prejudice: Does amygdala response reflect threat?", *Frontiers in Human Neuroscience*(2014), 8.
95. Maister, L., Slater, M., Sanchez-Vives, M. V. et Tsakiris, M., "Changing bodies changes minds: Owning another body affects social cognition", *Trends in Cognitive Sciences*(2015), 19, 6~12.
96. Griffin, J. E., *Black Like Me*, 1961.

9. 인간 증강은 인간 소외로 이어질 것인가?

97. 예를 들어 손 없는 선천성 기형으로 태어난 일곱 살 소녀가 글씨쓰기 대회에서 상을 받을 수도 있는 것이다. Boult, A., "Seven-year-old girl born without hands wins handwriting competition", *The Telegraph*, 2016.
98. 'nootrope'는 인지 활동(특히 주의력)을 개선할 목적으로 쓰이는 성분임을 뜻한다.
99. 트랜스휴머니즘은 인간의 증강, 특히 수명 연장에 대한 열광이 오늘날 얻은 이름이다. 트랜스휴머니즘은, 특히 과학을 지혜보다 위에 놓고 보는 경우라면, 사실상 정체를 밝히지 않은 우생학에 불과하다.
100. Bush, V., "As we may think", *The Atlantic Monthly*(1945), 176, 101~108.
101. 이 책 60쪽을 보라.
102. Aberkane, I., "Hyperwriting, a multiscale writing with the method of loci", *Sens Public*, 2016.
103. 파노라마'의 반대말로, '모두'가 아니라 '적은 일부oligos'를 보면서 탐구한다는 뜻이다.
104. Yu, F., Jiang, Q., Sun, X. et Zhang, R., "A new case of complete primary cerebellar agenesis : clinical and imaging findings in a living patient", *Brain/awu*(2014), 239.
105. Madden, N., "Keithville boy born without brain dies at 12", *KSLA News*, 2014.
106. Danelli, L., Cossu, G., Berlingeri, M., Bottini, G., Sberna, M. et Paulesu, E., "Is a

lone right hemisphere enough? Neurolinguistic architecture in a case with a very early left hemispherectomy", *Neurocase*(2013), 19, 209~231.

107. Carreiras, M., Lopez, J., Rivero, F. et Corina, D., "Linguistic perception: Neural processing of a whistled language", *Nature*(2005), 433, 31~32 ; Güntürkün, O., Güntürkün, M. et Hahn, C., "Whistled Turkish alters language asymmetries", *Current Biology*(2015), 25, R706~R708.

108. Stoerig, P. et Cowey, A., "Blindsight in man and monkey", *Brain*(1997), 120, 535~559; Weiskrantz, L., "Blindsight: A case study and implications", 1986.

109. Weiskrantz, L., "Blindsight: A case study and implications", 1986; Cowey, A. et Stoerig, P., "The neurobiology of blindsight", *Trends in Neurosciences*(1991), 14, 140~145.

110. Sampaio, E., Maris, S. et Bach-y-Rita, P., "Brain plasticity: 'visual' acuity of blind persons via the tongue", *Brain Research*(2001), 908, 204~207. 다음도 참조하라. Bach-y-Rita, P., Kaczmarek, K. A., Tyler, M. E. et Garcia-Lara, J., "Form perception with a 49-point electrotactile stimulus array on the tongue: A technical note", *Journal of Rehabilitation Research and Development*(1998), 35, 427; Bach-y-Rita, P., Tyler, M. E. et Kaczmarek, K. A., "Seeing with the brain", *International Journal of Human-Computer Interaction*(2003), 15, 285~295.

111. El Kaliouby, R., Teeters, A. et Picard, R. W., "An exploratory social-emotional prosthetic for autism spectrum disorders" in *Wearable and Implantable Body Sensor Networks*, 2006, BSN 2006, International Workshop on, (IEEE), p. 2, 4; El Kaliouby, R., Picard, R. et Baron-Cohen, S., "Affective computing and autism", *Annals of the New York Academy of Sciences*(2006), 1093, 228~248.

3부 지식을 넘어 지혜로

10. 나의 이야기

1. Frykman, E. et Zangenehpour, F., "Sufism and the Quest for Spiritual Fulfillment in D. H. Lawrence's The Rainbow", *Acta Universitatis Gothoburgensis*, 2000.

2. Bell, S. J., "Collections are for collisions: Let us design it into the experience", 2013.

3. *Neuroergonomie et biomimétique pour l'économie de la connaissance: Pourquoi? Comment? Quoi?*, École polytechnique.

4. 이 표현은 셰이크 알리 은다우에게서 빌린 것이다. 투명한 주관성이란 정신적 도량, 다시 말해 영혼의 넉넉한 크기에 해당하며 인간이 행할 수 있는 모든 덕의 근원이다.
5. Richard Francis Burton, *The Kasidah of Haji Abdu el-Yezdi*.

11. 지혜를 추구하는 자세

6. 레지스 매케나는 1991년에 『테크노폴리스 현상*Technopolis phenomenon*』에서 이 기간을 10년으로 말한 바 있다. 한편, 대학 순위가 한몫을 하여 전반적인 학술 논문 수가 부풀려진 감이 있기는 하나 중국의 학술 출판 심사 위원회를 거친 논문 수가 2배가 되는 시간은 5년밖에 되지 않는다.
7. 절대적으로 따진다면, 예를 들어 우주의 모든 지식을 기준으로 잡는다면 우리가 생산하는 지식의 양은 미미하다. 그러나 개인 혹은 집단으로서의 우리 의식의 뼘을 기준으로 잡는다면 실로 방대한 양이라고 할 수 있을 것이다.
8. 샤를 드골이 알랭 페레피트와의 대화에서 지적한 대로다. "소유하는 자는 자기가 소유한 바로 그것에 사로잡힌다."
9. 장 폴 델레부아Jean-Paul Delevoye가 하는 말을 듣고 이 말이 기억났다.

12. 우리 안의 자연을 위하여

10. 레오나르도 다빈치는 "자연에게 가서 배우라. 거기에 우리의 미래가 있다"고 했다.
11. 여기서 이 용어들은 거의 동일한 의미로 쓰였다.
12. Parasuraman, R., *Neuroergonomics: The Brain at Work*, Oxford University Press, États-unis, 2006.
13. Johnson, A. et Proctor, R. *Neuroergonomics: A Cognitive Neuroscience Approach to Human Factors and Ergonomics*, Palgrave Macmillan, 2013.
14. 코란 5장 32절.
15. Richard Francis Burton, *The Kasidah of Haji Abdu el-Yezdi*.
16. 그렇기는 해도 스탠퍼드에서 학위를 따는 데 드는 비용이 (2010년 기준) 택시 운전면허 취득 비용보다는 덜 든다.
17. '포스트-PC'가 태블릿과 스마트폰이라면 그 후에 올 '포스트-포스트-PC'는 '착용 가능한wearable' 디지털 디바이스 혹은 전자 의복 등이 될 것이다.
18. 단순성과 복잡성이 공존한다는 개념. 이 두 가지 성질이 꼭 서로 모순적이지는 않기 때문이다.
19. *Colliers Magazine*, interview de Nikola Tesla par John B. Kennedy(1926년 1월 30일자).
20. 자기 팔꿈치를 혀로 핥을 수 있는 사람이 드문 것처럼 우리 대부분에게는 불가능한 사유의 움직임도 있다. 그러나 그런 사유의 움직임들에 대해서 우리는 자각조차 없다.

21. 조나 레러, 『프루스트는 신경과학자였다』, 최애리, 안시열 옮김, 지호(2007).
22. 육체와 정신의 개념적 차이는 이상적 신체를 한 장의 해부학적 이미지로 나타낼 수 있는 반면 뇌 건강은 그렇게 즉각 눈으로 확인할 수 없다는 데 있다.
23. 특히 자연 상태에서는 매우 미미한 정제당 함유량을 이용하여.
24. 물론 가계부 분석도 다양하고 흥분되는 심적 상태들을 유발할 수만 있다면 대단히 재미있을 수 있다.

13. 뉴로네상스

25. Tully, R. B., Courtois, H., Hoffman, Y. et Pomarede, D., "The Laniakea supercluster of galaxies", *Nature*(2014), 513, 71~73.
26. Pearson, D. G., Brenker, F. E., Nestola, F., McNeill, J., Nasdala, L., Hutchison, M. T., Matveev, S., Mather, K., Silversmit, G. et Schmitz, S., "Hydrous mantle transition zone indicated by ringwoodite included within diamond", *Nature*(2014), 507, 221~224.
27. Lutz, A., Lachaux, J.-P., Martinerie, J. et Varela, F. J., "Guiding the study of brain dynamics by using first-person data: Synchrony patterns correlate with ongoing conscious states during a simple visual task", *Proceedings of the National Academy of Sciences*(2002), 99, 1586~1591.

28. 이런 농담이 있다. "전구를 교체하려면 심리학자가 몇 명이나 필요합니까?" "한 명만 있으면 됩니다. 하지만 전구가 바뀔 마음이 있어야 하지요."
29. 학술 전문 출판 그룹 엘세비르Elsevier가 프랑스 국립 보건 의학 연구원INSERM보다 훨씬 돈을 잘 번다.
30. '사방튀리에'는 에르제의 만화 〈탱탱〉 시리즈의 등장인물 해바라기 박사의 모델이 되었던 오귀스트 피카르의 별명이기도 했다. 위대한 해양학자 자크 피카르가 그의 아들이고 '솔라 임펄스 프로젝트'의 첫 번째 조종사 베르트랑 피카르는 그의 손자다.

31. Eiben, C. B., Siegel, J. B., Bale, J. B., Cooper, S., Khatib, F., Shen, B. W., Players, F., Stoddard, B. L., Popovic, Z. et Baker, D., "Increased Diels-Alderase activity through backbone remodeling guided by Foldit players", *Nature Biotechnology*(2012), 30, 190~192 ; Khatib, F., Cooper, S., Tyka, M. D., Xu, K., Makedon, I., Popović, Z., Baker, D. et Players, F., "Algorithm discovery by protein folding game players", *Proceedings of the National Academy of Sciences*(2011a), 108, 18949~18953; Khatib, F., DiMaio, F., Cooper, S., Kazmierczyk, M., Gilski, M., Krzywda, S., Zabranska, H., Pichova, I., Thompson, J. et Popović, Z., "Crystal structure of a monomeric retroviral protease solved by protein folding game players", *Nature Structural & Molecular*

Biology(2011b), 18, 1175~1177 ; Khoury, G. A., Liwo, A., Khatib, F., Zhou, H., Chopra, G., Bacardit, J., Bortot, L. O., Faccioli, R. A., Deng, X. et He, Y. "WeFold: A coopetition for protein structure prediction", *Proteins: Structure, Function, and Bioinformatics*(2014), 82, 1850~1868.

32. Lintott, C. J., Schawinski, K., Slosar, A., Land, K., Bamford, S., Thomas, D., Raddick, M. J., Nichol, R. C., Szalay, A. et Andreescu, D., "Galaxy Zoo: Morphologies derived from visual inspection of galaxies from the Sloan Digital Sky Survey", *Monthly Notices of the Royal Astronomical Society*(2008), 389, 1179~1189.
33. Sørensen, J. J. W., Pedersen, M. K., Munch, M., Jensen, J. H., Planke, T., Gajdacz, M. G. A. M., Mølmer, K., Lieberoth, A. et Sherson, J. F., "Exploring the quantum speed limit with computer games", *Nature*(2016); Maniscalco, S., "Physics: Quantum problems solved through games", *Nature*(2016), 532, 184~185.
34. 그렇더라도 이 뇌는 '백지' 상태라고 할 수 없다. 우리의 정신에는 태어날 때부터 마련되어 있는 '마음의 앎', 직관이 있기 때문이다.
35. 인터넷 시스템을 뚫고 들어가 통제하는 것.
36. 공상과학문학에서 이러한 세상을 기술하는 데 중점을 둔 장르를 사이버펑크라고 한다.
37. 의도적으로 '향상시킨다'는 표현 대신에 '변화를 가져온다'는 표현을 썼음을 알려둔다. '향상'은 사실이 아니라 관점이기 때문이다. 모든 향상은 어떤 틀을 전제로 한다. 자연이라는 틀 안에서 우리 뇌가 지금과 같은 형태를 취하게 된 것은 결코 우연이 아니다. 뇌는 단지 다양한 생태계에 적응해왔고 사실 우리가 '향상'이라고 부르는 것이 그러한 생태계 안에서는 요구되지 않았기 때문이다.
38. 이것이 유명한 피터 드러커의 KID—지식Knowledge, 정보Information, 데이터Data—모형이다. Drucker, P. F. *Classic Drucker: Essential Wisdom of Peter Drucker from the Pages of Harvard Business Review*, Harvard Business Review Book, p. 129, 2006.
39. 스티그머지에 대해서는 이 책 144쪽을 참조하라.
40. 그리스도교인을 표방한다고 해서 딱히 종교재판을 가로막지는 못하는 시대였다. 무슨 뜻인지는 알아서 해석하기를……
41. Weinstein, H., *Psychiatry and the CIA: Victims of Mind Control, American Psychiatric Press*, Washington, D. C., 1990.
42. Goliszek, A., *In the Name of Science: A History of Secret Programs, Medical Research, and Human Experimentation*, St. Martin's Press, 2003; Otterman, M., American Torture: From the Cold War to Abu Ghraib and Beyond, Melbourne University Press, 2007. 이 사건을 소재로 삼은 희곡도 있다. Bell, N., *Operation Midnight Climax: A Play*(Dramatists Play Service), 1982.

43. 행동 방식의 화학적 통제에 대한 CIA의 뜨거운 관심은 비트족 반문화에 영향을 주었던 요소 중 하나다. 그러한 반문화의 대표적 기업가라고 할 수 있는 스티브 잡스도 LSD 사용은 자기 인생에서 가장 큰 영감을 불러일으킨 경험이었다고 고백했다. Markoff, J., *What the Dormouse Said: How the Sixties Counterculture Shaped the Personal Computer Industry*, Penguin Publishing Group, 2005.
44. "High tech interrogation may promote abuse", Pen State News, 2008
45. 그의 초기 시집 제목 『알 아라프*Al Aaraaf*』는 코란 제7장의 제목('높은 곳'이라는 뜻)이기도 하다.
46. 피험자 중에서 한 명만 '조울증' 진단을 받았고 나머지는 모두 정신분열증 진단을 받았다.
47. Rosenhan, D. L., "On being sane in insane places", *Science*(1973), 179, 250~258.
48. Temerlin, M. K., "Suggestion effects in psychiatric diagnosis", *The Journal of Nervous and Mental Disease*(1968), 147, 349~353.
49. Loring, M. et Powell, B., "Gender, race, and DSM-III: A study of the objectivity of psychiatric diagnostic behavior", *Journal of Health and Social Behavior*(1988), 1~222.
50. Amy Goldstein, Dana Priest, "Some detainees are drugged for deportation", *The Washington Post*(2008년 5월 14일자).
51. 악의, 모욕, 혹은 비합리적이고 근거없는 비판.
52. 동종 학계 연구자들로 구성된 심사 위원회의 검토를 말한다.
53. "The worst piece of peer-review I ever received: Six academics share their experiences before delivering a verdict on the system", *Times Higher Education*(2015년 8월 6일자, 익명 기고문). 이 기고문은 리처드 스미스의 다음 칼럼을 인용한다. "Ineffective at any dose? Why peer-review simply doesn't work", *Times Higher Education*(2015년 5월 28일자).
54. 앤드류 오즈월드의 인용, 같은 기고문.
55. 심사 위원들이 실제로 연구자의 실험을 재현해보는 것도 아니기 때문에 논문이 실리느냐 마느냐가 중요할 뿐이다.
56. 인류의 극악무도한 만행이 만인을 위한다는 명목으로 이루어지는 것을 보건대, 우리는 아직 갈 길이 멀다.
57. 이 책 193~196쪽을 참조하라.
58. 내가 '진짜' 예산이라고 말한 데는 이유가 있다. 사실 미국의 실질적인 군사 예산은 '테러와의 전쟁' 기간보다 제2차 세계대전 기간에 더 많았다. '테러와의 전쟁'은 거의 존재하지도 않는 성과를 내야 한다는 의무 때문에 지출이 인위적으로 부풀려졌다. F35 전투기 예산이 미친 듯이 솟구친 것만 봐도 이러한 파행을 알 수 있다.

59. 신경 인지 개선에 대해서는 다음을 참조하라. Strenziok, M., Parasuraman, R., Clarke, E., Cisler, D. S., Thompson, J. C. et Greenwood, P. M., "Neurocognitive enhancement in older adults: Comparison of three cognitive training tasks to test a hypothesis of training transfer in brain connectivity", *Neuroimage*(2014), 85, 1027~1039.
60. 그렇지만 이 결론들 중 일부는 컴퓨터게임의 경우에 맞지 않는다. 그 자체로 동기 부여가 되는 컴퓨터게임은 파라수라만이 발견한 한계들을 넘어서까지 계속 실행될 수 있다. 결국 우리 신경은 우리 근육과 마찬가지로 작업 한계가 쉽게 달라질 수 있는 게 아닐까 생각된다. 근육의 활동 능력이 최면 상태에서, 혹은 암페타민 투여 상태에서, 혹은 아드레날린의 작용으로 확대될 수 있다는 점을 생각해보라.
61. 슈퍼컴퓨터를 이용하여 1초당 수백억 번 수행을 처리한다.
62. 정확히는 두 사람이 리미트 텍사스 홀덤 게임을 하는 경우다. Bowling, M., Burch, N., Johanson, M. et Tammelin, O., "Heads-up limit hold'em poker is solved", *Science*(2015), 347, 145~149.
63. Kilcullen, D. et Exum, A. M., "Death from above, outrage down below", *New York Times*, 2009, 16, 529~535; Benjamin, M., Drone Warfare: Killing by Remote Control, Verso Books, 2013.
64. Lohn, J. D., Linden, D. S., Hornby, G. S., Kraus, W. F. et Rodriguez-Arroyo, A., "Evolutionary design of an X-band antenna for NASA's space technology 5 mission", in null, IEEE, 2003, p. 155.
65. 미국의 F35 전투기용 헬멧 하나에만도 40만 달러에 상당하는 뉴로아비오닉스 장비가 들어 있다.
66. 피질위상이란 대뇌피질의 기능별 지도 작성에 해당한다. 예를 들어 신체 감각 영역의 소재를 우리 대뇌피질에 지도처럼 표시를 할 수 있을 것이다. 역피질위상이란 이미 이렇게 지도로 작성된 어느 한 영역의 활성화를 잡아내어 어떤 기계에 명령을 입력하는 것이다. 따라서 어떤 문자를 발음할 필요 없이 그냥 생각만 해도 기계는 그 문자를 인식할 수 있겠다.
67. Heff, C., Heger, D., de Pesters, A, Telaar, D., Brunner, P., Schalk, G. et schultz, T., "Brain-to-text: Decoding spoken phrases from phone representations in the brain", *Frontiers in Neuroscience*(2015), 9
68. 뉴로닉스는 전망과 전략이라는 차원에서 24개월 이상을 내다보지 못하는 정부 구성원들의 옹색한 정신도 그와 마찬가지로 돌파할 것이다.
69. 우리는 명석한 신경학자 필 케네디의 경우를 상기할 수 있겠다. 그는 자기가 개발한 향신경성 전극 모델(두개골 안에 전극을 삽입하면 그 주위 뉴런 성장이 촉진되고 나중에

는 뇌 안에서 안정화되는 유형으로, 흉터 조직이 아물어 덮어주지 않더라도 장기간 착용 가능하다)을 시험하기 위해 결국 자기 뇌에 이 장치를 심었다. 뇌에서의 언어적 분절 코딩에 정확성을 기하려면, 그리하여 언젠가 감금증후군 환자들이 말을 할 수 있게 하려면 데이터가 필요했기 때문이다. 필 케네디는 미 FDA의 승인을 얻어 벨리즈에서 수술을 받았다. 그 결과 귀중한 데이터를 얻기는 했지만 수술 후 회복은 예상보다 훨씬 더뎠고 아마도 평생 가게 될 것으로 보이는 언어 장애까지 생겼다. 그가 개발한 전극은 평생 그의 머리에 남게 될 것이다!

14. 일곱 가지 뇌 훈련법

70. Allen, M., Dietz, M., Blair, K. S., van Beek, M., Rees, G., Vestergaard–Poulsen, P., Lutz, A. et Roepstorff, A., "Cognitive–affective neural plasticity following active–controlled mindfulness intervention", *The Journal of Neuroscience*(2012), 32, 15601~15610; Davidson, R. J. et Lutz, A., "Buddha's brain: Neuroplasticity and meditation", *IEEE Signal Processing Magazine*(2005), 176; Lutz, A., Slagter, H. A., Dunne, J. D. et Davidson, R. J., "Attention regulation and monitoring in meditation", *Trends in Cognitive Sciences*, 12, 163~169 ; Ricard, M., Lutz, A. et Davidson, R. J., "Mind of the meditator", *Scientific American*(2014), 311, 38~45; Rosenkranz, M. A., Davidson, R. J., MacCoon, D. G., Sheridan, J. F., Kalin, N. H. et Lutz, A., "A comparison of mindfulness–based stress reduction and an active control in modulation of neurogenic inflammation", *Brain, Behavior and Immunity*, 27, 174~184.

71. 이 책 229쪽을 보라.

72. 이 책 40쪽을 보라.

73. Portet, P., "Les techniques du bornage au Moyen Âge. De la pratique à la théorie" in Reduzzi Merola, Francesca(ed.), "Sfruttamento Tutela E Valorizzazione Del Territorio. Dal Diritto Romano Alla Regolamentazione Europea E Internazionale", Naples, *Jovene* (2007), 195~208.

ㅅ

옮긴이 이세진

서강대학교에서 철학을 공부하고 같은 학교 대학원에서 불문학을 공부했다. 프랑스 랭스 대학교에서 공부했으며, 현재 전문번역가로 일하고 있다. 『나는 생각이 너무 많아』 『살아 있는 정리』 『오 봉 로망』 『음악의 기쁨』 『숲의 신비』 『곰이 되고 싶어요』 『회색 영혼』 『유혹의 심리학』 『나르시시즘의 심리학』 『뇌 한복판으로 떠나는 여행』 『수학자의 낙원』 『설국열차』 등 많은 책을 우리말로 옮겼다.

뇌를 해방하라
: 지적인 삶을 살기 위한 최고의 방법

초판 발행 2017년 12월 15일

지은이 이드리스 아베르칸
옮긴이 이세진
펴낸이 김정순
편집 허영수 이미영
디자인 박수연 이혜령
마케팅 김보미 임정진 전선경
펴낸곳 ㈜북하우스 퍼블리셔스
출판 등록 1997년 9월 23일 제406-2003-055호
주소 04043 서울특별시 마포구 양화로 12길 16-9(서교동 북앤빌딩)
전자우편 henamu@hotmail.com
홈페이지 www.bookhouse.co.kr
전화번호 02-3144-3123
팩스 02-3144-3121

ISBN 978-89-5605-834-4 03100

해나무는 (주)북하우스 퍼블리셔스의 과학·인문 브랜드입니다.

이 도서의 국립중앙도서관 출판시도서목록(CIP)은 서지정보유통지원시스템 홈페이지(http://seoji.nl.go.kr)와 국가자료공동목록시스템(http://www.nl.go.kr/kolisnet)에서 이용하실 수 있습니다.(CIP제어번호: CIP2017031033)